L-676.

Rés.
4° NFG
13

MEMOIRES
SERVANS A
L'HISTOIRE DE
NOSTRE TEMPS.

PAR
MESSIRE NICOLAS DE NEVFVILLE
SEIGNEVR DE VILLEROY CONSEILLER
d'Estat, & Secretaire des commandemens des
Rois Charles IX. Henry III. Henry IV. & de
Lovys XIII. à present regnant.

A PARIS,
Chez PIERRE CHEVALIER, ruë Sainct
Iacques à l'image Sainct Pierre.

_____

M. DC. XXII.
AVEC PRIVILEGE DV ROY.

A MONSIEVR
MESSIRE
ALEXANDRE
DE FAVCON CHEVALIER,
Seigneur de Ris, Conseiller du Roy en ses
conseils d'Estat & priué, & premier President en sa Cour de Parlement de Normandie.

MONSIEVR,

LE loisir que mes veilles ont
desrobé à mes occupations,
m'a conuié de receuoir entre
mes manuscrits, les Memoires
de feu monsieur de Villeroy, & les mettre en
lumiere. Ie ne doubte point, Monsieur, qu'ils
ne soient bien venus & receus, tant pour l'ex-
cellence du subject qu'ils traittent, que pour
la nouueauté que la curiosité du siecle, & la
Cour desire en toutes choses. Puis le nom &

reputation de l'autheur y donne assez de prix
& de credit. Toutesfois, Monsieur, i'ay creu
qu'il estoit honorable les accompagner du
nom de quelque grand de ses amis, les vous
dedier comme à l'vn de ceux qu'il aymoit &
honoroit grandement, vous ayant quelquefois entretenu fort particulierement sur ce
subject. Les loix d'honneur & de debuoir m'y
obligent, celles de l'Estat me le permettent,
puis qu'estant chef & le premier en ce grand
& celebre Parlement, il vous appartient de
cognoistre tout ce qui s'y fait pour vous en
seruir, aux grands & importans affaires que sa
MAJESTE' vous confie, dont Monsieur, vous
en rendez des actions si loüables, prudentes &
iudicieuses, que sa MAJESTE' en reçoit de
bons & fidelles seruices, & la Prouince le bien
& le contentement. Receuez les donc, Monsieur, auec autant d'accueil qu'ils le meritent,
& que ce present me serue de gage de mon affection, de tesmoignage de ma bonne volonté, & de recognoissance de toutes sortes de
bien-veillances, qui m'obligent demeurer

MONSIEVR,

Vostre bien humble & obeissant
seruiteur, DV MESNIL BASIRE,
Aduocat du Roy en sa chambre des Comptes de Rouen.

AVANT-PROPOS.

CES Memoires ont esté faicts & dreßez par feu monsieur de Villeroy lors que durant les guerres de la Ligue, la neceßité des affaires le portoit aux negotiations pour remettre l'Estat en Paix, & les peuples reuoltez en obeïssance, tesmoings irreprochables de sa fidelité & de ses seruices, qui ont eu si bon succés, que la Frãce en a reçeu tout contentement. Au lieu de cest eschantillon, s'il eust laissé toute la piece, le public luy en eust esté grandement obligé. Car il faut adiouster franchemẽt qu'il n'appartient qu'aux Secretaires d'Estat à faire l'histoire, lesquels ont veu, sceu & cogneu les secrets de l'Estat, les conseils du Prince, & les affaires du Royaume. La cognoissance de leurs escrits & discours assaisõnez par diuers âges & experiences, apprennent les nouuelles du monde, les moyens de s'y conduire, & la voye pour en sortir. Ce qui veritablement se recognoist par ces

Memoires, lesquels il auoit addressé à Monsieur de Belieure Chancelier de France, & à Monsieur le President Ianin, pour estre seuls tesmoins de ses actions & deportemens, sans les vouloir donner au public. Pour moy i'ay creu, auec le iugement de mes amis, que ce seroit vne trop grande perte de les taire & supprimer, tant pour l'vtilité que le general & particulier en pourra receuoir, que pour rendre l'honneur à ce grand personnage, lequel par sa fidelité, merites & seruices, a obligé toute la France à sa memoire. Ceste consideration m'a porté à ce dessein.

Extraict du Priuilege du Roy.

PAr grace & priuilege du Roy donné à Paris, le dernier iour d'Octobre 1621. signé Renoüard. Il est permis à Iean Houzé & Pierre Cheualier, Marchands Libraires Iurez à Paris, d'imprimer les *Memoires de Monsieur de Villeroy*, cy deuant premier Secretaire d'Estat, & deffences faites à tous autres de quelque estat qualité & condition qu'ils soient, les imprimer ny contrefaire soubs quelque pretexte d'augmétation ou deguisement pendant le temps & espace de dix ans, à peine de deux mil liures d'amende, confiscation des exemplaires, & de tous despens dommages & interests. Comme plus au long est porté par ledict Priuilege.

Acheué d'Imprimer pour la premiere fois, le dernier iour de May mil six cens vingt & deux.

Memoire de ce qui est contenu en ce volume.

Premiere Apologie   page 1.

Seconde Apologie a Mr de Bellieure pag. 111.

Aduis de Monsr de Villeroy a M.^r Le Duc de Maienne publié a Paris, apres la mort du Roy sur la fin de l'an 1589.   page 394.

Harangue faite par Mr de Villeroy pour estre prononcée en l'assemblée des pretendus estats de Paris 1593.   page 430.

Letre de Monsr de Villeroy a Monsr de Bellieure du 17 Mars 1596.   Page 503.

Manifeste de Monsieur de Villeroy sur l'euasion de l'Hoste son Commis en 1604.   Page 506.

MEMOIRES
DE MONSIEVR
DE VILLEROY.

E PLVS grand contentement que puisse auoir vn homme de bien, apres celuy que luy rend sa conscience, lequel ne luy peut estre osté, est d'estre tenu pour tel qu'il est, & principalement de ceux ausquels il a voüé amitié & seruice. Nous voyons peu de personnes en ce Royaume auoir iouy de ce bien là depuis ce regne, tant a esté grande la corruptió des bonnes mœurs, & la porte ouuerte à la calomnie: & plus que les autres les courtisans en ont esté priuez, & specialement ceux qui ont esté employez aux affaires publiques, & ont voulu suiure & executer fidellement & rondement les commandemens du Roy: soit qu'ils ne s'en soient rendus dignes, ou qu'ils ayent porté le blasme & l'enuie des choses qui ont esté faittes, lesquelles ont esté plus souuent condamnees qu'approuuees, à cause de nos diuisions

A

& partialitez, & des vexations & surcharges publiques, qui ont esté mesurees aux causes & fins motiues d'icelles, mais pluftoſt au poids de nos paſſions, ou du mal que nous en auons receu : car comme le Roy a eſté contrainct, ou bien a voulu quelquefois changer de chemin & de reſolution en la conduitte de ſes affaires, ceux auſquels tels changemens ont deſpleu & porté dommage, ont accuſé les Miniſtres & ſeruiteurs de ſa Majeſté de legereté, d'imprudence, meſmes d'infidelité : les huguenots les ont appellez Guiſards & penſionnaires d'Eſpagne, & les autres fauteurs d'heretiques & politiques, & pouuons dire qu'il n'y a celuy pour droit qu'il aye cheminé, qui aye peu euiter qu'il n'ait eſté deſpeint de l'vne deſdites couleurs, & de pluſieurs autres encores, ce qui a plus appreſté à parler aux detracteurs qu'il n'a troublé la conſcience des gens de bien.

CAR la verité conſole & aſſeure aſſez d'elle meſmes celuy qui s'y confie : mais à preſent que la violence de nos troubles a forcé pluſieurs perſonnes de changer de route, ceux qui courent telle fortune, qui ſont ſoigneux de leur honneur & de conſeruer leurs amis, doiuent les eſclaircir des raiſons qui les ont pouſſez à ce faire, afin de ne leur donner occaſion de changer la bonne opinion qu'ils auoient conceuë d'eux, laquelle a deu eſtre le principal fondement de leur amitié, d'autant qu'il eſt impoſſible que nous aymions bien celuy que nous n'eſtimons.

C'EST pourquoy me trouuant, par la volonté de Dieu, du nombre de ceux qui ont changé de place, plus desireux de viure en la bonne opinion des hommes, & par ce moyen conseruer mon honneur & mes amis que ma propre vie, i'ay estimé leur deuoir representer les choses qui me sont aduenuës, & en ce faisant les rendre iuges de ma procedure, ce que ie feray le plus succinctement qu'il me sera possible: mais ie les exhorte & prie de croire que ie ne leur diray rien qui ne soit tres-veritable, & que ie ne verifie & preuue par escrit, ou autrement quand besoin sera: mes actions ont esté aussi si publiques, que quand ie voudrois les desguiser, c'est chose qui me seroit tres difficile.

I'EV cét honneur, quoy qu'indignement mais fauorisé de la protection de la feuë Royne Mere du Roy, que Dieu absolue, & des seruices tres-recommandables que feu M. de l'Aubespine, mon beau pere, auoit rendus à sa Majesté, d'estre pourueu à l'aage de vingt-quatre ans par le feu Roy Charles mon premier maistre, de l'office de Secretaire d'Estat, qu'exerçoit ledit feu sieur de l'Aubespine, par la resignation qu'il m'en fit à sa suruiuance le vingt-cinquiesme iour du mois d'Octobre, 1567. Mes lettres furent seellees par feu Monsieur de l'Hospital, Chancelier de France, auquel feu Monsieur de Moruillier prit la peine de les presenter, & le iour mesme feu mondit sieur de l'Aubespine tomba malade dans le Chasteau du Louure, où il estoit logé, de laquelle maladie il trespassa l'vnziesme Nouembre qui fut le lendemain que la bataille fut donnee, entre Paris &

A ij

4　MEMOIRES DE MONSIEVR
S. Denis en laquelle feu Monsieur le Connestable Anne de Montmorency fut blessé à mort.

IE commençay dés le lendemain à exercer ledit office & y ay depuis vacqué continuellement & sans intermission durant le regne dudit feu Roy Charles: si c'a esté auec sa bonne grace & son contentement, i'en appelle à tesmoin ceux qui ont vescu & suiuy la Cour de ce temps là, lesquels ont peu sçauoir la fiance qu'il auoit en moy, & la bonne volonté qu'il me portoit; laquelle veritablement procedoit plus de sa bonté, qui estoit infinie, que de mon merite; estant certain que tout le bien que ie faisois lors au seruice de sa Majesté ne procedoit de mon industrie: mais de l'instruction & des bons records que ie tirois iournellement de feux Messieurs de Moruillier & de Limoges, lesquels auoient tres-grande experience & cognoissance des affaires du monde & ne pensoient iour & nuict, qu'à procurer le bien du Roy & du Royaume, comme ils ont faict tant qu'ils ont vescu, & neantmoins telle communication & la conuersation que nous auions ensemble, en laquelle Messieurs des Fises, Bruslart & Pinard estoient aussi ordinaires, ne peut estre exempte d'enuie & de ialousie, specialement apres l'aduenement du Roy à la Courone, que ceux qui auoient deuant les yeux la gloire de Dieu, l'honneur du Roy & le bien public du Royaume eurét bien-tost, pour contraire, les autres qui vouloient s'aduancer à quelque prix que ce fust: dequoy ledit Euesque de Limoges commença à sentir & receuoir les effects aux premiers Estats de Blois, qui fut renuoyé en sa maison sans exprimer les causes de son bannissement, ny luy donner lieu de s'en iustifier.

IE n'ay deliberé de rendre compte par le present Memoire de toutes mes actions; ce seroit chose trop tedieuse, ie me contenteray seulement de representer celles qui ont seruy d'argument à quelques vns de me calomnier, pour esclaircir ceux qui le liront de la verité d'icelles, à la charge de respondre tousiours des autres quand il en sera besoing, à quoy ie me soubmets & oblige de tres-bon cœur.

PARTANT ie commenceray par le voyage que ie fis en Languedoc deuãt le deceds du Roy Charles, pour respondre à ceux qui ont voulu croire & publier, que i'auois eu charge dudit Roy, partant d'auprés de luy, de faire attenter à la personne de Monsieur le Duc de Montmorency, qui portoit lors le nom de Damuille, sous couleur de luy parler de paix : car c'est vne imposture tres-vraye, ny plus ny moins que l'accusation, que l'on a dict depuis auoir esté faicte par vn nommé *de* contre Monsieur de Villequier & moy, lequel fut executé à mort par le commandement dudit Duc, lors 1575. que le Roy fut en Auignon, l'an mil cinq cens soixante & quinze.

IE fus depesché audit pays de Languedoc auec feu Monsieur de S. Sulpice, superintendant de la maison de feu Monseigneur le Duc d'Alençon frere du Roy, exprés pour essayer à composer les troubles qui estoient entretenus audit pays *et* ou en quel-

A iij

MEMOIRES DE MONSIEVR
ques autres Prouinces de ce Royaume par les Huguenots, sur les aduis que ledit Duc de Montmorency, gouuerneur dudit pays, auoit donnez au Roy & à la Royne sa Mere, qu'il auoit moyen d'y pouruoir par ceste voye là: mais il ne fut iamais à nostre puissance de passer plus auant qu'Auignon, ny de voir ledit Duc, quelque deuoir & sollicitation que nous en feissions, & nous ne pouuions traicter auec les autres sans luy, par ce que nostre commission s'addressoit à luy, & s'excusoit sur les affaires qu'il auoit ailleurs, mais mesmes nous descouurismes bien-tost qu'il attendoit quelque nouueau mouuement à la Cour, qu'il estimoit reüssir tout autrement qu'il n'aduint.

CAR vn mois apres nostre arriuee en ladite ville d'Auignon, nous receusmes la nouuelle de la prison de feu Monsieur le Duc de Montmorency son frere, & de feu Monsieur le Mareschal de Cossé, laquelle nous fut apportee par le feu Côte de Martinengue auec commission seelee du grand seau, & commandement de sa Majesté par lettre escrite de sa propre main, de nous saisir de la personne dudit Duc de Montmorency, que sa Majesté nous mandoit tremper bien auant aux entreprises de feu son frere, aupres duquel sa Majesté pensoit que nous fussions, & d'aduertir les Gouuerneurs & Capitaines, Consuls, Manans & habitans des villes de son gouuernement; Et particulierement les bandes Corses qui estoient en garnison en icelles, de ne le recognoistre plus pour gouuerneur, ny luy rendre obeyssance.

LEDIT sieur de S. Sulpice & moy, fusmes tres-estonnez de ce commandement, non tant pour le regard du mescontentement que le Roy nous mandoit auoir dudit Duc, d'autāt que nous auions descouuert plusieurs choses, qui nous auoiēt doné occasion de nous defier d'iceluy. Mais dequoy sa majesté, laquelle nous auoit choisis & enuoyez deuers ledit sieur Mareschal expres pour parler de paix, nous cōmandoit de nous saisir de sa personne, au milieu de sō Gouuernemēt & de ses forces, n'y ayāt aucune apparence de raison d'esperer que ce fust chose que nous peussions effectuer, quand mesmes nous nous fussions trouuez aupres de luy n'ayant forces ny moyens quelconques pour ce faire? de sorte que nous fusmes tres-aises de ce que ledit Martinengue nous auoit encores trouuez en ladite ville d'Auignon, & est certain que si nous eussiōs esté aupres dudit sieur Mareschal, qu'il luy eust esté tres-facile de nous faire le traictement, duquel l'on nous vouloit faire ministres en son endroit.

en poste

PARQVOY nous nous resolusmes bien tost de nous contenter de pouruoir au second chef de ladite charge que l'on nous donnoit par ladite depesche, dont à la verité nous mismes peine de nous acquitter auec toute vigilance & fidelité, & nous succeda assez heureusement par la bonne assistance & correspondance que nous tirasmes de feux messieurs le Cardinal d'Armagnac, du Duc d'Vsez & du sieur de Ioyeuse à present Mareschal de France: & des feux sieurs de Suze, de Quenaux, de Maugiron, de Quelus & du sieur de Rieux, ensemble desdits Corses, & des officiers & habitans des villes principales dudit gouuernement: dequoy les effects eussent encores esté plus grands, n'eust esté que ledit Duc de Montmorency fut aduerty aussitost que nous de l'emprisonnement de sondit frere, & du commandement que sadite Majesté nous auoit addressé, par les bons amis qu'il auoit en Cour & en la ville d'Auignon.

1574. CELA faict & voyant que nostre plus longue presence & demeure en ladite ville d'Auignon estoit inutile au seruice du Roy, ledit sieur de sainct Sulpice & moy prismes resolution de reuenir trouuer leurs Majestez par l'aduis desdits sieurs. Mais nous trouuasmes à nostre retour que le feu Roy Charles estoit decedé, à nostre grand malheur & regret & de toute la France, voire de toute la Chrestienté qui ne deuoit pour la gloire de Dieu & le bien vniuersel d'icelle, estre si tost priuée de la vertu, presence & assistance d'vn Prince si magnanime, equitable & bon qu'estoit ledit Roy, qui estoit aussi tant obey, honoré & aymé de tous ses seruiteurs, qu'il n'y a que la seule mort qui puisse effacer de leurs cœurs sa tres-heureuse & chere memoire.

SI sa Majesté eust commandé audit sieur de sainct Sulpice & à moy partant d'auprès d'elle, de prendre ledit Duc, ou le faire tuer comme l'on a dict, nous ne nous fussions arrestez si longuement que nous fismes par les chemins, ny en ladite ville d'Auignon sur les difficultez & remises, que ledit Duc faisoit de nous veoir, n'y n'eussions attendu que

que les nouuelles de la prise de son frere luy eust descouuert l'intention de sa Majesté: pareillement nous ne fussions partis de la Cour sans voir clair, & estre bien asseurez des moyens auec lesquels nous eussions peu executer tel commandement: d'autre part il n'eust esté besoing que le Roy nous eust enuoyé vne nouuelle commission, pour prendre ledit Duc, comme il nous l'enuoya par ledit Martinengue: car nous ne fussions partis de la Cour sans estre garnis d'vn bon pouuoir pour ce faire: plus ie diray, que nous estions instrumens tres-mal propres pour executer vne telle entreprise; ledit Martinengue, auquel on disoit que le Roy en auoit depuis donné la charge, estoit bien plus propre pour ce faire que nous n'estions: or i'ay en main plusieurs lettres, memoires, & papiers que ie representeray tousiours, où il sera besoing, qui font foy certaine de la verité dudit faict.

QVAND à la premiere pretenduë accusation & charge dudit   qui portoit que Monsieur de Villequier & moy, l'auiós depesché exprés pour empoisonner ledit Duc, ainsi qu'il manda à sa Majesté par du Belloy lors qu'elle estoit en Auignon, c'est chose qui fut recogneuë tres-mensongere par la seule lecture de la deposition qui contient plusieurs faussetez tres-claires & faciles à prouuer: toutesfois i'offris pour la descharge & iustification dudit sieur de Villequier, qui estoit lors en sa maison, & de la mienne, d'aller trouuer ledit Duc, respondre à ladite accusation, & estre confronté audit,
Mais il se trouua si animé d'icelle contre luy,

B.

qu'il le fit executer aux flambeaux, sans attendre la responce de sadicte Majesté, qui luy pouuoit estre apportee en vn ou deux iours au plus, *tard*.

APRES le deceds du feu Roy ie fus enuoyé par ladite Dame Royne sa Mere en la compagnie de Monsieur de Chiuerny, à present Chancelier de France, & de feu Monsieur de Sauue, au deuant du Roy, lequel nous trouuasmes à Turin, il nous receut tres-humainement & me fit en particulier certainement plus d'honneur & de bône chere, qu'aucuns n'esperoient ny desiroient, se ressouuenant de la bonne volonté que le feu Roy son frere m'auoit portee, & de la recommandation qu'autrefois il luy auoit faite de moy, qui auois receu de luy auparauant qu'il fust Roy en ceste consideration, & de sa bonté toute assistance, faueur & protection.

LE Roy estant arriué à Lyon, fut conseillé par quelques-vns de faire deux choses, entre les autres qui ont depuis engendré beaucoup de maux: l'vne, fut l'ouuerture des acquits des deniers contans mis és mains ou coffres du Roy: l'autre, le changemét de la forme anciéne des expeditions des dôs & bien-faicts, sur ce qu'on luy fit entendre, qu'il n'estoit pas raisonable que ses officiers côtroolassent ses volontez & commandemens, comme ils faisoient du temps du feu Roy son frere, lequel à la verité se reposoit grandement sur leur deuoir & fidelité, pour l'administration de ses finâces & executiô de ses cômandemens, dont aussi ils estoient responsables du tout, ce qui estoit cause qu'ils y versoient plus religieusement & loyalement, comme l'on a mieux cogneu & experimenté depuis, car la facilité & couuerture desdits cōptables a engendré tant de sortes de concussions, larcins, dons immenses & despences mal-employees, que ie ne pense point qu'il y ait rien qui ait tant faict de tort au Roy ny destruit le Royaume que cela, comme a faict aussi la nouuelle forme de presenter & expedier lesdits dons; par ce que n'estans par icelle permis aux Princes & Seigneurs de qualitez de parler au Roy pour autres que pour eux, comme ils souloient faire de tout temps auparauant, cela les auoit grandement indignez & mal contentez, & auoient tellement chargé, voire accablé d'enuie ceux qui estoient aupres de sa personne, qu'vne grande partie de nos troubles en sont aduenus. Dauantage au lieu de retrancher par ladite forme les abus que l'on disoit, que les Secretaires ou leur commis y faisoient, elle leur rédit les moyens de ce faire plus facilles: car deuant ils estoient responsables des expeditiōs qu'ils faisoiét, & n'eussent osé en signer vne côtraire ausdites ordonnances & reglemés du Roy, sans courir le hasard d'vn chastimét & reproche: dequoy ils furent du tout deschargez par ce nouuel ordre, d'autant qu'il leur estoit enioint par iceluy de signer & expedier sans difficulté tout ce que le Roy auroit vne fois accordé par placet signé de sa main, ce qui ouurit la porte à plusieurs surprises: Et me souuient qu'vn iour le Comte d'Escars m'apporta vn placet qu'il auoit faict signer au Roy, par lequel sa Majesté luy auoit accordé, qu'il seroit imposé

comptans

B ij

& leué sur les habitans de ses terres la solde de certain nóbre de soldats qu'il disoit vouloir employer à la garde de ses chasteaux, que ie feis difficulté d'expedier, parce que l'on n'auoit encores commécé à faire garder les maisós des particuliers aux despens du peuple; dequoy il s'alla plaindre; de façon que i'en receus vne grande reprimande, & me fut dict, que ie voulois controoller les commandemens du Roy, que c'estoit chose que l'on ne vouloit plus que mes compagnons & moy feissions, ains que nous eussions à depescher promptement tout ce qui nous apparoistroit par placet signé de la main de sa Majesté, auoir par elle esté accordé, nous contentant de retenir & garder le placet pour nostre descharge sans entrer à l'aduenir plus auant en cognoissance de cause, ce qui a esté par moy comme par mesdicts compagnons suiuy depuis; de façon que ie ne voudrois respondre des expeditions que i'ay faictes depuis ledit commandement: chose certainement que ie ne faisois difficulté de faire en toutes celles que i'ay signees du temps du feu Roy Charles, lequel à l'exemple de ses predecesseurs, ne disoit iamais, non, à ceux qui luy demandoient quelque chose, aussi il ne leur accordoit d'abbord leur demande, ains il commandoit leur placet estre baillé à l'vn de ses Secretaires, qui estoit tenu d'en refuser à la partie l'expedition, ou à celuy qui auoit parlé pour elle; si la demande estoit trouuee contraire aux ordonnances & reglemens de sadite Majesté, sinon il employoit &

couchoit ladite demande sur vn roolle qui estoit apres rapporté & leu à sadite Majesté, en la presence de la Royne sa mere, & d'autres qu'elle vouloit y appeller, ou elle en ordonnoit sa volonté, en signant ledict roolle qui seruoit apres de descharge audit secretaire, & de tesmoignage à Monsieur le Chancelier du commandement de sadite Majesté.

CERTAINEMENT ceux-là ont esté tres-sages qui ont dit, qu'il ne falloit legerement changer les loix & formes qui sont en vsage en vn Royaume, parce que tels changemens offensent souuent autant qu'ils edifient : joint que l'on ne recognoist ordinairement les inconueniens d'vne loy que par l'experience d'icelle, & que toutes choses pour bien ordonnees qu'elles soyent, sont subiettes à deprauation & corruption : de maniere que i'estois bien de l'aduis de ceux qui disent, qu'il faut plustost corriger les abus d'vne loy deprauee, où mal obseruee, que de l'innouer & changer ; specialement quand il est question de chose qui touche à plusieurs, & mesmes aux grands, lesquels vn Prince bien aduisé doit entretenir de tout son pouuoir, comme il fera facilement, quand il ne communiquera à moindre qu'eux sans grande raison, ce que la Nature & les anciennes loix & constitutions leur ont affecté : Et s'il aduenoit qu'aucuns d'eux en abusassent au dommage du Roy, ie dis qu'il seroit plus expedient pour le bien du Prince & du Royaume, faire chastier par Iustice ceux-là, que de les priuer plus de leurs droits & preeminences, i'entens bien que l'on a dict, que lesdits Princes &

B iij

Grands acqueroient des subiets & officiers du Roy pour seruiteurs, & les obligeoient aux despens de sa Majesté quand il leur estoit loisible d'interceder pour eux. Mais considerons si par ceste nouuelle forme, sa Majesté a esté depuis plus fidellement seruie qu'elle n'estoit, & si lesdits Princes ont eu moins de cliens & seruiteurs, ie ne dis pas à la suitte de la Cour, où chacun idolatre la faueur, mais dedás le Royaume, quand il a esté questió de remuër mesnage: l'on trouuera que les changemés ont plustost enflé leur suitte qu'ils n'ont seruy à la retrancher.

1577.   IE fus employé à traitter la paix qui fut faitte auec le Roy de Nauarre l'an mil cinq cens soixante & dixsept, & feis ce que ie peu pour en estre excusé, tant parce que le Roy auoit protesté & declaré quelque mois deuant en la ville de Blois y estant les Estats assemblez, qu'il ne feroit iamais paix auec les huguenots, s'ils n'accordoiét de viure en ce Royaume, sans iouïr de l'exercice de leur Religion : Et si par necessité, mauuais conseil ou autrement il en accordoit vn autre, qu'il vouloit & entendoit qu'eux & leurs compagnons sceussent que c'estoit contre ses commandemens & volonté, & partant qu'il ne l'obserueroit point, afin que l'on n'en fit plus d'estat, & que parce que plusieurs estimoient, que l'on auoit donné congé à l'Euesque de Limoges seulement, par ce qu'il auoit assisté la Royne Mere du Roy en la paix qu'elle auoit poursuiuie, & faicte auparauant auec feu Monsieur, en laquelle ie sçauois qu'il auoit seruy en homme de bien.

NONOBSTANT mes excuses le Roy me commanda d'entreprendre ladite negotiation, & me dit qu'il ne vouloit rien accorder de contraire à sa declaration, mais qu'il se promettoit que lesdits huguenots accepteroient la paix, sans auoir ledit exercice : & de faict ie sçay quelques vns qui abusoient sadite Majesté, ou cognoissoient tres-mallesdicts huguenots luy en donnant esperance; & croy certainement que telle estoit lors l'intention de sadite Majesté, laquelle aussi ne me donna autre charge m'y despeschant, que d'y faire resoudre le Roy de Nauarre & ceux de sa Religion.

A QVOY ie les trouuay tres-côtraires, iaçoit qu'ils fussent alors tres-foibles & malmenez; mais ils cômençoient à se promettre que feu mondit sieur frere du Roy qui conduisoit l'armee de sa Majesté & leur faisoit la guerre se lasseroit bié-tost de ce faire, chatoüillé, & diuerty dés esperances & recherches qu'on luy representoit de la part de ceux de Hainault, où il ne tarda gueres apres de s'acheminer.

CE qui fut cause que sa Majesté se resolut d'auancer la conclusion de ladite paix auec ledit Roy de Nauarre, parce qu'elle estimoit que lesdits huguenots seroient plus difficiles à contenter, quand ils verroient que mondit seigneur se feroit separé de sadite Majesté, en la poursuitte d'icelle, comme certainement il aduint : & toutesfois le Roy fut si bien seruy en ceste negociation que ceux ausquels il en confia la principalle conduitte, n'y employerét toute la matiere qu'elle y auoit destinee, & en rapporterent de reste, dequoy elle monstra estre tres-contente.

COMME elle fit aussi de l'autre traicté que M. de Belieure & moy feismes auprès de feu mondit sieur, auec le Roy de Nauarre au lieu de Flex, où sa Majesté fut aussi tresfidellement seruie, comme il me sera tousiours tres facille de faire paroistre par escrit ou autrement à qui en doutera.

IE croy fermement que les catholiques de ce Royaume, eussent à la fin receu vn notable aduantage de l'obseruation desdits traictez, si les choses qui se passoient à la cour n'eussent resueillé & alteré les esprits des grands, qui supportoient impatiemment l'authorité & puissance que l'on auoit donné à moindre qu'eux, & qui craignoient qu'il ne leur en arriuast encores pis à l'aduenir.

IE ne diray point ce qui se faisoit à la cour, car chacun l'a sceu, & en estois aussi absent, il y auoit huict mois, quand les troubles commencerent: ie diray seulement deux choses: la premiere que i'ay tousiours esté obseruateur si entier des commandemens & volontez du Roy, que l'on ne trouuera point, que i'aye fait depesche, ny refusé ausdits huguenots aucune expedition contraire à la paix, que sa Majesté leur auoit accordee tant qu'elle a duré: bien ay-ie empesché de tout mon pouuoir qu'ils n'ayent élargi la courroye, & obtenu de sa Majesté plus que ses edits ou articles pour malfaicts ne portoient: & ose dire m'y estre comporté si loyallement, que les deputez du Roy de Nauarre & desdits huguenots n'ont eu occasion de s'en plaindre: l'autre, que si ceux qui estoient demeurez auprès de sa Majesté durant mon indisposition qui m'en

tenoit

tenoit abfent, euffent tenu la main que les gens de guerre, de cheual, & de pied, que le Roy auoit au commencement de l'annee departis par fes prouinces, euffent continué à eftre eftablis & payez fuiuant les reglemens qu'elle en auoit faict, il euft efté tres dificile de troubler fon Royaume, comme l'on fit: dequoy ie fuis contrainct d'accufer ceux qui ont renuerfé les anciennes maximes de nos peres au maniement des affaires de ce Royaume, qui vouloient que les defpences neceffaires pour la conferuation d'icelle, & principalement celles des garnifons & de la gendarmerie, fuffent affignees & payez par preference à toutes autres.

IE fus accufé par Salcede d'auoir proietté & fait certains deffeins auec feu M. de Guife & quelques autres pour troubler ce Royaume par le moyen du Roy de Suede & fes miniftres : & côbien que fa depofition fut iugee pour ce qui me concernoit, tres impertinente, & peu vray-femblable par la fimple & nuë lecture d'icelle: toutesfois ie fis grande inftace au Roy, & à mes bons amis, à ce que ie fuffe reprefenté, recollé, & confrôté audit Salcede deffors que l'on trauailla à fon procez. Mais parce que fa Majefté declaroit eftre efclaircie, & bien affeuree de mon innocence, & auffi que ledit Salcede à fon arriuee & premiere interrogatiô, declara & fouftint, que tout ce qu'il auoit depofé eftoit faux, & que l'on luy auoit fait dire iufques au iour qu'il fut gehéné & executé, ie me remis à fa Majefté à en vfer ainfi qu'il luy plairoit, & feis fi peu de compte de toute cette pourfuitte, me confiât en Dieu, & en mon innocéce

1582.

C

que ie ne feis aucune recómádation aux iuges ny à autres, & me contentay d'en attendre le iugemét tel qu'ils l'ordóneroient. Ie iure & protefte auſſi, & appelle Dieu & ſes Anges à teſmoin, ſuppliant ſa diuine iuſtice que ſon ire ſoit ſur moy, & ſur mes enfans à iamais, ſi ie dis choſe qui ne ſoit tres-veritable: c'eſt que ie ne parlay iamais qu'vne fois audit Salcede, qui fut lors que M. de Carrouges gouuerneur de Normádie donna main forte à l'execution d'vn Arreſt de la Cour de Parlement de Roüen, cótre ledit Salcede, pour forfaits par luy commis, lors qu'vne maiſon qu'il auoit en Normandie fut ſaiſie, que ledit Salcede s'enfuit à Paris, où eſtoit lors M. le Duc de Lorraine: qui me fit cómander par le Roy d'eſcrire vne lettre en ſon nó audit ſieur de Carrouges pour faire ſortir de ladite maiſon les gens de guerre qu'il y auoit mis, d'autant que ledit Salcede offroit ſe rédre priſonnier entre les mains du grand Preuoſt, pour ſe iuſtifier de ce dót on le pourſuiuoit, que ledit Salcede me vint demander ladite lettre, laquelle ie luy refuſay, parce qu'il me tint des propos dudit ſieur de Carrouges indignes de ſa preud'hómie & vertu cogneuë d'vn chacun & de ſa dignité: de ſorte qu'il falloit que módit ſieur le Duc de Lorraine auquel i'en fis plainte, comme i'auois faict au Roy, me fit faire vn cómandemét par ſadite Majeſté, laquelle ledit Salcede ſe garda bien de venir querir luy meſme, mais mondit ſieur le Duc de Lorraine y enuoya vn des ſiens, qui s'en chargea, & ledit Salcede qui ne vouloit que tromper le Roy, & eluder la iuſtice, s'abſenta de la Cour contre ce qu'il auoit promis, soudain qu'il eust tiré ladite lettre, ayant descouuert, que ledit sieur de Carrouges & le parlement auoient enuoyé à sa Majesté les charges sur lesquelles ils l'auoient condamné, qui fut cause que sa Majesté me commanda deux ou trois iours apres de reuocquer ladite lettre, par vne nouuelle addressante audit sieur de Carrouges, qui fut soudain depeschee & enuoyee. Voila en verité toute la cognoissance que i'ay iamais euë dudit Salcede, & que ie n'auois veu deuant, & n'ay veu depuis aucunement, & pour plus grande iustification de mon innocence en cét endroit, ie m'en remets au procez dudit Salcede, & à son iugement, & prie Dieu de tout mon cœur me rendre le plus miserable homme qui viue sur la terre, s'il me connoist coulpable directement ou indirectement, en tout ou en partie de ladite accusation.

I'ESTOIS aux champs malade, il y auoit huict iours, cóme i'ay cómencé a dire, quád la guerre & la ligue cómença, l'an mil cinq cés quatre vingts cinq, 1585. ie me rendis aussi-tost aupres du Roy à Paris, ayant encore la fieure, où ie seruis sa Majesté en hôme de bien, & confesse que ie ne fus iamais si outré de douleur & d'affliction, que ie fus de ce remuëment, lequel ie ne m'attendois pas voir arriuer durant la vie du Roy, comme ie croy aussi qu'il ne fust aduenu si sa Majesté eust esté bié assistee & seruie, ie veux dire si ses seruiteurs & officiers plus redeuables, eussent eu seulemét autát de soin de son seruice que de leurs affaires priuez, que la resolutió de la leuee des Suisses, dót sa Majesté fut secouruë tres à propos, &

C ij

l'auancement de la venuë d'icelle, sans laquelle ses affaires se fussent tres-mal portees, rendront tesmoignage à la posterité de la fidelité du sieur de Fleuri, mon beau frere, qui estoit lors son ambassadeur en Suisse, comme fera ledit sieur de Fleuri du bon deuoir que ie fis de l'en solliciter, auec M. de Belieure & les gens de bien qui estoient prés sa Majesté : si elle eust esté seruie en toutes autres choses aussi diligemment qu'elle le fut en ceste cy, elle eust faict la paix plus à son aduátage qu'elle ne feit.

SA Majesté voulut m'enuoyer à Espernay deuers la Royne sa Mere, lors que l'on estoit quasi sur la conclusion du traicté de ladite paix qui y fut faicte: ie n'en diray l'occasion parce que ce ne sont choses à diuulguer, moins par moy que par vn autre mais ie desire bien que l'on sçache que ce fut contre mon aduis, que ie fis ce voyage, comme ie puis monstrer par lettre escrite de la propre main de sa Majesté.

NON pour cela que ie veuille faire croire, que i'aye esté contraire à ladite paix, car tant s'en faut, que cela ait esté, que i'aduouë auoir esté de ceux qui ont conseillé à sa Majesté de reünir à soy tous les Catholiques par tous moyens possibles, & plustost faire la guerre fort & ferme auidits huguenots, qui ont esté les premiers autheurs de nos diuisions, que souffrir former en son Royaume vn party coposé de Catholiques separé d'elle: meu premierement de l'affection tres grande que i'ay toussiours cogneu, que le Roy portoit à nostre religio, de son inclinatió à hair mortellemét les heretiques, n'ayant onques receu de luy commandement, par lequel ie me fois apperceu qu'elle les aye voulu fauoriser ny espargner, quoy que l'on aye publié, ce que ie ne diray de tous ceux qui auoient part aupres de sa Majesté: meu aussi du deuoir de ma conscience, & du zele à nostredite religion (que i'ay tousiours eu, & que i'auray tant que ie viuray si Dieu plaist) qui a eu plus de pouuoir sur moy, que toute autre chose : & finalement de la crainte que i'auois de voir arriuer ce que nous sentons maintenant, par vn desespoir de reconciliation des chefs des catholiques separez de sa Majesté, prouoyant auec Monsieur de Belieure, que quand cela arriueroit, ce seroit la ruine du Royaume, & vn grand affoiblissement de nostre religion, comme nous sommes prests d'esprouuer au grand regret des gens de bien.

C'a esté le subiect & la cause des conseils retenus & timides que l'on a publié, que ledit sieur de Belieure, & moy, donions quelquefois à sa Majesté, quand il estoit question de pouruoir au mécontentement qu'elle auoit desdits chefs.

PLEVST à Dieu que ceux qui ont m'eu ou conforté sa Majesté à faire ce qui s'est executé à Blois contre Messieurs les Cardinal & Duc de Guise, eussent esté aussi timides & apprehensifs, que ie confesse auoir esté toutes & quantesfois qu'il a esté parlé d'vser de violence, & appliquer le cautere aux malades de ce Royaume, peut estre qu'ils eussent faict à sa Majesté vn seruice, duquel auec le temps il eust receu plus de contentement & d'vtilité, qu'il ne se ra de ce qui s'est passé.

a auec elle

1588

C iij

IL y auoit ce me semble, d'autres moyens pour remedier aux mescontentemés du Roy, & aux choses qui se passoient: ie sçay certainemét que le Roy auoit assemblé ses Estats auec dessein tout contraire à celuy qui en est succedé, & qu'il ne cherchoit qu'à bien faire pour nostre religion, pour le public & pour luy, qui sont trois choses inseparables: & croy fermement qu'il en fust ainsi aduenu, s'il eust esté assisté de personnes, qui eussent eu son seruice & son honneur en plus grande recommandation que leurs affaires particulieres.

A ce propos ie diray auoir remarqué auec plusieurs autres, que iamais on a parlé de rechercher & punir les larcins de la cour, que l'on n'ait quand & quand suscité quelque trouble nouueau, qui a interrompu & faict cesser lesdites recherches: ce ne sont pas aussi ordinairement ceux qui ont la bourse mieux garnie, & qui ont le plus desrobé, & faict leurs affaires (pour vser des termes qui sont en pratique) qui ont eu le moins de pouuoir aupres des grands qui ont peu remuër mesnage.

Qvi forçoit & obligeoit le Roy à se laisser emporter aux poursuittes des Estats, & à leur accorder les choses qu'ils luy demandoient, qu'il estimoit & recognoissoit luy estre honteuses & preiudiciables? Ie ne puis croire quant à moy, que ce fust l'intention du general desdits estats, d'offenser sa Majesté: le mal & le reproche leur en fust à la fin demeuré, quád ils eussent entrepris & executé: Et pour le regard des particuliers, & que l'on a dit qui mouuoient les autres; ie dis qu'à la fin tout fust tourné à leur confusion, & à l'aduantage du Roy, & du Royaume: vray est que l'on eust peu donner quelque regle & bride aux surcharges que le peuple portoit, & aux desordres qui estoient ordinaires au maniement des finances du Royaume, pour contenter & soulager le peuple: Mais qui a plus desiré cela, & qui en deuoit aussi plus profiter que le Roy?

Feu M. de Guise estoit-il assez fort dedans Blois, auec les deputez desdits Estats? Quand mesmes ils eussent esté tous à sa deuotion, pour forcer la volonté du Roy à leur accorder ce qu'il leur eust voulu refuser, il y a paru par ce qui s'en est ensuiuy: le Roy n'auoit à faire autre chose qu'à fortifier son authorité & ses volótez, de la raison, en espousant le premier par effect de cœur & d'affection, le soulagement du peuple, la reformation des choses qui en auoient besoin, & la guerre contre les heretiques; il eust en ce faisant & sans coup ferir renuersé la ligue, & attiré à soy les cœurs des catholiques, qui en sont à present par trop distrais & esloignez.

Les autheurs & fauteurs d'vn tel conseil deuoient mieux recognoistre l'estat du Royaume, & les complexions & humeurs de la Cour qu'ils n'ont faict, leurs passions les ont aueuglez: ceux qui craignoient estre chassez, ont mieux aymé conseiller au Roy de manquer à ses promesses que de les abandonner: ils luy ont dit que feu M. de Guise l'eust mis en tutelle, & amené prisonnier à Paris, si on ne l'eust faict mourir, & qu'il luy vouloit donner vn conseil, & des seruiteurs à sa poste.

Ie n'ay que faire en cela de iustifier l'intention dudit Duc, parce que ie n'en fus iamais assez informé pour en respondre; mais i'ose dire, que quand il l'eust entrepris il ne l'eust peu faire, & qu'il se fust perdu: l'on dict qu'il s'en fust allé, & eust rompu les Estats & commencé la guerre. Sur quel fondement l'eust-il faict? le Roy auoit desia accordé, ou estoit resolu d'accorder tout ce qu'on luy demandoit, pour le bien general du Royaume: s'estoit son seruice aussi d'en vser ainsi; mais il ne vouloit changer de seruiteurs à la poste dudit Duc, ny le faire Conestable de France. Eust-il pour cela, & sur cela commencé la guerre? C'eust esté bien vn foible fondement & pretexte, il eust esté mal receu d'vn chacun, & eust en ce faisant plus perdu de seruiteurs, & de creance en ce Royaume, qu'il n'y en auoit acquis, par ce qu'il auoit faict. Il s'est tousiours aussi tres bien gardé de coucher de son particulier, n'y d'auoir aucun autre dessein pour luy en tout ce qu'il a faict: il ne falloit que suiure le mesme chemin, & vser de mesme industrie, pour contreminer ses desseins. Les peuples ne l'aymoient que pour ce qu'ils esperoient, par son moyen estre deliurez des heretiques, & soulagez plustost que par celuy du Roy: il ne falloit, pour changer les affections du peuple, que faire mieux que luy en l'vn & en l'autre, voila comment i'eusse voulu faire mourir Monsieur de Guise; c'estoit le moyen de releuer l'authorité du Roy.

DESLORS que le Roy permit à Monsieur de Guise

Guise de le venir trouuer à Meaux, pour aduiser & resoudre des moyens de resister à l'armee protestâte, qui commençoit à marcher pour entrer en ce Royaume, ie m'apperceus bien que l'on auoit faict trouuer mauuais à sa Majesté le conseil que l'on luy auoit donné de voir ledit Duc, & de r'allier à soy pour mieux s'opposer ausdits protestás, & que l'on luy auoit imprimé vne telle ialousie dudit Duc, qu'il oublioit quasi la crainte de ladite armee, en quoy sadite Majesté auoit esté nourrie & entretenuë par aucuns, poussez de leur interest priué, plustost que du seruice du Roy, ce que i'ose dire auoir esté la principale cause de nos maux: car plus le Roy se declaroit ialoux & mal content dudit Duc, plus ledit Duc regardoit à se fortifier, tant pour se faire rechercher & rendre plus necessaire, que pour mieux resister à ses ennemis, ce qu'il ne pouuoit faire qu'en offensant & affoiblissant le Roy, ce qui a engendré à la fin le tonnerre, qui est tombé sur les catholiques.

La derniere chose qu'vn Prince souuerain doit faire, est de se móstrer mal cótent & offencé d'vn sié subiect, & au lieu de le chastier, luy donner plus de moyen & pouuoir de luy mal faire: car c'est tresgráde folie & impertinence que desperer arrester le cours d'vne desobeyssance par gratification, c'est par la vertu de la iustice que telles playes doiuent estre gueries, ce qui a esté trop mal pratiqué en ce Royaume, depuis 30. ans, de sorte que petits & gráds ont creu que pour auoir des charges & des recompenses, il se falloit plustost faire craindre qu'aymer.

D

I'ay faict plusieurs autres voyages, affaires, traictez & negociations de tres-grande importance que i'estime n'estre de besoin de representer, parce qu'il y auroit trop de choses à dire, lesquelles il vaut mieux taire à present pour diuers respects: & d'autant plus qu'elles ne seruent à l'effect pour lequel i'ay entrepris d'escrire le present memoire, comme i'ay desia dit, pour faire paroistre que i'ay seruy sa Majesté tres-fidellement en toutes, & en la meilleure partie d'icelles assez heureusement, graces à Dieu, dequoy ie me rapporteray à ceux qui en ont eu la cognoissance.

MAIS i'estime estre à propos voire necessaire pour ma descharge, d'esclaircir mes amis de tout ce qui s'est passé entre Monsieur d'Espernon & moy, parce que l'on m'a dit que son inimitié auoit plus aduancé ma disgrace que toute autre chose; quoy estant, s'il y auoit eu de ma faute, l'on auroit eu occasion de m'en blasmer.

IE puis prouuer par lettres, & tesmoins, gens de bien, qui viuent encores, que feu M. de la Valette son pere, sur ses derniers iours n'auoit personne à la Cour de qui l'amitié luy fust si asseuree, & si vraye que la mienne, ayant souuent faict mon propre fait de tout ce qui le concernoit, tát i'honorois sa vertu en toutes choses, & sa fidelité au seruice du Roy: & de faict quand il mourut, il me recommanda ses enfans, & Madame de la Valette sa femme me les adressa, lors qu'elle les enuoya à la Cour, ce que ledit sieur Duc d'Espernon a dit souuent, & que l'amitié qu'il me portoit estoit hereditaire & proce-

si ce n'estoit

doit de l'obligation que feu son pere m'auoit, dont il faisoit telles demonstrations, que souuent à la Cour on en a eu ialousie, comme toutes choses sont subiectes à y estre interpretees, & prinses pluftost en mauuaise qu'en bonne part.

CESTE opinion dura, & fut creuë d'vn chacun, & mesmes des plus grands, iusques au temps que ledit Duc s'opposa au mariage de l'heritiere de la maison de Maure auec mon fils, auquel le Roy m'auoit non seulement permis d'entendre, mais aussi promis auec la Royne sa Mere, de me prester toute faueur & assistance : & de faict leurs Majestez l'embrasserent de leur grace, auec telle affection, que ie croy certainemét que ledit mariage eust esté fait sans l'opposition qu'y porta ledit Duc d'Espernon, lequel disoit que le Roy & Madame la Duchesse d'Vsez parente de ladite fille, luy auoient promis de la donner en mariage au fils de monsieur de Termes, que nous appellons à present monsieur de Bellegarde: ce que ledit Duc print si à cœur contre moy, que recognoissant le Roy en estre en peine, comme certainement il estoit, ie suppliay sa Majesté trouuer bon, que i'en quittasse la poursuitte, comme ie fis à l'heure mesme.

LES vns disoient, que ledit Duc auoit entreprins la susdite poursuitte, meu veritablement du desir qu'il auoit de marier son dit cousin à ladite fille, qui deuoit vn iour estre heritiere de grãds biens, mais les autres eurét aduis incontinent, qu'il l'auoit fait pluftost pour m'en priuer, que pour autre chose parce que les principaux parés de ladite fille disoiét *ouuertement*

D ij

qu'ils ne permettroient jamais qu'elle fut mariée audit sieur de Termes, aussi le Comte de Torigny, fils de Monsieur le Mareschal de Matignon l'a depuis espousée.

QVOY que ce soit, depuis ce temps-là ledit Duc cognoissant m'auoit faict perdre ceste occasion, & croyant que ie fusse de ceux qui n'oublient, & ne pardonnent volontiers vne offence, a tousiours eu défiance de moy & de tout ce que ie faisois; de façon qu'il estimoit que ie fusse contraire à tous ses desseins, interpretant en ce sens tout ce que ie disois, & faisois par le commandement & seruice du Roy, qu'il ne luy estoit agreable & conforme à ses desirs, au lieu qu'auparauant il souloit prendre le tout autrement.

A quoy ayda grandement la bonne volonté, que feu Monsieur de Ioyeuse commença à me mōstrer & à mon fils aussi, l'honorant du guidon de sa compagnie de cent hommes d'armes, & le prenant en sa protectiō: car ces deux Ducs, que le Roy auoit voulu ioindre & alier ensemble de plusieurs sortes de liens, estoient si ialoux l'vn de l'autre, que l'vn haïssoit mortellement les seruiteurs de l'autre, & toutesfois il estoit comme impossible qu'vn ieune homme fust fortuné à la Cour, s'il ne prenoit le party de l'vn des deux: telle inimitié a duré iusques apres la mort, qui sont iugemens de Dieu, lequel ne permet que telles amitiez basties sur faux fondemens prosperent, quoy que les Roys apportent de leur part tout ce qui est en eux.

QVAND ledit Duc d'Espernon partit de la

Cour, pour aller prendre possession du gouuernement de Prouence, (que le Roy luy auoit donné, apres le trespas de feu Monsieur le grand Prieur de France bastard d'Angoulesme) il voulut m'asseurer de son amitié, en presence de Monsieur de Bellieure, qui luy estoit tres affectionné, & à moy tres-parfaict amy, laquelle asseurance il me confirma encores à son logis à Paris, où ie le fus trouuer pour prendre congé de luy.

Mais cela ne dura gueres, car ayant escrit au Roy, qui lors estoit allé aux bains de Pougues, que la surprise que le sieur de la Valette, frere dudit Duc, auoit faicte en ce temps là, de la Citadelle de Valence, sur le sieur de Gessan, seroit cause de troubler grandement les affaires, & ietter messieurs les Ducs de Guise & de Mayenne en plus grande deffiance que iamais de l'obseruation de la paix, que l'on auoit n'agueres faicte auec eux, auec grande peine & desaduantage pour sa Majesté. Ledict Duc d'Espernon, qui en fut incontinent aduerty, les vns disent que ce fut par le Roy, les autres par autre voye, m'en sçeut tres-mauuais gré, & le coup que i'auois frappé en bonne intention, renouuela la playe de son mescontentement en mon endroict, qui n'estoit pas encore bien consolidee.

La surprinse de ladite Citadelle de Valence fut suiuie, quelque temps apres, de celle des villes de Dourlans & du Crotoy en Picardie faicte par M. le Duc d'Aumalle, lesquelles engendrerent tant de deffiance et inimitiez entre mesdits sieurs, Ducs de Guise, & de Mayenne & ledit Duc d'Espernon, & ledit sieur de

D iij

la Vallette, que ça esté la pepiniere de tous nos maux.

Av mesme temps quelques vns de la ville de Lion qui estoient bons seruiteurs du Roy, & amis communs de feu M. de Mandelot, & de moy, ne desirant pas que ledit sieur de Mandelot mariast sa fille aisnee à M. le Marquis de Villars, fils de madame la Duchesse de Mayenne, dont l'on estoit entré fort auant en propos, pour la crainte qu'ils auoient que telle alliance, mit le Roy en defiance dudit sieur de Mandelot, & fit entrer ledit sieur de Mandelot en la ligue, mirent en aduant celuy de mon fils auec ladite fille: dequoy estant le Roy aduerty, sa Majesté me commanda de le poursuiure, me disant que ie ne luy ferois pas moindre seruice que de luy asseurer ladicte ville de Lion auec tout le Gouuernement, & la personne dudit sieur de Mandelot, que sa Majesté auroit occasion de tenir comme perduë, si l'autre mariage se faisoit ; & sur cela sadite Majesté me promit de faire tomber entre les mains de mondit fils le gouuernement dudit sieur de Mandelot, & de faire tant de bien & aduantage aux parties, que nous aurions occasion de nous en loüer, & qu'elle recompenseroit en ce faisant tout d'vn mesme coup deux familles qui l'auoient tresbien seruy, & dont il esperoit tirer encores à l'aduenir des seruices tres notables.

Le commandement de sadite Majesté, sesdites promesses & le desir que i'auois de luy faire seruice, & luy conseruer ledit sieur de Mandelot pour l'honneur, & la bonne amitié que ie luy portois,

[marginal note:] pour son service

me firent bientost resoudre de rechercher ledit mariage, & le preferer à d'autres qui s'offroient, encore que ie sceusse qu'ils estoient plus riches de biens que l'autre, mais non veritablemét d'hôneur.

Ce qui fut incontinent diuulgué par tout & sceu aussi dudit Duc d'Espernon qui n'aymoit gueres ledit sieur de Mandelot, à cause qu'il auoit aydé aux habitans de ladite Ville à faire sortir de la citadelle le sieur du Passage que M. de la Valette y auoit mis, lequel auoit achepté la Capitainerie d'icelle du sieur de la Mante en esperance de recouurer quelque iour tout le gouuernement, duquel il auoit obtenu la reserue, laquelle Citadelle ledit sieur de Mandelot auoit depuis faict raser par la permissiô de sadite Majesté, dôt ledit sieur de la Valette estoit tres indigné, & par consequent ledit Duc son frere, iaçoit qu'ils fissent quelquesfois demonstration du contraire.

Comme fit encores ledit Duc en ceste occasion, car à son retour de Prouence, ayant sceu que le Roy desiroit pour son seruice que ledit mariage se fist, & pour ce faire, asseurer ledit sieur de Mandelot de la suruiuance dudit gouuernement pour son gédre, il remit entre les mains de sa Majesté, tant pour luy que pour son frere la reserue dudit gouuernemét, dont sa Majesté luy auoit dôné promesse.

I'en fis vn grand remerciement audit sieur Duc d'Espernon, à son arriuee à Paris, & m'asseura qu'il n'eust quitté ladite reserue si ce n'eust esté en ma faueur & consideration, desorte que ie croyois veritablement auoir tres-grande part en sa bonne grace, laquelle ie mesnageois & conseruois de tout mon pouuoir.

Toutesfois par ce que le Roy, à son retour de Prouence, ne luy monstroit ainsi qu'il disoit tant d'amitié & de confiance qu'il vouloit, & aussi que sa Majesté parloit plus souuent à moy que de coustume, il se persuada bientost apres que ie luy faisois de mauuais offices, & que i'estois en partie cause du refroidissement de sa Majesté en son endroit, de sorte que s'estant rencontré vne fois que ie parlois à sa Majesté de M. l'Archeuesque de Lion, & que ie la suppliois de luy faire faire vne lettre, & aduiser de composer le different qui estoit entre ledit Duc, & luy, pour retenir & conseruer ledit Archeuesque à son seruice, que ie sçauois estre fort esbranlé à cause de la hayne qui estoit entre eux. Ledit Duc print occasion de fonder sur ce subiect, vne nouuelle querelle & plainte de moy, dont il me tint quelques propos, & pareillement d'vne certaine ouuerture faicte au conseil par le feu President Nicolay touchant le party du sel, qu'il disoit que i'embrassois & poursuiuois à son preiudice à cause des assignations qu'il auoit sur ledit sel, dont ie n'auois parlé aucunement, & estois du tout innocent: ie m'apperceus assez tost que son mal procedoit d'ailleurs que de moy, & qu'il ne s'attachoit à quoy moy que pour battre & gourmander le chien deuant le lyon, dont i'aduertis sa Majesté, afin qu'il luy pleust y pouruoir.

Sur cela s'offrit le voyage de Meaux, duquel i'ay cy deuant parlé qui seruit grandement à bien

remettre

remettre ledit Duc auec sa Majesté, au desaduantage de ceux qui desiroient rabattre & faire cesser les defiances & mescontentemens qu'elle auoit dudit Duc de Guise, pour les raisons susdictes; dequoy la Royne Mere du Roy ne fut mesme exépte, non plus que les autres: toutesfois ces choses ne refroidissoient les gens de bien de leur deuoir ny de procurer ce qu'ils estimoient estre vtile au Roy & au Royaume: & cóme la nouuelle arriua que les trouppes du Duc de Guise auoient ia commencé à combattre auec celles de ladite armee protestante, où ils auoient gaigné vne cornette du colonnel Bouc. M. le Duc de Neuers tesmoignera l'office que ie fis en cét endroit auec luy, pour auancer le partement de Paris de sa Majesté, & son acheminemét en son armee: meu principalement du zele que ie portois au Roy, & du soin que i'auois de sa reputation, & de son contentement qui m'a tousiours esté plus cher quand i'ay esté aupres de luy, que la conseruation de ma propre vie.

Le Roy s'achemina bien-tost apres en son armee, où ie fus commandé de le suiure, estant à sainct Aignan, ledit Duc d'Espernon s'attaqua à moy, en la presence, & dedans le Cabinet de sa Majesté, sur vn rapport que ie faisois d'vn aduis de Messieurs du Conseil que l'on auoit laissé à Paris, touchant certains deniers qui y restoient à receuoir de la vente du domaine du doüaire de la feu Royne d'Escosse au pays de Poictou, que l'on conseilloit à sadicte Majesté de bailler au grand Preuost, pour luy donner moyen de par-

E

tir de Paris, & acheminer en l'armée les Archers, dont l'on auoit grand besoin, disant ledit Duc que les deniers auoient esté donnez à son frere pour les frais de l'armee qui estoit en Dauphiné sous sa conduitte, & partant que l'on ne pouuoit plus les destiner ailleurs sans luy faire tort, comme il sembloit que l'on prenoit plaisir de faire, & de luy retrancher & oster tous moyens de seruir : à quoy ie ne fis aucune responce parce que ce propos, ce me sembloit, ne s'addressoit à moy, d'autant que c'estoit chose qui n'auoit passé par mes mains, mais sa Majesté & luy en entrerent en grande contestation, dont la collere tomba apres sur moy ; car ledit Duc me dit, que i'auois esté seul cause de ce que l'on auoit ainsi traicté son frere, pour fauoriser M. le Mareschal de Ioyeuse, dequoy m'estant voulu excuser, il me dit que ie taillois & rognois des affaires de sa Majesté à ma discretion, & sans charge ne commandement de sadite Majesté : & luy ayant respondu que c'estoit chose que ie n'auois iamais faicte, mesme le pressant d'en cotter quelqu'vne, & que i'estois prest d'en respondre, il s'eschauffa tellement qu'il m'iniuria & menaça en la presence de sa Majesté, lequel se leuant de sa chaire, où il estoit assis & moy appuyé derriere luy, me commanda de me taire, ce qui fut cause que ie me departys de ceste façon de la presence de sadite Majesté, & l'on m'a dict depuis que ie courus deslors fortune d'estre r'enuoyé en ma maison, auec lesdictes iniures & menaces : toutesfois sadite Majesté feit toute autre cōtenance; car l'ayant supplice le lendemain, de me faire iustice de ladite iniure, ou me permettre de me retirer en ma maison, parce que ie ne deuois ny ne pouuois la seruir estant iniurié, elle me refusa mondict congé, & se contenta de m'exhorter à la patience, à l'exemple de ceux que ledit Duc auoit bafoüez, qui faisoient profession des armes & estoient encores plus qualifiez que moy : & faut que i'aduouë que ie n'eusse iamais creu que le Roy eust permis, que ledit Duc ny autre plus grand que luy, eust en sa presence & pour occasion si friuolle, traicté de ceste façon, vn sien seruiteur & officier, auquel elle monstroit tant de bonne volonté & fiance, comme estoit celle que i'en receuois.

IE portay ce desplaisir iusques à ce que la nouuelle arriua, de la mort de M. le Duc de Ioyeuse, que sa Majesté voulut deux iours apres que ledit Duc en sa presence me tint comme il fit, vn tres honneste langage, sur ce qui s'estoit passé audit S. Aignan: de façon que i'eus certainemét toute occasion d'en demeurer tres satisfaict; depuis se representant celle de la poursuitte de l'armee protestante, qui se retiroit apres la deffaicte d'Auncau, ie priay sa Majesté de trouuer bon que la côpagnie de mô fils, qui n'estoit des moindres de l'armee, suiuit ledit Duc d'Espernon, comme elle fit, sans l'abandonner iusques à la composition qu'il feit auec les chefs d'icelle, dót il enuoya la nouuelle à sadite Majesté par mon fils, qui la porta, apres par le commandement de sadite Majesté, à la Royne sa mere.

MAIS ie ne veux oublier à dire, que quand

E ij

l'on sceut la dispute que ledit Duc auoit euë auec moy, tant de gens s'offrirent à m'assister, que ie recogneus que l'inimitié qu'on portoit audit Duc, estoit encores plus grande, que ie n'auois creu, & qu'elle seroit en fin cause d'vn tres grand mal-heur: ce qui me n'eut depuis de le solliciter, & admonester assez souuent de composer tous les differens qu'il auoit auec Messieurs de Guise, & d'en poursuiure, & parler à sa Majesté, sur laquelle ie preuoyois que le contre-coup & principal dommage en tomberoit à la fin: & certainement ledit sieur de Bellieure y faisoit de son costé vn tres-grand deuoir, comeil est tres-sage personnage, clair-voyant & aymant grandement le seruice du Roy, comme il faisoit aussi particulierement le bien dudit Duc: mais plus nous remüions ce propos & affectionnions ce Conseil, plus ledit Duc se deffioit de nous, & mettoit le Roy en soupçon de nous, dont ie m'apperceuois tous les iours d'auantage; & faut que ie die, que la cognoissance que i'en auois, fit grand tort aux affaires du Roy, lors qu'il se resolut de faire entrer les Suisses dedans Paris, car ie n'en osay parler qu'à demy: & à dire vray le regret m'en demeurera eternellement en l'ame, n'ayant rien faict ny veu faire durant que ie seruys le Roy, dont graces à Dieu, ma conscience demeure chargee, que de ce seul faict.

Svr cela ledit Duc d'Espernon s'achemina en Normandie pour prendre possession du gouuernement dudit pays, & de l'admirauté de France, dont le Roy l'auoit pourueu apres la mort dudit Duc de Ioyeuse, ce qui augmenta la vie, & la hayne que l'on luy portoit.

[l'envie]

CES grandes deffiances & inimitiez croissantes à toute heure, firent venir à la fin ledit Duc de Guise à Paris, contre l'attente & volonté de sa Majesté, ce qui fut cause qu'elle fit entrer apres lesdits Suisses dans la ville, & les compagnies du regiment de sa Garde qui estoient logez aux fauxbourgs, dont s'ensuiuit la iournee des barricades, & le partement 1588. du Roy de ladite ville, qui se retira en celle de Chartres.

CES choses affligerent grandement les bons seruiteurs de sa Majesté tant pour le desplaisir & la honte qu'elle y auoit receuë, que pour la cognoissance qu'ils auoient des miseres qui en naistroient, dequoy se donnerent peu de peine, ceux qui craignoient plus la guerre en la paix, que la ruine du Royaume.

C'a esté vn coup procedant du iugement de Dieu sur nous, car chacun preuoioit & predisoit qu'il arriueroit quelque violence desdites défiances & inimitiez, qui mettroient le Roy en peine tres-grande & ses affaires en pareille confusion ; luy mesme le disoit & en receuoit tous les iours des aduis. Dauantage il faisoit demonstration d'y vouloir pouruoir ; neantmoins comme il estoit conseillé des vns de ce faire par la douceur, & des autres par la rigueur, il s'y trouuoit tres-empesché: toutesfois il inclinoit plus à suiure le dernier chemin que l'autre, pource qu'il estoit plus agreable

E iij

à ceux qui auoient plus de credit aupres de luy: auſſi qu'ils luy faiſoient tres-facile, & qu'il luy ſembloit que le mal-heur de ſes affaires eſtoit d'auoir eſté trop indulgent auparauāt en ſemblables occaſiōs: ce fut auſſi celuy qu'il choiſit, ſans deſcouurir rien à la Royne ſa Mere, parce qu'elle auoit iuſques à l'arriuee dudit ſieur Duc de Guiſe, grandement cōtredit aux aduis que l'on en auoit donnez, & particulierement des remuëmens qui ſe preparoient en ladite ville, leſquels pour mon regard ie ſçauois & recognoiſſois eſtre tres-veritables: Mais certainemēt i'apprehendois fort le danger qu'il y auoit d'y remedier par la force, eſtant les choſes ſi preparees & aduancees qu'elles eſtoient à vne ſouſleuation, mais la facilité de l'executer que l'on en promit au Roy luy embarqua: toutesfois il me fit cét honneur que de me dire le matin, que leſdites forces entrerent en la ville, qu'il euſt deſiré eſtre à l'ordōdonner, ayant la nuict poiſé & apprehendé le mal qui en pouuoit arriuer. Dauantage ie ſuis obligé de dire que ie ne cogneus point que ſa Majeſté eut lors volonté d'attenter contre la perſonne de M. de Guiſe, ny de faire apprehéder ny punir par iuſtice aucuns de la ville, comme l'on a publié, ains ſeulement de faire vuider pluſieurs gentils-hommes, & autres gens d'effect que l'on y auoit faict couler deuant & depuis l'arriuee dudit Duc de Guiſe, pour rompre le coup d'vne ſoubſleuation de peuple, dōt il eſtoit menacé. A quoy i'adiouſteray que la reſolution que ſa Majeſté print de ſortir de la ville vint d'elle meſme, iugeant qu'en conſeruant sa personne, elle pourroit apres recouurer ce qu'elle delaissoit.

CERTAINEMENT i'entrepris des premiers de remonstrer à sa Majesté les maux & accidens que ceste guerre engendreroit, & de luy donner conseil de penser à y remedier plustost par la douceur, que par la force, luy cottant par le menu les raisons qui fortifioient telle opinion, que sa Majesté sçauoit & entendoit encores mieux que nul autre de ses seruiteurs : pour ceste cause elle eust bien desiré, que ledit Duc d'Espernon ne la fust venu trouuer à Chartres, comme il fit : car d'ailleurs il estoit si mal voulu à la Cour que les principaux d'icelle protestoient de s'en aller, s'il y demeuroit, ne pouuant compatir auec luy : ce qui fut cause que sa Maiesté ne cessa qu'elle ne l'eust enuoyé, & pour ce faire luy accorda tout ce qu'il luy demanda : Mais deuant que de partir il dissuada sa Maiesté tant qu'il peut de la paix, blasmant ceux qui la luy conseilloient, sur tous autres il monstroit m'en sçauoir tres mauuais gré: toutesfois partant il me voulut asseurer de son amitié, sur vn propos que i'auois tenu à son Secretaire.

BIEN-tost apres ledit partement, sa Maiesté me voulut depescher à Paris, pour donner commencement à la negotiation d'vne paix, dequoy ie la suppliay de m'excuser pour la ialousie que ledit sieur d'Espernon auoit conceuë contre moy, qu'il se prendroit à moy de tout ce qui seroit dit & conclud, à *par icelle* son desaduantage: chose que sa Maiesté print en bonne part, de maniere qu'elle y depescha M. Miron son premier medecin: lequel n'ayant rapporté de deux ou trois voyages qu'il y auoit fait, que des parolles generalles qui tenoient sa Majesté en grand suspens & incertitude entre la guerre, & la paix, dont elle estoit en tres-grande peine, elle m'enuoya querir le iour de la Pentecoste estant à Vernon, & m'ayant dit en la presence dudit sieur Miron que ie trouuay seul auec elle, l'ennuy & fascherie qu'elle auoit de ces longueurs, & mesmes le preiudice que ses affaires en receuoient, & le desir extreme qu'elle auoit d'estre esclaircie de ce qu'elle se deuoit promettre de ladite paix, pour mieux se resoudre de ce qu'elle auroit affaire: sa Majesté me commanda d'entreprendre le voyage de Paris, où l'on disoit que i'estois desiré, pour ayder à ietter les premiers fondemens de ladite paix: ie m'offris & resolus volontiers à ce faire, meu veritablement d'vn tres-bon zele au seruice de Dieu, & celuy du Roy & au bien public du Royaume; & d'vn tres-grand desir de tirer sa Majesté des incertitudes esquelles elle demeuroit, que ie recognoissois luy estre tres-dommageables & refroidir grandement l'affection de ses bons subiects.

IE fus donc depesché à l'heure mesme, & sur le champ deuant que de sortir du lieu où nous estiós, & escriuions sous sa Majesté ma premiere instruction, laquelle fut dressée sur les aduis que luy donnoit ledit sieur Miron, qui auoit recogneu & appris aux voyages qu'il auoit desia faicts, quel emplastre il falloit appliquer aux playes que l'on vouloit guerir; pour ceste cause, ie suppliay sadite Majesté

jesté de r'enuoyer auec moy ledit sieur Miron, ce qu'elle fit.

Et d'autát que ce dont i'ay esté le plus blasmé de toute ceste negociatió, a esté du pouuoir que le Roy auoit accordé audit sieur Duc de Guise, parce que personne n'en eust eu cognoissance ny communication qu'apres la conclusion de ladite paix; ie desire qu'vn chacun soit bien esclaircy de la verité de ce fait; pour ceste cause il est besoin que ie die, que par ladicte premiere instruction que le Roy me fit escrire sous luy, en la presence & par l'aduis dudit Miron, sa Maiesté me commanda entre autre chose de proposer audit sieur Duc de Guise la Lieutenance generalle de son Royaume, comme ie puis monstrer par escript certifié & signé de la propre main de sa Majesté, ledit Miron luy ayant dit, que si elle ne luy donnoit ce pouuoir, l'on ne feroit iamais la paix : & fus depesché auec cela & plusieurs autres commandemens, que ie me resolus de mesnager & faire valoir à l'aduantage du Roy & de son contentement auec toute industrie, sollicitude & fidelité.

Si i'eusse eu telle intelligence auec ledit Duc de Guise, & si grand desir de l'authoriser aux despens du Roy, ou eusse esté son pensionnaire, comme l'on a dit du depuis, sous correction tres-faussement, ie pouuois facilement luy donner aduis du commandement, & du pouuoir que sa Maiesté m'auoit donné, afin de luy faire demander & poursuiure ladicte lieutenance generalle que ie sçauois que l'on luy eust en ce cas tres volontiers accordee.

F

Mais tant s'en faut que telle trahison soit entrée en mon esprit, que ie me resolus de dire à Monsieur le Cardinal de Bourbon, & audit sieur de Guise, & autres qui l'assistoient, que le Roy m'auoit depesché sans charge & pouuoir quelconque, ains seulement pour sçauoir & luy rapporter s'ils auoient enuie de la paix, ou non, afin qu'on ne s'y attendit plus, s'ils estoient resolus à la guerre, sinon & qu'ils desirassent ladite paix, comme ils disoient, que sa Majesté sçeust, ce qu'ils demandoient, pour cét effect & pource en falloit sortir, afin de la conclurre au plustost, pour soulager le peuple, & ne consommer inutilement les moyens & le temps que l'on auoit de faire la guerre aux heretiques, à laquelle sa Majesté estoit plus disposée & resoluë que iamais, laquelle se plaignoit & mescontétoit grandement qu'en deux ou trois voyages qu'auoit fait vers eux ledit sieur Miron, il n'en auoit rapporté que des parolles generalles & ambiguës, sur lesquelles on ne pouuoit asseoir aucun fondement.

LEDIT sieur Miron qui arriua à Paris deuant moy, sçait & pourra tesmoigner, que ce fut la resolution que ie luy dis, que i'auois prise sur ma depesche, le priant de trouuer bon que ie la suiuisse, afin de ne rien precipiter, & faire parler les premiers ceux ausquels nous auions affaire.

CE qu'ayant faict entendre à la Royne Mere du Roy, à laquelle estoit ma principale adresse suiuant le commandement de sadite Maiesté, apres luy auoir à elle seule leu mon instruction, elle loüa grandement ma deliberation; & principalement pour ce qui concernoit ladite lieutenance generalle, me disant qu'elle auoit descouuert & appris (& pense qu'elle me dit que c'auoit esté du sieur de Schomberg ou par son moyen) que ledit Duc de Guise se contenteroit que le Roy luy donnast vn pouuoir general sur les armees en ce Royaume, coioinct & vny auec son estat de grād maistre de Frāce, en sa personne seulemét, & qu'elle en auoit desia aduerty sa Maiesté par vne lettre qu'elle luy auoit enuoyee par la Roche gentil-homme seruant de laditte Dame, lequel elle me demāda si ie l'auois rencontré par les chemins; & luy ayant dit que non, pource que ie n'estois venu le chemin des postes, elle me fit paroistre qu'elle desiroit grandement receuoir au plustost la responce, & volonté de sadite Maiesté sur ladite lettre.

DE QVOY nous ne tardasmes gueres à receuoir des nouuelles, car si tost que le Roy eust veu l'aduis que ladite Dame luy donnoit, il m'escriuit que ie n'eusse à proposer ladite lieutenance generalle, mais m'informer bien particulierement de ce que ladite Dame auoit appris, que ledit Duc de Guise desiroit que l'on luy accordast, afin de l'en esclaircir dauantage, me recommandant au reste l'aduancement de la negociation qu'il m'auoit commise.

VOILA comment il me prit bien d'auoir tenu le commandement qui m'auoit esté faict, touchant ladite lieutenance generale. Et comme ie ne fus iamais autheur ny inuenteur du pouuoir qui fut depuis donné audit Duc, lequel fut dressé, comme

F ij

ie feray entendre cy apres.

La feuë Royne Mere du Roy, & ceux qui estoient auec elle, feirent tant que ces Princes commencerent à se laisser entendre de ce qu'ils desiroient, & en baillerent quelque chose par escrit, que i'eus charge de remporter à sadicte Maiesté, ce qui fut assez debattu par ladite Dame deuant que de l'accepter, afin d'en faire rabattre tousiours & moderer quelque chose, mais ce fut tousiours sans leur rien promettre de la part de saditte Maiesté, qu'vne tres-bonne volonté à la paix, d'autant que ladite Dame fut conseillee de faire voir au Roy leurs demandes deuant que de l'engager aucunement, afin qu'en son conseil sa Maiesté consideraft, & resolust bien ce que son seruice requeroit qu'il en fust faict.

I'ay esté particulierement accusé de n'auoir conduit la pratique de la ville d'Orleans auec les sieurs d'Entragues & de Dunes, si chaudement & fidelement que ie deuois, dequoy ie rendray compte aussi par ce present memoire.

Et pour commencer il faut sçauoir que le sieur de Chemerault, qui a tousiours esté tres-bon seruiteur du Roy, & homme de bien, me dit vn iour estant encores à Paris, quelques sepmaines deuant que Monsieur de Guise y arriuast, qu'il estimoit qu'il y auoit moyen de gaigner le sieur d'Antragues, & de Dunes, & les rendre aussi affectionnez au Roy, & à son seruice que nuls autres de ses subiects, s'ils estoient bien recherchez, & principalement ledict sieur de Dunes, qui pouuoit beaucoup enuers son frere : & parce qu'il sçauoit que l'vn & l'autre auoient grande fiance en moy, qui leur auois aussi faict en toutes occasions, offices de vraye amitié, il estoit d'aduis que ie visse ledit sieur de Dunes, & que ie parlasse à luy se promettant que i'y gaignerois quelque chose pour le seruice du Roy; ie m'offris soudain à ce faire, & resolusmes que ce seroit à Conflans, où il ameneroit ledit sieur de Dunes, comme il fit deux ou trois iours apres. Là ie luy fis ouuerture de se rallier du tout auec sa Majesté, & y attirer son frere auec la ville d'Orleans, surquoy nous eusmes plusieurs propos qui concluzrét enfin à faire que l'on rendist son frere content de deux choses, estimant, voire asseurant, qu'en ce faisant le Roy se l'aquerroit, tellement qu'il en pourroit du tout disposer, & de tout ce qui dependoit de luy : l'vne estoit de faire que l'on fit raison du langage que Monsieur d'Espernon auoit tenu à son fils à Neuers, apres la deroute de l'armee protestante; & l'autre que sa Majesté luy donnast en chef le gouuernement d'Orleans, afin qu'il ne fust à l'aduenir subiet à Monsieur le Chancelier auec lequel il disoit ne pouuoir plus compatir.

IE luy promis de faire entendre au Roy sa bonne volonté, en laquelle ie le confortay tant qu'il me fut possible, & de luy en faire responce bien-tost par la voye dudit sieur de Chemerault. Quand ie parlay à saditte Majesté, elle me dist que ledit sieur de Dunes luy auoit desia faict tenir semblables propos par le sieur de Longnac, & me commanda de luy faire sçauoir qu'elle auoit pris en tres-bonne part, tout ce que ie luy auois dict, & qu'elle aduiseroit aux moyens de pouruoir aux deux poincts, desquels il m'auoit parlé que sadite Majesté trouuoit assez difficile à accorder, pour ce que l'on auroit affaire audict Duc d'Espernon, & pour l'interest aussi de mondit sieur le Chancelier. Toutesfois i'eus charge de luy en donner bonne esperance, comme ie feis par ledict sieur de Chemeraults, dequoy l'on me dist que ledit sieur de Dunes aduertiroit son aisné.

Sur les entrefaittes suruint la iournee des Barricades, qui nous fit partir de Paris & nous retirer à Chartres, où biétost apres que nous fusmes arriuez, ie ramentus au Roy ceste pratique, & le sollicitay d'escrire vne lettre de sa main pour cét effect audit sieur d'Antragues, considerant que si nous pouuions recouurer ladite ville d'Orleans par son moyen en la necessité où nous estions (car nous n'estions encores asseurez de la ville de Roüen) ce seroit vne retraicte tres aduantageuse & propre pour sa Majesté.

Ayant retiré laditte lettre ie l'enuoiay à vn de mes gens qui estoit à Orleans, sous la couuerture d'autres affaires, pour la presenter audit sieur d'Antragues, auec vne autre que ie luy escriuis à mesme fin, & luy fis donner esperance de le contenter sur les deux poincts susdits, s'il vouloit se resoudre de prendre le party de sa Majesté, & la loger & receuoir dans ladite ville d'Orleans.

Av mesme temps vn autre qui ne sçauoit rien de ceste praticque, proposa à sa Majesté d'enuoyer deuers ledit sieur d'Antragues Desbarreaux habitant, & Thresorier de France en ladite ville pour le praticquer par le moyen de sa femme, enuers laquelle il estimoit pouuoir beaucoup pour vn tel effect: Et veritablement ladicte Dame s'estoit tousiours monstree tres affectionnee au party de sa Majesté & à son seruice, & d'auoir grand regret de ce que son mary s'en estoit separé. Ledit Desbarreaux eut charge de luy offrir vne notable somme d'argent sans luy parler toutesfois de la charge de mondit sieur le Chancelier, auquel ceste depesche fut communiquee comme elle fut à moy, qui dis audit sieur Desbarreaux, que ie craignois que son voyage ne mist les habitans dudit Orleans en défiace dudit sieur d'Antragues, parce que sa personne leur estoit tres suspecte, luy remostrant que cela aduenant, il osteroit le moyé audit sieur d'Antragues de traicter, ce qui ne le peut retenir d'aller, parce qu'il se promettoit de couler dans ladite ville, & conferer auec le sieur d'Antragues, par le moyen de saditte femme, sans estre descouuert, & en tout cas quand il le seroit, que personne ne descouuriroit, ny ne sçauroit l'occasion de sa venuë.

SOVDAIN que ledit Desbarreaux eust veu ledit sieur d'Antragues, il m'enuoya par l'vn des siens vne lettre, laquelle il me prioit de rendre au porteur d'icelle, apres l'auoir leuë, comme ie feis, par laquelle il se plaignoit estrangement du voyage dudit Desbarreaux, lequel il disoit auoir esté suscité par ses ennemis expressement, pour luy faire perdre le credit en ladite ville, & le desespoir enquoy le confirmoient les propos qu'il luy auoit tenus, parce qu'il ne luy auoit parlé que d'argent, au lieu du gouuernement duquel ie luy auois desia donné esperance, & sans l'asseurance duquel il ne vouloit ny pouuoit entendre à aucun accord : au demeurant qu'il auoit aduisé pour leuer de luy toutes sortes d'ombrage aux habitans de ladite ville, de leur permettre de changer les Magistrats d'icelle à l'exemple de ceux de Paris, esperant qu'il y en logeroit, qui seroient du tout à sa deuotion, & par le moyen desquels il pourroit tousiours mieux disposer de ladite ville.

AYANT receu ladite lettre i'en aduertis incontinēt sadite Majesté qui se repentit d'auoir enuoyé ledit Desbarreaux, & me commanda d'escrire audit sieur d'Antragues qu'il ne s'arrestast à luy, mais qu'il aduisast par quel moyen l'on pourroit bientost conclurre ce marché, au contentement de sa Majesté, & au sien, & de luy renouueller l'esperance dudit gouuernement.

OVTRE ceste response que ie luy feis par l'hōme qu'il m'auoit enuoyé, ie feis que le Roy commanda au sieur de Roddes son cousin, (qui s'en retournoit en sa maison pour aller dōner ordre à son equippage, pour reuenir trouuer sa Majesté, pour luy seruir comme il a tousiours faict, fort fidellement en toute occasion) de passer par ladite ville d'Orleans, sous pretexte de visiter sondit cousin, luy confirmer lesdites promesses, & nous esclarcir du chemin qu'il falloit tenir pour aduancer la resolution

lution dudit traicté, qui importoit grandement au seruice de sa Majesté.

DEQVOY il fit tres-bon deuoir, nous mandant qu'il auoit trouué ledit sieur d'Antragues en tres-bonne disposition; mais que pour bien faire & ne donner ialousie aux habitans dudit Orleans, ausquels le voyage dudit Desbarreaux auoit apporté desia vn grand ombrage, il falloit aussi addresser ceste negociation au sieur de Dunes qui estoit à Paris, lequel auoit tout pouuoir enuers son aisné.

LE mesme aduis & conseil nous fut donné par le sieur de Schöberg, & par le sieur de Chemeraut qui estoient bons amis dudit sieur de Dunes, & ausquels il auoit descouuert la volonté qu'il auoit de traicter: ce qui fut cause que ie suppliay sa Majesté d'enuoyer à Paris ledit sieur de Schomberg, sous couleur d'aller assister la Royne sa Mere, mais expressement pour parler audit sieur de Dunes, ce que sa Majesté trouua bon, & pareillement pour aduancer l'affaire, & pour conuertir ledit sieur de Dunes à ce faire, & sans perdre têps de luy bailler vne promesse par escrit, qu'il emporta signee de la main de sa Majesté, & contresignee de la miéne, de pouruoir ledit sieur d'Antragues en chef dudit gouuernement, & ledit de Dunes de la lieutenance, & pareillement d'vne côpagnie de cinquante hommes d'armes; en s'obligeans par promesses signees de leurs mains, & cachetees du seel de leurs armes de se departir de toutes ligues, associatiôs & pratiques qui seroiêt desagreables à sa dite Majesté,

G

& la seruir à l'aduenir de leurs personnes, & pareillement de ladite ville d'Orleans, & de toutes celles dudit gouuernement enuers, & contre tous, sans nuls excepter ny reseruer.

LEDIT sieur de Schomberg s'en estant allé auec ceste promesse, ie fus d'aduis encores de le faire suiure par ledit sieur de Chemerault qui auoit tres-grande enuie, que ce marché reussist selon l'intention de sa Majesté, pour le bien & aduátage qu'il recognoissoit qu'elle en retireroit, afin d'y eschaufer tousiours dauantage ledit sieur de Dunes.

LEQVEL fit responce audit sieur de Schomberg, ainsi qu'il nous mada apres auoir veu par escrit l'intentio de sadite Majesté, qu'il estoit besoin qu'il en aduertist son aisné deuant que de faire autre chose.

SVR ces entrefaites sa Majesté s'achemina à Mante, & à Vernon, & aduint que le iour mesme que ie partys dudit Vernon, pour m'acheminer à Paris, pour la negociation de ladite paix, estant ia à cheual, monsieur Bruslart m'éuoya par vn des siés vn pacquet dudit sieur de Schomberg, dedans lequel estoit la responce que ledit sieur de Dunes luy auoit faicte de la part de sondit frere, qui contenoit ce qui ensuit.

PREMIEREMENT vn remerciement de la faueur que sa Majesté leur vouloit faire, d'accorder en chef audit sieur d'Antragues le gouuernement du Duché d'Orleans, auec mesme puissance & authorité que sa Majesté l'auoit accordée à M. le Chancelier, sans aucune moderation ou restriction.

ASSEVRANT sadite Majesté qu'en recognoissance de ce bien, il estoit prest & resolu de la recepuoir toutesfois qu'il luy plairoit en ladite ville d'Orleans, & luy rendre tout honneur, seruice & obeyssance, qu'vn tres-humble suiect doit à son Prince.

Item, de luy donner asseurance par vn solemnel serment qu'il feroit entre les mains de sa Majesté, de se departir des à present, comme pour l'aduenir de toutes ligues, praticques, associations, obligations, & intelligéces qui luy seroient desagreables, ausquelles il renonçoit, tres resolu de n'auoir iamais autre volonté, passion ou affection, que ce qui concerneroit le bien de son seruice, & l'accroissement & conseruation de son authorité, offrant de faire ses Pasques & receuoir le S. Sacrement, pour plus grande asseurance de ce que dessus.

Mais qu'il supplioit sa Majesté de se contenter dudit sermét, & de sa parole sans desirer ladite promesse par escrit, que sadite Majesté luy auoit fait demander, par ce que semblable obligatió escritte ne pouuoit apporter plus de seureté que la parolle, & foy d'vn homme d'honneur, & aussi qu'elle presupposoit quelque défiance.

Il supplia aussi sa Majesté, à cause de la peur & du soupçon que quelques vns des habitás de laditte ville, auoient de sadite Majesté, d'auoir agreable, & trouuer bon, que lors qu'elle entreroit en ladite ville, il luy pleust se contenter d'y entrer auec sa Cour, & noblesse sans autre force ou gens de guerre: protestant qu'il ne luy faisoit telle requeste pour luy prescrire son train, mais pour chasser, par ce

G ij

tesmoignage de sa bonne volonté, & confiance des cœurs desdits habitans, la crainte & la peur qu'on leur auroit imprimée de l'indignation de sa Majesté.

AYANT leu ladicte responce, estant à cheual, ie me resolus de m'arrester pour le faire entendre à sa Majesté, pource que ie sçauois qu'elle trouueroit mauuaises ces deux restrictions proposées par icelle, l'vne touchant ceste promesse, que sa Majesté auoit demandee, & l'autre de son entree en laditte ville d'Orleans seulement auec sa Cour, & noblesse, pour la deffiance que sa Majesté auoit dudict sieur d'Antragues, à cause des choses passees; ioinct que i'auois prins congé de sa Majesté, laquelle m'auoit commandé de monter à cheual, & partir sans voir personne: ie me resolus de porter à Paris ceste responce pour en conferer moy mesme auec le sieur de Dunes, & voir si ie pourrois faire changer lesdites restrictions.

SVIVANT quoy ie ne faillis à veoir ledit sieur de Dunes sur ce subiect, duquel i'apprins encore vne autre difficulté, que ie n'auois comprise par ladite responce, qui estoit, que sondit frere entendoit estre pourueu non seulement dudit gouuernement en chef du Duché d'Orleans, comme il sembloit qu'il ne pretendist autre chose par ladite responce, mais aussi du pays Chartrain, de Blois, Amboyse & Loudunois, tout ainsi & en la forme que mondit sieur le Chancelier estoit pourueu dudit gouuernement, dequoy ie fus fort estonné, &

marry, parce qu'il n'auoit iamais faict autre instance que d'estre deschargé de l'authorité & puissance que mondit sieur le Chancelier auoit sur eux, & que lesdits pays Chartrain, Blesois & Loudunois estoient separés du Duché d'Orleans: ie luy parlay aussi des deux autres poincts, mais ie ne peus rien conclurre auec luy, me disant que son aisné auoit tousiours creu que les choses passeroient comme il les expliquoit, & qu'il ne bailleroit pas volontiers ladite promesse par escrit, n'y d'introduire le Roy dedans ladite ville, pour la premiere fois, auec sa garde de gens de pied, mais qu'il feroit que sondit frere se trouueroit à Paris quand ie reuiendrois, auec lequel ie pourrois resoudre, & que de son costé il facilliteroit les choses. Voila donc à mon grand regret tout ce que ie peu faire auec ledit sieur de Dunes en ce premier voyage, pour le regard de ladite ville d'Orleans. ⸺ *de tout son pouuoir*

ESTANT retourné vers le Roy, que ie trouuay en la ville de Roüen, ie suppliay sa Majesté auoir agreable que ie luy rendisse compte de tout ce que i'auois faict, negotié & rapporté, en la presence de tous ceux de son Conseil, tout ainsi que ce qui s'estoit passé à Paris, auoit esté traicté en la presence de la Royne sa Mere, de la Royne & de tous ceux qui estoient aupres de leurs Majestez, pour l'importance de la matiere, & pour ma descharge, ce que sa Majesté m'accorda.

DE sorte que ie fis rapport à sadite Maiesté en plein conseil, de tout ce qui s'estoit traicté, leur representant par escrit les demandes desdits Princes,

& de leurs adherans, ensemble ce que nous leur auions respondu & remonstré sur icelles en les receuant: sa Majesté fit escrire son intention sur chacun article d'icelles audit cõseil par monsieur Bruslart, ce qui me seruit d'instruction au second voyage qu'elle me commanda de faire pour poursuiure ladite negotiation.

SEVLEMENT ie rendis compte à part à sadite Majesté, de ce que i'auois appris du pouuoir que la Royne sa mere luy auoit escrit, que l'on demandoit qu'elle donnast à monsieur de Guise sur les armees de ce Royaume, conioinct à son estat de grand Maistre, que l'on presupposoit deuoir estre accordé auec les mesmes functions & authoritez d'vn Lieutenant general, ou Connestable de France, desquelles charges sadite Majesté me commanda de luy representer les prouisions, & pouuoirs ordinaires, pour en mieux iuger & ordonner, afin de n'en faire legerement: & parce qu'au moyen de nostre deslogemẽt de Paris en haste, ie ne m'estois chargé de mes registres ordinaires, où estoient lesdits pouuoirs, sa Majesté me commanda de les luy apporter quand ie reuiendrois, & cependant dire à la Royne sa Mere, pour aduancer tousiours ceste negociation, de laquelle l'on disoit sous main, que l'on ne tireroit iamais le bon mot de M. de Guise, qu'il ne sceust ce que le Roy luy resoudroit, de faire pour son particulier, que sa Maiesté estoit fort contente de faire depescher audit Duc de Guise, vne declaration, portant pouuoir affecté à sa personne de commander comme grand Maistre sur les armees, dont on enuoyeroit puis apres la forme, sans s'expliquer dauantage: voila ce qui me fut baillé & ordonné par sa Majesté pour instruction particuliere & secrette sur ce faict, dont ie rendis compte à ladite Dame Royne mere du Roy à mon arriuee à Paris.

LE Roy ayant aussi entendu à part par moy les difficultez que m'auoit faictes ledit sieur de Dunes, au moyen de son frere pour le faict d'Orleans, les trouua mauuaises & mal-fondees; toutesfois me permit pour les surmonter de leur offrir, & accorder de sa part, & en pur don vingt mil escus, outre & par dessus ce qu'il leur auoit desia faict offrir.

EN ce deuxiesme voyage ie suiuis le mesme ordre que i'auois tenu au premier, toutes choses furent traictees, & debattues en plein conseil, & par escrit, pour le regard du general, dont les particularitez seroient trop longues à representer: mesme ie suppliay la Royne mere du Roy, d'y appeller Messieurs les Presidens de la Cour, qui s'y trouuerent vne fois: mais ceux ausquels nous auions à faire le trouuerent mauuais, de sorte que ladite Royne mere fut conseillee de ne les y appeller plus.

LADITE Dame fut d'aduis de n'engager point le Roy de promesse pour le regard dudit pouuoir de monsieur de Guise, mais seulement luy dire, que le Roy l'approcheroit de sa personne, & se seruiroit de luy dignement, estant la paix faicte ce qui fut suiuy.

Ledit sieur d'Antragues se trouua à Paris, où il se comportoit de telle façon auec Monsieur le Duc de Guise, que luy & les siens en auoient tresgrande défiance : ie parlay à luy, pour luy faire entendre l'intention & les raisons du Roy, sur les demandes & difficultez qu'il auoit faictes; dauantage ie luy fis offre pour luy & sondit frere, desdits vingt mille escus : mais ie le trouuay si resolu, & difficille à se contenter, que ie me departy d'auec luy tres-mal edifié, & m'en plaignis au sieur de Chemerault son cousin, qui estoit Lieutenant de sa cōpagnie des gés d'armes & depuis aux sieurs de Schomberg, & de Dunes, & ce qui m'en faschoit, & mettoit encores plus en peine, estoit que ie voyois Monsieur de Guise resolu de demander ladite ville d'Orleans pour ville de seureté, & de me faire la paix si elle ne luy estoit accordee, par où la pratique que i'auois auec ledit sieur d'Antragues, & tous les moyens de seruir le Roy, s'en alloient en fumee: toutesfois ie fus contrainct de partir de Paris sans rien conclurre auec ledit sieur d'Antragues.

Ie retournay vers le Roy, luy rendre compte de ce que i'auois negocié en ce second voyage, dequoy ie m'acquittay ainsi que i'auois faict la premiere fois, où toutes choses furent debattuës, representees, considerees, ordōnees & recueillies par escrit par le sieur Bruslart; entre autres choses ie fis entendre l'instance qu'on faisoit d'auoir Orleans pour ville de seureté, auec Bourges, & fut resolu & à moy baillé par escrit, qu'elles leur seroient accordees, si on ne les en pouuoit faire departir, les instructions.

structions qui me furent donnees, font foy de ce que dessus.

Ie receu à mon arriuee à Roüen vne lettre dudit sieur d'Antragues, par laquelle il me manda, qu'ayãt depuis mon partement mieux pesé ce que ie luy auois dit & remonstré de la part du Roy, il s'estoit resolu à cõdescendre à faire tout ce que ie luy auois dit, que sa Majesté vouloit de luy, & me prioit de mettre fin à ces affaires que i'auois si bien acheminees, s'en fiant, & reposant du tout sur moy, qu'il recognoissoit aymer plus son bien que luy mesme. Ce qu'il accordoit dõc estoit, d'accepter le gouuernement en chef du Duché d'Orleans, la lieutenance pour son frere, & vne cõpagnie de 50. hommes d'armes, & les vingt mil escus, & de bailler par escrit la promesse que le Roy auoit demandee: ce que ie feis entendre à sa Majesté, deuant qu'elle eust resolu ma depesche, pour sçauoir si à l'occasion du traicté dudit sieur d'Antragues, il aduenoit que nous ne peussions faire departir ceux de la ligue de la demande qu'ils faisoient d'auoir Orleans, pour ville de seureté, nous rõprions le traicté general de la paix, ce qu'elle me dit qu'elle n'entendoit pas.

Ie feis voir aussi à sa Majesté vn pouuoir de Cõnestable de France, & vn autre dũ Lieutenant general, representant la personne du Roy, par tout le Royaume: de ces deux pouuoirs, sa Majesté me cõmanda de tirer ce dont fut cõposé celuy qui fut baillé audit sieur Duc de Guise, que sa Majesté auoit faict lire, ou leu elle mesme, & corrigé par trois fois, cõme il appert par la minutte que i'ay re-

H

seruce : puis l'ayant mis au net, il le signa, & auec tout cela me r'enuoya à Paris, pour la troisiesme fois.

Ov ie me trouuay plus empesché que iamais, pour les difficultez nouuelles qui nous estoient faictes ; sur tout ie le fus pour le faict d'Orleans, car plus i'en voulois esloigner & destourner M. de Guise, plus s'y opiniastroit-il : ie proposay que le Roy dôneroit aux sieurs d'Antragues, & de la Chastre, la suruiuance de leurs gouuernemés pour leurs enfans, & que l'on ne rendist point ~~pour~~ villes de seureté celles d'Orleans & Bourges, qui estoient sieges d'Archeuesché, & d'Euesché, & que c'estoit chose qui n'auoit point encores esté faicte : & combien que telles ouuertures fussent plus aduantageuses, ~~&~~ pour le particulier desdits sieurs de la Chastre, & d'Antragues, & mesmes pour ceux de la ligue, toutesfois ils n'y voulurent entendre. Sur cela ie feis dire audit sieur de Dunes, que son frere & luy deuoient faire parler les habitans d'Orleans, & leur faire dire que ladite ville leur fut baillee *ne desirer* pour ville de seureté : Mais ie trouuay qu'ils auoient faute de credit enuers eux, pour leur faire faire ledit office : ie dis doncques alors qu'il falloit que ledit sieur d'Antragues feist les mesmes *la dite* protestations, & obtint que ceux de la ligue se departissent de leur demandes, puis que pour mes raisons ils n'en vouloient rien faire, & que nous estions accrochez à ce poinct, lesdits sieurs d'Antragues, & de Dunes ne furent d'aduis non plus de faire ladite protestation, de sorte que tous moyens & inuentions pour gaigner ce poinct me manquerent, ledit sieur de Schomberg sçait ce que ie luy en dis, & commenceant à dresser *en dressant* l'article, qui faisoit mention de l'octroy desdites villes, ie m'aduisay de le coucher de telle façon, que quelque iour il pourroit seruir de fondement d'y changer quelque chose.

AV troisiesme voyage nous demeurasmes d'accord de toutes choses auec ceux de la ligue pour ladite paix, & mesmes du faict du Haure de Grace, qui auoit esté demandé de surcroist pour eux, depuis le traicté le gouuerneur d'icelle s'estant ietté au party quelques iours deuant; de sorte que les articles de ladite paix, furent signez de part & d'autre, lesquels ie fus porter à sa Majesté qui les confirma & ratifia aussi-tost, après les auoir faict lire en son Conseil.

IE dis aussi à sa Majesté comme la Royne sa mere, & moy auec elle auions leu à M. le Duc de Guise, après l'accord & signature desdits articles, la minutte du pouuoir que sa Majesté auoit aduisé de luy accorder, lequel m'auoit donné charge d'en remercier sa Majesté, & neantmoins le supplier d'auoir agreable, qu'il ne l'acceptast point, ains seulement qu'il le seruist de son estat de grand Maistre, duquel il se sentoit fort honoré, ne luy demandant pour son particulier que l'asseurance de sa bonne grace, puis qu'il auoit pourueu au public, ainsi que luy deuoient plus particulierement faire entendre, Messieurs l'Archeuesque de Lion & de la Cha-

stre, qui deuoient le lendemain arriuer vers saditte Maiesté, laquelle me respondit resolu-
ment, qu'elle vouloit que ledit sieur de Guise print
ledit pouuoir, ce qu'elle confirma encores ausdits
sieurs, & escriuit vne lettre de sa main tres expresse
audit sieur de Guise, de laquelle furent porteurs
lesdits sieurs Archeuesque de Lion, & de la Chastre, & neantmoins lesdites lettres de pouuoir &
declaration ne furent mises au net, signees, seellees, ny deliurees audit sieur de Guise, que iusques
à leur entreuenue à Chartres, que quelques-vns en
auoient degousté sa Maiesté, & luy auoient faict
trouuer mauuaise l'authorité qu'elle auoit accordee par icelle audit sieur de Guise; les vns par ialousie qu'ils luy portoient, les autres parce que c'estoit
chose qui diminuoit aucunemét l'authorité & puissance de leurs Estats & la plus grande partie, parce
qu'ils cognoissoient que sa Maiesté ne pouuoit oublier le mal talent qu'il portoit audit Duc pour luy
complaire, l'animer & irriter dauantage cótre luy.

qu'elle

De façon que sa Maiesté mit vn iour en deliberation de retrancher ledit pouuoir, deuant que de
le deliurer, dequoy elle fut desconseillee, par ceux
ausquels elle en parla; qui luy remonstrerent, que
puis que c'estoit chose qu'elle auoit desia accordee
audit Duc pour vn bien de la paix, que la coppie luy
en auoit desia esté leuë & baillee, elle n'en pouuoit
rien oster sans faire tort audit Duc, & à la foy donnee pour ladite paix, qui auoit trop cousté à faire,
& dont l'obseruation importoit grandement à ses
affaires; ioint que ledit Duc qui sçauoit les trauerses

qu'on luy donneroit en ce faict, se laissoit desia di- *entendre*
re n'auoir peu faire que à l'appetit de tels enuieux,
on ne luy feist receuoir telle escorne : surquoy sa
Majesté se resolut, & commanda ledit pouuoir e-
stre deliuré audit Duc de Guise, comme il fut fait;
mais on a dit depuis qu'elle fit ce commandement
auec tel regret, qu'elle resolut deslors de chasser
d'aupres d'elle, ceux qui luy auoient donné tel conseil, & ne l'auoient secondée en la volonté qu'elle
auoit de le retrancher.

Il faut noter encores de ce traicté, que iaçoit
que les principales & plus aigres plaintes que ceux
de la ligue auoient faictes de leurs mescontentemens, & ausquels ils requeroient plus viuement
estre pourueu, eussent esté fondées sur la personne,
l'auctorité, & les charges dudit Duc d'Espernon,
comme il appert par leurs escrits ; toutesfois, d'autant que sa Majesté me l'auoit ainsi recommandé,
& enioint tres-expressement, ie fis tant, qu'en tout
ce qui fut mis par escrit, il n'en fut fait aucune
mention, mais que l'on se contenta de remettre à
sa Majesté d'y pouruoir elle mesme, come elle leur
auoit fait dire, & promettre qu'elle feroit ; de- *autre*
quoy, certes il faut que ie die, que ie trouuois ledit
sieur de Guise plus fauorable, & moderé que nul
autre, non pour en auoir occasion, que pource que
ie luy auois remonstré qu'il feroit en ce faisant seruice tres-agreable au Roy.

Les Deputez de ladite paix, tesmoigneront
assez le deuoir que ie feis, & le soin que i'en eus,
pour l'honeur & l'obeyssance que ie portois à tous

H iij

les commandemens de sa Majesté, & pour le desir que i'auois aussi d'esteindre toutes les estincelles, qui pouuoient seruir auec le temps à r'allumer le feu de discorde entre ses subiects & seruiteurs catholiques, pour la consideration seule de l'honneur de Dieu & du seruice de sa Majesté, dont dependoit le bien du Royaume.

ET toutesfois ie fus souuent aduerty durant la negociation de la paix, & depuis la conclusion d'icelle, que ledit Duc estoit tres mal-content, & iusques-là qu'il escriuit à quelqu'vn de ses amis en Cour, qu'il m'en feroit repentir & perdre la vie; dequoy ie ne m'esmeus gueres, parce que ie sçauois bien qu'il n'auoit occasion quelconque de se prendre à moy, de ce qui s'estoit passé, ny de la défiance de son Maistre, qui estoit ce qui l'irritoit le plus, d'autant que ie n'auois esté que ministre de sa Majesté, à tres-bonne fin & intention, & mesme que i'auois eu tel soin de sa reputation, qu'il n'auoit esté rien escrit contre luy, & aussi que ie me confiois que i'auois pour bon tesmoin & protecteur de mon innocence, sa Majesté qui sçauoit comme toutes choses auoient passé.

LE Roy estant à Vernon, par où il passa reuenant de Roüen à Mante, où se deuoient trouuer les Roynes, m'enuoya querir exprés, pour se plaindre d'vn aduis qui luy auoit esté donné, que ledit Duc d'Espernon se vouloit aller ietter dedans la ville d'Angoulesme pour s'en saisir, & me commanda d'escrire des lettres en son nom au sieur de

Tayan, aux habitans de la ville, au Lieutenant general d'icelle, & au Capitaine de la Citadelle, de ne receuoir personne en ladite ville qui leur peust donner loy, de quelque qualité qu'il fust, iusques à ce qu'il leur apparust d'vn commandement de luy posterieur ausdites lettres, que sa Majesté au defaut d'vn valet de chambre, commanda d'enuoyer par courrier exprés, comme ie fis incontinent & fidellement, ainsi que i'auois accoustumé, les commandemens de sa Majesté.

LE courrier arriua à Angoulesme trois iours aprés que ledit Duc y eust esté receu, auquel les lettres du Roy furent portees, dont il s'irrita & s'offença grandement, & s'en print à moy, disant que i'auois esté autheur desdites lettres, & en fit vne tres-grande plainte à sa Majesté, qui luy manda les auoir commandees & les raisons qui l'auoient meu à ce faire. Lesdites lettres ayant esté veuës du Maire & des habitans d'icelle ville, furent cause qu'ils depescherent bien-tost aprés l'vn de leurs citoyens beau-frere dudit Maire en Cous, lequel eut charge de s'addresser à moy, par ce que ladite ville d'Angoulesme, estoit de mon departement, que les lettres derhieres que le Roy leur auoit escrites estoient contresignees de moy, aussi qu'ils auoient quelque creance en moy pour m'auoir tousiours recogneu tres-affectionné à leur bien, & au seruice de sa Majesté, il se presenta come nous estions à Chartres, & me dit que lesdits Maire & Escheuins ayans veu lesdites lettres de sa Majesté estoient entrez en doute, si c'estoit son intention ou non que ledit Duc d'Espernon fist sa residence en leur ville, en laquelle ils protestoient qu'ils ne l'eussent iamais receu, s'ils n'eussent pensé faire seruice à sa Majesté, comme ledit Duc leur auoit faict apparoir par vn pouuoir que sa Majesté luy auoit donné de commander en leur ville & au pays: & qu'il auoit esté depesché exprez par eux pour en estre esclaircis, d'autant que si sa Majesté ne trouuoit bon ce qu'ils en auoiét faict, ils pourroient encore reparer leur faute en fermant la porte de leur ville vn matin, qu'il seroit sorty dehors pour aller courre la bague, comme il faisoit souuent, laissant la garde des portes ausdits habitans, qui estoient beaucoup plus forts dans la ville, que n'estoit ledit Duc auec tous ses gens, & qu'ils pouuoient aussi pour mieux asseurer & executer ladite entreprise, se saisir de la personne du Capitaine de la Citadelle, sinon la circuir, & enuironner par dehors par vn bon nombre de Gentils-hommes du pays qui estoient à leur deuotion, afin de garder que le secours n'y entrast, pendant qu'ils forceroient ladite Citadelle par le dedans de la ville, comme ils disoient pouuoir faire facilement. Ayant entendu ce propos, ie luy demanday qui il estoit, & s'il auoit quelques lettres, & m'ayát doné cognoissance de sa personne par le moyen du courrier qui auoit porté à Angoulesme les susdites lettres de sa Majesté, & sur ce, dit qu'il ne s'estoit osé charger d'aucunes lettres, de peur d'estre prins en chemin: Ie luy dis que l'ouuerture qu'il m'auoit faicte de l'occasion de son voyage, estoit de telle importance, qu'il estoit necessaire.

cessaire que i'en parlasse au Roy auant que d'y respondre, & partant qu'il eust à me venir trouuer le lendemain de bon matin.

IE fus le soir mesme trouuer sa Majesté, tant pour la remercier de ce que la Royne sa mere m'auoit dit qu'elle luy auoit accordé, & promis de me descharger de l'exercice de mon office de Secretaire des commandemens, suiuant la supplication que ie luy en auois faicte, ainsi que ie diray cy-apres, auec tout ce qui s'est passé en ce faict; que pour luy faire entédre les propos que m'auoit tenu ledit habitāt d'Angoulesme, lequel sa Majesté fist demonstration d'escouter volontiers pour le mescontentement qu'elle auoit, de ce que ledit Duc estoit allé en ladite ville, ainsi que sa Majesté disoit, contre son commandement, se promettant d'en auoir sa raison, par lesdits habitans. Et en ce faisant, faire paroistre & sentir audit Duc & à tous autres, combien vn Roy a les bras longs, & est foible toute autre puissāce en son Royaume sans la sienne, me disant qu'il vouloit parler luy-mesme audit habitant, sans que personne en sceust rien; Dont il me chargea expressément, & à ceste fin le luy amener le lendemain de bon matin cōme ie fis.

ET l'ayant introduit dans le cabinet de sa Majesté, où il n'y auoit personne que moy, il luy rapporta & confirma les mesmes propos qu'il m'auoit tenus de la part desdits Maires & habitans, desquels sa Majesté luy declara estre fort cōtente, & leur sçauoir tres-bon gré, luy disant qu'elle les auoit tousiours recogneus tres gens de bien, aymās Dieu, &

I

son seruice, & qu'elle loüoit la resolution qu'ils a-
uoiét prise d'éuoyer deuers elle pour estre esclaircis
de la volonté sur l'entree & demeure dudit Duc en ladite ville; laquelle sa Majesté vouloit qu'ils sceussét
luy auoir esté desagreable, comme ayant esté entreprise par ledit Duc contre son cómandement, & en
saison qu'il auoit eu occasion de se deffier de luy &
de ses actions; parce qu'il monstroit estre par trop
indigné, de ce que sa Majesté auoit fait la paix : par
laquelle elle auoit accordé qu'il se despoüilleroit
d'vne bône partie de ses charges, & specialemét des
gouuernemés qu'il auoit, & qu'il sébloit que Dieu
auoit conduit expressement ledit Duc en ladite ville, & auoit enuoyé à sadite Majesté ceste occasion,
pour luy donner moyen de pouruoir à ce coup, puis
que ledit Maire & habitans auoient le moyen & la
volonté d'executer ce qu'elle leur commanderoit:
Mais que ce n'estoit assez faire pour son seruice
que de chasser & faire sortir ledit Duc d'Espernon
de ladite ville, comme il luy auoit proposé, qu'il
falloit que lesdits Maire & habitans ses bons subiects & seruiteurs se saisissent de luy sans toutesfois faire mal à sa personne, afin que le tenant
en sa disposition, il peust recouurer ses villes de
Mets & de Boulongne, qu'il ne vouloit rendre,
& le faire contenter du gouuernement de Prouence, qu'il auoit aduisé de luy laisser. Quoy faisant
lesdits Maire & habitans luy feroient ensemble à la
religion Catholique & à tout son Royaume, vn
seruice tres-signalé, que sa Majesté reconnoi-
stroit à iamais, luy demandant si lesdits habitans

n'auroient pas le courage & le pouuoir de luy faire ce seruice, qu'il auoit tres à cœur, & qui leur importoit aussi grandement; parce que si ledit Duc demeuroit long temps en leur ville, tout ainsi qu'il s'entendoit auec le Roy de Nauarre & les huguenots, il estoit à craindre qu'il ne les mist auec le téps entre leurs mains, qui estoiét leurs ennemis. A quoy il luy fut respódu par ledit habitát, que lesdits Maire & ses concitoyens auoient tousiours eu le courage de mourir pour executer ses cómandemens, lesquels il leur rapporteroit tres-fidellement, & que sa Majesté en oiroit bien-tost parler. Et comme il auoit esté enuoyé sans apporter aucune lettre, il fut aussi renuoyé sans en reporter & print congé de sa Majesté en ceste façon, laquelle luy commanda de desloger à l'heure mesme, afin de n'estre descouuert.

TOVTESFOIS ledit habitant me vint encore trouuer en mó logis, pour me dire, que depuis estre party d'aupres du Roy, il auoit mieux examiné & consideré le commandement que sa Majesté luy auoit commis, lequel il craignoit ne pouuoir estre executé sans coup ferir, d'autant qu'il estimoit que ledit Duc se mettroit en deffence, quand on le voudroit prendre. Quoy aduenant, il desireroit volontiers sçauoir ce qu'ils auroient à faire contre ledit Duc. A quoy ie luy respondis; que c'estoit chose qu'il deuoit auoir demandée luy-mesme à sa Majesté, quád elle luy auoit faict ledit cómandemét. Mais ce que ie luy pouuois dire sur ce, estoit que le Roy luy auoit expressément cómandé ne fai-

I ij

re aucun mal à la personne dudit Duc: de sorte que i'estimois, quád à moy, que s'ils ne s'en pouuoient saisir sans crainte d'estre offensez, ou de l'offencer, qu'il seroit plus à propos qu'ils se contentassent de luy fermer la porte de la ville, lors qu'il en seroit hors, comme il auoit proposé qu'ils pouuoient facilement & sans danger de personne, ny de leur ville, qui estoit tout ce que ie luy pouuois dire sur la difficulté qu'il m'auoit proposée; & que s'il en vouloit derechef parler au Roy, pour en estre mieux esclaircy & asseuré, que i'en aduertirois sa Majesté. Sur quoy m'ayant dit qu'il craignoit que son sejour le fist descouurir, il se resolut de s'en aller.

Voyla la verité de tout ce que i'ay sceu & a passé par mes mains touchant ce faict, & fais iuges mes amis & tout le monde, si ie m'y pouuois conduire autrement; s'estant ledit habitant addressé à moy, comme il auoit faict.

Ie ne veux point parler de ce qui est aduenu de ladite entreprise, des propos qui ont esté tenus sur le subiect d'icelle: mais ie veux bien croire & ose dire auec verité, que ledit Duc d'Espernon a depuis suffisamment recogneu par diuers effects & tesmoignages, que la mal-veillance que le Roy luy portoit, ne procedoit de moy, ny de mon inuention & persuasió, dont aussi i'appelle Dieu à tesmoin. Veritablement i'ay souuent blasmé plusieurs choses que ledit Duc faisoit quand il estoit aupres du Roy, & ne les ay teuës à luy mesme: Et pleust à Dieu qu'il eust voulu croire Monsieur de Belliéure & moy; ie suis asseuré que le Roy, le Royaume, &

luy-mesme s'en fussent beaucoup mieux trouuez qu'ils n'ont faict, & ne feront de ce qui est aduenu: mais les flatteurs, qui sont les vrayes pestes & ennemis des Roys, & des grands, l'ont tousiours emporté par dessus les gens de bien; tant est forte & puissante l'industrie conioincte à la nature.

ESTANT à Chartres, ie receus encores vne lettre dudit sieur de Dunes par les mains du sieur de Schomberg du 27. de Iuillet, par laquelle il me mandoit m'enuoyer la promesse susdite de son aisné, & de luy, que ie leur auois demandee de la part du Roy, & ne l'auoit peu recouurer que depuis deux iours. Et afin que l'on sçache qu'il n'estoit point si mal content de ce que i'auois faict & poursuiuy pour son frere & pour luy en ceste occasion, comme l'on m'a voulu depuis faire croire, qu'il l'auoit publié; i'ay bien voulu icy transcrire la mesme lettre dudit sieur de Dunes, pour me seruir de descharge où besoin sera, & à luy de responce s'il s'est plaint de moy.

S'ENSVIT DONC LA TENEVR de ladite Lettre.

MONSIEVR, mon beau-pere s'en retournant trouuer le Roy, ie l'ay supplié de se charger de la promesse que vous auez desiré de mon frere d'Antragues, laquelle i'ay depuis deux iours recouuerte, & la vous presente auec ceste lettre, que vous receurez s'il vous plaist, pour me ramenteuoir en vostre bonne grace, & vous asseu-

I iij

rer de la fidelle volonté que i'ay de vous faire seruice, & non pour vous importuner & presser de l'effect que vous nous auez à tous deux procuré; vous priant tres-humblement de croire, que si tous les bons offices qu'auez departis à beaucoup de personnes de toutes qualitez, auoient rencontré des ames aussi peu ingrates, que le seront pour iamais enuers vous celles de deux freres, que ie ne sçache seigneur en France, qui ait plus acquis d'amis & de seruiteurs, ny qui en eust de plus affectionnez que vous, M. à qui i'espere pour mon particulier, faire cognoistre que l'obligation que ie vous ay iointe à l'ancienne inclination & deuotion que i'ay euë toute ma vie à vous faire seruice, vous à acquis sur moy toute l'authorité & comandement que vous sçauriez desirer : dequoy ie me promets que Dieu me fera la grace quelque iour de vous en rendre tesmoignage. Ie n'ay mis que le mois en ladite promesse, ayant laissé le iour en blanc, afin que come vous le trouuerrez le plus à propos, vous comàdiez qu'elle soit réplie, ayāt faict entendre sur ce suiet l'opinion de mōdit frere, à M. de Schōberg laquelle il vous descouurira : voulāt finir apres vous auoir tres-hūblemét baisé les mains pour prier Dieu.

Monsieur, qu'il vous donne en santé tres-heureuse & longue vie. De Paris, ce 27. Iuillet 1588.

PAR ceste lettre escritte apres la conclusion & publication de la paix, apportée par ledit sieur de Schomberg qui auoit assisté ladite negociation & auoit veu & sceu tout ce que i'auois traicté auec ledit sieur d'Antragues & son frere, chacun peut iuger s'ils estoiét mal satisfaicts de la peine que i'auois prinse pour eux, ou non. A la verité aussi s'il y a eu faute en ce faict, elle a plus procedé de l'irresolution dudit sieur d'Antragues, & de la deffiance que ses actions passees luy faisoient auoir de la volonté du Roy en son endroit, & particulierement du peu de pouuoir, & peu de credit qu'il auoit dans la ville d'Orleans, que d'autre chose.

LEDIT sieur de Dunes arriua en ladite ville de Chartres, bien-tost apres que ladite lettre m'eut esté baillee par ledit sieur de Schomberg, accompagnant encore feu M. de Guise, & me vint parler, & me le feist aussi commander par le Roy, de parler à M. le Chancelier, pour auoir sa procuration du gouuernement du Duché d'Orleans, en faueur de son frere, & la luy faire remettre entre les mains du Roy, afin que sondit frere en peust estre pourueu. Veritablement ie luy dis, qu'il me sembloit pour le seruice du Roy, & le bien particulier de son frere, & le sien ; qu'il ne deuoit encores poursuiure laditte prouision, parce que i'estimois que ceux de la ligue s'y opposeroient: d'autant que ladite ville leur auoit esté delaissee pour leur seureté; quoy faisant le Roy seroit contrainct passer par dessus leurs oppositiõs ou bien y acquiescer, & que de l'vn & l'autre party qu'il choisiroit, il pourroit plus aduenir de mal que de bien: parce qu'ils diroient, que sa Maiesté commenceroit desia de contreuenir à la paix si elle gratifioit ledit sieur d'Antragues dudit gouuernement malgré eux : estant ainsi que la condition d'vne ville de seureté, tiroit apres vne consequence, que ceux qui y commandoient fussent agreables & confidens à ceux ausquels elle auoit esté delaissée & accordée par cét effect, dequoy sa Majesté se pourroit trouuer en peine, n'estant à propos n'y vtile, si fraischement apres estre sorty d'vn mal, tel qu'estoit celuy où nous auions esté, que nous entreprissions de faire chose qui nous y plongeast, incertains du bien qui en succederoit : que s'il aduenoit aussi que sa Maiesté pour le bien general de ses affaires, fust contraincte de ne faire expedier ledit gouuernement audit sieur d'Antragues, & à luy la lieutenance, que les dommages & la honte en tomberoient principalement sur eux, lesquels se seroient descouuerts tres-mal à propos pour eux, & le seruice du Roy, luy remonstrant pour conclusion, qu'il ne deuoit encore à mon aduis faire ladite poursuite, en luy offrant & à sondit frere la continuation de mon seruice & assistāce, lors que ie verrois qu'il seroit à propos de remuër ceste pierre pour le seruice du Roy, & leur contentement. Ie m'apperceus que ledit sieur de Dunes n'auoit si bien pris le propos, comme certainement ie le luy disois de cœur & d'affection que ie luy portois, & à toute sa maison : & parce que ie partis de la Cour deux iours apres, pour venir en ma maison, ie ne puis respondre de ce qui s'est passé depuis, pour ce regard, n'ayant eu cognoissance ny communication quelconque d'vn certain breuet, qui s'est trouué expedié dudit faict, & fais vn chacun iuge, si i'ay deu estre blasmé de la façon, de laquelle ie me suis conduict en cest affaire : & si lesdits sieurs d'Antragues &

& de Dunes ont esté bien fondez de s'en plaindre, i'ay dequoy prouuer & verifier tout ce qu'en i'en ay cy deuant dit: l'on peut iuger aussi par l'issuë qu'a eu la precipitation desdits sieurs d'Antragues & de Dunes en la poursuitte dudit gouuernement, si i'auois raison ou non, de les en diuertir, tant pour le seruice du Roy, que pour leur propre bien.

Il y auoit quelque temps, que ie desirois me faire descharger, sinon du tout, au moins en partie du labeur & du trauail ordinaire de la charge que i'exerçois, tát pource que ma santé n'estoit si bonne & asseurée depuis auoir eu la fieure quarte, qu'elle estoit deuát, que pource qu'il me sébloit qu'à cause de la multitude & diuerses sortes d'affaires, dót i'estois surchargé, sa M. n'estoit si bien & diligémment seruie en toutes choses que ie desirois, son seruice & le bien de ses affaires m'ayant tousiours esté recómandé plus que toute autre chose. Et faut que ie confesse que ce mien desir se fortifia & augmenta grandement, dés lors que ie vis qu'il auoit esté permis audit Duc d'Espernon de m'outrager en la presence du Roy, sans raison ny fondement, ayant esté toute ma vie aymé, & protegé de mes maistres en les seruant fidellement, & ce qui m'auoit encores plus piqué, c'estoit que ledit Duc m'auoit accusé & reproché en la presence de sadite Maiesté, que i'auois faict, & faisois en ses affaires tout ce que ie voulois, sans que sa Maiesté sceust rien de tout ce qui se passoit, dont elle auoit faict si peu de cópte de me faire raison, que par là ie iugeay, ou que sa Maiesté le croioit ainsi, ou qu'elle estimoit fort

K

peu la reputation & l'honneur d'vn hôme de bien, qui estoit ce qui m'estoit le plus cher, & me faisoit bien souuent quitter le manger, le boire & le dormir pour la bien seruir.

Ie m'estois quelquesfois descouuert de ce mien desir à aucuns de mes principaux amis & parens, pour y estre fortifié de leur cósentement & assistáce; mais ils m'en diuertissoiét tousiours plustost qu'ils ne m'y confortoiét tous, pour l'affection qu'ils me portoient, n'estimát pas que ce fust mó bien de me retirer si tost de la Cour, quelques vns pour leur interest, & les autres, parce qu'ils me faisoient cest hóneur de croire que i'estois encores vtile en ma charge pour le seruice du Roy; Toutesfois plus i'allois en auant, & consideroisles choses qui se passoient, en ce Royaume & à la Cour, & celles qui se preparoient, cette enuie m'augmentoit dauantage.

Ce qui me meut au second voyage que ie fis à Paris pour la paix d'en parler à M. de Villequier, & le prier de me conseiller, & secourir en ceste occasion vers la Royne mere du Roy, aupres de laquelle ses lógs seruices luy auoiét acquis authorité & creáce, en quoy ie le trouuay de sa grace tres-disposé, & en parla à ladite Dame; laquelle il trouua tres-desireuse de me faire tout plaisir, suiuant sa bonté accoustumee enuers ses creatures, telles que i'estois.

Monsieur de Villequier m'ayant asseuré de la bonne volonté de ladite Dame, i'en remerciay sa Maiesté, & la suppliay d'en faire naistre le fruict; quand elle reuerroit le Roy son fils: la suppliant de croire que ie ne pretendois demander autre recópense du seruice que ie luy auois faict, & pretendois faire tât que ie viurois, que ladite permissiõ de me descharger de mon office, & de me retirer en ma maison, auec la bonne grace de leurs Maiestez, & en leur protection.

MAIS côme à la Cour on interprete plustost en mauuaise part qu'en bonne, les actiõs d'vn chacun, & ne peut-on croire qu'vn courtisan, qui a esté employé aux affaires publiques, auec honneur & dignité vueille iamais de son bon gré s'en departir, sinon à dessein d'obtenir mieux: ladite Dame Royne, & plusieurs autres qui ouyrét parler de ceste miéne deliberation & poursuitte, creurent incontinent, ou que ie ne parlois à bon escient, ou que i'auois quelque autre pretétion, dõt ie ne me descouurois, qui fut cause que ie dis à ladite Dame, que s'il plaisoit à leurs Maiestez m'octroyant ma requeste estre encores quelquesfois seruies de moy à la Cour, ie receurois à grand honneur qu'il luy pleust m'accorder, qu'estát à leur suitte i'entrasse en leur cõseil d'Estat, & en celuy de leurs affaires sinon, ainsi que faisoit mon grand pere en celles du Roy François I. au moins cõmme ie faisois tous les iours; dequoy madite Dame me promit de faire requeste à sa Maiesté.

ELLE en parla à sa Maiesté à Mante, où leurs Maiestez se virent la premiere fois apres que la paix fut accordee, toutesfois elle me dit qu'elle n'auoit peu obtenir du Roy qu'il me permist de me descharger de l'exercice de mondit office sans m'en dire autre raison: & parce qu'elle s'en retourna de là à Paris querir Messieurs le Cardinal de Bourbon &

Duc de Guise, elle me promit qu'elle en parleroit derechef, lors que sa Maiesté seroit à Chartres, *où elle se deuoit bien tost rendre.*

Ce qu'elle fit d'elle mesme & sans en estre par moy sollicitée, ainsi qu'elle me fit l'honneur de me dire, & qu'elle auoit tát pressé le Roy qu'il m'auoit accordé ma requeste, dont ie fus tres-ioyeux.

Et fus dés le soir trouuer sa M. pour l'en remercier, & luy faire entédre les raisós qui me mouuoiét à faire ladite poursuitte. Ce fut le soir mesme, que i'ay dit cy dessus que ie la fus trouuer pour luy parler de la venuë du beau-frere du Maire d'Angoulesme. Soudain que sa Maiesté m'apperceut dás sa chábre m'appella, & sans me dóner loisir de parler à elle, cóméça à me dire la priere que la Royne sa Mere luy auoit faicte pour moy, cóme elle luy auoit respódu à la fin, qu'elle desiroit tát faire pour moy, & mesme en sa cósideration, qu'elle códescendroit & accorderoit tousiours tres volótiers tout ce que ie desirerois, tát en ceste occasion qu'en toutes autres : mais aussi qu'il falloit que i'eusse esgard à son seruice, qu'elle auoit à present plus gránd besoin de ma presence en ma charge, qu'elle n'eut iamais, & mesmes en ses estats, qu'elle alloit tenir, où l'on traicteroit des affaires tres-importantes à sa personne, & à son estat, me dónát courage par ses parolles, pleines de tres gráde cófiáce & affectió, de cótinuër à la seruir audit estat: surquoy ie luy representay les raisós qui me cótraignoiét à faire ladicte poursuitte, suppliant sa M. de ne croire que ce fust en intétion de quitter só seruice, ny de demeurer inutile, & mesmes en l'assemblee des estats, en laquelle ie luy promettois me trouuer, & la seruir de *tout* mon pouuoir; que i'estois de ceux qui seruoient de cœur & affection sa Majesté, cóme i'y estois tres-obligé, & partát que ie voulois mourir à ses pieds, si telle estoit sa volonté, pourueu que ie fusse deschargé du faix trop pesát de l'exercice de ma charge qui commençoit à m'estre insupportable. Et voyant que ie ne pouuois obtenir que sa Majesté m'en deschargeast entieremét, comme ladite Dame Reyne m'auoit dit qu'elle luy auoit accordé, ie m'aduisay au moins de la supplier me permettre que ie m'en deschargeasse d'vne bonne partie sur le sieur de l'Aubespine secretaire de ladite Dame auquel sa Majesté auoit desia en ma faueur accordé & faict expedier la suruiuance d'iceluy, & que nous peussions ensemble estans à la Cour, expedier & signer ses commandemens affin que ie fusse soulagé : ce que sa Majesté m'accorda tres-volontiers, me commandant d'en faire expedier telles lettres que ie cognoistrois estre necessaire, comme ie feis incontinent, & luy en presentay la minute, affin qu'il luy pleust de la voir, & considerer à part, pour la faire apres changer, ainsi qu'il luy plairoit, saditte Majesté retint, & garda trois iours ladite minute, auant que de me la rendre, puis me dist qu'elle l'auoit trouuee tres-bien en la sorte, & que i'eusse à la faire mettre en forme & expedier. Et par ce que la grace que le Roy m'auoit faicte fut incontinent diuulguee & sceuë d'vn chacun, le sieur de Beaulieu Ruzé, qui pretendoit tousiours d'estre faict quelque iour Secretaire d'Estat s'en pleignit à sa Majesté, ainsi qu'il luy pleut me dire elle mesme, & qu'elle auoit tres-volontiers permis audict Ruzé, de se retirer en sa maison, & se défaire de tous ses offices, sur l'instance qu'il luy en auoit faicte, fondee sur le m'escontentement, qu'il auoit de ce que sa Majesté m'auoit accordé, encores qu'elle luy eust faict cét honneur de luy remonstrer, & faire entendre qu'il n'auoit aucune cause de ce faire : d'autant qu'elle ne creoit vn office nouueau, comme il s'estoit persuadé, mais me donoit moyen seulement de me soulager, me faisant sa Majesté paroistre se soucier fort peu de la retraicte dudit Ruzé, puis qu'il s'estoit si legerement, & mal à propos desbandé.

AVDIT temps le Roy me fit encores vne autre faueur, par laquelle il luy pleut me tesmoigner sa bonne volonté, & le soin qu'elle auoit de moy & des miens. Ce fut sur l'instance tres-grande que la Reyne sa mere luy faisoit en faueur de Madame de Nemours & de Monsieur son fils, pour le gouuernement de Lyon, duquel on requeroit sa Majesté qu'il luy pleust rafraischir la promesse autresfois faicte audit sieur de Nemours : à quoy saditte Majesté ne se voulut engager, se souuenant de ce qu'elle en auoit accordé à feu Monsieur de Mandelot & à moy pour mon fils en le mariant auec la fille aisnee dudit sieur de Mandelot, sans en auoir au preallable mon aduis & consentement. Pour cette cause non seulement elle m'en parla en la presence de ladite Reyne sa mere, où ie leur dis que si leurs Majestez cognoissoient que ce fust chose qui leur tournast à seruice, que d'asseurer mondit sieur de Nemours dudit gouuernement, que pour ce qui me concernoit particulierement & môdit fils aussi, ie me remettois à elles d'en disposer à leur discretion & volonté, les suppliant seulement d'auoir esgard aux merites & seruices dudit sieur de Mandelot, & au besoin que leurs affaires auoient, qu'il n'eust occasion de se plaindre : Mais aussi sa Majesté voulut que ie veisse à part & mesme reformasse selon mon aduis le breuet qu'on luy en demandoit, affin qu'il ne feust rien escrit, ny ordonné par iceluy, qui obligeast sa Majesté à autre chose, qu'à ce qu'elle auoit promis par le premier susdict breuet, qui auoit autresfois esté depesché par elle pour cet effect du consentement mesme dudit feu sieur de Mandelot, ainsi que ie feis, sans que personne en sceust rien que sa Majesté, de laquelle ie pris congé deux iours apres pour me venir rafraischir en ma maison, apres luy auoir promis de me rendre à Blois deuant l'ouuerture desdicts Estats, suiuant son commandement. Et faut que ie die que ie ne m'estois iamais departy d'aupres de sa Majesté, & de la Cour auec tant d'asseurance de la bonne grace, satisfaction & protection d'icelle, que ie feis lors ; ce fut le vintg-troisiesme du mois d'Aoust, 1588.

1588.

ET neantmoins le huictiesme du mois de Septembre ensuiuant, le iour de la nostre Dame estant en ma maison de Villeroy, ie receus au matin par Benoise la lettre & le commandement de sa Majesté, par laquelle elle me deschargeoit de mon office, & de son seruice ; & toutesfois me promettoit de me faire plaisir en autre chose : i'appris dudit Benoise qu'il auoit porté pareille depesche à Mess. le

Chancelier, de Bellieure, Bruslart & Pinart, & qu'ils auoient desia quitté la Cour sans voir le Roy ny prendre congé de luy.

IE laisse à penser à mes amis, si i'eus occasion ou non, de m'esmerueiller d'vn tel changemét & inopiné cómandement, lequel neantmoins ie receus auec la reuerence que ie deuois, fortifié & consolé de la sinceritè de mes comportemens: ie m'enquis seulement dudit Benoise, si le Roy ne pretendoit point faire de difference de ceux qui auoient bien versé & seruy, d'auec les autres, & luy dis, que s'il luy plaisoit de suiure ce chemin là, qu'il feroit beaucoup pour son seruice, & pour les gens de bien.

ET m'ayant demandé responce, ie l'escriuis, & la luy baillay sur le champ, telle que la deuoit faire vn seruiteur tres-fidelle & obeissant à son maistre; adioustant seulement de bouche, que s'il eust pleu à sa Majesté me laisser sortir de la Cour, par la porte à laquelle i'auois tant heurté deuant que d'en partir, sans me faire sauter par les fenestres, qu'elle eust mis mon esprit en grand repos, comme i'esperois, moyennant la grace de Dieu & le congé qu'elle me donnoit, d'y mettre le corps.

I'AVOIS faict venir de Lyon en ces quartiers mondit fils expres, parce que M. le Duc de Mayenne ayant à dresser vne armee pour seruir en Dauphiné contre les Huguenots, il sembloit que ceux de son aage ne se pouuoient bonnement excuser estant voisins dudit pays, ce que ie ne voulois qu'il fit, sans que le Roy luy commandast pour ma descharge & pour la sienne, à cause du lieu que ie tenois au nois au seruice de sa Majesté, m'estant tousiours estudié de la seruir fidellement; mais aussi de ne luy donner aucune cause de suspicion de mes actions, & de tout ce qui dependoit de moy: Ce que ie diray en passant m'auoir meu dés le commencement à nourrir mondit fils prés de Messieurs de Longueuille; Princes que ie cognoissois, & par l'exemple de feu M. leur pere, & par l'instruction que leur donnoit Madame leur mere, ne viser qu'au pur seruice du Roy, & auoir leur grandeur attachee à la prosperité des affaires de sa Majesté, à quoy ladite Dame sçait & tesmoignera tousiours le deuoir que i'ay faict de la conforter, toutes & quantesfois qu'il s'est presenté occasion de ce faire.

I'AVOIS doncques enuoyé mondit fils deuers sa Majesté pour receuoir ses commandemens sur l'occasion susdite, lequel arriua à Blois le iour mesme, ou le lendemain que les commandemens de nos congez furent portez à messieurs du Conseil, & enuoyez deuers moy, & furent sceus d'vn chacun: toutesfois il ne laissa de se presenter à sa Majesté auec la lettre que ie luy escriuois, laquelle il receut tres-benignement, luy disant, ainsi qu'il me rapporta, qu'il estoit fils d'vn pere, qui l'auoit si bien seruy, qu'il n'auoit qu'à imiter son exemple, & suiure le chemin qu'il luy auoit mostré, pour acquerir honneur en sa profession, & sa bonne grace & protection en toutes choses.

QV'IL desiroit qu'il le seruist en ladite armee de Dauphiné auec sa compagnie de gens d'armes, & quelques autres forces, dont M. de Man-

L.

delot auoit proietté de luy donner sa conduitte, sous le bon plaisir de sa Majesté, laquelle escriuit par luy vne lettre de sa main audit sieur de Madelot, pour l'asseurer de la continuatiō de sa bōne volōté.

CES bons propos qui me furent rapportez par mondit fils, certainement me consolerent grandement, entendant par iceux, que le Roy n'auoit conceu mauuaise opinion de moy, ayant dit que ie l'auois tres-bien & fidellemēt seruy. C'estoit le fruict aussi que i'auois toute ma vie desiré moissonner de tous mes labeurs & seruices, duquel à la verité ie craignois que le chemin que l'on auoit tenu à me donner congé, m'eust aucunement priué, sinon à l'endroict des gens de bien, qui auoiēt eu cognoissance de mes deportemens; au moins en l'opinion commune du vulgaire qui a accoustumé de iuger des actiōs des hōmes, plustost par le succés de leurs fortunes, que par la verité & iustice d'icelles.

CE langage doncques m'ayant grandement conforté, me donna encore la hardiesse d'enuoyer vn de mes gens deuers le Roy, pour luy remonstrer la perte que ie faisois par la priuation de mon office, qui m'auoit esté mis en consideration, en partageant les biens de feu M. de l'Aubespine mon beau-pere duquel ie le tenois, & le peu de bien qui me demeuroit apres auoir si longuement seruy le feu Roy son frere, & luy audit office auec beaucoup d'honneur, n'ayant acquis pour toutes choses, que trois ou quatre mil liures de rente de reuenu en fonds de terre que ie pourrois lors dire miens, quand i'aurois payé mes debtes, qui n'estoient pas petites, comme il me seroit facile de monstrer en respondant de toutes mes actions, où & quand il plairoit à sa Majesté l'ordonner, comme i'estois prest de ce faire; le suppliant à ceste cause d'y auoir esgard & m'ordonner quelque recompense, & en attendant icelle de continuer de me faire payer les gaiges & pensions dont ie iouyssois, pour m'ayder à viure en ma maison, Et donner moyen à mondit fils de luy faire seruice en la profession, en laquelle ie l'auois nourry & acheminé par son commandement, & sur la promesse qu'il luy à pleu me faire quelquesfois de l'y proteger: ie suppliois aussi sa Majesté, puis qu'elle auoit aduisé & resolu d'éployer à l'exercice de mon office, des personnes nouuelles & de moindre estoffe & qualité, ce me sembloit, que n'estoient celles qui auoient seruy, il luy pleust au moins choisir & prendre pour ce faire quelqu'vn de ceux que i'auois nourris, qui s'estoient rendus dignes & capables de ce faire, luy faisant seruice aupres de moy, comme ie recognoissois qu'estoit en fidelité & suffisance, Pasquier mon commis, que i'auois rendu porteur de ma lettre; luy remonstrant qu'en ce faisant, il donneroit à entendre à tout le monde, ne m'auoir esloigné de son seruice pour faute que i'eusse faicte, ny pour défiance que sa Majesté eust de ma loyauté: qui estoit la plus digne & chere recompense, que ie luy demandois de tous mes seruices : i'en rescriuis autant à la Royne mere du Roy, la suppliant d'interceder pour moy enuers sa Majesté.

LA respóse que le Roy fit à ma susdite depesche

L ij

m'osta toute esperance d'attendre & receuoir de luy à l'aduenir aucune recompense & gratification, & qui plus est me donna assez de subiect de croire qu'elle n'estoit demeurée si satisfaicte de mes seruices ny de m'a fidelité, que m'a conscience, les traictemens que i'auois receu de luy en toutes choses, & mesmes à mon partement de la Cour; & les derniers propos qu'il auoit tenu à mondit fils, m'auoient donné occasion de croire, encores que ladite Dame Reyne sa mere m'asseurast du contraire par la respose qu'elle me faisoit par ledit Pasquier: dequoy certainement i'estois tres-affligé, & allois examinant toutes mes actions passees; & conferát auec vn chacun pour descouurir les causes dudit mescontentement: les vns disoient, que le Roy s'estoit laissé entendre, que i'auois trop d'authorité & de credit en ma charge; les autres qu'il trouuoit mauuais, que ses Secretaires ouurissent ses paquets ailleurs qu'en sa presence, & qu'ils escriuissent des lettres particulieres aux Gouuerneurs des Prouinces, à ses Ambassadeurs & autres qui le seruoient & en receussent aussi deux concernant ses affaires: Aucuns que sa Majesté auoit descouuert que quelques-vns de mes gens, & mesme ledit Pasquier, donnoient aduis à ceux de la ligue des affaires de sa Majesté qui passoient par mes mains, & mesmes que ie m'entendois auec eux.

Plvsievrs me taxoient aussi de ce pouuoir accordé à feu M. de Guise, & de la negociation de la paix, en laquelle on disoit mesme, que la Reyne mere du Roy estoit entree en ialousie de moy: &

ceux qui estimoient estre plus clairs-voyans disoient, que le Roy auoit ainsi esloigné de luy ses vieux seruiteurs & ministres, pour le seul respect de ladite dame Royne mere du Roy, auec laquelle ils auoient trop grande communication, Comme si sa Majesté n'eust eu volonté de luy confier à l'aduenir celle part de ses affaires, qu'elle luy auoit deferee iusques alors; & fut telle opinion fortifiee par les deportemens de ceux que sa Majesté appella au maniement de ses affaires, lesquels ne recherchoiét aucunement ladite Dame, & ne l'honoroient & courtisoient, comme nous auions accoustumé de faire.

Et combien que les choses qui sont aduenuës depuis, ayent vuidé ceste question, & assez esclaircy vn chacun de la verité, & cause certaine de nos esloignemens, & que toutes les autres raisons susdites n'estoient que couleurs mises en auát pour esblouyr les yeux de ceux qui s'y sont arrestez.

Toutesfois ie respondray succinctement à celles que l'on a publié auoir esté cause de ma condemnation, & disgrace, plus pour representer la verité des choses à ceux qui pourroient veoir quelque iour le present memoire, que pour besoing que i'estime qu'il en soit.

Doncques pour respondre à la premiere raison, par laquelle l'on disoit que le Roy recognoissoit que i'auois trop d'authorité, & de credit en ma charge, ie diray que ie me suis tousiours mocqué d'icelle quand l'on m'en a parlé, n'ayant peu croire que sa Maiesté ait conceu telle opinion de moy,

L iij

& sur ce fondé la resolution qu'elle a prise de m'esloigner d'elle, veu que l'auctorité que i'auois procedoit entierement de celle qu'elle me donnoit, du fardeau qu'elle me faisoit porter, & de la confiance qu'elle faisoit paroistre auoir en moy. Chose qui luy estoit tres-facile de retrancher toutes les fois qu'elle eust voulu sans me chasser, ioint que ie luy auois mis en main quelques iours deuant le moyen d'y pouruoir plus doucement, lors que ie l'auois suppliée me descharger de l'exercice de ma charge. Dauantage i'auois deuant cela souuent supplié sa Majesté de ne me charger de tant d'enuie, comme ie sçauois que i'en portois, pour executer les commandemens dont elle m'honoroit ordinairement en ses affaires, lesquels elle me deffendoit souuent de communiquer à autres quels qu'ils fussent. Mais tous ceux qui connoistront en quoy consiste, & combien importe la charge des Secretaires d'Estat, ne trouueront estrage, si en faisant bien leur deuoir, ils acquierent de l'auctorité, de l'honneur, & de la creance non seulement auprès du Roy, & à la Cour, mais aussi par toutes les Prouinces du Royaume, & hors iceluy: S'ils sont gens de bien, le Roy ne se peut trop fier en eux, il faut qu'ils escriuent, & facent toutes les depesches que les autres proposent, & ordonnent, & qu'ils tiennent registres, & memoires des precedentes pour en seruir le Roy, & ceux qui l'assistent aux occasions qui se presentent. Ce que tous autres ne peuuét si bien faire qu'eux: ç'a tousiours esté aussi sur la vigilance, diligence, capacité & fidelité d'iceux que les plus sages princes se sont reposez, & reposeront, quoy que l'on face, de la principalle direction & conduitte de leurs affaires. Et est certain que le maistre qui n'en vsera ainsi s'en trouuera tres mal, ses affaires seront faictes par pieces, & à bastons rompus: ioint qu'il luy sera tousiours beaucoup plus facile de corriger & chastier vn Secretaire qui versera mal en sa charge, qu'vn autre de plus grande qualité. C'est aussi en chastiant par iustice les meschans, & faisant difference d'iceux d'auec les bons, qu'il faut corriger les abus, & fautes des charges. Il n'y a rien qui oblige tant vn homme de bien à se crucifier pour seruir son Maistre, que quand il void qu'il se fie en luy, & qu'il faict distinction de son seruice d'auec celuy de ceux qui versent mal. Sa Maiesté ne se peut trop fier en ses Secretaires qui la seruent bien, & fidellement, & ne peut aussi chastier trop seuerement, & exemplairement ceux qui en vsent autrement. Pleust à Dieu que le Roy eust voulu suiure ce chemin en nostre endroit, il eust fait beaucoup pour l'honneur & contentement de ceux que l'on eust trouué auoir bien vescu; mais il eust fait encores dauantage pour son seruice: car tout ainsi que le benefice bien colloqué & employé honore le Prince, encourage & recompense tout d'vn coup plusieurs personnes: aussi la correction des meschans a pareille vertu & efficace. Et n'y a rien qui face tant reuerer, craindre, & aymer vn Prince que l'vsage de ceste iustice, par laquelle les Roys regnent, & ne regneront iamais heureusemét sans icelle, quoy qu'ils facét. Mais cósiderons si auec toute la faueur, auctorité & confiance que le Roy me communiquoit, i'eusse peu acquerir quelque reputation & creance entre ses seruiteurs; si ie l'eusse seruie infidellement, & negligemment. I'en appelle à tesmoins tous ceux qui auoient correspondance auec moy, & suis content de receuoir telle punition que l'on voudra, s'il s'en trouue vn seul qui puisse prouuer que ie luy aye iamais dit, conseillé n'y escrit chose qui fust tant peu que ce soit contraire, ie ne diray pas aux affaires & seruice de sa Maiesté, mais seulement à ses volontez & commandemens, qui m'ont tousiours seruy de loy & de reigle en toutes choses. Dauantage en quoy ay-ie abusé de laditte auctorité, me suis-ie aggrandy auec les miens au dommage de quelqu'vn? I'ay exercé vingt & vn an & plus vne mesme charge, aymé, honoré & fauorisé en icelle de la bonne grace de mes maistres autant & plus dés la premiere annee qu'en la derniere: I'ay veu asseoir au Conseil du Roy, & passer deuant moy plusieurs personnes qui estoient venuës à la Cour, & au seruice de sa Maiesté long temps apres moy, & ay long temps refusé tel honneur, commandé par le Roy de l'accepter, & depuis en auoir esté honoré, A t'onveu que i'aye pris ma place, & me sois assis au Conseil de sa Maiesté, lors qu'elle s'y est trouuee, encores que tous ceux qui estoient venus apres moy le fissent. I'estois content de quitter les honneurs, les charges, & mesmes quelquesfois les biens-faicts aux autres,

&

& estre leur solliciteur, & facteur en la poursuitte d'iceux, pour faire que mon maistre fust mieux seruy, aymé & obey d'vn chacun. Ce m'estoit assez de bien seruir, & de cognoistre que sa Maiesté se confioit en moy, & me tenoit pour homme de bien.

Certainement les Secretaires ouuroient les paquets des affaires du Roy, soudain qu'ils les receuoient, leurs peres & eux en auoient ainsi vsé durant les regnes du feu Roy Charles, & du Roy qui est à present, & principalement depuis huict ou dix ans, sans que l'on leur ait iamais faict paroistre le trouuer mauuais, ils eussent volontiers pris telle regle que l'on leur eust prescritte pour ce regard, mais qui plus est il sembloit que l'on voulust, voire qu'il fust necessaire, qu'ils en vsassent ainsi, parce que le Roy ne leur permettoit de les luy porter à toutes heures, & que la plus grande peine qu'ils auoient, soit que le Roy fust present ou absent, estoit de luy lire ou faire veoir les depesches, d'autant que par faute de ce faire à poinct nommé, ils ne pouuoient, comme il estoit necessaire, faire promptement response à ceux qui escriuoient, lesquels se prenoient ordinairement à eux desdites longueurs, & les affaires de sadite Majesté en patissoient; de sorte qu'ils estoient contraincts quelquesfois d'extraire desdites depesches, ce qui estoit le plus important, soit pour l'enuoyer à saditte Maiesté par escrit quand elle estoit dehors, ou ne pouuoient parler à elle, comme il aduenoit

M

trop souuent; soit pour luy en faire rapport, & tirer d'elle plus facilement sa volonté, afin d'y satisfaire.

Ie diray que les affaires d'Estat requierent que ceux qui les conduisent voient les depesches à mesure qu'elles viennent; car elles peuuent contenir telle chose, que si vous retardez d'y pouruoir, il en arriue des dommages & inconueniens incroyables, & perd-on des occasions qui ne se peuuent apres recouurer: de sorte qu'il faut ou que le Roy permette que l'on les luy porte, & represente à toutes heures, ou qu'il donne charge à quelqu'vn de prendre ce soin, ou bien qu'il s'en confié & reposé sur sesdicts Secretaires; si non qu'il face estat d'estre tres-mal seruy, & de ne se prendre qu'à luy-mesme du mal qui en succedera. Quel plus grand contentement peuuent receuoir les Secretaires, que quand leur maistre void tous les iours ses affaires, & leur ordonne ce qu'ils ont à faire, c'est leur descharge & leur honneur. Car il void & considere mieux le deuoir qu'ils font en leurs charges, & peuuent mieux satisfaire à ceux qui s'addressent à eux, & leur correspondre: sans quoy il est du tout impossible que les affaires du Roy cheminent comme il appartient, & c'est pourquoy i'ay trouué bien estrange, ce que l'on a publié que saditte Maiesté auoit trouué mauuais de ce que lesdits Secretaires accompagnoient de leurs lettres celles que sa Majesté escriuoit.

Si sa Majesté s'estoit enquise & bien informee de tous ceux qui l'ont seruie dedans & dehors le Royaume, depuis son regne, si c'est chose qui ait preiudicié à ses affaires ou non, ie suis certain qu'elle ne blasmeroit ceux qui ont prins la peine de ce faire, ie pense estre vn de ceux qui en a escrit autant, & est certain, que c'estoit ce qui m'empeschoit & trauailloit le plus en ma charge, & en quoy ie cuide aussi auoir mieux seruy le Roy; voulant que si parmy vne miliace de lettres que i'ay escrittes, il s'en trouue vne qui ait esté contraire au seruice & aux volontez de sa Maiesté, en estre repris & puny griefuement. Nous escriuons ce que nous cognoissons estre de l'intention de sa Maiesté, & necessaire que ses ministres sceussent pour bien seruir, & accoplir ses commandemens, à laquelle nous ne cachions rien de tout ce que l'on nous escriuoit, & bien souuent c'estoit chose qu'on ne luy osoit escrire à elle mesme, pour diuers respects, lesquels quoy qu'elle face, elle n'ostera iamais entierement, de l'esprit de ceux qui seruent, car la Cour, & les affaires en engendrent tous les iours de nouueaux;

Et tels que si on ne leur ouure vn chemin de se satisfaire & contenter en cela, le Roy doit faire estat qu'il ne sera seruy qu'à demy, dont i'appelle à tesmoing, tous ceux qui manient ses affaires, & sont employez à son seruice dedans & dehors le Royaume, saditte Maiesté deuroit pour son propre bien chercher pluſtoſt à confirmer & eſtreindre la correspondance & confiance entre ſes miniſtres & officiers, que de les blaſmer, ce ne ſeroit leur faire tort, ce ſeroit leur faire iuſtice.

Qvand à l'intelligence que l'on a voulu dire que mes gens auoient auec ceux de la ligue, ie iure & proteſte deuant Dieu, eſtre choſe dont ie ne me ſuis iamais apperceu, & à laquelle toutesfois i'ay eu les yeux ouuerts autant que nul autre de ma profeſſion, & croy veritablement que cela n'eſtoit point. Mais ſi l'on en auoit quelque opinion fauſſe ou vraye, pourquoy ne m'en aduertiſſoit-on? on euſt veu comme i'y euſſe pourueu, & s'y i'en euſſe connu, i'euſſe porté patiemment la peine que l'on m'en euſt impoſee, il n'y a celuy qui ne ſoit ſuiet à eſtre trahy ou trompé, & meſmes en ce miſerable ſiecle, que le vice & la corruption regnent par tout : & eſt certain que ſouuent nous nous apperceuós les derniers des tromperies qui nous concernent. Quoy que ce ſoit ie repeteray encores vne fois ne m'eſtre iamais apperceu, que Paſquier, ny aucun de ceux qui ſeruoient le Roy aupres de moy, m'ayent faict ce tort : proteſtant que ſi ie m'en fuſſe apperceu, i'y euſſe pourueu tres-viuement. Dauantage ie diray qu'il eſtoit aſſez difficile, de deſcouurir tout ce que i'y faiſois, pour ce que i'eſcriuois de ma main les choſes plus importantes, & ne les commettois toutes à vn ſeul, meſme ie ne les faiſois eſcrire en vn regiftre, pour cefte occafion, comme d'autres faifoient, ie me contentois de garder & referuer mes minutes, defquelles ie feray toufiours preft de refpondre.

Et quant à la fidelité, pleuft à Dieu d'eftre condamné d'en rendre compte à peine de ma vie en la prefence de mes accufateurs: ie fuis certain que ie les ferois rougir de honte, & paroiftre tels qu'ils font; ils diroient que Salcede m'a accufé, & que la plus grande partie de ce qu'il a dit, a efté confirmé par les euenemens furuenus depuis, qui font tefmoins irreprochables: ie l'auoüe pource qui concerne les autres, mais que ie fois pour cela conuaincu, ie le nie; i'ay refpondu par cy deuant à ce point, de façon que ie n'en diray autre chofe. Mais combien ay-ie efcrit de lettres, à combien de perfonnes ay-ie parlé: combien ay-ie d'amis & de parens, à qui ie me fuis communiqué, & defcouuert ce que i'auois fur le cœur, & iugeois deuoir aduenir les remuëmens de ceux de la ligue? Iofe me promettre qu'il n'y en aura vn feul qui m'accufe de les auoir iamais approuuez: mais au contraire qu'il s'en trouuera plufieurs qui diront que ie les ay trauerfez, voire perfecutez pour cefte feule occafion: car graces à Dieu, pour mon particulier ie n'eus iamais difpute auec perfonne, qu'auec ledit fieur Duc d'Efpernon.

Ils diront auffi, que feu M. de Guife me faifoit ceft honneur, que d'eftimer & rechercher mon amitié, fe loüer de moy, & mefme en faire eftat: tels argumens font-ils fuffifans pour me condamner, &

que sçait-on s'il en vsoit ainsi pour me nuire? Veritablement ie ne le croy pas : mais ie dis qu'il y auoit peut-estre plus grande occasion d'en soupçonner quelque chose, que de m'accuser pour sa façon de proceder en mon endroit : a-on iamais veu qu'il ait failly à carresser tous ceux qu'il a estimez que le Roy aymoit & fauorisoit? Que l'on se represente ses comportemens. Il auoit telle enuie d'acquerir les bônes graces du Roy, & pousser la grandeur de sa fortune par ceste voye là, qu'il honoroit le plus petit seruiteur que sa Majesté eust, qu'il cognoissoit auoir quelque part aupres d'elle: mais cóbien y a-il maintenant aupres de sa Majesté de personnes, qui ont suiuy la ligue? Pourquoy ne cottét-ils quelque chose particuliere de l'intelligence que i'auois auec ledit Duc de Guise, lors qu'ils sçauoiēt tous ses secrets? ie ne les prie point de s'en taire, ny de m'espargner, mais seulement de ne me seruir à couuert ny en derriere, pour faire les bons courtisans. I'offre de me representer & rendre, où l'ó voudra pour respondre à tout ce qu'ils proposeront; ie ne demande point de grace & de faueur pour ce regard; ie ne demande que iustice, & que l'on trouue bon que la verité soit aprofondie & cogneuë, ie me departiray volótiers de la poursuite de la recópense de tous mes seruices, & que l'on m'accorde ladite grace. Ie voulois ce dit-on, establir M. de Guise à la Cour, pour en tirer support; & toutesfois, il est certain que i'auois demandé mon congé, & auois plus grande enuie d'en sortir que d'y demeurer. Estoit-ce pour plumer l'oye du Roy auec luy, que ie cherchois tel support? quel besoin auois-ie de luy pour ce faire? Ceux qui s'estoient enrichis l'auoient fait sans son assistance, i'en pouuois donc bien faire autant, si i'eusse voulu sans icelle; dauantage chacun sçait, que ie tirois du Roy des biens-faicts & des faueurs assez pour m'enrichir, si ie l'eusse voulu faire, sans auoir besoin d'vn entremeteur ou mediateur entre sa Majesté & moy pour cét effect: car de sa grace, elle ne me refusoit chose quelconque que ie luy demandasse: i'eusse aussi esté tres mal aduisé ce me semble d'ayder à rendre M. de Guise si puissant à la Cour, que i'eusse esté contraint auec les autres de despendre de luy, & aller à son leuer, au lieu que ie soulois estre recherché de luy, & qu'il auoit besoin de moy, comme de tous les seruiteurs du Roy, pour se maintenir en Cour: dauantage estois-ie si ignorãt ou grossier, que ie ne recogneusse quelque chose de la ialousie que sa Majesté auoit dudit Duc de Guyse? ne m'en auoit-elle iamais parlé? Ce sont simplicitez ou malices trop grandes que d'en douter: mais ils ont dit, que ie voulois authoriser ledit Duc de Guise, pour me véger de M. d'Espernon, & me fortifier contre luy: voila encores vne plus grande asnerie. Ceux qui craignoient sa puissance estoient-ils pas assez asseurez ou vengez de luy par son esloignement, sans faire autre chose? i'estois trop sçauant courtisan pour choisir ceste voye là, quand i'eusse voulu en trouuer quelqu'vne pour nuire audit Duc. Car tant s'en faut que i'aye iamais creu, que l'inimitié de Monsieur de Guise ait nuy audit Duc d'Espernon auprès du Roy, que ie tiens pour certain, qu'elle luy a long-temps seruy de protection. Ledit sieur d'Espernon auoit à la Cour des ennemis & enuieux plus dangereux & puissans que ledit Duc & moy ensemble: ie les cognoissois bien, ie iure auoir plustost destourné que procuré le mal, que i'ay cogneu que l'on luy vouloit faire: aussi ma fortune n'auoit rien de commun auec la sienne, il voloit d'vne autre aisle.

I'ay tousiours conseillé l'vnion des Catholiques auecques le Roy, comme i'ay cy deuant dit, c'est ce qui a meu les huguenots & leurs adherans, de dire que i'estois de la ligue, & que ie la fauorisois, au preiudice du seruice du Roy, aux Edicts duquel s'ils eussent voulu obeyr, comme i'ay souuent esté cause qu'ils en ont esté recherchez, & admonestez, ils eussent bientost esprouué & conneu le contraire, i'eusse esté leur cousin: car ils eussent en ce faisant sappé la ligue par son fondement, & esté cause de la restauration de ce pauure Royaume, que leur obstination a renuersé les pieds contremont.

Mais ie m'estonne & me plains grandement de ceux qui ont eu opinion, ou faict paroistre l'auoir, que i'eusse esté pensionnaire de Monsieur le Duc de Guise. Pericart son Secretaire m'a dict, qu'il en a esté enquis, & interrogé apres sa mort, & menacé de la corde, parce qu'il disoit que cela n'estoit point. I'ay receu beaucoup de mal & d'ennuy de toutes mes fortunes: mais i'aduouë, que ie n'ay point senty de coup qui eust plus estourdy, & esmeu ma meu ma patience, que cestuy-là, ayant par iceluy recogneu la mauuaise volonté, que l'on me portoit, la sincerité de ma conscience m'empeschoit de le recognoistre, & i'eusse esté tres-mal aduisé de m'addresser à Monsieur le Duc de Guise pour auoir du bien, il m'estoit plus facile d'en tirer du Roy, qui ne me refusa oncques chose que ie luy aye demandée, comme i'ay desia dict: Et quand i'eusse voulu estre si meschant, que de m'enrichir aux despens du Royaume, ie suis asseuré que la meilleure bourse de la chrestienté, ne m'eust point esté fermee. Et c'est pourquoy les Anglois & les huguenots, qui sont plus rusez que les autres, ont bien mieux rencontré : car ils ont publié que ie prenois des pensions, & des presents du Roy d'Espagne, & l'ont autrefois voulu faire croire à feu Monsieur frere du Roy & à d'autres; ie ne respondray qu'vne seule chose à ceste calomnie, c'est que si i'eusse voulu estre traistre, & vendre ma conscience, ie ne l'eusse faict pour peu. Ie suis prest à rendre compte de tout le bien que i'ay : ie n'ay esté ne ioüeur de dets & de cartes, ny faiseur de festins, ny trop somptueux & magnifique en toutes mes actions; i'ay seulement vescu honnestement, comme il me sembloit que le requeroit la charge que i'auois, & l'honneur que me faisoit le Roy: i'ay tousiours esté comme ie suis encores, fils de famille, & partant sans tirer aucune commodité de nostre maison; i'ay vescu de mon trauail, s'il y a quelqu'vn qui se plaigne de moy, que i'aye exigé de luy argent, ou autre chose, ou luy aye faict tort ou iniure, ie suis prest

N

de luy en faire raison, & d'en respondre, où l'on l'ordonnera. Les plus grandes despenses que i'aye faict ont esté à faire instruire le fils vnique que Dieu m'a donné, & à luy donner moyen de paroistre entre les gens d'honneur, & faire seruice au Roy: se ceux qui entreprennent en ce Royaume de suiure le chemin que ie luy ay faict prendre par la permission & le commandement du Roy, ne despendent du commencement pour recompenser aucunemét les autres de faux qui sont en eux, ils ne peuuét estre aymez, ny suiuis, & mesmes en ce temps que le profit & l'argent commandent plus aux hommes que l'honneur. I'ay veritablement basty vne basse-cour en la maison ancienne de mes peres & y ay employé plus d'argent que ie ne deuois: mais ie suis prest à monstrer qu'il est venu de la liberalité du Roy, & non d'autre, còme tout le reste que i'ay eu, qui n'est pas grande chose: car pour tout i'ay acquis en vingt & vn an, que i'ay exercé mon office, près de quatre mil liures de réte en fóds de terre, que ie poutray dire miénes, quand i'auray payé tréte mil escus que ie dois, cóme ie puis à mon grand regret, prouuer trop facilement, & me submets à tout perdre, si ie ne le faicts, où & quand l'ó voudra, & outre cela que i'ay engagé ou vêdu vne bône partie du bié de ma féme.

Voila les thresors que i'ay tirez d'Espagne, & de Monsieur de Guise, & ce que i'ay gaigné à estre traistre. Quoy dócques? i'ay refusé autresfois pésion de deux mil escus par an, qui me fut offerte de la part du Roy de Nauarre, & de la cause apres la paix, de l'an mil cinq cens soixáte & dix sept, par vn Cheualier d'honneur, comme ie puis encores monstrer par escrit, ie n'ay iamais receu aucun present d'Angleterre, & par tat i'en dois auoir tiré & receu d'Espagne, & d'ailleurs: ceste consequence n'est pas bonne. Ie veux croire aussi que ceux qui en vsent, & les autres qui me condamnent sans m'ouyr, iugent de la conscience d'autruy par la leur. Qu'ils se presentent, & que l'on nous commande de respondre de nos actions: i'offre de cōparoistre où l'on voudra pour cét effect, & ne demande point de grace, ny de pardon, de ma desloyauté, si elle est verifiee: ie ne leur souhaitte aussi autre mal, sinon que mon innocence soit cogneuë telle qu'elle est; car ie ne pretends m'armer & d'effendre de recrimination, leurs fautes ne me touchent point, mon but est de me deffendre, & non d'assaillir: pourquoy doit-on plus volontiers exposer sa vie, que pour sauuer son honneur?

Il n'y a grand ne petit en ce Royaume, qui puisse dire m'auoir iamais donné vn escu; & si, il y en a bien peu qui n'ayent passé par mes mains; i'ay aussi seruy des maistres, qui me faisoient assez de bien, sans en aller chercher ailleurs: Celuy qui préd s'engage, ce que ne doiuent faire ceux qui sont constituez aux charges pupliques, pour quelque cause que ce soit.

Et parce que i'ay assez esclaircy vn chacun de la verité de tout ce qui s'est passé en la negociation de la paix derniere, & de l'octroy & expedition du pouuoir dudit Duc de Guise pour ma iustificatiō en cet endroit, ie me cōtēteray de dire sur ce premieremēt.

Que s'il se trouue que i'aye escrit chose que ie ne puisse prouuer, ie suis content de porter tout le reproche du mal qui s'en est ensuiuy. Secondement i'ay tres grand regret, dequoy le Roy n'a vsé autrement du bien & aduantage qu'il pouuoit receuoir pour luy, & pour son Royaume de ladite paix & mesme dudit pouuoir, il a perdu par ce qu'il a faict la creance que l'obseruation de sa foy & parolle, luy auoit encores conseruee, non seulement entre ses peuples & subiects, mais aussi par tout le monde : ie luy ay souuent ouy dire, qu'il vouloit plustost perdre la vie, qu'vn tel thresor ; lequel ie suis asseuré qu'il eust gardé tres-cherement, s'il eust recogneu & creu pouuoir sans y faire bresche, conseruer son authorité & puissance. Voila l'escueil contre lequel il a faict nauffrage, voila la cause de ces trauaux, & de nos maux, ie ne veux accuser ny excuser personne, ie prie Dieu qu'il donne paix aux trespassez, & conserue les viuans : mais ie dis qu'il y auoit plusieurs bons moyens d'arrester le cours des desseins dudit sieur Duc de Guyse, & de Monsieur le Cardinal son frere, estant desagreables à sa Majesté, comme ils estoient sans vser de celuy qui a esté pratiqué ; i'en ay dict quelque chose cy deuant, & n'en diray dauantage à present, ne voulant augmenter le regret & la douleur que nous deuons ressentir des maux que nous en receuons.

Que le Roy nous ayt esloigné de luy pour le respect de la Reyne sa mere c'est chose que ie ne croiray iamais : car il luy auoit trop grande obligation, & luy estoit son Conseil & assistance trop necessaire: les huguenots ont voulu dire qu'elle auoit des desseins à part en faueur de monsieur de Lorraine, & messieurs ses enfans, pour la reuerence qu'ils luy portoient, & pour luy estre si proches qu'ils estoient, mais qu'elle eust voulu pour cela nuire au Roy, & à ses affaires ceux qui l'ont bien conneu, n'ont iamais eu telle opinion, ouy bien qu'elle eust bien voulu que le Roy se fust serui d'eux & les eust aduácez plustost que d'autres. Mais où sôt ceux que lesdits huguenots n'ont accusé, quand ils ne les ont fauorisez & seruis: qu'ont-ils dict autresfois du Roy mesme, deuant & depuis qu'il est Roy, & qu'ils n'estiment vrais François que ceux qui approuuét leurs actiós: ils blasment les Catholiques qui se défient d'eux, & ils ne se fient aucunement des Catholiques, dont i'appelle à tesmoin Monsieur de Montmorency, & tous les autres qui se sont meslez auec eux; ils appellent rebelles ceux qui combattent pour leur religion, & il y a trente ans & plus qu'ils font la guerre au Roy, & au Royaume: sous ce pretexte quelles villes n'ont ils pillees? quelles Eglises n'ont ils abbatues? combien de fois ont-ils combattu contre le Roy mesme, mis la discorde en la maison Royalle, logé les Anglois, & autres estrágers en ce Royaume: en fin quels maux n'ont ils faicts depuis ce temps-là? Il ne faut que lire les Edicts de paix, que l'on a faict auec eux, l'on verra de quelle eau ils ont eu besoin d'estre lauez. Et toutesfois auiourd'huy, le Roy n'eut & n'aura iamais (ainsi qu'ils disent) de meilleurs seruiteurs & sub-

N iij

iects qu'eux : cela veut dire pourueu qu'il se serue d'eux, qu'il face leurs affaires, & qu'il trouue bon ou souffre que le Roy de Nauarre tienne la place en ce Royaume, que l'on dit que feu M. de Guise vouloit occuper, & qu'il leur soit loisible, cependant que sa Maiesté & les Catholiques qui ont prins les armes s'entrebattront, de s'emparer des villes & deniers du Roy, s'establir, & fortifier le tout pour le seruice de sa Maiesté, & le bien general du Royaume. C'est estre Espagnol ou Guysard, que de n'approuuer ou endurer toutes leurs actions; Et de ne pouuoir compatir auec ceux qui veulét nous troubler en nostre religion, nous abstraindre à leurs volontez, & nous dóner la loy, comme ils feróta la fin si nos diuisions continuent encores longuement.

Or si tant est que nous ayons esté esloignez de ladite Cour, pour le respect de ladite dame Royne mere du Roy, comme l'on a dit, certainement nous auons moindre cause de nous en plaindre pour nostre particulier, que pour le Roy & le public.

Entre autres Princes & Seigneurs qui me firent cét honneur, que de m'enuoyer visiter & offrir amitié apres mon bannissement de la Cour, feu M. de Guise y enuoya deux ou trois fois, dequoy ie le remerciay bien humblement, le suppliant par ma responce que s'il auoit enuie de me faire plaisir, il luy pleust faire tant pour moy, que d'esclaircir sa Maiesté de la façon, de laquelle ie m'estois conduit en son endroit, en guerre & en paix, ne desirant autre recompense de mes seruices, sinon que sa Maiesté cogneust au vray comme ie l'auois seruie. Voila toute l'intelligence que i'ay euë auec ledit Duc, depuis mon partement de la Cour.

Plusieurs de mes amis, qui estoient deputez aux Estats, & autres voulurent sçauoir de moy si i'auois agreable que lesdits Estats fissent instance & supplication au Roy, pour me r'appeller à son seruice: mais ie les suppliay ne les faire pas, parce que ie ne voulois que pour l'amour de moy, ils fissent chose qui despleust à sa Maiesté: ioinct que ie m'estimois tres-heureux, de iouyr du repos de ma maison, & aussi que ie ne voulois entrer à la Cour, ny aux affaires, contre le gré & la volonté de sa Maiesté: si nonobstant ma responce, quelqu'vn d'eux, eust eu opinion d'en parler, ie n'en dois ce me semble estre blasmé, comme i'ay entendu auoir esté assez legerement pour ce regard.

Dieu voulut audit temps appeller à soy feu monsieur de Mandelot, dequoy ie receus tel desplaisir, que chacun peut s'imaginer, perdant vn si fidel amy, & sur la vertu duquel i'auois fondé le reste de toutes mes esperances & resources de ma miserable fortune.

Ie prins la hardiesse, d'escrire vne lettre au Roy, pour supplier sa Maiesté d'auoir compassion de la famille dudit feu sieur de Mandelot, & de la mienne, qu'elle auoit ioincte & vnie ensemble pour son seruice, afin de faire iouyr mon fils de l'effect de sa promesse, touchant le gouuernement de Lionnois, sur laquelle auoit esté basty principalement ledit mariage.

S'ENSVIT LA TENEVR DE LA
promeſſe eſcritte de la propre main de ſa Maieſté.

ADVENANT que le mariage du fils du ſieur de Villeroy, s'effectuë auec la fille aiſnee du ſieur de Mandelot, i'accorde en conſideration des ſeruices de l'vn & de l'autre, que le fils du ſieur de Villeroy, ſoit pourueu du gouuernemét de Lionnois, Foreſts, & Beaujolois, à la ſuruiuance dudit ſieur de Mandelot, pour l'exercer apres ſa mort : dont ie veux que les expeditions & prouiſions ſoient faictes, qui luy ſeront neceſſaires par l'vn de mes Secretaires d'Eſtat, Bruſlart ou Pinart, apres l'accompliſſement dudit mariage : ſans qu'il ſoit beſoin d'autre roolle, breuet, commandement, ou deſcharge, que la preſente eſcritte de ma main, nonobſtant tous autres breuets de reſerue, ou promeſſe dudit gouuernement, expediez au contraire. Faict à Paris le deuxieſme iour de Iuillet, 1587. ſigné   HENRY.

DEPVIS laditte reſignation à condition de ſuruiuance nous fut accordee & confirmee ſur le roolle de Monſieur Bruſlart, le 11. Mars 1588. & la prouiſion d'icelle expediee en forme & ſcellee ſur iceluy.

Veritablement ie ne m'attendois pas que le ſieur de Mandelot deuſt ſi toſt faillir au Roy, à la ville de Lion, & à ſes amis ; mais que viuant il dreſſeroit mondit fils de ſa main, & le rendroit capable de faire le ſeruice à ſadite Maieſté en laditte charge, de
laquelle

laquelle pour son aage, & inexperience, il estoit indigne.

Ie ne receus point de responce du Roy à mes lettres: mais quand il fut asseuré du trespas du sieur de Mandelot, non seulement il donna le gouuernement dudit pays à M. le Duc de Nemours, mais aussi il priua mondit fils de la lieutenance generalle d'iceluy, pour en pouruoir le sieur de Guadagne. il luy refusa pareillement le bailliage de Mascon, qu'il auoit donné audit feu sieur de Mandelot six mois deuant à ma requeste & consideration.

Dauantage sa Maiesté voulut tant defauoriser la maison dudit sieur de Mandelot, & la mienne, que de donner au sieur du Peyrat, demeurant en laditte ville de Lion, l'Abbaye de la Grace, de laquelle ledit sieur de Mandelot, depuis la mort de defunct son frere, qui estoit religieux & titulaire d'icelle, aduenuë quelque téps auparuãt, n'auoit encores retiré les bulles & prouisions apostoliques, iaçoit que ladite Abbaye me fut vaccante par le trespas dudit sieur de Mandelot à qui sa Maiesté en auoit enuoyé par vn sien parent toutes les expeditions necessaires.

Depuis Madame de Mandelot ayant enuoyé vers sa Maiesté le sieur de la Grange pour la supplier d'auoir compassion d'elle, & de sa maison, & luy remonstrer les debtes d'icelle, il n'en rapporta que du mespris & de l'indignation: bien luy fut-il dit, que l'on pourroit auec le temps faire quelque chose pour ladite dame, & ses filles, en consideration des seruices du feu sieur de Mandelot; mais qu'il ne fal-

O

loit pas qu'il s'attendit que l'on fit rien pour mon fils ne pour moy.

Svr ces entrefaictes la mort de feu M. de Guise, & de feu M. le Cardinal son frere est aduenuës auec l'emprisonnemēt de M. le Cardinal de Bourbon, & de Messieurs les Princes de Ioinuille, Ducs de Nemours & d'Elbœuf, de M. l'Archeuesque de Lion, & autres qui ont esté arrestez auec eux.

Sovdain que i'en fus aduerty, i'enuoiay querir les officiers & habitans de la ville de Corbeil, dont ie suis Capitaine, lesquels i'admonestay de leur deuoir & fidelité, & de ne s'embroüiller auec ceux qui entreprendroiēt, à l'occasion de ladite mort, de remuër mesnage, ce qui me cuida couster bien cher, parce que ceux de Paris en furent incontinent aduertis, qui entrerent en tel soupçon de moy, que ma maison de Paris en faillit estre pillee, comme furent les villages de celle de Villeroy, par les premieres trouppes qui sortirent de Paris, & quand ie veis que les habitans dudit Corbeil prenoient le party de ceux de Paris, ie ne voulus que celuy que i'auois mis dedans le Chasteau, qui n'estoit tenable côtre laditte ville y demeurast auec eux, ny fit le sermēt qu'ils faisoiēt: & aimay mieux quitter la place, en laquelle ie n'ay peu r'entrer depuis, que de tremper en ce qu'ils faisoient; esperant que moy, & les miens, serios à la fin honorez de quelque cōmandement de sa M. Ces mesmes raisons furent cause que mō pere s'abstint de s'engager & obliger en la ville de Paris, mais qu'il resolut de sortir d'icelle auec la sieure quarte, & se retirer en sa maison d'Alincour, laissant les biens qu'il a en ladite ville, qui sont les principaux de nostre maison, à la mercy & discretion du temps.

I'escrivis aussi à mes amis, qui sont à la Cour de sçauoir du Roy, ce qu'il luy plaisoit faire de nous & l'asseurer de nostre fidelité: à quoy il ne fit autre responfe, sinon que l'on y aduiseroit, ce qui me mit en tres-gráde peine, & encores plus, quád ie vis que le Roy non seulement ne nous auoit faict cest honneur, que de nous escrire, ny nous honorer d'vn seul comandement depuis la mort dudit Duc de Guise, ie ne dis pas encores pour nos personnes, mais pour les charges que nous auions, combien qu'alors l'on n'en fut pas chiche, mais que l'on auoit commandé au sieur de Varicaruille de se ietter dás Meulan qui estoit de la charge de mon pere, & que l'on auoit faict sçauoir à ceux de Mante de se défier de luy, & aussi que l'on auoit cassé la compagnie de gesd'armes de mondit fils, laquelle M. le Cardinal de Gondy, m'escriuit quelque temps apres auoir esté remise sur l'estat, pour seruir en Dauphiné à la requeste de monsieur le Duc de Rets son frere.

Ie receus encores au mesme temps vne lettre de sa Majesté, par laquelle elle me mandoit d'ordonner à mondit fils de se retirer de ladite ville de Lyon, & me venir trouuer, non parce que sa Majesté ainsi que le portoit ladite lettre, l'estimast autre que son seruiteur, mais pource que son sejour en icelle ville, en ce temps plein de suspicions, ne pouuoit empescher d'en faire diuers discours, autrement qu'à l'aduantage de son affection.

Veritablement laditte lettre m'estonna voyant que non seulemét l'on ne se vouloit seruir de moy, mais aussi que l'on ne vouloit que nous demeurassions aux villes qui obeyssoient à sa Maiesté, & mesme en celle de Lion, laquelle ie sçauois n'estre demeurée en son obeyssance les troubles passez, que par le bon deuoir de feu M. de Mandelot excité & fortifié du mien, en la consideration du mariage de mondit fils ; toutesfois i'escriuis aussi tost à mondit fils, d'obeyr à laditte lettre.

Mais bien-tost apres ie sceus, que ceux de laditte ville de Lion auoient pris resolution d'entrer en l'vnion des Catholiques, & que mondit fils en estant par eux requis, auoit faict le semblable, ne les ayant voulu esconduire & abandonner, en consideration de l'affection que feu Monsieur de Mandelot leur auoit portée, & de l'honneur qu'ils auoient aussi faict à sa memoire.

Ie sçay bien que peu de personnes croiront que mondit fils aye franchy le sault contre ma volonté: si est-ce que c'est chose tres-veritable, & prie Dieu qu'il me punisse rigoureusement, s'il est autrement, & faut que ie die que si deuant & depuis laditte declaration, i'eusse peu estre asseuré de la protection du Roy, i'eusse plustost choisi & souffert la perte de tous mes biens, voire la prison, & la mort mesme, que d'en chercher vn autre, quand i'eusse deu abandonner pere & fils, & tous mes parens & amis ensemble : chose pourquoy i'enuoiay demander vn passeport au Roy pour sortir du Royaume, si tost que ie cogneus qu'il ne se vouloit point seruir de nous, & m'en fusse allé, si ie l'eusse receu plustost; mais il me le fit seulement rendre à Paris le 26 du mois de Mars, par vn des gens du sieur de Hautefort.

OR voyant que non seulement le Roy ne vouloit point ouyr parler de moy à la Cour ny ailleurs, mais aussi que mes ennemis auoient eu tant de pouuoir aupres de luy, que de luy imprimer en l'ame que i'estois vn traistre, de sorte qu'il ne nous estoit point loisible de demeurer és villes qui luy rendoient obeissance, & que l'on ne m'enuoyoit le passeport que i'auois demandé pour sortir hors du Royaume.

VOYANT d'ailleurs que messieurs de Paris parloient de faire saisir les biens de ceux, qui n'entreroient en l'vnion des Catholiques, & que tous les nostres estoient en ladite ville, ou aux enuirons en leur main, ie resolus auec mon pere, poussé d'vn tres-ardent desir que nous auions tousiours eu, de seruir de tout nostre pouuoir à la conseruation de nostre religion, & au bien public du Royaume, de nous transporter en ladite ville de Paris, où nous arriuasmes le 18. iour de Mars, & pareillement d'entrer en l'vnion & conseil desdicts Catholiques, où ils nous auoient choisis & enroollez en l'establissement d'iceluy, ayant esté recherchez & viuement poursuiuis & sollicitez de ce faire, tant par M. le Duc de Mayenne, que par lesdits sieurs de ladite ville, & autres dudit party.

IE supplie tous ceux qui liront le present Memoire, de ne croire que ce soit chose que nous ayons faicte pour nuire à personne, ny pour en rechercher vengeance, ou aduantage aucun au dommage d'autruy, ou du public: ie prie Dieu me faire succomber miserablement, si noſtre volonté a eſté telle; ains seulement de secourir de tout noſtre pouuoir, & en gens de bien, l'Eglise Catholique, & tout le Royaume, au danger extreme, auquel l'vn & l'autre se trouuent, & nous conseruer auec le general des Catholiques, qui sont arriuez à la veille de deuenir la proye des heretiques, si Dieu n'y met la main, & ne les assiste, comme i'espere qu'il fera, & l'en supplie de tout mon cœur, en terminant au pluſtost ceste malheureuse guerre & diuision qui eſt entr'eux, en vne bonne sorte, ou autre à sa gloire, & au salut public dudit Royaume, pour lesquels i'exposeray ma vie, tres-volontiers, comme i'ay tousiours faict tres-fidellement, où i'ay eſté employé, dont i'offre derechef pour la fin & conclusion du present escrit, de respondre à peine de ma vie, si particulierement que l'on voudra, ou quand il me sera ordonné.

Faict à Villeroy le 8. iour d'Auril mil cinq cens quatre vingts neuf.
signé   DE NEVFVILLE.

APOLOGIE
ET DISCOVRS DE
MONSIEVR DE VILLEROY.

Pour monstrer la peine qu'il a pris de faire la paix, entre le Roy & Monsieur de Mayenne, & de sa continuelle poursuitte à la pacification de nos miserables troubles.

A M. DE BELLIEVRE.

MONSIEVR, ie vous enuoye le Memoire que vous m'auez demandé; il contient les causes qui me contraignirent du temps du feu Roy, que Dieu absolue, de me sauuer à Paris, & me ioindre à Monsieur le Duc de Mayenne, lequel ie fis deslors, plus pour moy-mesme, que pour le communiquer à personne, ny seruir à ma iustification : car encores que la nature nous excuse, voire que la loy nous permette de deffendre nostre vie, auec impunité : toutesfois comme tout homme de bien doit estre moins soigneux d'icelle, que de son honneur, & que ie sçay que le commun, lequel s'arreste plus à ce qui apparoist, qu'à ce qui est, faict souuent tel iugement de nostre deuoir & merite, qui est le contentement que nos superieurs monstrent auoir de nous : i'ay depuis ceste action tousiours desiré l'amender plustost en bien faisant au public que le iustifier ou l'excuser par la publication dudit Memoire; lequel encore que ie vous ne presente maintenant, que pour vous obeyr & satisfaire à nostre commune amitié, laquelle comme elle a esté fondee sur la cognoissance que nous auons de nos deportemens au seruice de nostre Roy, le garantira s'il vous plaist en vostre endroit de soupçon ; auquel il pourroit tomber enuers vn autre, qui ne m'auroit esprouué comme vous, qu'il fust accompagné d'artifice ou deguisement : car c'est vn peril, comme vous sçauez, qui suit l'aduersité autant & plus que l'enuie faict la felicité, laquelle aussi vn malheureux doit fuir tant qu'il peut ; ie dis aussi parce qu'il est impossible qu'il s'en garantisse entierement, tant est grande la malice des hommes, & sont nos fins & opinions diuerses. De sorte que souuent il nous aduient que nous voulant purger d'vne chose par vne autre, comme nous donnons nouuelle matiere de parler de nous, nous empirons nostre marché au lieu de l'amender, specialement quand ce que nous entreprenons & faisons ne plaist à vn chacun, ou ne nous succede heureusement, mesmes au gré de nos maistres, d'autant que leur opinion ou iugement soit par authorité ou flaterie, a communement plus de vogue & creance que la verité, chose que ie puis dire auoir esprouuée depuis ma disgrace, en la continuelle poursuitte,

que i'ay

que i'ay faict, de nos miserables troubles : car encores que i'y aye procedé auec toute l'affection, sincerité & candeur, qu'vn homme qui craint Dieu, & ayme son pays, peut faire; neantmoins, soit que mon entreprise aye despleu, à quelques-vns, ou qu'elle n'aye eu bonne yssuë, i'en ay souuent esté long-temps hay, & blasmé de part & d'autre, iusques à m'auoir taxé d'ingratitude enuers ma patrie, par vn escrit composé & publié par vn personnage qui me cognoissoit tres-mal, encore qu'il fust mon voisin, & m'eust quelque obligation. C'est pourquoy, Monsieur, i'ay estimé qu'ayant à vous contenter du premier escrit, i'y deuois encore ioindre ce second, par lequel ie pretends vous rendre compte de toute ceste poursuitte : car ie confesse m'y estre embarqué apres les considerations publiques, exprés pour effacer l'opinion, qu'aucuns auoient conceuë & publiee de ma retraitte auprés dudit Duc, & pour contenter mes amis & moy mesme : au moyen dequoy, ie vous supplie prendre la peine de le lire apres l'autre : il est veritable, comme ie puis facilement prouuer par escrit, ou par bons tesmoins; si ie voulois aussi mentir ce ne seroit en choses qui ont esté si publiques, & dont la memoire est si recente, ny en parlant à vous, estant clairvoyant & vous honorant plus que tout autre.

MONSIEVR, ie commenceray donc pour vous faire entendre chose que vous auez peut-estre experimentee comme moy; c'est qu'en mon aduersité i'ay certainement trouué & receu plus d'assistance de ceux, ausquels i'auois moins faict de plaisir &

de la pacification

P

MEMOIRES DE MONSIEVR
seruice en prosperité, que des autres, soit que l'enuie de ceux qui nous approchent & cognoissent le plus soit communément plus grande que celle des autres, ou qu'ils estiment auoir plus grande occasion de craindre de se faire preiudice en parlant pour leur amy, que ne doiuent auoir ceux qui nous sont moins tenus; ou bien qu'il y ait veritablement des personnes qui ayent l'ame au prix des autres si bonne & genereuse, qu'ils s'estudient à bien faire, à quiconque en a besoin, comme il a pleu tau Roy, qui est à present, & à feu M. de Chastillon en vser en mon endroit, lors qu'estant le feu Roy arriué à Estampes, venant deuers Paris, aprés la bataille de Senlis, ils supplierent sa Majesté à la poursuitte de Bigot, qui sert maintenant de Secretaire à M. de Guise, de me permettre de demeurer en seureté dans ma maison, comme i'en auois enuoyé charge audit Bigot, que ie serois auec mon pere & mon fils, si elle l'auoit agreable & nous y vouloit proteger, contre ceux qui disoient auoir coniuré nostre ruine & celle de nostre maison, enquoy toutesfois ils furent esconduits, de sorte que nous fusmes contraincts apres la prinse du pont de Poissy (car nous estions à Alincour) de nous retirer tous à Paris, auprés du Duc de Mayenne, où peu de iours apres suruint la nouuelle de la mort du feu Roy, à la suitte duquel ledit Bigot estoit demeuré, dont se resouuenant le sieur de Chastillon, il l'enuoya querir & le fit parler à sa Majesté, laquelle luy commanda de me voir, & me venir trouuer auec vne lettre de sa main, pour me dire

de l'asseurer

1589.

qu'elle desiroit parler à moy, partant que i'eusse le lendemain à me rendre dedans le parc de Boulongne, où elle se trouueroit: (car l'armee de sa Majesté estoit encores à sainct Cloud) disant qu'elle se vouloit seruir de moy pour faire la paix, à laquelle elle estoit tres-disposée, & de faire pour y paruenir tout ce qui y seroit iugé raisonnable, & vtille, mesme de contenter Monsieur de Mayenne. Ie fus tres-ayse de ceste ouuerture, de laquelle i'aduertis le iour mesme ledit Duc de Mayenne, le priant me permettre de voir sa Majesté, afin d'entendre plus particulierement son intention: mais il me refusa, disant que chacun entreroit en ombrage de ceste mienne veuë, & qu'elle ne pourroit estre si secrette qu'elle ne fust sceuë, & partant à luy encore (seroit) preiudiciable, toutes choses estans encores si esmeuës, comme elles estoient à cause de la mort du feu Roy, laquelle il esperoit apporter vn grand changement aux affaires en sa faueur pour estre sa Majesté de contraire religion. De faict il eut opinion qu'elle desiroit parler à moy, plus pour faire cognoistre aux Catholiques de son armee, vouloir traicter, & par ce moyen les garder de se desbander, que pour enuie qu'elle eust de faire autre chose. De sorte qu'il me fut permis seulement faire sçauoir à sa Majesté par ledit Bigot, que s'il luy plaisoit enuoyer quelqu'vn des siens vers moy, iusques en ceste ville de Paris, ie le receurois, & mettrois peine d'obeyr à ce qu'il me manderoit: adioustant que ledit Duc m'auoit dit, qu'il n'auoit aucune querelle particuliere auec sadite Majesté, laquelle il honoroit grandement, & d'autant plus qu'il auoit sçeu qu'elle n'auoit approuué la mort de Messieurs ses freres.

SVR ce estant party, ledit Bigot ramena deux iours apres le sieur de la Marsilliere Secretaire de sa Majesté, que ie receus en ma maison, mais ledit Duc ne voulut iamais parler à luy, côme ie desirois qu'il fist; d'autant qu'il auoit expresse charge de l'asseurer de la bonne volonté de sa Majesté à la paix, luy representer combien elle estoit necessaire, que sa Majesté estimoit qu'il ne tiendroit à luy, qu'il n'eust tres-bonne part aupres d'elle, luy remonstrant aussi que tous les Princes & officiers de la couronne, Seigneurs, gentils-hommes & autres, outre ce qui s'estoit trouué en grand nombre en l'armée du feu Roy à sa mort, auoient desia promis & iuré à sa Majesté toute loyauté & obeyssance, estant demeurez contens d'elle, pour le faict de la religion, moyennant vne promesse qui leur auoit esté faicte, de laquelle il me dit la substance, & dont il m'en enuoya depuis le double, que nous n'auions encores veu ; adioustant, que si les choses se pouuoient accommoder, l'on pourroit donner aussi moyen d'adoucir les esprits desdits Catholiques, lesquels ils disoient grandement estre irritez contre la persône dudit Duc, à cause de la mort du feu Roy leur Seigneur souuerain, laquelle ils luy imputoient, qu'ils auoient tous protesté de poursuiure la vengeance & punition iusques au bout: en quoy sa Majesté s'estoit aussi engagee si auant auec eux, qu'elle ne s'en pouuoit départir, que pour vne vtilité telle que pouuoit estre la pacification du Royaume, laquelle pourtant sa Maiesté desiroit que ledit Duc voulut embrasser, afin d'auoir occasion d'oublier le passé, le traicter & viure auec luy cy apres, comme sa qualité le requeroit, ce qu'au deffaut dudit sieur de la Marsilliere, ie fis entendre audit Duc: mais il me donna charge de luy respondre, que sa religion & le respect qu'il portoit à Monsieur le Cardinal de Bourbon, lequel il auoit recogneu pour son Roy, cóme celuy à qui de droit la couronne appartenoit, ne luy permettoit d'entendre à ceste ouuerture: que messieurs ses freres auoient pris les armes du temps du feu Roy, comme ils disoient qu'ils auoir faict expres, pour empescher que le sceptre François tombast entre les mains d'vn Prince de contraire religion, dont le Royaume auoit esté menacé, par la mort de feu monsieur le Duc d'Alençon: à present que l'occasion de s'y opposer estoit plus vrgente & necessaire, que iamais, il ne vouloit faire ce tort à la memoire de Messieurs ses freres, à sa cosciéce, ny à la fidelité qu'il deuoit audit sieur Cardinal d'y manquer; ioint qu'il auoit engagé sa foy, & donné sa vie à la cause publique, par le serment qu'il auoit faict, receuant la charge dót il auoit esté honoré: de sorte qu'encore qu'il eut vn tres grád desir d'abreger la guerre, pour obuier aux maux qu'il preuoyoit qu'elle apporteroit, toutesfois c'estoit chose qu'il ne pouuoit entreprendre seul, & sur tout que ledit sieur Cardinal

P iij

ne fust libre, afin de se conduire par son commandement: que si la mort du feu Roy luy auoit acquis tant d'ennemis, comme disoit ledit sieur de la Marsilliere, elle luy auoit d'ailleurs apporté vne telle cõsolation du sang de ses freres qu'il en porteroit plus patiemment toutes sortes de perils, partant qu'il auoit plus à loüer Dieu, que de se mettre en peine de ce qui estoit aduenu, qu'il ne vouloit entreprendre de donner conseil à sa Majesté, ayãt les armes en main contre elle: mais qu'elle deuoit considerer, que difficilement il les pouuoit poser & entendre à aucune negociatiõ, tãt que ledit sieur Cardinal seroit prisõnier, & qu'elle perseuereroit en sa religiõ.

LEDIT sieur de la Marsilliere cõme tres auisé & affectiõné seruiteur de sa Maiesté, me repliqua plusieurs raisons, principalement sur la recognoissance & liberté dudit seigneur Cardinal & la religion de saditte Maiesté, lesquelles auec tout ce qui se passa entre luy & moy, ie ne vous representeray, d'autant que ledit Duc de Mayéne voulut que les choses demeurassent aux termes susdits: toutesfois sa Maiesté ayant ouy ledit sieur de la Marsilliere, eut opinion qu'on ne luy auoit parlé librement, à cause de sa religion; de sorte que ledit Bigot me fut encores r'enuoyé auec vn trompette de sa Maiesté, & vne lettre de M. de Liencour, premier escuyer, par laquelle il me mandoit qu'il estoit necessaire qu'il parlast à moy pour chose qui importoit grandement, laquelle il ne me pouuoit escrire ny faire sçauoir par vn autre, partant il me conuioit d'aller iusques à Liencour. Le Roy estoit lors du costé de

Clermont en Beauuoisis, où il se trouueroit aussitost que moy, moyennant ledit trompette & vn passeport pour ma seureté: ledit Bigot me dit que ceste recherche procedoit encores du commandement de sa Maiesté, laquelle depuis le retour dudit Marsilliere auoit monstré auoir plus grande enuie de parler à moy que deuant, dont i'aduertis ledit Duc, le suppliant tres-instamment me permettre ce voyage: toutesfois ie ne le peux oncques vaincre, ny l'entreprendre sans sa permission, estant où iestoit, mon fils quasi desesperé & desploré de l'arquebusade qu'il auoit receu au siege de Pontoise: de façon que ie fus contrainct de m'excuser derechef enuers sa Maiesté; & par ce que ie voyois, que ledit Duc faisoit estat de partir de Paris, & de s'approcher de saditte Maiesté, i'escriuey audit sieur de Liencour que i'estimois que nous serions bien-tost si prés les vns des autres, que ie pourrois alors auoir congé & moyen de le voir, dont i'auois tres-grand desir, & de me retirer en le seruant le soin qu'il monstroit auoir de moy.

MONSIEVR le President Ianin estoit nouuellemét arriué à Paris venant de Lorraine, lequel auoit veu le cómádeur Moreau qui reuenoit d'Espagne, & auoit rapporté audit Duc qu'il deuoit estre bié-tost secouru de grádes forces leuees en Allemagne, suisse, aux pays bas & en Lorraine, & de grádes sóme de deniers du costé d'Espagne, partant que rien ne luy máqueroit: ce qui auoit tellemét enflé les esperáces dudit Duc, qu'il me pria de faire qu'ó ne m'enuoiast plus des messagers de la part de sa Maiesté, d'autant que plusieurs commençoient à en murmurer, & mesme Dom Bernardin de Mendoze Ambassadeur du Roy d'Espagne, lequel auoit eu le vét du voyage dudit sieur de la Marsilliere & de l'arriuee dudit trompette; deslors ie cogneus que ledit Duc n'auoit pas grande enuie de la paix.

DAVANTAGE ledit Dom Bernardin de Mendoze estimant que ie pouuois estre instrument fort propre pour seruir aux desseins de son Roy, me les descouuroit & communiqua deslors plus clairement qu'il n'auoit encore faict audit Duc, n'y à autre, auec dessein de m'y engager : mais comme ils tendoient à vsurper le Royaume, i'en demeuray si scandalisé, que l'ayant faict entendre audit Duc, ie le suppliay en la presence dudit sieur Iannin, de me donner congé de me retirer en ma maison, s'il ne s'y vouloit opposer ; luy declarant que ie ne voulois auoir part en vne entreprise si iniuste & si impossible qu'estoit celle dudit Roy, laquelle des-honoreroit tous ceux qui s'en mesleroient, & seroit cause de destruire la religion & le Royaume; adioustant que puis que le Roy auoit tel dessein, il ne deuoit aussi esperer de faire fortune par son moyen & qu'il acquerreroit plus de gloire, de grandeur, & de contentement en aydant au repos du Royaume, sous l'obeyssance d'vn Prince François qu'il ne feroit en fauorisant vn dessein estranger, lequel luy feroit en fin perdre la reputation, & ses amis, & peut estre perdre les biens & la vie.

MONSIEVR de Lorraine s'estoit nouuellement

DE VILLEROY. 121

ment saisi de Verdun, & voyant que chacun aspiroit à l'vsurpation ou separation du Royaume, ce qui augmentoit mon despit et mescontentemét auec ma plainte ; et toutesfois ledit Duc m'asseura par serment, qu'il ne consentiroit iamais, ny à l'vn ny à l'autre ; & au reste qu'il sçauoit mieux que ledit Dom Bernardin, que ledit Roy d'Espagne n'auoit autre intention que de voir regner en ce Royaume vn Catholique, de l'amitié duquel il peust estre asseuré, comme ledit President Ianin luy auoit rapporté, que luy auoit côfirmé ledit Moreau : surquoy il obtint de moy que ie ne cesserois que ie n'eusse veu ledit Moreau, & sceu de luy la verité du dessein de son Roy, auquel ie condescendis plus volontiers, d'autant que i'esperois l'accompagnant au voyage qu'il vouloit faire, de voir par ce moyen ledit sieur de Liencour comme ie luy auois escrit.

I'AVOIS neantmoins sceu que sa Maiesté auoit esté mal satisfaicte de la responce que ie luy auois faicte, & qu'aucuns m'auoient pour cela depeinct pour vn bon Espagnol, ennemy du bien & repos de la France, & en particulier de la personne de sa Maiesté, à quoy auoit seruy à la persuader, l'opinion qu'on luy en auoit ~~dict de~~ leur reconciliation, comme i'ay depuis apris d'elle mesme, & sceu tout le compte qu'elle auoit descouuert par des lettres par interceptes, que ledit Dom Bernardin faisoit de moy à son maistre.

APRES la mort du feu Roy, ledit Duc fut conseillé & sollicité d'aucuns de se faire eslire & declarer Roy de France par les Catholiques, ausquels

Q

autrefois donnée, auec ce que le feu Roy luy en auoit dit a il commandoit, luy remonstrant qu'il ne deuoit perdre ceste occasion, de remettre en sa maison la Couronne qui en auoit esté ostee, & estant desia recogneu & obey des principalles villes du Royaume, & d'vn grand nombre de noblesse, comme il estoit, ayant à faire à vn Prince de contraire religion, auquel la succession pouuoit estre iustement debatuë, lequel ne seroit iamais bien obey, ny aymé des Catholiques du Royaume: que si à ce commencement ceux qui auoient seruy le feu Roy, faisoient contenance de le suiure, c'estoit à cause du regret qu'ils auoient encores tout recent de sa mort, du feu Roy, plustost que pour affection ou inclination qu'ils eussent; mais comme les Catholiques & huguenots estoient incompatibles, ils n'auroient gueres vescu ensemble, que la memoire des haynes & iniures passees durant nos guerres se renouuelleroit laquelle leur feroit bien-tost oublier ceste paction ; que le principal estoit, que lors ils trouuassent vne royauté formee & establie à laquelle ils peussent auoir recours, d'autant que les François estoient tous accoustumés à la Monarchie, que tous autres gouuernemens leurs estoient odieux, & qu'on ne les contentoit pas, leur donnant pour Roy Monsieur le Cardinal de Bourbon, comme aucuns proposoient à cause qu'il estoit prisonnier, & Ecclesiastique, qu'ils vouloient iouyr de leur Roy, qui fust belliqueux, & allast à la guerre comme eux, & non en seruir vn par imagination, qui ne peust voir leurs actions, les recognoistre, ny leur bien faire; que ledit Duc seroit ac-

passion

cusé de faute de courage, s'il mesprisoit ceste occasion: qu'il n'y auoit que les simples & pusillanimes qui attribuoient ce refus à bonté & equité, pour estre ceste entreprise digne d'vn cœur genereux, tant pour le merite de la chose, que de la commodité qu'il auoit d'y paruenir: c'estoit faire les affaires du Roy de Nauarre, que de recognoistre ledit sieur Cardinal son oncle; car c'estoit en fin confesser la couronne appartenir à la maison de Bourbon, ce que toutesfois l'on pouuoit debatre: Que de s'amuser à deffendre le droit de l'oncle contre le nepueu, c'estoit vn subiect bien fragile, à cause de l'aage, & de la personne dudit Cardinal, qui estoit au pouuoir d'vn nepueu; qu'aduenant sa mort, il ne restoit plus que le pretexte & titre de religion contre le Roy, lequel cesseroit quand il voudroit aller à la Messe, comme il ne falloit point douter qu'il ne fit en fin, si autrement il ne pouuoit faire ses affaires; qu'aussi bien diroit-on que ledit Duc auoit mis ledit Cardinal en ieu exprés, pour sous son nom couurir son ambition, & peut estre aduancer ses iours, car peu de gens croioient qu'il l'eust faict par affection ny iustice, Ce pauure Prince tenu prisonnier estant demy mort au monde, & la iustice peu considerable, quand il estoit question de regner: de sorte qu'ensuiuant tel chemin, il ne seroit exempt de calomnie & de blasme, & si perdroit sa part d'vne tres-belle & glorieuse fortune, laquelle il ne recouuriroit iamais; car quãd bien ledit sieur Cardinal mourroit & que ledit Roy persisteroit

Q ij

en sa religion, il resteroit tousiours d'autres Princes de la mesme maison, faisans profession de la religion Catholique, ausquels ledit Duc seroit d'autant plus obligé de conseruer leur droit par ces mesmes raisons qu'on luy representoit, pour ledit sieur Cardinal, qu'il n'auroit le ieu si beau qu'il auoit maintenant à cause de la diuersité de la religion du Roy, & mesme de la prison de M. de Guise son nepueu, qui pourroit auec le téps estre deliuré, & apres luy enuier ceste grãdeur, qu'il ne falloit douter qu'il ne fust assisté du Pape, & du Roy d'Espagne, apres ce coup: car comme il seroit sans remede, il seroit tousiours plus aysé de le fauoriser, que d'acquiescer au Roy de Nauarre, estãt pour sa religion & pour la dispute du Royaume de Nauarre, ennemy irreconciliable de l'vn & de l'autre; qu'estant authorisé de sa Saincteté, & secouru dudit Roy d'Espagne, tout luy deuoit estre possible: car il acquerroit vn grand hõneur d'espouser ceste entreprise, trauailler & mourir pour icelle, comme auoient faict ses predecesseurs; qu'il poursuiuist donc sa fortune courageusement sans varier, quoy qu'il en peust arriuer; car tels desseins vouloient vne ame forte & constante, tels qu'il s'estoit mõstré depuis la mort de Messieurs ses freres, dont Dieu luy offroit & liuroit maintenant le loyer qu'il ne pouuoit mespriser sans faire tort à la memoire des siens & pareillement à ses enfans: que quand Messieurs les Ducs de Lotraine & de Sauoye n'approuueroient du commencement ceste resolution, il luy seroit facile apres la leur faire trouuer bonne, qu'au pis aller il en seroit

A qui auroit promis faire souche en sa personne et si pourroit auenir quant lors il y voudroit auoir esgard

quitte pour leur faire part de sa fortune. Aussi seroit-il difficille qu'il mengeast seul ce morceau, non plus qu'auoient faict ceux qui auoient autresfois tenu ce chemin, lesquels n'auoient rien espargné ny refusé pour y paruenir ; que c'estoit le principal aussi d'entrer en i'eu, & auoir part au hazard, non comme Procureur ou Lieutenant d'vn autre, ainsi que l'on le voudroit rendre, mais comme partie interessée & pour telle recogneuë : car le temps acheueroit apres le demeurant, s'il s'en rendoit digne deuant Dieu, & les hommes : que si maintenant il recognoissoit ne pouuoir ny deuoir aspirer à ce grade, au moins deuoit-il rompre & empescher la recognoissance dudit Cardinal de Bourbon, d'autant que par icelle non seulement il priuoit luy & toute sa maison de toute ceste fortune, mais aussi c'estoit le moyen d'en pouuoir à l'aduenir disposer en faueur d'vn autre Prince que de la maison de Bourbon, laquelle estoit ennemie de la sienne.

A CE conseil qui estoit assez chastoüilleux, ceux qui y vouloient contredire n'emploierent pour toute raison que l'impossibilité. Car Monsieur, comme vous sçauez, en telles matieres celles qui sont fondees sur l'equité ont ordinairement peu de credit, l'honneur & la iustice y suiuent l'vtilité, sinon deuant Dieu, au moins deuant les hommes. Ledit Duc auoit desia perdu partie de la bonne opinion, que du commencement l'on auoit euë de luy, autant peut-estre par la faute d'autruy, que par la sienne ; tant y a que son malheur estoit tel: car ces peuples qui s'estoient persuadés, en prenant les armes que personne ne leur pourroit resister, ayant depuis esprouué le contraire, & n'agueres veu ledit Duc aux abois auec eux en la ville de Paris, s'en prenoient à luy, de façon qu'on ne luy portoit l'affection & obeyssance que l'on souloit faire: Partant soit que lesdits peuples fussent desia pratiquez, ou qu'ils en parlassent par experience ou iugement, ils disoient sur cette occasion assez communément & ouuertement, qu'il n'estoit puissant assez pour conseruer la religion, & soustenir ceste guerre. Sur cela aucuns vouloient que l'on esleust le Roy d'Espagne, & que l'on se iettast du tout entre ses bras: les autres que l'on print Monsieur le Duc de Lorraine, ou l'vn de Messieurs ses enfans comme chef de la maison, se persuadant que ledit Roy d'Espagne l'approuueroit & mesme y engageroit sa fille. Aucuns proposoient encores Monsieur le Duc de Sauoye comme yssu d'vne fille de France, desia allié & supporté de la Couronne d'Espagne, Prince courageux voisin du Royaume & puissant: Mais la plus grande & saine partie iettoient les yeux sur M. le Cardinal de Bourbon, auquel l'on disoit que la Couronne appartenoit de droit, pour en estre plus proche d'vn degré que son nepueu, qu'il auoit esté ainsi iugé par les Estats & Parlemens du Royaume, que c'est vn grand aduátage que de combattre & souffrir pour vne bonne & iuste querelle: Dauantage que ledit Cardinal estoit Prince & Chatholique & auoit esté chef de party, & comme tel, auoit beaucoup souffert, dont il estoit encore prisonnier, que l'on estimoit qu'il estoit facile de le recouurer & par pratiquer, ou par force, qu'il seroit cause de r'allier tous les catholiques ensemble, qui estoit le moyen de destruire bien-tost les huguenots, sans estre contrainct de mendier l'assistance des estrangers, laquelle ne nous seroit donnee pour neant. Peu certes inclinoient audit Duc de Mayenne, à cause de sa foiblesse, & du peu de contentement que l'on auoit de luy, & de ceux qui manioient les affaires aupres de luy: seulement aucuns de ses domestiques ou leurs parens, et amis en petit nombre parloient pour luy; & comme il ne pouoit se faire eslire, que par le parlement ou par le conseil general de l'vnion qui n'estoit lors en sa force, ou le corps des villes, combien que telles compagnies fussent remplies de personnes de differentes humeurs & opinions, non encores bien pratiqués, instruicts ny resolus de ce qu'elles deuoient faire, & desirer en ceste occasion, s'accordoient toutesfois à ne vouloir recognoistre ledit Roy de Nauarre à cause de sa religion, ny eslire ledit Duc de Mayéne pour Roy pour les raisons susdites. Sur cela estoit fondee principalement l'impossibilité du dessein dudit Duc, à quoy ledit Dom Bernardin de Mendoze au nom du Roy son maistre, & les seruiteurs des autres Princes, qui aspiroient à ceste grandeur ne s'endormoient pas, ce qui estoit mieux cogneu dudit Duc que de ceux qui luy en parloient: partât ils prirét cóseil, & resolurét d'en dóner le tiltre à vn autre, & mettre peine d'en maintenir & conseruer l'effect, puis qu'ils ne pouuoient auoir l'autre pour luy; & comme ledit sieur Cardinal estoit plus propre que tous autres, pour seruir à ce dessein, tant pour la qualité de son aage qu'à cause de son absence, ioinct que ses pretentions estoient plus plausibles, il s'arresta à luy, le recogneut le premier, & le feit proposer, recognoistre & proclamer au Parlement, au conseil de l'vnion, & par ceux de la ville, par l'aduis dudit Dom Bernardin, lequel en fit grande instance; aucuns ont dit par affection cóme celuy qui se vantoit estre yssu d'vne fille de la maison de Bourbon mariee à celle du Mendoze en Espagne: mais plus à mon aduis pour dóner temps & moyen à son Roy, & de dresser ses pratiques en ce Royaume & assembler & faire venir ses forces & deniers pour mieux executer son dessein; iugeant bien que ledit Cardinal ne la feroit pas lógue, que son nom seroit plus propre pour seruir de planche à son maistre que celuy d'vn autre, & principalement dudit Duc de Mayenne, l'ambition & auctorité duquel il redoutoit. Et d'autant que ceste opinion par laquelle la couronne estoit adiugee & conseruee à la maison, à laquelle de droit elle appartenoit, iustifioit mieux la cause publique, & rédoit nos diuisiós & guerres ciuilles moins dangereuses, elle fut incontinent embrassee d'vn chacun, & veritablemét à propos pour le salut du Royaume, puis qu'il n'y auoit moyen de persuader lors à ce peuple d'enuoyer vers sa Majesté traicter auec elle, ny de la recognoistre: car si ledit Duc eust pris deslors resolution de contenter le Roy catholique, & tous les autres

Princes

Prince, il ne falloit que furfeoir la declaratiõ de recognoiftre ledit Cardinal, comme il pouuoit faire facilement, fous pretexte de fa captiuité, & d'affembler ceux du party pour en ordonner : car par ce moyen il en euft difposé quafi comme il euft voulu, tant eftoit grande la hayne audit Roy, fondee fur la religion, & bonne opinion que la commune auoit de la probité, pieté, forces, & moyens dudit Roy d'Efpagne, & de fes miniftres & feruiteurs ; de forte que ceux qui furent caufe de cefte refolution ne firent pas petit feruice au Royaume. Ledit Duc de Mayenne partit de Paris auec fon armee, le premier iour de Nouembre, paffa par Noify, Mante, Vernon, & Trepagny : alla affieger la ville de Gournay, dans laquelle commandoit le fieur de Rudempré auec fon regimẽt de gens de pied, là furuint le cõmandeur Moreau, lequel eftoit party d'Efpagne, deuant la mort du feu Roy, partant il fçauoit certainement quel cõfeil prendroit fon maiftre, apres cefte nouuelle : car fi fa Majefté euft vefcu s'eftoit bien fon intention de fecourir M. de Mayenne d'hommes & d'argent : mais fous main & fans engager fon nom & fes bandes, cõme defia il auoit commencé, lors qu'il auoit enuoyé en France le Comte de Collalté auec fon regimẽt de Lanfquenets qu'il auoit ~~efquipez à~~ fon feruice, & promis faire feruice audit Duc, encor qu'il fuft payé de fes deniers. Cela fut caufe qu'à l'abordee ledit Moreau ne me parla qu'en termes generaux de l'intention de fon maiftre, comme il auoit faict audit Prefident Ianin en Lorraine : & neant-

qu'on portoit

licentié de

moins comme il estoit de son naturel assez prompt & impatient, & aussi qu'il estimoit auoir si bon ieu, qu'il ne se deuoit plus contraindre, il ne tarda gueres à me donner trop d'occasion de croire qu'il n'auoit pas moins de fureur pour son maistre, que ledit Dom Bernardin : car il ne parloit que de faire vn Roy de France de sa main, qui fust grand & puissant assez par soy mesme & sans secours d'autruy, en bannir du tout l'heretique & ses adherans, & plusieurs autres contes semblables, par lesquels l'on descouuroit que la mort du Roy luy auoit aiguisé l'appetit.

LE Roy estoit retiré du costé de Dieppe auec les forces qu'il auoit, où ledit Duc s'achemina incontinent apres la prinse de Gournay qui ne dura que deux iours, reprint en passant Neuf-Chastel, & apres auoir ioinct M. le Marquis du Pot & M. le Duc d'Aumalle, se vient presenter deuant la ville de Dieppe, du costé du Pollet auec son armee, qui estoit composee de quatre cens cheuaux François, Reistres, & Vuallons, six mil Suisses, trois mil Lansquenets, & de cinq à six cens hommes de pied François. Quelques iours apres i'obtins permission dudit Duc, de voir Monsieur de Liencourt dont ie l'aduertis : mais il me respódit que la recherche qu'il en auoit faicte auparauát n'estoit pas venuë de luy, partant qu'il sçauroit & me manderoit si l'on l'auroit encor aggreable; toutesfois ie n'eus depuis aucune nouuelle de luy, dont i'appris que de cela auoit esté causé l'impressió susdite que sa Majesté auoit conceuë de moy, & perdis ceste occasion à mon tres-grand regret, par laquelle i'esperois ietter les fondemens d'vne bonne negociation, pour abreger nos miseres.

Mais il s'en presenta vn autre bien viste, apres par la prinse du sieur de Belin, l'vn des Mareschaux de camp de l'armee dudit Duc aduenuë au combat d'Arques, auquel Dieu fauorisa miraculeusement sa Majesté: car encores que le logis de son armee fust tenu tres aduátageux, & le chemin pour y aller tres difficille & perilleux, toutesfois comme les forces dudit Duc estoient sans comparaison plus grandes que celles de sa Majesté, si elles eussent aussi bien assailly comme les autres se deffendoient, sadite Majesté eust couru grande fortune. Ledit sieur de Belin y demeura doncques prisonnier à la teste de l'armee, lequel estant deliuré sur sa foy, vint trouuer ledit Duc au pont d'Auney (à Pont dormy), où il s'estoit retiré, à cause que son armee s'estoit desbandee depuis son partement de deuant la ville de Dieppe pour recueillir quelques gens & deniers qu'il esperoit tirer des pays bas, par le moyen dudit Moreau.

Ledit sieur de Belin luy dit, que sa Majesté l'auoit enuoyé expres pour luy demander la paix, de laquelle elle auoit telle enuie, que sans auoir esgard à sa dignité, ny consideration quelconque, elle auoit bien voulu le rechercher maintenát, que l'on ne pouuoit dire que ce fust par necessité qu'elle le fit, puis qu'il s'estoit reculé d'elle. Mais pour la cópassion, qu'elle auoit du public & du Royaume: ledit sieur de Belin luy dit aussi, comme les catholiques qui estoient auec sa Majesté le prioient

R ij

de faire femondre fadite Majefté de quitter fa religion & embraffer la catholique, & ne laiffer ce faifant de traicter auec elle, & la recognoiftre, fe promettant par ce moyen d'auoir la paix à la gloire de Dieu, ou bien qu'il en reuffiroit vn tres-grand bien & aduantage, pour la defence de noftre religion, qui apporteroit audit Duc tres-grand honneur.

CESTE propofition fut mife en deliberation & deflors fort debatuë prés dudit Duc: car les vns vouloient que le confeil defdits catholiques fuft fuiuy, & les autres y refiftoient. Ceux-là difoient que telle recherche ne pouuoit eftre que tres-vtile à la religion & au Royaume, tres-honorable à ceux qui la feroient, & mefme agreable à M. le Cardinal de Bourbon eftant en prifon, & quafi hors d'efperance d'en fortir, comme il eftoit: car il aduiendroit d'icelle, que le Roy changeroit de religion ou nó; s'il faifoit le premier, Dieu en feroit glorifié, la religion reftauree, & le Royaume mis en paix, au grand honneur & aduantage de M. de Mayenne & de fon party, parce qu'il feroit recogneu autheur de tel changement, & qu'il obtiendroit pour la grandeur de fa maifon la feureté de noftre religió, & de tous fes partifans; que telles conditions qu'il voudroit demander, il les auroit, & affureroit auffi la vie dudit fieur Cardinal, laquelle couroit fortune en ce debat, & peut eftre feroit caufe de fa liberté, laquelle il ne falloit efperer, puis que noftre armee ne s'y eftoit acheminee & employee au departir de Paris, & qu'il auoit efté

a autrem^t

liuré par Monsieur de Chauuigny au Roy son nepueu, lequel l'auroit enuoyé à Fontenay en Poictou,
en la garde de ceux de la religion ; seroit cause de la
deliurance de Messieurs de Guise & d'Elbœuf, dont
il seroit loué & fortifié, & que c'estoit tout ce qu'il
luy restoit à faire eterniser d'vne gloire immortelle,
la poursuitte qu'il auoit faicte si heureusement de
la mort de Messieurs ses freres : & que si sa Maiesté
refusoit d'embrasser la religion apres son offre, non
seulement il iustifieroit sa cause deuant Dieu & les
hommes, dedans & dehors ce Royaume auec la
memoire de sesdits freres, & leurs armes passees; mais
aussi apporteroit vne telle diuision entre sa Maiesté
& les Catholiques qui l'assistoiét, que son party en
seroit tres-fortifié, que c'estoit le but auquel il deuoit tédre, le preferât à toute autre chose: les autres
remôstroient qu'estant nostre guerre fondee sur la
religion plus que sur le droict de la Couronne, ledit Duc ne pouuoit en saine conscience, ny ne deuoit par raison s'engager à tel offre, sâs la permissiô
du Pape, le côsentemét & aduis des Prelats, villes &
cômunautez du party, mesmes des princes estrágers
qui l'auoiét assisté iusques alors, d'autát que c'estoit
vn coup de partie que chacun trouueroit mauuais
qu'il entreprint de ioüer sans eux, lesquels encores
qu'ils l'eussent esleu chef du party, n'auroient toutesfois entendu ny esperé, qu'il disposast du general sans les appeller, & quand meu de l'vtilité publique, il s'en dispenseroit, il ne seroit suiuy des autres:
de façon qu'au lieu de pacifier le Royaume, il le
troubleroit & diuiseroit par aduanture plus qu'il

n'estoit: quoy aduenant ses moyens ne sauueroient le public, ains demeureroit mesprisé de tous, ce qui leur donnoit cognoissance de soupçonner, que ce conseil des Catholiques apporté par ledit sieur de Belin estoit artificieux, & mis en auant du consentement de sa Maiesté, exprés pour faire perdre audit Duc ses amis dedans & dehors le Royaume, & sur tout le Roy d'Espagne, lequel ils n'estoient d'aduis qu'il m'escontentast aucunement, comme celuy seul duquel depédoit son principal appuy, mesmement pour chose si incertaine qu'ils estimoient qu'estoit le fruict de ceste ouuerture, pour auoir les catholiques qui estoient auprés de sa Maiesté, faict preuue depuis la mort du feu Roy auoir peu de soin de leur religion, pour maintenant esperer, qu'ils fissent mieux à l'aduenir; que leur deuoir estoit de sómer & presser eux-mesmes le Roy de se faire Catholique, & l'honneur de sa Maiesté, qu'elle se resolut à leur requeste plustost qu'à la postulation de ceux qui luy faisoient la guerre, & se cótentast qu'aprés sa conuersion faicte comme il conuient, elle fust recogneuë d'eux: ils remonstroient aussi le peril que couroit la religion en cas de dissimulation en sa conuersion, concluant qu'ils trouuoient ceste ouuerture si dangereuse, tant pour ledit Duc que pour le party, que non seulement il la falloit reietter, mais aussi celer à vn chacun, pour obuier aux deffiances & diuisions qu'elle engendreroit si elle estoit descouuerte & communiquee, les premiers repliquoient que la guerre estoit pour aucuns bien plus ambitieux que religieux, comme l'on commençoit à descouurir, & mesme de la part des Espagnols, lesquels au lieu de secourir ledit Duc, des forces qu'ils auoient faict approcher de la frontiere, sous la conduitte du sieur de la Motte gouuerneur de Grauelines, auec lesquelles il eust peu du tout renfermer saditte Maiesté dedans Dieppe, comme il leur auoit remonstré, & ce faisant gaigner vn grand aduantage sur luy, auroient voulu surprendre la ville de Cambray sur Balagny qui auoit enuoyé ses forces, & s'estoit luy-mesme acheminé au secours & seruice dudit Duc, & de la cause: que leur but estoit d'vsurper l'estat, & le dissiper, quoy estant, leurs armes & leurs assistances seruiroient plus à nous des-vnir & destruire qu'à autre chose, que l'on deuoit bien porter hóneur & respect au Pape, & partant ne rien conclurre auec sa Maiesté, sans son aduis & permissió, d'autant qu'il estoit besoin que sa saincteté mit la main à la conuersion de sa Majesté, pour la rendre parfaicte, qu'il en falloit aussi communiquer aux Prelats, Seigneurs, villes & communautez du party, afin de ne rien faire sans eux, pour les raisons representees: mais que ledit Duc ayant plus de cognoissance des affaires de l'estat que personne, ne deuoit faire difficulté d'esbaucher ce remede à nos maux, s'il iugeoit qu'il fust à propos, pour n'en perdre l'occasion, & apres le poursuiure & paracheuer, par l'aduis & consentement des autres enuers lesquels ils ne pouuoient prédre creance, si veritablemét & par effect ils ne'en recherchoiét le bié & auátage de la religió & du Royaume, lesquels couroient plus grand peril, la guerre durant, si elle n'estoit mieux iustifiee & conduitte, que d'vn bon accord faict auec sa Maiesté conuertie, quand mesme il y auroit du desguisement: d'autant que l'ambition & la confusion qui estoient audit party, rendoient les armes d'iceluy malheureuses, & que l'on pouuoit par ledit accord brider tellement sa Maiesté, qu'il ne seroit apres en son pouuoir de nuire à la religion ny à ceux du party, quand mesmes elle en auroit volonté: reiettant ce conseil s'estoit non seulement affermir au seruice de sa Maiesté lesdits Catholiques qui estoient auec elle, mais aussi luy en donner des nostres, lesquels cognoissans comme plusieurs commençoient desia de faire, la malice des Espagnols & leur but, composeroient auec elle & l'irroient trouuer & seruir; que ledit Duc pouuoit facilement se conduire en ce moyen sans se faire tort ny offencer personne; &

l'embrassant

que tant s'en faut qu'il d'eust craindre, que lesdits Espagnols fissent bande à part, & l'abandonnassent comme l'on disoit, qu'au contraire, quand ils verroient que luy & le party se pourroiét passer d'eux, ils en feroient plus de compte, & rechercheroient dauantage son amitié, comme gens mesprisans ordinairement ceux qui ont besoin d'eux, à quoy ils

_le_ se reduiroient tellement auec le party, s'il refusoit ceste occasion, qu'il seroit apres contraint de seruir

_du_ tout à leur dessein, voire deuenir esclaue d'iceux: que neantmoins ils n'estoient d'aduis de les mespriser ny offenser si faire se pouuoit, tant pour l'assistance que l'on en auoit receuë, qu'estoit encore leur amitié & association vtile & aduantageuse au public

public & au particulier dudit Duc, mais bien de ne laisser de faire pour eux ce que l'on iugeoit estre honeste, iuste & vtile à la cause, comme ils concluoient qu'estoit ladicte ouuerture, laquelle pourtant ils supplioient ledit Duc d'embrasser, & non la reietter comme les autres luy conseilloient.

NEANTMOINS l'aduis des autres fut suiuy, car ledit sieur de Belin fut renuoyé auec vne responce conceuë en termes generaux, de l'affection dudit Duc à la paix du Royaume, pour laquelle il disoit qu'il estoit prest de s'employer quand il cognoistroit par icelle, pouuoir conseruer & asseurer la religion qui estoit son principal but, dequoy ledit sieur de Belin eut charge d'asseurer lesdits Catholiques, sans toutesfois engager ledit Duc plus auant enuers sa Maiesté.

LEDIT Duc de Mayenne alla delà à Amiens, où il fut receu tres-magnifiquement, toute la ville sortit en armes au deuant de luy, l'artillerie le salüa, & luy fut presenté vn poisle qu'il refusa: mais estant conduit en la grande Eglise, il s'agenoüilla sur le marche-pied qui luy auoit esté preparé. Il estoit en grand soucy de la ville de Paris, où il auoit sceu que sa Maiesté s'estoit acheminée au partir de Dieppe, toutesfois il fut si pressé des habitans dudit Amiens d'y demeurer iusques à l'election de leur maieur, qui se deuoit faire le iour de S. Simon & S. Iude le 28. Nouembre, *Octobre* qu'il s'y accorda: mais il fit cependant aduancer son armée du costé du pont de saincte Maixence, afin de s'approcher de ladicte ville de Paris, dont il sceut la prise des

S

Fauxbourgs bien-tost apres, ce qui le hasta d'aller; & si l'on eust mieux rompu, ou tant soit peu deffendu ledit pōt de saincte Maixéce, ie croy qu'il ne fust iamais arriué à temps dans ladite ville de Paris pour la secourir, tant les habitans estoiét effrayez & pressez de sa Maiesté, de sorte que ledit Duc y arriua tres à propos. Le lédemain sa M. quitta lesdits Fauxbourgs, & ledit sieur de Belin reuint encores trouuer ledit Duc, qui derechef luy parla de la paix, mais il aduança aussi peu que la premiere fois, encores qu'aucuns ayét depuis soupçonné qu'il luy fut deslors dōné charge d'asseurer sa Maiesté en secret, que si elle vouloit estre catholique, ledit Duc se disposeroit auec ceux de son party de le contenter; chose, si ainsi est, qui ne me fut cōmuniquee, encores que chacun sceust assez que ie fauorisois ce conseil sur tous autres. Il ne sortit aucun fruict de ce propos, car sa Majesté alla apres à Vendosme, au Maine, & en Normandie gaignant & forçant tous les iours quelques places: ledit Duc demeura en laditte ville de Paris.

LE sieur Iean Baptiste de Tassis du conseil du Roy d'Espagne au pays bas, arriua quelque temps apres accompagné dudit commandeur Moreau; deslors ils voulurent engager ledit Duc à traitter auec leur maistre, assistez dudit Dom Bernardin de Mendoze, & demandoient qu'il fust declaré protecteur du party Catholique en ce Royaume, auec des authoritez, et puissances royalles & souueraines, qu'ils bastissoient marques & tiltres de la ditte protection & recognoissance certaine, comme ils disoient de l'obligation que nous luy auions, & du besoin que nous auions de son assistance, comme de pouruoir aux principales charges & dignitez du Royaume, Ecclesiastiques & seculieres, tout ainsi que faict le Roy au Royaume de Naples & de Sicile par dessus ses vice-Roys qu'il y enuoye.

IE fus appellé à ce conseil, où ie fus tres-empesché, encores que ledit Duc m'eust promis, qu'il n'accorderoit rien contre les loix du Royaume; car il me sembloit que c'estoit faire tort à nostre honneur seulement de prester l'oreille à telles demandes, lesquelles ils poursuiuoient auec tant d'ardeur (comme s'ils nous eussent tres-honorez de nous receuoir pour esclaues) que c'estoit chose indigne de la nation Françoise d'y entendre, & mesme de la fidelité que le party auoit iurée à M. le Cardinal de Bourbon, duquel ils faisoient bien lors paroistre qu'ils faisoient peu d'estat, & à quelle fin ils auoiét fauorisé sa recognoissance. Lesdits Espagnols pressoient tellement ceste resolution, qu'ils ne vouloient donner loisir audit Duc d'attendre que Monsieur le Cardinal Cajetan enuoyé Legat en France par le Pape Sixte cinquiesme, fut arriué pour luy en communiquer, encor que sa Saincteté l'eust depesché expres à sa poursuitte, & qu'il fust desia bien auant dans le Royaume, & fut cela à mon aduis pour s'asseurer de son affection particuliere, au seruice de leur maistre, comme celuy duquel les parens tenoient desia de la volonté du sainct pere, lequel aussi l'on disoit commencer recognoistre leur malice & ambition, & auoir compassion de la France. Monsieur l'Archeuesque de Lyon reuint lors de prison, & ce à propos, car il fortifia & authorisa grandement ceux qui contredisoient ausdits Espagnols, ausquels veritablement ledit Duc fit paroistre par effect, n'auoir enuie d'accorder leurs demandes : toutesfois ils ne laisserent d'en faire instance & poursuittes, assistez & fortifiez de leurs partisans qui n'estoient en petit nombre.

MONSIEVR ie fus trouuer en ce temps-là Monsieur le Cardinal de Gondy à Noysi auec Monsieur de Videuille, & le sieur Zamet, où vous pristes la peine de vous rendre à ma priere, il vous en souuiendra; ce fut pour vous dire la peine en laquelle ie me trouuois de la poursuitte desdits Espagnols, du peu d'affection, que ie recognoissois que ledit Duc auoit à la paix, & de la crainte que i'auois qu'à l'arriuee dudit Legat, il print quelque resolution & remplist tout le Royaume de feu & sang pour iamais : & sur ce suppliay ledit sieur Cardinal de venir iusques à Paris, pour assister les gens de bien enuers ledit sieur Legat, afin de le disposer de rechercher les moyens de pacifier ce Royaume, comme chose que ie recognoissois ne pouuoir auoir lieu, que par l'entremise & authorité de sa Sainÿeté, pour estre le party trop fort de ceux, qui sous pretexte de pieté, vouloient destruire ou enuahir le Royaume. Vous nous aydastes aussi à faire entreprende ce voyage audit sieur Cardinal, encore qu'il fust tres-affectionné au bien de ce Royaume, comme il s'est monstré en toutes occasions: de sorte qu'il se rendit à Paris apres l'arriuee dudit Cajetan qui y fut receu, ledit Duc absent, car il estoit au siege de Pontoise, duquel il vint à bout plustost qu'il n'esperoit.

MAIS ledit Cajetan fit peu de compte des bons conseils & aduis dudit sieur Cardinal de Gondy des miseres de la France, ny des remonstrances des gens de bien: car au lieu de faire l'office de pere commun, comme l'on esperoit & croyoit certainement que c'estoit l'intention de sa Beatitude qu'il fit; il embrassa & fauorisa ouuertement les turbulés, & sous main le dessein desdits Espagnols au grand preiudice de la religion, & de la France.

NOVS voyás doncques deceus & priuez de ce remede contre raison & nostre attente, ie me resolus de me retirer en ma maison: mais auāt que partir ie voulus mettre & laisser par escrit audit Duc les cōseils que ie luy auois donné, pour m'en descharger, de les luy enuoyer au siege de Pōtoise, parce que ie sçauois que ledit Tassis l'auoit suiuy, qui le pressoit encores de luy pərmettre de faire pour son Roy, sinon tout, au moins vne partie de ses demandes, disant le vouloir aller trouuer & l'en resoudre. Ie sçeus aussi que ledit Duc auoit desliberé d'enuoyer auec luy en Espagne l'vn des siés, de sorte que ie craignois qu'il s'engageast, encor qu'il nous eust promis le cōtraire: il fit faire ce voyage à Rossieux, dont ie fus tres marry; car c'estoit celuy de tous ses seruiteurs, qui le sollicitoit le plus de contenter lesdits Espagnols.

S iij

LEDIT Duc m'escriuit auoir prins en bonne part mon escrit qui tendoit à le persuader au conseil, que les Catholiques qui assistoient sa Majesté luy auoient donné par ledit sieur de Belin, c'est à sçauoir de sommer sa Majesté d'estre catholique & en ce faisant l'asseurer de la recognoistre: i'adioustois aussi qu'à son refus il deuoit mettre peine de retirer vn Prince du sang Catholique, pour estre nostre chef en l'absence de Mósieur le Cardinal de Bourbon, afin de coupper broche à toutes les pratiques que l'on faisoit contre l'Estat, neantmoins ledit Duc print autre conseil, pour autres raisons cy dessus dictes, lesquelles aucuns luy faisoient encores plus pregnantes & considerables que deuant, à cause des voyages en Espagne desdits Tassis & Rossieux, & de la ialousie que les ministres du Roy d'Espagne commençoient à faire paroistre auoir de luy, & de ceux qui l'assistoient, pour auoir contredit leurs demandes qu'aucuns de la ville de Paris fauorisoient si ouuertement, qu'ils luy disoient, que ledit Duc estoit seul, qui s'y opposoit auec quelques vns qui estoient aupres de luy, & que la ville & tout le party ne demandoient autre chose que de contenter sa Majesté catholique: ce qui fut cause que les ministres dudit Roy commençoient à s'addresser à ces gens-là pour desauthoriser ledit Duc, & faire leurs besongnes sans luy, comme ils leurs disoient qu'il leur estoit facile de faire; en quoy les vns & les autres se conduisoient si impudemment, & insolemment, que chacun s'en apperceuoit, mesmes que la partie estoit fauorisee du dit Legat, auquel neantmoins ie fois voir l'escrit que i'auois enuoyé audit Duc, sur l'instance qu'il m'en fit: car il fut incontinent diuulgué & assez bien receu, toutesfois ~~en la ville~~ il se contenta d'en ~~voir~~ *tirer* coppie sans en faire autre compte, aussi ne pouuoit-il seruir au sien. *en la ville de Paris*

VOYANT doncques que ledit Legat nous estoit si contraire, ie dis audit sieur Cardinal de Gondy, lequel ie visitois souuent, que ie m'en voulois aller: & de faict ie ne voulus accepter vne prouision de conseiller dudit Duc, qui me fut lors enuoyée, ny faire le serment d'iceluy, que M. de Lion, lequel auoit accepté la garde des sceaux, faisoit prester à tous ceux que ledit Duc auoit choisis & retenus du conseil general de l'vnion, lequel il auoit esté conseillé de supprimer; & fusse party à l'heure mesme sans la prinse de Monsieur le President de Blanmesnil, lequel ie ne voulois abandonner en ceste necessité qui estoit certes tres perilleuse. Dieu me fit ceste grace, que si ie n'eus le credit de garantir sa bourse, ie ne fus du tout inutile à sa vie, laquelle estoit fort menacee de plusieurs, qui auoient lors plus de puissance & auctorité en ladite ville, que n'auoit la iustice, ny mes continuelles sollicitations & supplications, lesquelles durerent deux ou trois mois: que si ledit President n'eust mis la main à la bourse, & payé sept ou huict mil escus qui tournerent au profit d'vn particulier, comme il se resolut de faire à la fin, il n'en fust pas sorty autrement.

QVELQVES iours deuant ie receus vne lettre de M. le President Ianin, escrite de Maigny, par laquelle il me prioit si l'occasion s'en offroit, & que i'en eusse les moyens, de ietter les fondemens d'vne negociation pour la paix publique, d'autant qu'il recognoissoit ledit Duc plus disposé d'y entendre qu'il n'auoit encores esté: ceste lettre me resiouyt estant dudit President, qui estoit à la suitte dudit Duc, auquel il se confioit grandement, & qui estoit homme de bien & clair-voyant.

I'EN fis part incontinent audit Cardinal de Gondy & resolusmes que ie me retirerois en ma maison, que sa Majesté m'enuoyeroit vn passeport, & me donneroit moyen de parler à elle pour attacher ceste negociation, comme de moy-mesme, & la poursuiurois apres selon que les occasions s'en presenteroient.

SVR cela ledit Cardinal partit de Paris tres-mal edifié dudit Cajetan, & se retira à Noysi: mais voyant que ie n'auois aucunes nouuelles de luy, & que d'ailleurs toutes choses s'alteroient tous les iours dauantage en ladite ville de Paris, que les Flamens estoient arriuez en l'armee dudit Duc de Mayenne, sous la charge du Comte d'Aiguemont, que l'on ne parloit que d'aller secourir la ville de Dreux assiegee par le Roy, & donner vne bataille, & que le marché de la deliurance dudit Presidét Blanmesnil estoit accordé & signé, ce qui m'auoit si long-temps aresté en la ville de Paris, Ie prins congé d'vn chacun pour me retirer en ma maison, dequoy le commandeur Moreau fut tres-aise: car il estimoit que ma personne portoit
malheur

malheur aux affaires de son maistre, & auoit esté si effronté que de le publier par la ville, & soupçonoit mesme ledit Cardinal Cajetan, qu'il auoit veu les articles de la paix signez de ma main, & accordez du consentement de mes Dames de Nemours & de Mayenne, desquelles il n'estoit lors gueres mieux edifié que de moy, par ce qu'elles n'approuuoient leur dessein. Mais comme ie voulus monter à cheual le 15. du mois de Mars de grand matin, M. de Lion, duquel i'auois prins congé le soir deuāt, m'enuoya prier de le voir encor deuant que partir, auec lequel ie trouuay le sieur du Tremblay, qui luy auoit apporté le premier aduis de la perte de la battaille d'Iury, comme celuy qui pour estre prisonnier sur sa foy, auoit veu iouer les ieux sans s'en mesler, & partant eut moyen d'apporter la nouuelle le premier: & neantmoins il parloit incertainement de la personne dudit Duc de Mayenne, pour estre party comme il disoit auant l'entiere défaicte de l'armee, & ne s'estoit meslé en la presse.

1590.

CESTE nouuelle m'arresta tout court: car ie ne voulois qu'il fust dit, que i'eusse abandonné le party à cause de ceste perte, comme peut-estre on eust faict de part & d'autre, sans auoir esgard à ma premiere resolution: ie voulois voir aussi si elle apporteroit point quelque changemēt aux affaires publiques, comme de nous donner enuie de faire la paix, & chercher quelque remede à nos maux, autre que celuy duquel nous auiōs vsé iusques alors, ie voyois aussi mon fils engagé à Potoise, dont ledit Duc luy auoit de nouueau rendu la charge apres l'auoir re-

T

prinse, & me sembloit ne pouuoir honnestement laisser ledit Duc, le party, ny les miens en ceste necessité, laquelle chacun estimoit veritablement deuoir esclorre d'autres effects qu'elle ne fit, comme à mon aduis il fust aduenu, si les choses eussent autrement esté conduictes qu'elles ne furent.

LEDIT Duc arriua tost apres à sainct Denis peu accompagné, ie le fus trouuer auec les autres, & comme il ne parloit que de chercher les moyens d'auoir sa reuenche, d'y engager & encourager vn chacun: Ie m'abstins aussi de luy parler de ma retraicte ny d'entreprendre la paix pource qu'il ne l'eust eu agreable, & qu'il l'eust peut-estre attribué à lascheté; mais i'en dis mon aduis au sieur de aux siens, & entre tous audit President Ianin, lequel m'asseura, que sans ceste disgrace ledit Duc se fust disposé à la paix: mais qu'il n'y auoit ordre apres ce coup de luy persuader, ny seulement de luy en parler, qu'il falloit laisser se douloir, & abbatre le vent des esperances qu'on luy donnoit par vn nouueau secours, me promettant qu'il ne perdroit l'occasion d'y seruir, quand il recognoistroit le pouuoir faire auec l'hôneur dudit Duc, & la seureté de la religion & du party. Ledit Duc se retira à Soissôs, & laissa à Paris M. de Nemours pour y cômáder assisté dudit sieur de Lion; il y laissa aussi sa mere, sa sœur, & sa féme auec ses enfans, & pria ledit Cardinal Cajetá d'y demeurer pour asseurer lesdits habitans, ausquels il promist de les secourir biê-tost; quatre ou cinq iours apres son partement, Monsieur le Cardinal de Gondy m'enuoya vn passe-port du

Roy, pour aller à Noysi & à Mante, où estoit sa Majesté, (car la ville luy auoit esté renduë par les habitans) apres ceste victoire et retournay apres à Paris, pour huict iours, durant lesquels ledit Cardinal me coniura de l'aller trouuer, à quoy ie me resolus, pour sçauoir de luy à quelle fin il m'auoit enuoyé ledit passeport, & quel moyen il y auoit de seruir au public. Il me dit que ledit passeport auoit esté accordé sur l'instance qu'il en auoit faict faire par le sieur de la Verriere son cousin, deuant la bataille, suiuant la resolution que nous auions prinse ensemble sur la lettre dudit President Ianin, dont i'ay faict mention cy deuant : & encore qu'il n'eust esté expedié, que depuis ladite bataille il auoit estimé estre à propos de le receuoir, & me l'enuoyer, par ce qu'il estoit apres ce coup plus necessaire que deuant, de bastir vn bon accord pour sauuer la religion & garantir la ville de Paris, laquelle couroit grande fortune, partant il estoit d'aduis que ie visse sa Majesté, & luy fisses ouuerture de ladite paix, nonobstant ce qui estoit aduenu depuis, disant qu'elle s'y attédoit, & que mon logis desia estoit marqué en ladite ville de Máte, mais ie m'en excusay sur ledit changement, lequel ie luy dis auoir plustost refroidy que rechauffé ledit Duc de Mayéne d'entédre à la paix, comme i'auois apris dudit sieur President Ianin : partant ie craignois allant trouuer sa Majesté, non seulement me faire mocquer de moy, mais aussi nuire plus aux affaires publiques que ie n'y seruirois. Toutesfois sur l'instance que m'en fit ledit sieur Cardinal, ie luy promis de voir le sieur du Plessis Mornay comme mon voisin & amy, auec lequel ie pourrois conferer des affaires publiques & des miennes particulieres, sans preiudicier à personne, tout ainsi que i'auois desia faict, par la permission dudit Duc de Mayenne, auec le sieur de Buy son frere, qui lors commandoit à Pontoise pour le seruice du Roy.

DONCQVES ie fus trouuer ledit sieur du Plessis prés ladite ville de Mante, auquel ie fis le discours de tous les susdits propos de la paix, qui s'estoient passez entre ledit Cardinal de Gondy & moy, à laquelle ie luy dis que i'auois recogneu ledit Duc auoir eu plus grande inclination, depuis auoir descouuert les intentiõs des ministres du Roy d'Espagne, qu'auparauant : de sorte que i'estimois que l'on en eust peu tirer quelque fruict deuant la bataille, côme il m'auoit esté mandé & asseuré par vn de ses principaux seruiteurs, dont i'auois aduerty ledit sieur Cardinal de Gondy, lequel sur cela auoit desiré que ie visse sa Majesté pour l'en aduertir: à quoy ie m'estois disposé, pour le desir que i'auois tousiours eu de seruir à vn si bon œuure, luy disant en ce propos la deliberation en laquelle m'auoit surprins la nouuelle de la bataille ; mais depuis que i'auois recogneu ledit Duc refroidy en ladite paix, & resolu de recouurer ce qu'il auoit perdu, dont ie preuoyois que les Espagnols feroient tres-bien leur profit, comme ceux qui auoient bien recógneu que ledit Duc, ny le general du party n'auroient pas grande enuie de s'embarquer auec eux, qu'ils se seruiroient de ceste

necessité en nous faisant achepter cherement leur
secours : à quoy il estoit au pouuoir de sa Maiesté
de remedier en bien vsant de la victoire que Dieu
luy auoit donnee, comme elle feroit si elle aduisoit
à contenter les Catholiques au faict de la religion;
sans quoy ie tenois pour certain que la guerre dureroit encor long temps, & que sa Maiesté auroit
quasi aussi-tost la fin du Royaume que dudit Duc
de Mayenne & de son party, d'autant que les villes
& la noblesse qui en estoient ne s'accorderoient iamais auec sa Maiesté, tant qu'elle seroit de contraire religion, & à luy difficile de les y forcer, estant
assistez du Pape & du Roy d'Espagne, comme ils
estoient ; & sur tout du dernier, lequel il sçauoir
auoir deliberé d'abandonner ses propres affaires
pour soustenir le party contre sa Maiesté. Que si le
Roy auoit autresfois resisté à la France, lors qu'elle
estoit florissante & viue, à plus forte raison la pourroit il endommager maintenant qu'elle estoit à demy destruite & diuisee par tout comme elle estoit;
qu'il ne deuoit croire que la bonne fortune de sa
Maiesté esbranlast les villes ny la noblesse du party,
qu'elle n'eust pourueu au susdit poinct de religion,
ains plustost que le peril les rendroit plus constans
& opiniastres : mais s'il plaisoit à saditte Maiesté satisfaire à ce poinct, comme ce changement seroit
du tout interpreté à sa pieté & bóté sans plus craindre qu'il fust à aucune autre necessité, ie me laissois
asseurer que chacun accourroit à elle, la recognoistroit, & obeyroit à l'enuy l'vn de l'autre, soit que ledit Duc se resolust ou non; que pour mon regard ie

detestois le dessein des Espagnols, encores qu'ils me l'eussent descouuert & confié des premiers ; que ie m'estois retiré vers ledit Duc, du temps du feu Roy par necessité: mais que ie m'estois depuis entretenu pour le respect de ma religion, & pour m'estre promis de seruir quelque iour au repos du Royaume, à l'honneur de Dieu : que si Dieu nous vouloit tant punir, que de nous priuer de ceste esperáce là, cóme il aduiédroit, si ledit Duc par necessité, ou autremét se iettoit entre les bras des Espagnols, & se donnoit à eux, i'auois deliberé me retirer de la presse, & ne participer iamais à tel dessein, s'il plaisoit à sadicte Maiesté me prendre en sa protection; chose que ie ferois encor plus volótiers, si sa Maiesté pouruoiát à la seureté de la religion, vouloit vaincre comme il me sembloit qu'elle pouuoit facilement & vtilement faire, ledit Duc & ses partisans par bonté & prudence, comme elle auoit faict, par les armes, à quoy i'exhortois ledit sieur du Plessis d'employer le credit qu'il auoit aupres de sa Maiesté, laquelle i'eusse volontiers prins la hardiesse de l'en requerir & supplier moy-mesme, si i'eusse estimé qu'elle l'eust pris en bonne part, & n'eusse eu crainte de desplaire audit sieur Duc, mais qu'il me suffisoit de luy auoir representé, sçachant qu'il estoit si affectionné à sa Maiesté, & d'ailleurs tellement mon amy à cause de nostre voisinage, & de l'assistance qu'il auoit tiré du nostre, du temps que i'estois en Cour, qu'il satisferoit à tout ce qui estoit necessaire pour ce regard ; l'asseurant pour fin que si ledit Duc refusoit d'entendre à la paix, ie l'abandonnerois pour viure priuement en ma maison, suiuant ma premiere deliberation prise deuant la battaille.

LEDIT sieur du plessis fit contenance de bien prendre mes raisons & mon intention, me dit sa Maiesté auoir encore plus de bonté que de generosité, ne demandant à ses subiects que l'obeyssance qu'ils luy deuoient, la couronne luy appartenant *de droit comme elle faisoit, et* ~~tāt par droit qu'~~encores par merites s'il s'y falloit arrester, comme Prince tres-vertueux & parfaict, dont il auoit rendu tant de preuue, que personne n'en pouuoit douter: dauantage qu'il estoit Prince de foy, & tres-grand obseruateur de sa parolle, à laquelle il vouloit moins manquer qu'à soy-mesme; que c'estoit vn fondement tres solide, sur lequel on pouuoit bastir vne bonne paix & recōciliation, à laquelle l'on le trouueroit tousiours tres disposé; qu'il n'estoit aucunement vindicatif, qu'au combat il estoit ardent & courageux, mais hors d'iceluy il estoit encores plus gracieux, comme il apparoissoit *par le traittement* qu'il faisoit aux prisonniers de la battaille, lesquels estoient de luy fort carressez: que Dieu l'auoit tousiours assisté, ~~luy attribuant~~ toutes ses prosperitez, *et favorisé grandemᵗ voire miraculeusemᵗ, pource que vraiemᵗ il le craignoit et esperoit en lui, lui attribuant comme il deuoit* lesquelles sont encores plus aduouees de ceux qui l'ont tousiours ^{suiuiet} serui que des autres, principalement depuis la ligue, la rage de laquelle estoit tombee sur luy contre toute iustice, parce que lors il ne pensoit qu'à viure en patience, & rendre obeyssance au feu Roy, sous la protection de ses edicts, au lieu de l'accabler, comme les autheurs d'icelle auoient proietté, l'auroient remplié

& comblé de gloire : que quand il se resouuenoit d'auoir veu huict ou dix armees toutes employees contre luy & ses amis, delaissé & abandonné quasi de tout le monde, n'auoir peu toutesfois gaigner sur luy aucun aduantage digne de memoire, ny seulement d'esbranler sa foy enuers Dieu ny sa vertu & constance en aucune chose, qu'il auoit deslors iugé que Dieu auoit entrepris sa deffence & protection, & l'auoit reserué exprés pour en faire trophee de sa iustice diuine, & restablir le Royaume en son ~~entiere~~ ^antienne^ splendeur & puissance : que si iamais Prince fut aussi propre de ce faire ^et capable^, il l'estoit ; car s'il aymoit les armes, il fauorisoit encore plus la iustice, & estoit ennemy du vice, honorant & respectant les gens de bien & de vertu ; qu'il ~~luy~~ asseuroit, que si ledit Duc ^et ceux qui l'auoient suiui^ luy demandoi^en^t la paix, & se rägeoi^en^t à la raison, il la leur accorderoit tres-liberale^ment^, & de-meureroit conten^t^ de luy, & de ses actions, comme l'estoient les Catholiques qui l'assistoient, & mesmes de la declaration qu'il leur auoit faicte sur la religion ; qu'estan^t^ comme ils estoient en tres-grand nombre, composé des principaux Princes & officiers de la couronne, Seigneurs & Gentils-hommes du Royaume, l'on pourroit dire qu'ils faisoient la principalle & plus considerable partie des Catholiques d'icellu^y^ : de sorte que ledit Duc ny les siens ne pouuoient vser de ce nom, ny apporter du scrupule & difficulté, & ce dont les autres estoient demeurez tres contens & satisfaicts, sans ^leur^ faire tort, & donner occasion à vn chacun de se défier de sa volonté ; qu'il ne doutoit point que les Espagnols, ne fissent leur

leur profit s'ils pouuoient de la mauuaise fortune du dit Duc, comme il luy auoit remonstré, ce qu'il ne trouuoit estrange d'eux, estant comme ils estoiẽt nos anciens ennemis, mais que le blasme & le dommage en demeureroit audit Duc, & autres François qui l'assistoient, s'asseurãt à eux, qu'il esperoit que Dieu acheueroit de renuerser leurs desseins comme il auoit commencé, quand le Roy d'Espagne n'auroit que vingtcinq ans, & seroit trois fois plus puissant & mieux assisté en ce Royaume, il y succomberoit, l'entreprenant contre vn Prince si genereux & bien fondé en iustice, nourry au trauail, & bien assisté dedans & dehors le Royaume, comme estoit sa Maiesté, laquelle faisoit aussi peu de compte des rodomontades & forces Espagnolles, & que ce ne seroit iamais par crainte que ses subiects obtiendroient la paix de luy, mais par submission esmeuz de la compassion qu'il auoit du peuple, qu'il cognoissoit mon intention à la paix, m'exhortoit d'y perseuerer & comme mon amy me separer dudit Duc & de son party, comme d'vn tres-mauuais garant & appuy, que sa Maiesté me donneroit pour ce faire toutes les prouisions & asseurances qui me seroient necessaires: mais il falloit que mõ fils en fit de mesme, remettant au pouuoir de sa M. la ville de Pontoise, à laquelle il cõmãdoit disant que ma retraitte ne pouuoit estre autremẽt que tres-suspecte & mal receuë, que puis que ie n'auois aucune charge dudit Duc de Mayenne de parler de la paix, i'auois biẽ faict de ne me preseter deuãt sa M. mais qu'il estoit d'aduis que ie visse ledit Duc, plustost pour l'asseurer de la vo-

V

lonté de sa Maiesté, & sçauoir qu'elle estoit la sienne, pour sur cela me resoudre, ne pouuāt croire que Dieu eust fait tāt de graces au Roy pour les laisser imparfaictes: de sorte qu'il esperoit que ceux qui s'opiniastreroient à luy faire la guerre, accroistroiét plustost leur honte qu'ils ne recouureroient leur perte, & qu'il ne falloit plus qu'oster la Pierre au laict à ceux de Paris, pour les ranger à leur deuoir par force s'ils n'y vouloiét entendre d'amitié: quoy succedant, qui douteroit que les autres villes du Royaume ne se vinssent ietter aux pieds de sa Majesté? Qu'il ne pouuoit cōseiller audit Duc, d'attendre iusques là à se resoudre, parce qu'il ne feroit son deuoir ny sō profit, comme il me conseilloit de luy remonstrer, m'asseurant au reste que si ie reuenois auec charge dudit Duc de parler de la paix, ie serois tres-bien venu, & que sa Maiesté aupres de laquelle il m'assisteroit, me verroit bien volontiers, mais il me prioit de me haster.

Monsieur ie remerciay ledit sieur du Plessis de sa bonne volonté, & luy dis, que i'estois si affectionné à ma patrie, que ie tenois pour perduë, si la guerre duroit, que ie ne faudrois d'aller trouuer ledit Duc de Mayenne iusques à Soissons, où il s'estoit retiré, pour luy faire entendre ce qu'il m'auoit dit de la bonne intention de sa Maiesté à la paix, & le supplier de s'y resoudre en preferant le salut du Royaume à toute autre consideration, l'asseurant que ie ferois pour ce regard tout ce qui seroit en ma puissance, & que selon sa responce i'yrois trouuer sa Maiesté pour luy en rendre compte : ou s'il appelloit les Espagnols, & traictoit auec eux, ie me retirerois en ma maison, sans plus le suiure ny assister ; mais que ie ne voulois point permettre que mon fils rendist Pontoise, parce qu'il me sembloit y aller trop de son honneur, la place luy ayāt esté franchement baillee en garde par ledit Duc: & ne voyant autre cause & changement en la personne de sa M. qui le peust iustemēt mouuoir & excuser de ce faire, que l'aduantage de ceste derniere victoire que Dieu luy auoit dōnee, laquelle obligeoit plustost mondit fils de perseuerer en la foy qu'il auoit dōnee audit Duc, qu'elle ne l'en deschargeroit s'il ne vouloit estre accusé & cōuaincu de lascheté, de laquelle cōme mon amy & gentilhomme faisant profession d'honneur, il me deuoit plustost décōseiller si i'y estois disposé, qu'exciter par la cōsideration du repos de ma maison, duquel ie luy declarois vouloir plustost estre priué pour iamais voire de la vie mesme, que de cōsentir que mondit fils acquist vne telle honte, & auois mesme vne telle confiance en la bonté & vertu de sa Maiesté, que ie m'asseurois, qu'elle l'estimeroit dauātage faisant ce qu'vn hōme de biē doit faire, que s'il en vsoit autrement : que s'il falloit que i'achettasse à tel prix la seureté de ma maison, i'estois dēliberé de quitter plustost le Royaume que d'y condescendre, que ie ne doutois point des vertus de sa Maiesté & de sa bonne fortune, ny de la fidelité de ses seruiteurs & amis, & pareillement qu'en ostant à ceux de Paris le laict & le froment, & les passages des viures, sa M. n'aduāçast grādemēt ses affaires; mais ie le priois de

V ij

croire qu'elle ne reduiroit iamais les habitans d'icelle n'y d'aucune autre ville de la ligue à la recognoistre de bonne volonté, si elle ne donnoit ordre au poinct de la religion. Le suppliant sur ce de considerer combien il falloit de temps pour forcer lesdites villes l'vne apres l'autre, estant mesmes assistez des susdits Espagnols, encouragez par le Pape, desesperez de la religion de sa Maiesté, laquelle pourtant me sembloit y deuoir bien penser.

et autres princes Catholiques, et

LEDIT sieur du Plessis fit peu de compte de ces propos, mais il ne me pressa dauantage d'engager mon fils à ma retraicte, seulement d'auancer mon voyage devers ledit Duc, pour lequel il m'enuoya du depuis vn passeport par la voye dudit sieur de la Verriere par lequel i'auois esté coduit en ceste conference. Ce ne fut sans me plaindre à bon escient audit sieur de la Verriere, du propos que m'auoit tenu ledit sieur du Plessis concernant mon fils, luy priant de dire au Roy, que ie ne desirois pas, que mondit fils vint à son seruice indignement ny honteusement, parce que ie sçauois qu'il faisoit plus de cópte d'vn hóme de bien que de mille poltrons, & qu'au reste ie serois son tres-humble seruiteur, bien deliberé de faire mon deuoir pour la paix, & de n'estre iamais Espagnol. Ie vous asseure, Monsieur, que cecy me cuida desbaucher; car ledit sieur du Plessis me donna occasion de croire qu'il auoit plus d'enuie de retirer ladite ville de Pontoise pour ledit sieur de Buy son frere, lequel en estoit gouuerneur auparauant, que d'ayder à la paix, ny à mon repos particulier: toutesfois ie me resolus de m'acquitter encor de ce deuoir, & apres prendre conseil de mes affaires auec Dieu, & mon honneur, comme i'ay declaré audit Cardinal de Gondy, quand ie fus de retour à Noysi, où vint le iour mesme ledit Cardinal Cajetan, & me semble que vous vous y trouuastes aussi, poursuiuant vostre accoustumee affection au bien du Royaume, faire quelque office enuers ledit Cajetan: mais ce Prelat tendoit plustoit à diuiser les catholiques d'auec sa Majesté, les exciter, solliciter & presser de suiure l'Eglise, que de faciliter vn bon accord, tant il desiroit complaire au Roy d'Espagne & le seruir. Ce fut à Monsieur le Mareschal de Biron à qui il s'addressa, pour cest effect; fut-il pas bien conseillé, mesme si fraischement apres ceste signalee victoire, qui auoit enflé les cœurs, & les esperances des seruiteurs de sa Majesté? aussi fit-il tres-mal ses besongnes, dont ie m'asseure qu'il n'estoit pas fort marry, comme celuy qui auoit à mon aduis faict le voyage plus pour irriter le Pape contre les Catholiques qui seruoient sa Majesté, que pour y profiter, craignant que sa Saincteté qui commençoit desia à changer d'aduis en nos affaires, feit trop de compte d'iceux.

Estant à Paris, ie fis part aux trois Princesses qui y estoient, & à M. de Lion, des bons propos que m'auoit tenus ledit sieur du Plessis; tous firent demonstration d'approuuer & desirer que i'allasse trouuer ledit Duc de Mayenne pour l'en informer. Ie partis huict iours apres; le sieur Zamet vint auec moy, nous le trouuasmes à

Soissós tres-mal de sa santé, & encor plus affligé de l'esprit, à cause de l'estat de ses affaires; neantmoins comme Prince courageux & aduisé, il n'obmit rien à faire, pour maintenir ses partisans en deuoir, & dresser vne nouuelle armee. Il auoit desia depesché partout, & auoit enuoyé gens exprés à Rome, en Espagne, Flandres, Lorraine, & Sauoye, où vous pouuez penser qu'il n'auoit rien oublié à remonstrer & promettre de*ce qui* pouuoir seruir à son besoing, comme ont accoustumé les Princes qui se trouuent en pareille necessité; voyant mesme que sa Majesté auoit desia gaigné la ville de Máte, laquelle s'estoit reduë d'effroy, & qu'elle auoit attaqué Corbeil & Melun, mal-garnies de ce qui estoit necessaire pour se deffendre; le succeds de ceste derniere bataille ayant surpris les plus fins & diligens, & estonné les plus asseurez.

A pour se rendre maistre du hault de la riuiere de Seine comme elle l'estoit du bas, ce qui lui succeda quasi sans coup frapper, tant estoient foibles les dites villes et

LEDIT Duc ayant ouy mon rapport que ie doray le plus que ie peus; d'abord il eut grande difficulté de me permettre de commencer ceste negociation tant il craignoit d'vn costé offenser les Espagnols, par les partisans desquels il estoit enuironné & fort veillé; & d'autre part que la recherche de ce traicté luy fust imputée à faute de courage ou de moyens de se deffendre, & partant tres-preiudiciable & honteuse: toutesfois le lendemain il changea d'aduis soit que ce fust pour donner l'allarme & l'espouuente aux Espagnols, & en ce faisant *haster* le secours qu'il leur demandoit, ou preparer vn moyen pour au besoing sauuer la ville de

Paris, laquelle personne n'estimoit pouvoir durer, quand les passages des viures seroient bouschez; ou bien endormir sa Majesté de l'esperance d'vn accord: car il me permit de retourner vers elle, & me chargea de luy dire de sa part que s'il luy plaisoit donner contentement aux Catholiques sur le faict de la religion, il mettroit peine de disposer de ceux qui l'auoient esleu & recogneu pour chef, de luy rendre obeyssance & traicter d'vne bonne paix; laquelle il protestoit desirer & affectionner plus pour garantir le Royaume des calamitez de la guerre, que pour se preualloir n'y auantager, comme celuy qui n'auoit rien deuant les yeux que le bien de la religion, & contenter pour ce regard nostre sainct pere le Pape, lequel il honoroit comme le chef de l'Eglise, sa conscience & ceux qui l'auoient honoré de la charge, qu'il auoit, que sa Majesté ne deuoit croire que sa mauuaise fortune ny sa foiblesse luy fissent tenir ce langage; car ie pouuois tesmoigner quel auoit esté son desir en cela; quelques iours auant la bataille; il esperoit aussi mettre sus bientost vne armee encor mieux que iamais: sur tout, il me pria de ne dire à personne qu'il m'eust donné la charge de parler à sa Majesté d'aucune chose, mais de faire courir le bruit que ie me retirois en ma maison auec sa permission, pour n'esbranler ny intimider ses amis, ausquels il donneroit aduis de ma retraicte, & ne croire qu'il m'eust enuoyé vers sa Majesté, si d'auenture l'on leur en demandoit quelque chose, tant de l'armee que d'ailleurs.

suffisante pour se maintenir auec ses amis

IE voulus voir ledit sieur du Plessis, & luy cōmuniquer ce que i'auois faict auec ledit Duc, & mesme l'aduis qu'il auoit donné de mon voyage à ses amis, deuant que de me presenter à sa Majesté, afin qu'il aduisast auec elle, s'il estoit à propos pour son seruice & le public, que ie passasse outre : car ie n'auois enuie de ce faire, s'il iugeoit qu'il en d'eust aduenir autrement. Ie le vis à Lezigny en Brie, où ie fus conduict par le sieur de la Verriere : ledit sieur Zamet y vint auec moy, comme celuy qui desiroit seruir de tout son pouuoir au repos de ce Royaume, ainsi que ie puis tesmoigner qu'il a faict depuis tres-fidelement.

LEDIT sieur du Plessis apres m'auoir ouy, fut d'aduis que ie visse sa Majesté, laquelle ie trouuay logee aux fauxbourgs de la ville de Melun, de laquelle le sieur de Fontaines auoit composé, deux iours auparauant. Ie dis à sa Majesté la charge que m'auoit donné ledit duc, comment & à quelle condition il m'auoit permis de faire le voyage, & ce qui m'y auoit embarqué : le suppliant prendre en bonne part mon affection, & ne perdre maintenāt l'occasion de remettre le Royaume en paix, que Dieu luy auoit mis en la main par son trauail & sa valeur ; que tout dependoit du poinct de la religion, puis que ledit Duc offroit de la recognoistre, si elle se vouloit resoudre d'y pouruoir au contentement des Catholiques, & par consequent de sa seule volonté : partant elle pouuoir dire qu'il ne tenoit plus qu'à cela qu'elle ne vous rendist tous heureux, & qu'il ne feust bientost le plus
grand

grand & glorieux Prince de la chrestienté & le mieux obey en son Royaume : que s'il luy plaisoit maintenant prendre ceste resolution, l'honneur, & le gré luy en seroient entierement d'eus deuant Dieu & les hommes, à cause de l'aduantage que ceste victoire derniere luy auoit donné, tellement que personne ne pouuoit dire auoir esté côtrainct à ce faire par ses ennemis. Que sa Majesté rendroit en ce faisant sa victoire aussi heureuse à ses subiects, et à elle mesme, voire à toute la chrestienté, qu'elle auoit esté triomphante & glorieuse, car elle engendreroit vne paix vniuerselle qui rendroit son nom admirable & immortel : que tout ainsi que sa Majesté auoit donné preuue de son courage, elle pouuoit aussi maintenant faire cognoistre sa ~~grandeur~~ *prudence* & manifester sa bonté, auec quoy elle pouuoit acquerir plus de villes en vn iour, qu'elle ne feroit peut-estre en toute sa vie à coups de canon, & par ce moyé esuiter le sac des meilleures villes de son Royaume, qui estoit quasi ineuitable ; autrement que ie m'asseurois que celuy de la ville de Melun faict à ses yeux, l'auoit autant contristé, que la conqueste d'icelle l'auoit resiouy, encore qu'elle fust aduenuë tres-heureusement, parce qu'en fin sa Majesté perdoit plus à la ruine desdites villes que personne, sans compter le desplaisir qu'vne ame vrayement Royalle telle que la sienne, receutoit des desordres qui s'en ensuiuroient : que sadite Majesté consideraft, qu'encore que sa victoire eust esté grande pour estonner lesdites villes, toutesfois aucune ne s'est esbranlée du par- *depuis*

X

ty, ce qu'elle deuoit croire proceder seulement de la force & puissance que la religió a sur les hómes. Car que pourroit-on esperer dudit Duc de Mayenne, & moins encore desdits Espagnols? quel plaisir & aduantage y auroit-il de continuer vne guerre si malheureuse qu'estoit la nostre, & attédre vn siege, & peut-estre vn sac plus cruel, que n'auoit esté celuy des habitás de Melun? Que c'estoit dóc effects de la religion, qui les roidissoient au peril, comme il auoit autresfois esprouué: au moyen dequoy il estoit tres-necessaire que sa Majesté pourueust à ce poinct, pour cheuir, desdits Espagnols, & autres estrangers qui aspirent sur ce Royaume, lesquels sa Majesté deuoit plus craindre que iamais, à cause du besoing que l'on auoit de leur assistance, qui aueugloit, & souuent desesperoit ceux qui estoient pressez. Qu'il pleust à sa Majesté considerer combien il luy falloit encores acquerir de villes deuant que d'estre Roy paisible : que toute la guerre se faisoit à ses despens, & que ses ennemys n'auoient gueres à perdre, & prou à gaigner ; que quand il ne demeureroit audit Duc qu'vne ville de cent ausquelles il commandoit, encore seroit-il mieux partagé qu'il ne l'auoit esté de sa maison : que c'estoit auec prudence & moderation, que le fruict de la victoire se recueilloit & asseuroit contre l'inconstance de la fortune. Partant qu'il pleust à sa Majesté de ne perdre ceste occasion de pratiquer l'vne & l'autre vertu, laquelle peut-estre elle ne recouureroit iamais : car quand ses hostes viendroient, ledit Duc de Mayenne ne

des dites villes et renverser du tout ses desseins

les estrangers

pourroit plus disposer de luy & de ses amis, côme il pouuoit faire de present, d'autât que la necessité authorisoit tous les iours les forces estrangeres, & facilitoit leur dessein : que i'auois entrepris ce voyage exprés, pour luy representer ses raisons & inconueniens meu d'vn tres-bon zele, & battu d'vne appre-hension que i'auois du malheur qui menaçoit ce Royaume, lequel i'estimois ineuitable, si sa Majesté failloit à ce coup d'y remedier, côme il estoit en son pouuoir ; que depuis le trespas du feu Roy i'auois suiuy ledit Duc, plus pour trouuer moyen d'ayder à pacifier ce Royaume, que pour autres considerations, comme i'auois desia assez tesmoigné par mes actions, & que ie desirois continuer tant qu'il me demeureroit quelque esperáce d'y pouuoir estre vtile : mais aussi me retirer en ma maison quand elle me le deffêdroit & y viure sous sa protection, comme son tres-humble suiect, sans plus me mesler d'autre chose que de prier Dieu pour le repos & salut de son Royaume, si sa Majesté l'auoit agreable comme ie l'en suppliois.

tousiours dauantage

extreme

SA responce fut tres-benigne, elle loüa mon intention, de laquelle neátmoins elle me dit que plusieurs auoient faict tout autre iugement, me tenant pour vn bon Espagnol, mais qu'elle estoit bien aise, & me sçauoit bon gré de vouloir maintenant faire paroistre du côtraire, ce que ie ne pouuois pas mieux faire qu'en recherchant & procurant le repos du Royaume ; qu'elle auoit esté bien aysed'entendre ce que ie luy auois dict de la part dudit Duc de Mayéne, qu'elle tenoit de Dieu premieremét, & aprés des

X ij

Princes & officiers de sa Couronne, & de sa noblesse, la victoire qu'elle auoit gaignee : Que Dieu estoit aussi le protecteur de la iustice & des Roys, contre la rebellion & des-obeyssance de leurs subiects, comme auoit tousiours esté en ce Royaume leur vray & plus seur appuy ladite noblesse, ainsi qu'elle auoit bien esprouué en ceste derniere occasion, en laquelle elle l'auoit recogneuë inuincible, ayant son Roy en teste : que le Royaume luy appartenoit, par la grace de Dieu, & par succession legitime, que personne ne le pouuoit quereller iustement, & moins encor ses subiects, luy desnier l'obeyssance ; qu'elle n'auoit offensé personne, seulement s'estoit-elle deffenduë pour conseruer le sien, comme elle pretendoit continuer, & esperoit faire aussi heureusement qu'elle auoit commencé, auec la grace de Dieu, & que c'estoit sa plus grande esperance : que quand elle se resouuenoit des miseres, & necessitez qu'elle auoit endurez du temps du feu Roy, lors que chacun auoit conspiré sa ruine, que les armees sortoient & marchoient en foule contre elle & ses amis, & que l'on la tenoit pour perduë, sans iamais s'en pouuoir releuer, & que Dieu l'auoit tellement fauorisé, que non seulement il auoit renuersé le dessein de ses ennemis, mais aussi luy auoit par ce moyé ouuert le chemin de sa gloire à leur honte & confusion : elle ne se pouuoit lasser d'admirer ses diuins iugemens, benir sa bonté, & sans cesse le remercier & inuoquer en son ayde, comme elle auoit faict plus ardamment depuis la victoire que deuāt, d'autāt qu'elle recognoissoit en auoir plus grād besoin, pour estre la iouyssance d'vne bonne fortune suiecte à diuers accidens, souuent autant par nostre propre faute, que par celle d'autruy, & par son accoustumee inconstance. Que son but estoit d'estre Roy de faict comme de droict, & que celuy dudit Duc, & de ceux qui l'assistoient deuoit estre de viure en paix & honneur, sous l'obeyssance de celuy que Dieu & la nature leur auoit donné pour tel, dequoy sa Maiesté estoit preste de les faire iouyr sans auoir esgard au passé, s'ils vouloient aussi s'en rendre dignes par leurs actions, aymant trop mieux les gaigner par douceur que par la force, pour estre ce chemin le plus court qu'aucun autre, & plus approchant de son naturel, du tout aliené de la violence & vengeance, mais si ialoux à l'obseruation de sa foy à laquelle elle n'auoit iamais māqué, qu'elle vouloit aussi la maintenir inuiolable, comme deuoit faire vn Prince qui craignoit Dieu, & aymoit son honneur, qu'elle ne pouuoit approuuer que ledit Duc parlast pour les Catholiques du Royaume, quand elle consideroit & iettoit les yeux sur ceux qui la seruoient & auoient combattu auec elle, depuis le deceds du feu Roy: lesquels en qualité & en nombre, surpassoient de trop loing les autres de tous estats, voire mesme des Prelats & Ecclesiastiques, pouuant dire estre assisté de beaucoup plus de Catholiques que d'autres, enseignez à ce faire autant par la loy de Dieu, de la nature, & de la iustice de sa cause, comme de l'exemple de leurs ma-

X iij

MEMOIRES DE MONSIEVR
ſieurs & de leurs propres conſciences.

Qve c'eſtoient les meſmes Princes, officiers de la couronne, Seigneurs & Gentils-hommes qui auoient ſuiuy & ſeruy les autres Roys deuant luy, par le conſeil deſquels il s'eſtoit conduict depuis ſon aduenement à la couronne, & entendoit encores ſe conduire à l'aduenir ; combien qu'elle me vouloit bien dire toutesfois, ſans faire tort à perſonne, qu'vn des meilleurs Conſeillers de guerre qu'euſt le Roy, c'eſtoit le Roy de Nauarre : que tout ainſi que leſdits ſieurs auec ſes *principaux* officiers des Cours de Parlements du Royaume, s'eſtoient contentez de la declaration & promeſſe qu'elle auoit faicte apres la mort dudit feu Roy, pour la ſeureté & conſeruation de la religion Catholique, que les autres deuoient faire le ſemblable, ſe confier en la foy, & ſouffrir que toutes choſes ſe fiſſent dignement à la gloire de Dieu & au contentement de tous, ſans violence n'y precipitation. Sur cela ſaditte Maieſté me demanda ſi i'auois veu laditte declaration : ie luy dis que le ſieur de la Marſilliere me l'auoit enuoyée, & que ie l'auois faict voir audit Duc de Mayenne, *et à pluſᵗˢ autres de ſon parti, dont i'oſois bien dire qu'ils auoient fait contenance de n'eſtre ſatisfaits comme gens qui croioient en* — comme croyant en conſcience qu'il ne pouuoit obeyr à vn Roy de contraire religion, ſoit qu'il tinſſent ce langage par art, ou autrement : à quoy elle me repliqua ſur le champ, qu'elle n'eſtoit toutesfois infidelle ny idolatre, qu'elle adoroit *et ſeruoit* le ſeruice d'vn meſme Dieu, & que la religion en laquelle elle auoit eſté nourrie, n'eſtoit ſi diferente de l'autre qu'elle d'eust estre incompatible, qu'en fin en tels changements qu'importoit à la conscience, Dieu y deuoit operer, & non les hommes, se faire auec le temps instruire & non à coups d'espee: Que si du temps des Roys derniers l'on n'auoit peu gaigner ce poinct sur luy par force, ny par les appas de la Cour esbranler sa conscience, les armes d'Espagne, ny de tous ceux qui les fauorisoiēt y aduanceroient encor moins, maintenant que Dieu luy auoit tesmoigné tant de grace, qu'elle n'estoit toutesfois opiniastre voulant ceder à la verité, & au desir de ses subiects, mais qu'il falloit l'instruire & l'auoir autrement qu'à coups de canon. Ie luy dis sur cela que la cognoissance que l'on auoit, qu'il estoit Prince consciencieux, craignant Dieu, & affectionnant sa religion, estoit ce qui donnoit plus de crainte aux catholiques de la leur, d'autant qu'ils ne se pouuoient persuader, que sa Maiesté, laquelle estoit respósable de ses subiets, leur voulust maintenir & laisser viure en ceste religió, si elle croyoit qu'elle fust abusiue; que i'estois vn mauuais theologien pour respondre pertinément au propos de sa Maiesté: mais i'auois bié ouy dire mesmes à Beze au colloque de Poissi, que nos creáces estoiēt aussi esloignees l'vne de l'autre que le ciel éstoit de la terre, mais que ie n'approuuois les argumens en ceste dispute du sang, ny des armes, mesmes contre sa personne, les cartes estant meslees, comme elles estoient: ains ie croiois certainemét que nous auriós plustost deffait l'Eglise de fód en cóble auec tels instrumens, que la purger comme l'on n'auoit que trop esprouué en la

qui importoient

chrestienté depuis cinquáte ans: mais aussi que sa majesté depuis ceste victoire, pouruoit acheminer ceste instruction qui deuoit preceder sa conuersion, sans plus mettre en auant les armes de ses ennemis pour s'en excuser, à cause de leur foiblesse; & si pour ce faire, il luy plaisoit appeller prés de soy quelques Prelats & Docteurs de bonne vie, ie l'asseurois, que non seulement cela resiouyroit & consoleroit grandement la France, mais aussi luy acquerroit & confirmeroit plus de villes & de seruiteurs, que toutes les prosperitez du monde: la suppliant me permettre de luy dire que la ruine du Royaume ne seroit pas seulement imputée aux factieux, ny aux ennemis, ains à elle, puis qu'il estoit en sa puissance d'y remedier.

CE propos fut cause que sa Majesté remist au lendemain matin à faire responce, & me dit qu'elle en vouloit desliberer auec ses seruiteurs, & ne rien faire sans leur aduis, me commandant de la suiure à Nangis, où elle s'acheminoit.

SA Maiesté me comanda de retourner deuers ledit Duc, pour luy dire qu'elle auoit prins en bone part ce que ie luy auois dit, que sa desliberation estoit d'embrasser & cherir tous ses subiects [a de la sienne], selon leur merite, & mesme honorer & bien traitter ledit Duc, s'il vouloit luy ayder à mettre son Royaume en repos, comme il pouuoit faire; qu'encores qu'elle eust desia commencé à pouruoir au faict de la religion au contentement des catholiques; toutesfois si l'on iugeoit estre necessaire d'y adiouster quelque chose elle estoit preste à ce faire, ayant pris & consideré tout

tout ce que ie luy auois remonstré sur cela, me dit ^mais qu'elle ne pouuoit traitter plus auant auec moy, parce que ie n'estois pas assez authorisé dudit Duc, & partant elle desiroit qu'il luy enuoyast des deputez garnis de pouuoirs suffisans pour ce faire, qu'ils seroient les tres-bien venus, & qu'elle mettroit peine de leur donner contentement, pour le desir qu'elle auoit de deliurer son peuple d'oppression. Infra page 379. Ie luy respondis, que la charge que sa Maiesté me donnoit me sembloit tres-bien consideree & digne de sa prudence; car veritablement elle ne pouuoit traitter ces affaires qu'auec gens qui eussent pouuoir de les conclurre, comme il auoit tousiours esté pratiqué. Mais ie la suppliois de considerer que ledit Duc, pour estre chef du party, n'en pouuoit toutesfois disposer sans l'aduis & consentement commun : principalement en ce qui concernẽ ^où la religion & la recognoissance de sa Maiesté, & partant il seroit necessaire qu'il les assemblast pour en aduiser & resoudre auec eux, saditte Maiesté n'estant apprentisue de l'authorité qu'auoit vn chef volontaire, ayant souuét passé par là, que ledit Duc pouuoit difficillemét faire la ditte cóuocation & assemblee, la guerre durant & sans passeport, à cause des dangers des chemins : suppliant saditte Maiesté d'y aduiser & y pouruoir d'heure, s'il luy plaisoit aduancer les affaires : la remerciant au reste de la protection qu'elle me promettoit en ma maison, en laquelle ie me retirerois apres que ie l'aurois veuë derechef pour receuoir les commandemens selon son intention.

Y

SA DITTE Majesté partit de la main, tout aussi tost, & me repliqua qu'elle continuëroit & ne cesseroit pour cela de faire la guerre : qu'elle ne vouloit point aussi donner lesdits passeports, parce qu'elle ne vouloit laisser perdre le fruict de sa victoire, ny donner moyen audit Duc de releuer les affaires, & mieux dresser sa faction, comme il pourroit faire auec lesdits passeports & cessation d'armes, se resouuenant de la commodité qu'elle auoit autrefois receuë de chose semblable du téps du feu Roy : & combien que ie la suppliasse tres-instamment de croire qu'il estoit vray que ledit Duc ne m'auoit parlé de ceste cessation d'armes, ny desdits passeports, & que ce que ie luy en disois venoit de moy, pour acheminer & abreger les affaires, comme celuy qui cognoissoit bien qu'il ne se pouuoit rien faire autrement, neantmoins elle me despescha auec ceste responde.

DONT ie fus parler à Monsieur le Mareschal de Biron, pour l'authorité qu'il auoit aupres de sa Maiesté, luy representant ce que ie luy en auois dit, auec les responses, & ce que ie preuoyois qu'il en aduiendroit, le suppliant & coniurant par le serment qu'il auoit à l'estat de seruir le public en ceste occasion, laquelle se perdât ne se recouureroit peut-estre iamais, pour les raisons que ie luy dis, & en tout cas me faire tát de bien que de se resouuenir du deuoir auquel ie m'estois mis en ceste occasion, comme ie faisois de m'estre addressé à luy approchant sa Maiesté en ceste necessité; que i'auois ouy faire cópte à ceux qui manioient les affaires de sa Maiesté, qu'en peu de iours elle prendroit Paris, & apres demeureroit facilement maistresse de toutes les autres villes du Royaume, sans cõposer auec ledit Duc, et que ie leur auois dit qu'ils s'abusoient grandement & qu'on y trouueroit plus à faire, qu'à dire; toutesfois ils s'estoient mocquez de mes raisons, tant ils prenoiét plaisir de se flatter en leurs esperances, & auoient peu d'experience aux affaires du monde, ou estoient ennemis de la paix. +   + Infra page 379

TOVTESFOIS apres plusieurs disputes & contestations, ledit Duc print resolution d'assembler ceux du party, et à ceste fin d'escrire par tout d'enuoyer des deputez, sans neantmoins leur mander que ce fust pour la paix, mais seulement pour donner ordre par leur aduis aux affaires de la cause: Et d'autant qu'il fut aduerty que les Espagnols faisoient recherche & pratique à part des gouuerneurs des villes de Picardie, il resolut d'y aller, tant pour y remedier, que pour en s'approchant de la frontiere y solliciter luy mesme le secours, que le Prince de Parme luy promettoit.

DE QVOY i'aduertis ledit sieur de la Verriere, auquel sa Majesté m'auoit commandé d'addresser mes lettres, ensemble les depesches que ledit Duc auoit faictes pour laditte assemblee, sans laquelle il m'auoit dit ne vouloir prendre autre(cune) resolution: i'aduertis aussi ledit sieur de la Verriere que ie suiuois ledit Duc en ce voyage, pour voir, s'il s'y presenteroit quelque occasion de bien faire: toutesfois que c'estoit chose dont i'auois plus de doute que d'esperance, veu ce qui se faisoit & passoit, & les

Y ij

propos que l'on tenoit, & les preparatifs de guerre qui se faisoient, priant sur cela ledit sieur de la Verriere de m'ayder à conseruer la parole que sa Majesté m'auoit donnee de sa protection en ma maison; parce que ie preuoyois que i'en aurois bientost besoin, mais qu'il print garde en ce faisant, qu'on ne me vouluft obliger de faire rédre par mon fils la place qu'il auoit en garde, d'autant que son honneur qui m'estoit plus cher que sa vie, ne me pouuoit encor permettre d'y consentir.

PAR sa response il me manda que l'on approuuoit ladite assemblee & mon voyage, mais que l'on en craignoit la longueur, partant l'on desiroit que ie m'employasse à l'aduancement, & acceleration de l'vne & de l'autre, à l'occasion des accidens qui en pourroient n'aistre, ou bien que ledit Duc de Mayenne vouluft se contenter d'en conferer seulement auec aucuns des principaux de son party & traitter auec eux sans faire vne si grande assemblee, & garder pluftoft place aux absens: au reste que l'on l'auoit derechef asseuré de me donner ladite sauuegarde, que ie me retirerois sans parler de mon fils, lequel toutesfois personne ne croyoit que ie vouluffe qu'il print le party d'Espagne; puis que ie ne voulois y entrer, la lettre estoit du mois d'Auril: Depuis il me confirma le semblable par vn autre du troisiesme May, lesquelles i'ay receus en la ville de Peronne l'vnziesme dudit mois, au retour d'vn voyage que ledit Duc auoit faict en la ville de Cambray, en laquelle il auoit esté traicté & receu somptueufement de Monfieur de Balagny fept ou huict iours durant. Ce fut là qu'il fit iurer & promettre par efcrit aux Gouuerneurs & Capitaines defdites villes de Picardie de demeurer vnis auec luy, & ne traitter à part auec les eftrangers, & ne fe feparer de luy à leur follicitation, ou d'autres. Ie dreffay la cedulle qui fut fignee, dequoy i'aduertys ledit fieur de la Verriere par lettres du douziefme May en refpondant aux fiennes precedentes; y adiouftant que ie ne voyois pas que Monfieur le Duc de Mayenne peuft tenir laditte affemblee dás la fin d'iceluy, comme il s'eftoit propofé à mon retour de Melun, à caufe de la difficulté des chemins; de l'aduis que l'on auoit donné audit Duc de l'approchement de fadite Majefté & de fon armee fur la ville de Paris, dont il eftoit fi tranfporté qu'il ne penfoit plus qu'à trouuer les moyens de la fecourir, que chacun confeffoit comme il m'auoit efcrit, que la guerre ruineroit à la longue le Royaume & la religion, mais que perfonne ne mettroit la main telle qu'il falloit pour la faire ceffer; que ie fçauois que ledit fieur Duc de Mayenne eftoit refolu de tout perdre pluftoft que de traicter à part auec fa Majefté: partant qu'on n'en fit point d'eftat, mais au contraire de voir tout aller de mal en pis, fi l'on ne facilitoit laditte affemblee, comme l'on pouuoit faire par vne ceffation d'armes pour quelque temps, laquelle modereroit les cœurs que la guerre nourriffoit en alteration, & pourroit engendrer vne bonne paix; que i'eftimois bien que fa Majefté blafmeroit ce remede comme preiudiciable à fon feruice: toutesfois ie l'asseurois que s'il estoit reietté, que le Royaume seroit bientost remply de tant d'estrangers, que ledit sieur Duc ne pourroit plus disposer ny de soy ny de ses amis, ce que ie luy mâdois franchement afin d'en aduertir sa Majesté, ou d'en vser comme il verroit estre à faire pour le mieux; adioustant que i'estois marry de ne pouuoir donner meilleur conseil ny mieux faire, mais que i'estois bien deliberé quand lesdits estrangers entreroient de me retirer: ie n'eus responce à ladite lettre, Dequoy ie me plaignis au sieur d'Alferan, lequel fut prins en vne course que fit sa Majesté vers Laon, où ledit Duc commençoit à recueillir & mettre ensemble ses forces, luy disant que i'auois grand regret dequoy l'on faisoit si peu de compte des adis que ie donnois pour le bien du Royaume; que ie l'attribuois à la défiance que l'on auoit de moy, & du peu de cognoissance qu'on auoit de mon affection au public. Ledit sieur du Plessis auec lequel i'auois negocié par le commandement de sa Majesté, dit qu'il regretoit vostre absence de la Cour, pour vostre experience & prudence, & pour la creance que nous auions l'vn de l'autre: d'autant que ie voyois que sa Majesté alloit perdant vne occasion de pacifier le Royaume, qu'elle ne recouureroit peut-estre iamais, à cause de la venuë du Duc de Parme en ce Royaume, dont il ne falloit plus douter, ainsi que i'auois apris de ceux qui auoient accompagné ledit Duc de Mayenne à Condé, où il auoit veu ledit Duc de Parme: car ie n'auois voulu faire ce voyage pour ne me trouuer en lieu où tels

[marginal note: pour y pouruoir comme elle]

marchez se faisoient, le priant d'en aduertir sa Majesté, comme ie sceus depuis qu'il auoit faict; mais que l'on l'auoit prise en mauuaise part, comme si i'eusse voulu prescrire à saditte Majesté, ceux desquels elle deuoit se seruir, blasmer & cōtrooller les autres, ^ desorte qu'au lieu de seruir au public & à moy mesme, ie fis tout le rebours, comme il arriue souuent aux marchands qui nauigent en ceste mer des affaires publiques, ayant le vent contraire comme ont ceux qui ont perdu leurs places de la Cour.

CE qui engendra contre moy plus d'enuie & de mescontentement que ie ne meritois, & que le seruice de sa Majesté ne le requeroit : de maniere que quand sur la certitude de la venuë dudit Duc de Parme, i'enuoiay demander à sa Majesté le passeport, & la sauuegarde qu'elle m'auoit promise, i'en fus esconduit & me fut escrit par Mess. le Mareschal de Biron, du Plessis & de Reuol, & depuis par M. de la Verriere & par M. de Chemeraut, ausquels ie m'estois addressé, que l'on auoit faict vn mauuais rapport de moy au Roy, pour lequel il auoit refusé lesdits passeport & sauuegarde; ioinct que l'on ne pouuoit gouster mon intention & ma retraicte, laissant les miens derriere, ce qu'on disoit pour mon fils, ou pour mieux dire pour la place qu'il gardoit. Ce fut au mois de Iuin que ceste responce me fut faicte par homme que i'auois enuoyé exprés en l'armee de sa Majesté pour obtenir lesdits passeport & sauuegarde, adioustant ledit sieur de la Verriere que mes amis estoient d'aduis, du nombre desquels il me mādoit que vous estiez,

1 & dresser vne partie de la Cour pour m'en preualoir;

d'amener mon fils au seruice de sa Majesté auec moy, ou pluſtoſt faire rendre audit Duc la place, ou bien promettre à sa Majesté pour luy de la mettre entre ses mains apres la reduction de Paris, que ledit sieur de la Vierriere eſtimoit infaillible, diſant qu'on n'auroit iamais autre creance, si i'en vſois autrement que ie ne fuſſe participant du conseil & deſſein des Eſpagnols, & que ma retraicte fuſt autre que ſimulee.

I'AVOIS deſia prins congé dudit Duc de Mayenne, lequel i'auois laiſſé en la ville de Laon, & m'eſtois aduancé à Soiſſons, tant i'eſtois aſſeuré deſdits paſſeport & ſauuegarde, ſur la parole que ſa Majeſté m'en auoit donée, & la ſincerité de laquelle i'y procedois. Quand ie receus leſdites lettres dont ie demeuray tres-eſtonné & cõfus, me voyant bien loing du compte que i'auois faict, & mon fils remis en ieu contre ce que ledit sieur de la Verriere m'auoit ſi ſouuent eſcrit : l'on m'impoſoit auſſi auoir faict ou eſcrit certaines choſes, que l'on diſoit ne reſſembler ny correſpondre aux bons propos que i'auois tenus, comme m'eſcriuit ledit sieur du Pleſſis, ſans s'expliquer dauantage, dont ie fus plus ſcandaliſé que du refus dudit paſſeport : car c'eſtoit vne calomnie ou vn artifice inuenté par mes maluueillans, leſquels pretendoient par ce moyen de me deſeſperer du tout ou de me contraindre d'engager en ma retraicte l'honneur de mon fils, ce qui me fit rechercher de parler audit sieur de Chemeraut, comme ie fis bientoſt apres, au lieu de Villiers-coſterests, croyant apprendre de luy les fondemens

demens de ceste imposture & rigueur: mais comme celuy qui n'en sçauoit le subiect, il ne m'en peut rien dire: ce que voyant, ie le priay d'asseurer sa Majesté que ie n'auois dit, escrit, n'y faict chose, pour laquelle elle me d'eust refuser le passeport qu'elle m'auoit accordé à Melun, lequel ie ne recherchois pour crainte que i'eusse de la perte de Paris, ny du succeds des affaires de la ligue, ou autre necessité, pource que ie sçauois que ledit Duc deuoit estre bien-tost secouru si puissamment, que l'on porteroit plus d'enuie à ceux de son party, que l'on n'auroit occasion d'en auoir compassion; & que si ie m'y voulois engager à bon escient, ie trouuerois non seulement qui me donneroit à viure plus commodemét que non pas en ma maison, mais aussi de faire du mal, & nuire à qui mespriseroit mon seruice: que mon intention n'estoit & ne seroit iamais de conseiller à mondit fils de faire chose que ie ne voulois pas faire, c'est à dire, d'estre Espagnol, mais bien de ne precipiter sa resolution aux despens de sa reputation, comme l'on vouloit que ie luy fisse faire: que i'eusse veu sadite Majesté allant en ma maison comme elle m'auoit commandé, & luy auois promis, & luy eusse dit chose qui eust peut estre plus seruy à ses affaires que la ville de Pontoise ou la retraicte honteuse de mondit fils: parce que ie sçauois que ledit Duc n'estoit encores si engagé aux estrangers, qu'il n'y eust moyen de traitter auec luy sur la crainte qu'il auoit de perdre Paris, & son mescontentement des longueurs & dilations desquelles le Duc de Parme vsoit à le se-

Z

courir, dont si sa Majesté perdoit l'occasion, ie m'asseurois qu'elle en auroit tel regret vn iour qu'elle le reprocheroit à ceux qui en seroient cause.

I'en escriuis quasi autant audit sieur de la Verriere respódant à sa derniere lettre, me resiouyssant & loüant Dieu d'auoir cogneu par cet eschantillon, le pouuoir qu'auoient mes malueillans de me nuire deuant que de m'estre plus auant engagé & mis à leur mercy; Car ie ne pouuois attribuer à sadite Majesté, laquelle abonde en bonté, vne rigueur si grande contre vne personne qui vouloit s'engager auec ses ennemis, plus pour s'acquitter enuers son Prince & sa patrie, que par necessité.

Monsieur le Duc de Mayenne estant à Peronne eut aduis de la mort de feu Monseigneur le Cardinal de Bourbon; toutesfois il creut que ce bruit estoit vn artifice de ses ennemis pour esmouuoir les Parisiens à se rendre plustost, de sorte qu'il n'en fit compte, mais estant à Reims il en eut certitude. Sur cela quelques vns luy proposoient qu'il deuoit rechercher d'embrasser vn Prince de la mesme maison, entre ceux qui faisoient profession de la religion catholique comme vn moyen tres-propre pour reunir les Catholiques contre sa Majesté, & ceux de la religion, rompre les pratiques & desseins des Espagnols, qui estoient odieux à tout le monde, aduancer ses affaires particulieres sans enuie, voire mesme faire durer la guerre assez longtemps pour luy donner loisir de dresser sa partie en ce Royaume selon son desir, dont on luy disoit les raisons & moyens qui estoient ce semble assez capables, & faciles: toutesfois il ne les peut iamais gouster, & respondit si froidement à ceste ouuerture, que les autheurs d'icelle ne s'y vouloient embarquer plus auant, se persuadant pouuoir encore mieux faire ses affaires auec les forces qu'il attendoit, que par ce moyen. Lesdits sieurs de Chemerault & de la Verriere m'escriuirent lors chacun vne lettre, faisant encor mention de la paix en termes generaux, sans toutesfois m'éclaircir du mescontentement que l'on auoit de moy, & des raisons pour lesquelles ledit passeport m'auoit esté refusé, & aussi peu de ladite cessation d'armes.

Ie leur fis respose & principalemét audit sieur de la Verriere, que la paix ne se pouuoit traitter durát la guerre, parce qu'elle empeschoit l'assemblee susdite, sans laquelle il ne falloit point attendre qu'il se fit aucune chose comme ie luy auois souuent escrit; partant que c'estoit peine perduë de plus parler de rechercher l'vne & l'autre, que ie sçauois aussi que la necessité de Paris, voire sa perte, quand elle aduiendroit, rendroit les choses encores plus irreconciliables qu'elles n'estoient, d'autant que ledit Duc n'estoit deliberé de ceder à tel accident, duquel toutesfois il n'auoit pas encores eu telle crainte qu'ils en auoiét d'esperance en leurs armees: mais que si sur l'incertitude d'vn tel euenement l'on perdoit l'occasion d'engager ledit Duc & le party à ladite paix; ie luy voulois bien dire derechef que l'on y auroit regret, & partant le prioisd'aduertir sa Majesté de ne mespriser les ouuertures que l'on a-

Z ij

uoit faictes aux sieurs de Vitry & de Bournonuille, par lesquels l'on auoit fait tenir quelques propos de la paix, & au demeurant ne me laisser plus long temps en suspens dudit passeport, pour ma retraicte, afin que ie n'en importunasse plus personne, & que ie prisse party.

LEDIT sieur [Duc] de Mayenne receut lors quinze cens Espagnols du regiment commandé par Dom Anthoine de Quiroga [Zunica] qui auoient esté mutinez, lesquels estoiét en tres-bel equippage comme ceux qui auoient touché de grandes sommes de deniers pour r'entrer en seruice: ils ne demandoient comme ils disoient que d'estre logez en lieu où il y eust de l'eau, & qu'ils n'auoient besoin d'autre chose, s'enquerants d'vne chose, si sa Majesté les voyant, les attendroit; mais ils ne tarderent gueres à nous faire sentir & paroistre qu'ils n'estoient pas si sobres & vaillans, qu'audacieux & bien vestus.

LORS le sieur de la Verriere [de Brenne] me manda que l'on auoit surpris vne lettre que i'escriuois à ma femme, par laquelle ie l'asseurois entre autres choses de la venuë dudit Duc de Parme & de son armee, laquelle il disoit auoir tellement irrité sa Majesté contre moy, qu'elle ne m'auoit voulu accorder qu'vn passeport tel qu'estoit celuy qu'il m'enuoioit, par lequel il m'estoit seulement permis d'aller à Alincour, où à Pontoise auec mon train ordinaire & y demeurer tant qu'il plairoit à sa Majesté, ledit passeport contresigné, Rusé, lequel il me conseilloit d'accepter & ne laisser pour lesdites clauses d'abandonner ledit Duc de Mayenne, et comme il tenoit

Paris pour perdu, il adioustoit que cela n'empescheroit la paix, pourueu qu'elle fust demandée auec submission & humilité: sa lettre estoit du 17. Iuillet.

Ie luy renuoyay ledit passeport dés le lendemain, car ie ne fus conseillé de l'accepter ainsi conditionné, puis que sa Maiesté estoit si mal edifiée de moy, & qu'on prenoit en si mauuaise part tout ce qui en venoit, comme on auoit faict la lettre, par laquelle ie luy mandois auoir certainement aduerty ma femme de la venuë dudit Duc de Parme, parce qu'elle estoit vraye, & que plusieurs autres que moy l'auoient escrit, mais non peut-estre auec regret, comme moy, ainsi que l'on auoit peu cognoistre par la mesme lettre que l'on auoit prise & trouuée si mauuaise, par laquelle i'auois adiousté audit aduis, qu'vne bonne paix seroit meilleure que ledit secours, duquel neantmoins ie n'eusse esté en peine d'aduertir madite femme enfermée dãs Paris, si l'on m'eust enuoyé le passeport que i'auois continuellement sollicité depuis quatre mois, lequel m'auoit esté promis par sa Maiesté: que ie ne pouuois que deplorer le malheur de la France & de moy premier, voyãt le public desesperer de la paix, & moy cõtrainct de suiure ceste armee estrãgere pour retourner en ma maison, si i'y voulois iamais demeurer en seureté, puis que mes ennemis auoient eu le pouuoir de me faire refuser ledit passeport. En ce temps il en fut refusé ou reuoqué vn à monsieur l'Archeuesque de Lyon encores plus mal à propos que le mien pour le bien public: car sidesiors il fust venu trouuer ledit sieur de Mayenne, comme il auoit pro-

posé, il eust trouué les choses plus disposées à traitter
pour la necessité de Paris, & du mescontentement *— pour le general a cause de*
que ledit Duc auoit des longueurs du secours du Duc
de Parme, qu'il ne fit au voyage qui luy fut permis à
la fin d'y faire auec M. le Cardinal de Gondy: Car ils
trouuerent ledit Duc de Parme, à vne iournée de
Meaux, & M. de Mayène si encouragé de ce secours,
qu'il n'estoit plus capable de la paix.

L'on accuse quelques-vns de ce refus, dont ie
ne puis parler qu'incertainement, mais en verité il
ne seruit qu'à aigrir & animer dauantage les Parisiens & ceux qui leur commandoient, lesquels comme par le retour dudit sieur de Lion en ce temps ils
eussent esté asseurez de la bonté de sa Maiesté, & ne
l'eussent esté de la venuë dudit Duc de Parme, car
il estoit encores en Flandres, & Monsieur de *Bienne*
Mayenne si foible qu'il n'osoit passer Seine, peut
estre qu'ils eussent esté cause de sauuer la ville de peril, & que l'on eust attaché vne negociatiō qui nous
eust donné la paix generalle. Car ledit Duc de
Mayéne ne la vouloit perdre, & n'eust permis qu'el-
le eust composé sans luy, & si estoit quasi desesperé *à Monsieur*
de la pouuoir secourir par la force, & de la sauuer
autremét que par vn traitté: mais c'est grāde imprudence de perdre les occasions de seruir & secourir
le public, principalement quand elle depend de plusieurs. Car il aduient rarement qu'elle se recouure,
parce qu'il faut peu de chose à faire changer d'aduis
à vne multitude, cōme l'on esprouua bien-tost apres
en ceste occasion. Car quand lesdits sieurs Cardinal de Gondy & de Lion, arriuerent à Meaux, ils

ne seruirent de rien, que de confirmer les habitans
de laditte ville en leur obstination, à cause de l'esperance qu'on leur auoit donnée de les secourir bien-
tost, ioinct qu'il n'estoit plus au pouuoir dudit Duc
de Mayene de disposer des affaires, & aussi qu'il eust
esté mal-seant de rendre la ditte ville de Paris à la veuë *d'entamer un traitté*
du secours, apres auoir enduré & laissé passer cinq *pour*
mois de temps sans y vouloir entendre.

Lors on m'enuoya vn passeport de sa Maiesté
pour me retirer en ma maison à la requeste & poursuitte de mon pere, exprés venu en Cour pour cet effect, mais ie ne pouuois plus m'en ayder, parce que
i'auois promis audit Duc de Mayenne, apres tant de
refus que l'on m'auoit faict, de ne me retirer, que
ie n'eusse veu ce qui aduiendroit du secours de laditte ville de Paris. Dauantage ie voulois essayer de
garantir les maisons de mes amis qui estoient entre
Meaux & Paris, de l'orage de laditte armee estrangere, surquoy neantmoins i'eus tres-mauuaise for-
tune; car toutes celles que i'auois enuie de sauuer, fu- *entreprins*
rent pillees, iusques à l'Abbaye de Malnoüe qui
auoit esté tres-bien conseruee durant le siege, laquelle fut saccagee par lesdits estrangers auec grande insolence & impieté, de sorte que ie perdis dés-
lors la bonne opinion que i'auois de la conduitte
dudit Duc de Parme, laquelle soit qu'il le fit par
art ou autrement, fut si confuse durant ce voyage,
que ie puis dire auec verité n'auoir iamais veu tant
de desordre en nos armees Françoises qu'en cel-
le là: & faut que ie vous die vne particula- *encore qu'il n'y en aie*
rité, c'est qu'ayant prié ledit sieur Iean Baptiste *faute ordinairement,*
 comme vous sauez

de Taſsis nouuellement reuenu d'Espagne de ſecourir ladite Abbaye, il y mena des gens de guerre, par le commandement dudit Duc de Parme qui acheuerent de saccager en ma presence ce que les autres auoient laiſſé, dont ie ne peus iamais auoir iuſtice, pillerét auſsi en deux iours toutes les Egliſes, depuis Lagny iuſques à Paris, que ſa M. auoit conſeruées entieres durant ledit ſiege, ce qui excita pluſieurs clameurs & maledictions du peuple contre ladite armee, de laquelle ils s'attendoient de receuoir tout autre traictement, contre qu'ils nous reprochoient en paſſant par les villages.

L'on diſcouroit diuerſement du ſuccés aduenu entre ces deux armees, & diſoit-on que ſi ſa Maieſté euſt gardé & deffendu le paſſage de Claye, dont l'abord eſtoit tres-dificile, à cauſe d'vn ruiſſeau qui y paſſe, qui eſt accópagné d'vn marais faſcheux, & laiſſé quelque caualerie à l'entour de Paris pour empeſcher l'entree des viures & la ſortie des habitans: elle euſt acculé ledit Duc de Parme, l'euſt cótraint prendre vn autre chemin ou de combatre en ce paſſage auec deſauátage, quoy faiſant peut eſtre que les Pariſiens qui n'en pouuoiét plus, euſſent eſté cótraints de cópoſer & venir à la raiſon. Ledit Duc de Parme craignoit fort eſtát à Meaux, lors que l'on luy repreſenta le chemin qu'il falloit qu'il tint, que ſa M. priſt ce conſeil, de ſorté qu'il fut tres-aiſe quand il trouua ce paſſage abandonné, encores plus quand il ſceut que ladite M. auoit leué ſon ſiege & venoit au deuant de luy, & n'auoit laiſſé aucunes forces auprés de Paris, & neantmoins qu'elle luy donna loiſir, les

deux

deux armees se voyans, de retrancher à la teste de la sienne au village de Ponponne, où ils estoient logez: car il vit ledit siege leué, qui estoit ce qu'il cherchoit, sans estre contrainct de combattre. Sur cela il print Lagny par force, à la veuë de sa Maiesté, quasi sans que son armee eust autres alarmes que de petites escarmouches qui se faisoient à la teste des deux armees, dõt il se mocquoit: ceste prise accõmoda son armee qui souffroit desia assez audit Ponponne, aussi fut-elle cause que celle de sa Maiesté se desbãda & retira incontinent, laquelle alla presenter vne escalade à Paris, qui faillit à reüssir. Ie ne pretéds blasmer personne en disant l'opinion susditte, & ce qui est aduenu; car ie sçay qu'il est plus facile de reprendre que de bien faire en toute chose, & principalemẽt au fait de la guerre, où ce qui s'entreprend auec plus de cõsideration succede souuent le plus mal, autant par la faute de ceux qui obeyssent, que des chefs, soit que les vns executent mal leur charge, ou que les autres rencontrans ce qu'ils n'ont pas preueu, demeurent confus. Sa Maiesté auec ceux qui la conseilloient leuant le siege, s'attendoit de combattre l'ennemy, & d'vn coup mettre fin à leurs affaires: & de faict sa Maiesté se presenta d'abordee, comme si elle eust voulu combattre, & peut-estre que si lors elle eust enfoncé ledit Duc sans marchander, qu'elle l'eust bien empesché, car il n'auoit encores commencé ses trenchees. Mais quand il s'apperceut que saditte Maiesté se logeoit, & sceut qu'elle n'auoit rien laissé deuant Paris, il commença à se retrancher, & vsa de telle diligence, qu'en vingt

A a

MEMOIRES DE MONSIEVR
quatre heures il eut acheué. Nous vismes là ce que pouuent l'ordre & l'obeyssance en vne armee; car ledit Duc n'auoit aucuns Pionniers, les gens de guerre firent seuls ceste besongne, mais les chefs y mettoient les mains comme les moindres, & trauailloient par ordonnance : de sorte qu'il n'y auoit aucun embarrassement entre eux, d'autant que les quartiers estoient departis aux compagnies, lesquelles se releuoient & rafraichissoient l'vne apres l'autre par heures, à mesure qu'elles auoient auancé la besongne qui leur estoit baillee par les ingenieux en la presence dudit Duc de Parme, & des principaux de son armee : nos François les vouloient imiter, comme ceux qui pour estre logez à la teste, en auoient plus de besoin, mais ils ne faisoient rien, qu'approcher des autres, & ne trauailloient que par acquit & confusement.

TANT y a que Monsieur de Mayenne arriua à Paris le 18. ou 19. du mois de Septembre l'armee de sa Maiesté s'estant retiree au delà de la riuiere d'Oise: & combien que les habitās de laditte ville eussent toute occasion de nous receuoir ioyeusemēt, en consideration de laditte deliurance, & de la gloire par eux acquise en la deffence de leur ville: toutesfois ils estoient si combattus de la faim, & des maux qu'ils auoient soufferts, qu'ils nous regardoient d'vn œil plus pitoyable qu'allegé: ne plus ne moins que ceux qui sortent d'vn peril contre leur esperāce, sont encores plus estonnez que ioyeux, sentans plus le mal qu'ils ont enduré, qu'ils ne cognoissent le bien qui leur arriue: & sont si troublez d'apprehension & de douleur qu'ils mesprisent leur deliurance. Mais comme tels accidens font leurs effects selon la nature & disposition des cœurs où ils agissent: nous en voyons aussi sortir plusieurs de ceste agonie, transportez de rage & d'vn desir effrené de se venger & mal faire à vn chacun, & les autres si mattez du passé & succez de l'aduenir, qu'ils auoient honte de ce que les autres faisoient gloire, & ne pouuoient nous regarder, ny nous eux sans souspirer.

Ie n'escris point les necessitez & les extremitez qui furent endurez, parce que ie n'en puis parler que par ouy dire, qu'elles ont esté publiees par ceux qui les ont veuës & supportees, mais ie confesseray que ie n'eusse iamais creu, que ladite ville eust peu tant patir, & que si i'ay iamais esté abusé en chose, ça esté en celle-cy, & au iugement que i'en faisois, me resouuenant du peril, auquel on disoit ordinairement à nos Roys, que ladite ville estoit quand seulement les marchez se trouuoient deux fois sans bleds : mais les maux qui nous arriuent par force se supportent plus doucement, que ceux que nous estimons nous aduenir par nostre faute, chacun se resoluant d'endurer ce qu'il ne peut euiter: à quoy l'on adiouste le desir & le besoin que l'on a d'en vser ainsi pour conseruer le sien & euiter le pis, mesme quand il s'agit de la religion, laquelle a sur plusieurs vne puissance merueilleuse, toutesfois j'attribuë bien autant ceste patience ou constance au naturel commun des Parisiens qu'à toute autre chose, car ils sont ordinairement plus timides que courageux, & si esclaues de leurs biens & commoditez, & pour ceste raison se discordans en ce qui concerne le public, qu'ils s'accommodent plus volontiers au temps, qu'ils ne regimbent contre le mal. Aussi voyons-nous que peu de gens ont ordinairement esté cause des mouuemens & changemens aduenus en ladicte ville, laquelle a esté plus preseruee de Dieu que des habitans és perils esquels elle s'est trouuee, & veritablement nous pouuons dire que Dieu y est aussi bien seruy qu'en lieu du monde.

Ie n'y demeuray que deux iours, car i'auois prins congé du Duc de Mayenne pour me retirer en ma maison de Villeroy, en laquelle ie me rendis le iour mesme que le Duc de Parme assiegea Corbeil: là me vindrent trouuer le sieur de Fleury mon beau-frere, & l'Abbé de Chesy auec lettre de Monsieur le Cardinal de Gondy, & de Monsieur le Chancelier, par lesquelles ils me prioient tant en leurs noms que de plusieurs autres Seigneurs, estant au seruice de sa Maiesté, de reprédre les erres de ma premiere poursuitte, pour le repos du Royaume, & leur donner aduis de ce qu'ils ~~doiuent~~ *devoient* faire de leur costé, pour y seruir: disant qu'il ne falloit se rebuter pour les choses passees, ny laisser à bien faire au public pour des considerations priuees, qu'il y auoit plusieurs heures au iour, & que les cœurs & les volontez des Princes estoient subiectes *aussi* au changement comme les occasions s'en presentoient. Que chacun de part & d'autre auoit esprouué la difficulté de vaincre son ennemy par la voye des armes tant les partys estoient puissants & bien deffendus, partant qu'il falloit en chercher & trouuer quelques autres pour sortir de nos miseres, & qu'ils m'asseuroient que sa Majesté estoit maintenant plus disposée d'y entendre que iamais, comme estoient ses principaux seruiteurs, partant qu'il n'estoit plus question que d'y faire entendre ledit Duc, en quoy chacun estimoit que ie pourrois mieux seruir que nul autre, tant pour m'y estre desia employé, que pour la confiance qu'ils auoient de l'affection que ie portois au bien du Royaume, pour lequel à ceste cause ils me coniuroient d'entreprendre ceste charge, en laquelle ils me promettoient de me seconder & assister de tout leur pouuoir, comme ils me promettoient que feroient tous les autres bons seruiteurs de sa Majesté, laquelle particulierement me sçauroit gré du deuoir que i'y ferois, sans qu'il fust plus au pouuoir de personne de me trauerser auprés d'elle, & reietter sur moy les fautes des autres, ny attribuer à la necessité publicque ou priuée mes poursuittes comme cy deuant il auoit esté faict assez impudemment par gens qui ne me cognoissoient pas, & comme ceux qui s'estoient promis tout autre issue du siege de Paris que celle qui estoit aduenuë.

APRES auoir informé bien particulierement lesdits sieurs de Fleury & de Chesy du passé, tant de ce qui auoit esté commencé par moy que par d'autres concernant la paix, ie leur dis que la vie me defaudroit plustost que la volonté de seruir à vn si bon œuure, recognoissant plus que iamais comme i'auois faict dés le commencement, que si la guerre

A a iij

duroit elle ruineroit en fin la religion Catholique & le Royaume; que ie l'auois aussi predit & remonstré à tous ceux qui de part & d'autre auoient pouuoir d'y remedier; mais que i'auois esté plustost blasmé que creu, comme si i'eusse esté poussé à ce deuoir pour faire mes affaires particulieres & non les publiques; que cela m'auoit assez despleu, mais non rebuté ny changé d'opinion ny de volonté de seruir au bien, rendu vn peu plus circonspect & retenu en ceste action ou deuant, pour de voleene me laisser transporter à l'aduenir à mon affection, ny à la necessité publique comme i'auois faict: ioinct que i'auois recogneu mes espaules estre trop foibles pour porter ce fardeau qui estoit trop pesant, d'autant que les interests priués auoient maintenant plus de puissance sur les François, que les raisons & considerations publiques: dauantage que ie n'estimois point que la paix se peust traicter durant la guerre, pource que ledit Duc de Mayenne ne pouuoit ny vouloit y entendre sans ceux du party, auec lesquels il ne pouuoit communiquer sans les assembler: ce qu'il ne pouuoit bonnement faire durant la guerre à cause des dangers des chemins, comme il auoit esprouué depuis cinq mois, qu'il les auoit mandez en vain, ainsi que i'auois souuent dict & escrit à sa Majesté & à ses seruiteurs, dont aussi l'on auoit faict peu de compte: & toutesfois il estoit manifeste que si la guerre ne cessoit, ledit Duc seroit plustost contrainct de traitter auec les Espagnols que de composer auec sa Majesté, pour ce qu'il ne pouuoit plus se deffendre ny maintenir font fans eux, & eux ne l'assisteroient plus qu'ils ne fussent asseurez de luy : au moyen dequoy il me sembloit qu'il falloit faire deux choses pour bien acheminer les affaires. La premiere, que sa Majesté & ledit Duc commissent & deputassent cinq ou six personnages d'honneur, pour traitter ensemble, sans plus faire manier les affaires par vn seul, & en cachette comme il auoit esté pratiqué iusques à present; & l'autre accorder dés à present vne surseance d'armes pour certain temps pour faciliter ladite assemblée, afin de commencer à nous adoucir & reconcilier ensemble. Que si on trouuoit bon ce chemin, ie m'y engagerois volontiers auec les autres, s'il on m'en iugeoit digne: sinon, ie supplierois ces Messieurs d'en estre excusé, parce que ie ne pouuois esperer que les choses succedassent bien, y procedant autrement : que c'estoit l'aduis que ie pouuois donner à ces Seigneurs qui les auoient enuoyez vers moy; lequel ie desirerois qu'ils prinssent en bonne part; & neantmoins ie voulus voir ledit Duc de Mayenne, & luy faire entendre ce que lesdits sieurs de Fleury & de Chesy m'auoient rapporté deuant leur partement, afin de descouurir son inclination pour les en instruire.

SVIVANT cela ie fus trouuer ledit Duc au siege de Corbeil, qui me dit, que Monsieur le Chancelier auoit desia mandé à Madame de Nemours sa mere, par Iean Baptiste, que l'on appelloit le compere, qui souloit estre premier maistre d'hostel de la Royne, cela mesme qu'il m'auoit faict dire par les sieurs de Fleury & Chesy, & sur ce qu'il demandoit que ie fusse enuoyé à Noisy, pour en conferer auec les seruiteurs de sa Majesté, en la presence de Monsieur le Cardinal de Gondy, asseurant que ce voyage reüssiroit au bien du public, & de la religion, à quoy ledit Duc adioustoit, qu'il auoit desia promis à ladite Dame de m'y enuoyer, me priant de prendre ceste peine: mais ie luy respondis que ie n'y voulois aller seul pour n'estre subiect à desadueu & me faire moquer de moy comme i'auois faict, partant qu'il en deputast d'autres, qu'autrement n'irois point. Ie m'apperceus bien que ledit Duc n'approuuoit ceste assemblee sous couleur qu'elle donneroit ialousie aux Espagnols & à leurs adherans, mais qu'il desiroit que l'on fit vne cessation d'armes: i'apprins aussi de Monsieur de Rosne, qu'estant allé n'agueres à Pontoise querir de la poudre & des balles à canon, il auoit dit à mon fils sur vne lettre de Madame de la Roche-Guion, laquelle auoit assez de part aupres du Roy, faisant mention de la paix, qu'il fit mettre en auant par le moyen de son pere, vne cessation d'armes, comme vn moyen tres à propos & necessaire pour paruenir à ladite paix: dequoy ie fis lors peu de compte, estimant qu'on ne s'y arresteroit, car il me sembloit que ce faict deuoit estre manié plus solemnellement; dont à mon retour ie priay lesdits sieurs de Fleury, & de Chesy, lesquels i'aduertys de ce que i'auois appris de Monsieur de Mayenne, & dudit sieur de Rosne, et de faire remonstrance à mondit sieur le Chancelier, afin qu'il tint la main que les affaires fussent traittees par conference entre personnes d'authorité, chotité, publiquement, & non secrettement, pour mieux engager les parties, autrement l'on ne feroit rien de bon.

Deux iours apres le partement de Villeroy, desdits sieurs de Fleury & de Chesy, apres la response susdite, arriua vers moy, vn homme de mon pere enuoyé exprés pour me faire sçauoir qu'il auoit veu sa Majesté à Magny, laquelle luy auoit dit en la presence de M. le Mareschal de Biron estre si desireuse de la paix, qu'elle estoit contente de commencer par vne cessation d'armes, pour donner relasche à ses subiects, & moyen audit Duc de conferer auec ses partisans sans lesquels il disoit ne pouuoir rien faire.

Partant qu'il n'estoit plus question que d'y disposer ledit Duc, & mettre la main à l'œuure, ayant, comme il auoit, parole de sa Majesté, & sur ce me commanda d'en parler audit Duc, de l'exhorter d'y entendre & d'en entreprendre la commission, & à ceste fin l'aller trouuer à Pontoise, où il s'acheminoit, & si i'en faisois difficulté, luy enuoyer vn passeport dudit Duc, auec lequel il le viendroit trouuer à Paris ou en l'armee pour luy en faire l'ouuerture: m'admonestât toutesfois de ne perdre ceste occasion d'assister le public en sa necessité en laquelle il se trouuoit, vsant des termes & commandements de pere; dequoy i'aduertis incontinét ledit Duc, qui estoit encores au siege de Corbeil, lequel me permit incontinent ce voyage me pressant de l'entreprendre, & accorder ladite cessation d'armes, sans laquelle il disoit ne pouuoir assem-

approuua aussi tost

B b

bler ceux du party, & moins traicter sans eux. Ie le suppliay encores à ce coup, de ne m'y enuoyer seul pour les raisons susdites : toutesfois ie ne peus iamais gaigner ce poinct sur luy, estant en cela conforté par tous ceux qui le conseilloient, & mesmes par Messieurs de Lion & Ianin; ce qui me despleut grandement, ioinct qu'il me sembloit que leurs raisons lesquelles estoient seulement fondees sur le mescontentement que l'on auoit à Rome, en Espagne, & en plusieurs villes de ce Royaume, que ledit Duc feist traicter publiquement auec sa Majesté, estant de contraire religion, ne meritoient d'estre balancees auec le bien que l'on pouuoit esperer pour la religion & pour le Royaume par vne publicque negociation.

TOUTESFOIS ie ne peus rien profiter, quoy voyant ie me resolus de voir Monsieur mon pere pour le contenter, & luy en dire mon aduis, prenant charge dudit Duc de traitter & accorder ladite cessation d'armes accompagnee d'vn commerce general, d'vn reglement tant pour le labourage que pour la leuee des deniers publics durant icelle: Le Cardinal Cajetan partit en ce temps de Paris pour s'en aller en Italie à cause de la mort du Pape Sixte cinquiesme qui nous l'auoit enuoyé, & nous laissa l'Euesque de Plaisance creature du Duc de Parme en qualité de Vicelegat, dont il exerça la charge sans pouuoir vallable & contre les formes du Royaume. Car puisque le Pape, qui auoit delegué ledit Cardinal, estoit decedé, son pouuoir cessant, comme il faisoit, il ne pouuoit aussi subdeleguer vn autre; ioinct qu'en ce Royaume nous n'admettons pas volontiers telles delegations; aussi sa commission ne fut presentee au parlement, & se contenta d'entreprendre ceste faute pour s'authoriser & s'accommoder.

faculté

LEDIT Cardinal laissa à son partement entre les gens de qualité vne opinion toute contraire à celle qu'ils s'estoient promise à son arriuee: car il se monstra durant son sejour si partial pour le seruice du Roy d'Espagne, qu'il mesprisoit les conseils de ceux qui n'y adheroient, & ne faisoit compte des autres. L'on a voulu dire que sa Saincteté n'estoit pas trop satisfaicte de luy, commenceant à cognoistre, que nostre guerre panchoit bien autant du costé de l'ambition que de la religion.

LE partis donc de ma maison pour m'en aller à Pontoise auec la susdite charge sans estre retenu des bruslemens & rauages que faisoient tous les iours les estrangers, iusques aux portes d'icelle, & qui estoit remplie de toutes sortes de personnes iusques à trois ou quatre mil qui s'y estoient retirez auec leurs femmes, enfans & bestiaux, pour leur seureté. Mon pere m'attendoit à Pontoise, lequel me confirma de bouche ce qu'il m'auoit escrit, & aduertit sa Majesté de mon arriuee, ensemble du rapport que ie luy auois faict de l'intention dudit Duc, & de la charge qu'il m'auoit donnee, sadite Majesté, qui luy manda auoir commandé à Monsieur le Mareschal de Biron, & Messieurs de Turéne & du Plessis de conferer auec moy, & qu'ils se trouueroient pour ce faire dés le lendemain à Buy

Bb ij

proche d'Alincour, où arriua ledit sieur de Fleury, qui me dit de la part de Monsieur le Chancelier, qu'il se resiouyssoit de ma venuë, & qu'il en esperoit tout bien, & que sa Majesté auoit deputé lesdits sieurs pour parler à moy, ayant iugé à propos qu'il n'en fust point, daurant qu'il en pourroit mieux fauoriser ma negociation aupres de sa Majesté laquelle estoit lors à Gisors, *que s'il y estoit employé.*

CESTE assemblee & conference commença donc au lieu de Buy le quinziesme iour d'Octobre entre les susdits Seigneurs & moy, le maistre de la maison y assistant, & ledit sieur de Fleury; leur fut representé tout ce qui s'estoit passé en la poursuitte de la paix, & la bonne volonté que les chefs auoient d'y entendre; & recogneu qu'il falloit commencer par vne cessation d'armes pour quelque temps, laquelle fut pour ceste cause arrestee de part & d'autre, & sur ce discours de la forme & des conditions, & particulierement des qualitez qu'on donneroit aux chefs, du departement & leuees des deniers publics, de la liberté & seureté du commerce, & du labourage au soulagement du pauure peuple, du r'enuoy hors du Royaume des forces estrangeres, de la deliurance des prisonniers de guerre, où il fut faict mention de celles de Mess. de Guise & d'Elbœuf, & de Mesdames de Longueuille & sa suitte, & de la restitution & iouyssance des biens saisis; & de l'ordre qu'on tiendroit pour faire executer & garder ladite cessation d'armes, des lieux où elle s'estendoit, du téps qu'elle dureroit, ce qui fut debattu & discouru diuerſement : mais en fin il fut arreſté que chacun mettroit ſon aduis par eſcrit pour en communiquer plus meurement, & s'en accorder à vn autre iour.

Dés le lédemain ie leur enuoiay par le ſieur de Fleury ce que i'en auois proietté & eſcrit: dont depuis ie conferay auec eux au lieu de Vaux prés Giſors, où ils amenerent Monſieur de Reuol. Mais d'autant que ſa Maieſté eſtoit partie dudit Giſors, & que ie n'eſtois marry de ſçauoir l'intention dudit Duc, ſur l'aduis que ie luy auois donné de noſtre premiere conference, deuant que paſſer outre, nous ne concluſmes ny accordaſmes rien, & ſeulement reconneuſmes diſcourans ſur chacun article de l'eſcript que i'auois dreſſé, par où à peu prés nous en deuions ſortir, ſi nos chefs continuoient à vouloir faire la-ditte ceſſation d'armes.

Soudain que ſa Maieſté fut reuenuë audit Giſors, leſdits Seigneurs me renuoyerent querir, & manderét auſſi à mó pere de s'y trouuer, leſquels me dirent par la bouche de monſieur le Mareſchal de Biron aſſez ſuccinctement, qu'encores que ſa Majeſté fut aduertie, que monſieur le Duc de Parme s'en retournoit auec ſon armée au pays bas, & qu'il eſtoit en ſi mauuais eſtat, que de long temps il ne pourroit reuenir en ce Royaume, de ſorte qu'elle ne pouuoit faillir qu'elle n'en receuſt vn grand aduantage: toutesfois que ſa M. auoit tant de pitié de ſon paure peuple, & eſtoit ſi réplie de bonté enuers ſes ſubiects, qu'elle ne vouloit point laiſſer de leur donner la paix, ſi ledit Duc s'y vouloit reſoudre: mais qu'elle ne pouuoit aucunement gouſter laditte ceſſation d'armes qui auoit esté proposée, par ce qu'elle luy estoit trop preiudiciable, d'autāt que c'estoit accroistre ses suiects à la desobeyssance, & vn moyen de rafraischir les viures dans les villes qui en auoient necessité, comme celle de Paris, donner temps & loisir audit Duc de Parme de dresser ses forces, en ce faisāt reculer plustost que d'aduancer la paix generalle, laquelle si on vouloit pouuoit estre aussi tost concluë, & apres plus facilement executée & mieux receuë que non pas laditte cessation d'armes. Mais d'autant que i'auois souuēt dit, que le Duc ne pouuoit traitter sans l'aduis & consentement de ceux de son party, lesquels il ne pouuoit assembler durant la guerre à cause des dangers des chemins, ils offroient des passeports de sa Maiesté pour les aller querir, & faire venir seurement, lesquels seroiēt expediez en la forme qu'ils aduiseroient auec moy, si ie m'en voulois contenter: adioustant que ce moyen auoit esté pratiqué en autre temps, mais que durant nos guerres ciuilles, l'on n'auoit iamais faict cessation d'armes generalement: partant que sa Maiesté ne s'y vouloit point accommoder.

Ie luy respondis que l'on m'auoit mandé, & fait venir exprés pour traitter laditte cessation d'armes, que ledit Duc m'auoit sur cela enuoyé & donné charge de l'accorder, croyant que sa Maiesté fust resoluë còme on luy auoit escrit, mais puis qu'il estoit autrement & que l'on auoit changé d'aduis, & que maintenant ils faisoient vne autre proposition ie ne pouuois y respondre sans sçauoir l'intention dudit Duc, lequel à ceste cause ie retournois trouuer le lédemain auec la permission de sa Majesté & la leur, & neantmoins qu'il ne falloit laisser à faciliter les moyens de faire la paix pour la retraitte dudit Duc de Parme, & de son armee, parce que de long temps elle ne recouuriroit par armes l'aduantage qu'elle auoit perdu deuât Paris: que c'estoit touſiours à recommencer, et que tant plus la guerre dureroit, plus sa Maiesté y perdroit, car chacun de part & d'autre la faisoit à ses despens ; & plus le mal est inueteré & plus il est difficile à guarir : que i'estimois que les Espagnols n'en seroient aucunement marris, parce qu'ils ne s'y estoient formellement opposez quand on leur en auoit parlé.

Toutefois je receus le soir mesme vne lettre dudit Duc, par laquelle il me deffendoit d'accorder ladite cessation d'armes, d'autant que ledit Duc de Parme ne le trouuoit à propos, que les habitans de Paris en murmuroient comme disoit le Preuost des Marchands, & aussi que l'Euesque de Plaisance que ledit Legat auoit laissé ne l'approuuoit: partant il me prioit seulement d'obtenir la liberté du commerce & la seureté du labourage. Par là ie reconneus que de part & d'autre l'on ne s'accorderoit que trop à reiecter les moyens d'acheminer & faciliter la paix.

Estant auprés dudit Duc ie luy fis entendre ce que i'auois faict auec la derniere responſe & ouuerture qui m'auoit esté faicte de la part de sa Maiesté, laquelle il prit resolution d'accepter, apres plusieurs disputes & considerations, se promettant qu'outre lesdits passeports, que l'on promettoit de

Les supplians de conseiller à sa Maté de ne

ce seroit

† T. page 380.

luy bailler, l'on accorderoit aussi le commerce & le labourage qui estoit ce à quoy il tendoit le plus.

DONC ledit Duc ayant pris resolution d'accepter lesdits passeports, pour enuoyer aux prouinces, & assembler le party, il me pria de faire encore ceste office, m'asseurant derechef qu'il ne desiroit rien tant que de faciliter ladicte assemblee, pour composer les affaires : il me donna encore charge de faire instance du commerce & du labourage, & d'asseurer vn chacun de sa bonne volonté à la paix, mesmes me la bailla par escript.

AVEC lequel ie me resolus de faire encor le voyage, iugeant estre necessaire d'auancer ladicte assemblee, pour en tout cas leuer audit Duc l'excuse de traicter ce qu'il *fondoit* sur icelle.

IE fus à Mante pour cela, où ie trouuay monsieur le Mareschal de Biron, qui estoit sur son partement pour aller en Angleterre & Allemagne querir secours qu'il en emmena depuis ; & M. le Chancelier qui se trouua en son lieu en la conference, en laquelle nous accordasmes la forme desdits passeports, lesquels ne furent deliurez suiuant nos memoires, mais seulement furent expediez pour deux mois, pour plus auancer ladicte assemblee, comme chacun iugeoit estre necessaire de faire, afin de preuenir les pratiques & recherches des forces estrageres que l'on faisoit de part & d'autre : toutesfois il me fut promis que l'on les prolongeroit, si l'on cognoissoit qu'il fust necessaire. Nous fismes vn reglement pour la liberté & seureté du labourage, qui fut depuis approuué & publié de part & d'autre,

mais

[marginalia:] fondoit

et ledit S' du Plessis, mais non le Vicomte de Turene, car il estoit parti, comme ie sceus mais nous ne peusmes conuenir dudit commerce general, pour les difficultez que l'on me fit, & recogneusmes que l'on n'auoit aucune enuie de nous en accommoder: toutesfois ils ne voulurent pas m'en esconduire du tout, pour ne nous effaroucher, mais s'excusoient de n'auoir pouuoir de passer outre, & me promirent d'en escrire à sa Majesté, laquelle estoit allee apres ledit Duc de Parme qui estoit en fin party, nonobstant les remonstrances de ceux de Paris, pour s'en retourner en Flandre auec son armee, me priant d'attendre ladite response, & cependant enuoyer audit Duc de Mayenne lesdits passeports afin de s'en seruir, comme ie fis. De sorte que ie me retiray à Alincourt aupres de mon pere, où ie receus au mesme temps la nouuelle de la prise de Corbeil, & du sac de ma maison, laquelle durant ledit siege auoit seruy de retraitte à plusieurs seruiteurs de la Majesté, laquelle il auoit aussi prise en sa protection, & honoree d'vne sauuegarde & estoit encore remplie de plusieurs mesnages sans iamais auoir fait la guerre ny refusé la porte & acces aux seruiteurs de sa Majesté, ny mesmes desobey à ses commandemens, toutesfois l'on y mit vne garnison qui y demeura six sepmaines.

qui s'y estoient seruis de leurs biens

Mon seiour audit Alincourt attendant la susditte response, fut cause d'vne grande faute qui fut faicte ou par malice, ou par ignorance par ceux ausquels ledit Duc donna charge de dresser ou enuoyer aux prouinces les lettres pour faire ladite assemblee, suiuant lesdits passeports que ie luy auois enuoyez: car elles portoient mandement d'vne con-

C c

uocation des estats generaux du Royaume, dont ie n'auois eu aucune charge de parler, & n'en auoit aussi esté fait aucune mention, moins aussi d'vne autre clause portee par lesdites lettres, par laquelle ledit Duc donnoit occasion de croire qu'il vouloit assembler le party, plus pour eslire vn Roy que pour autre chose.

DE QVOY ie fus le premier aduerty, & certes par hasard, car ledit Duc ny pas vn des siens ne m'en manderent rien: mais estant allé faire vn tour à Paris, en attendant lesdites responses de sa Maiesté pour voir M. de la Chastre qui m'y auoit conuié, vn gentil-homme seruant dudit Duc, lequel il auoit depesché en Prouence & en Languedoc auec lesdites lettres me vint trouuer pour sçauoir de moy comme il en deuoit vser, dont il disoit auoir esté mal instruict par ceux qui les luy auoiét baillees: auquel ie dis que lesdites lettres auoiét esté mal-faictes, que ie n'auois eu charge de prendre lesdits passeports pour l'effect auquel l'on les employoit, & qu'il ne les deuoit porter: aussi que ce n'estoit l'intention de ceux qui les auoient accordez & demandez, & particulierement que c'estoit me faire tort. Que les porteurs d'icelles couroient fortune d'estre arrestez, & prins estát descouuerts, & que ie serois le premier a les condamner quand on les iugeroit. Que ledit Duc receuant lesdits passeports m'auoit expressement escrit & asseuré sur la remonstrance & supplication que ie luy en auois faicte, & qu'il n'escriroit ny mâderoit rien aux prouinces en vertu d'iceux qui peust offencer sa Maiesté ny ses seruiteurs, & toutesfois ie voyois le contraire, dont ie ne luy conseillois de se charger, & luy dis que ie m'en plaindrois à Madame de Nemours, de Montpensier, & du Maine qui estoient en la ville, & ceux qui les assistoient, comme ie fis dés le iour mesme : I'en fis aussi vne bonne depesche audit Duc & à Monsieur le President Ianin.

Lesdites Dames ordonnerent la retention desdites lettres: cependant ie reuins à Pontoise, & à Alincourt d'où ie donnay aduis à Monsieur le Chancelier, & à Monsieur le Mareschal de Biron de ceste faute, & depuis leur enuoyay la response mesme que M. le President Ianin me fit à la plainte & depesche que ie luy en auois faicte, par laquelle il me mandoit que cela auoit esté faict par inaduertence & non par malice que l'on y pouruoiroit, & que l'intention dudit Duc estoit tres-bonne, qu'il estoit seulement necessaire que ie l'y visse pour faire reformer lesdittes lettres en faisant prolonger lesdits passeports, d'autant que le terme d'iceux estoit expiré quasi deuant qu'ils fussent receus où l'on les auoit enuoyez.

Mesdits sieurs le Chancelier & Mareschal de Biron me firent response qu'ils auoient trouué ceste depesche tres mauuaise, & bien esloignee de l'esperance que ie leur auois donnee de l'intention dudit Duc : mais puisque ledit President m'auoit rescrit qu'il la reformeroit quand il me verroit, qu'ils me conseilloient d'aller trouuer promptement ledit Duc, afin qu'il y fit remedier.

Veritablement Monsieur, ceste depesche auoit esté mal considerée & escritte, car iamais il n'auoit esté parlé desdits estats generaux, & moins d'eslire vn

Cc ij

Roy: c'est chose aussi que sa maiesté se fust bié gardee d'accorder, si elle se fust seulemét apperceuë que l'on eust tiré à ce but: par le memoire aussi que ledit Duc me bailla, que i'ay encores, pour accepter lesdits passeports, il ne fit aucune mention de tout cela: & pour maintenir & conuoquer lesdits estats, il eust bien fallu plus grand nombre de passeports que ie n'en pris: car vous sçauez qu'il faut escrire à tous les Baillifs & Seneschaux du Royaume, & ie n'auois leué que vingt ou vingt-cinq passeports, tant pour le dedans que pour le dehors, où nous auions accordé qu'ils seroient enuoyez. *page 382*

I'ARRIVAY à Soissons la veille de Noel, audit an, 1591, où ie trouuay ledit Duc, auquel ie fis ma plainte & remonstrance de l'expedition & enuoy desdittes lettres, dont il ietta la faute sur ceux qui les auoient dressees, & sur le peu de loisir qu'il auoit eu de les considerer à cause qu'elles auoiét esté faictes en chemin, & lors qu'il estoit accablé d'affaires auec ledit Duc de Parme, & pour faire la depesche du Presidét Ianin qu'il auoit enuoyé en Espagne, & des continuelles alarmes que sa Maiesté leur auoit donnees iusques à Guise. Mais qu'il estoit content de les faire reformer, en m'asseurant de n'auoir rien promis audit Duc de Parme qui l'obligeast à ruiner le Royaume, ny ses amis, sans l'aduis desquels il se garderoit bien aussi de promettre aucune chose à qui que ce fust, qui importast au general de la cause dont il ne se departiroit iamais.

PLVSIEVRS qui estoient aupres de luy le destournoient de laditte assemblee, laquelle il disoit estre fort suspect aux Espagnols, desquels ils luy remonstroient qu'il auoit plus grand besoin que iamais, & luy deuoit estre aussi en particulier plus dommageable qu'vtile : d'autant qu'en telle assemblee publique, l'on s'estudie ordinairement de diminuer l'authorité & puissance de ceux qui commandent : toutesfois il passa par dessus leurs raisons, & fit dresser vne forme de lettre, laquelle i'addressay au sieur de Fleury, pour faire voir à sa Majesté, luy donnant aduis de la disposition en laquelle ledit Duc estoit.

SA Majesté fit changer quelques mots ausdites lettres, qui n'importoient à leur substance offrant en cas qu'on les voulust enuoyer selon la reformation, de rafraischir & prolonger lesdicts passeports pour tel temps qu'il seroit aduisé, encor qu'elle n'eust que trop d'occasion de se défier de ladite assemblee, ayant surpris des lettres qui alloient à Rome qui le confirmoient en ce soupçon : neantmoins elle vouloit passer par dessus tout cela, pour faciliter la paix & ne diuertir ledit Duc à y entedre, puis qu'il continuoit à protester, qu'il ne pouuoit rien faire sans ladite assemblee.

LEDIT sieur de Fleury eut charge de faire c'est office enuers sa Majesté, laquelle luy commanda de parler luy-mesme audit Duc sur ce propos pour mieux entendre & conceuoir son intention, dont i'aduertis ledit Duc qui fut conseillé de plusieurs de le voir & faire infinis voyages, *et fit infinies brigues* comme s'il eust esté question de conclure la paix : toutesfois il le vid en public & parla à luy, dont ledit sieur de Fleury retourna assez satisfaict.

Monsieur de Neuers (mours) estoit lors à Soissons, qui m'auoit mandé qu'il desiroit parler à moy, mais ledit Duc ne le voulut permettre, dont ie fus tresmarry pour le respect que i'ay tousiours porté audit Duc de Neuers (mours), & l'esperance que i'auois de profiter auec luy pour le public.

L'on promit audit sieur de Fleury, que l'on luy enuoyroit apres son partement vn Memoire des passeports qu'il falloit faire rafraischir auec vn double de ladite lettre reformee, signee & approuuee dudit Duc.

Ledit sieur de Fleury trouua la Cour partie de Senlis, & separee, de sorte qu'il ne peut executer sa charge, & fut contraint la suiure iusques aupres de la ville de Chartres, laquelle sa Majesté alla de là assieger: ledit Duc ne laissa de luy enuoyer lesdites lettres & Memoires par vn trompette exprés pour en auoir response plus seurement. Le sieur de Videuille arriua en ce temps-là à Soissons, lequel auoit veu Monsieur le Chancelier & Monsieur Do, & conferé de nouueau du commerce par le commandement dudit Duc, où il n'auoit rien profité, parce qu'ils auoiēt refusé de comprendre le bled, le vin, & le foin, tant ils craignoient accommoder Paris, qui en auoit certainement necessité : toutesfois ils luy donnerent apres esperance qu'ils pourroient changer d'aduis, apres en auoir parlé à sa Majesté, laquelle ils allerent trouuer audit siege de Chartres. p. 386.

Ledit Duc ayant ouy ledit sieur de Fleury,

sur le soupçon que sa Majesté auoit conceuë de ladite assemblee, fondé sur ce qu'elle auoit apprins par lesdites lettres interceptés, et que cela seul auoit esté cause du retardement desdits passeports, luy respondit que depuis l'auoir veu il n'auoit changé de volonté, & qu'il desiroit ayder à la paix de tout son pouuoir, pourueu qu'elle se peust faire auec l'honneur de Dieu, & la conseruatió de la religion. Mais que ne le pouuant sans frapper coup, cóme il auoit tousiours dit, il auoit desiré ladite assemblee, de laquelle toutesfois il ne pouuoit nier, que plusieurs du party n'eussent prins ombrage, cóme ceux qui auoient diuerses fins & opinions en la conduitte & resolution des affaires publiques ; qu'il estoit contrainct quelquesfois pour contenir chacun en office & conseruer son credit, d'escrire & parler des choses qui se presentoient diuersement : toutesfois qu'il n'auoit qu'vn but, qui estoit celuy mesme qu'il auoit tousiours declaré, dont il appelloit Dieu à tesmoin ; que sa Majesté n'estoit apprétisue des peines & trauerses, ausquelles estoient subiects ceux qui commandoient à des volontaires, comme celuy qui auoit passé par là ; que certainemét l'on n'en disposoit pas comme l'on vouloir, qu'il desiroit dócques le repos du Royaume, comme à la fin l'on connoistroit par effect, mais puisque sadite Majesté prenoit tant de ialousie de ladite assemblee, & faisoit difficulté de bailler ses passeports pour l'aduenir, il ne le vouloit presser d'auantage ; & neantmoins mettroit peine de ne laisser pas de ce faire sans cela qu'il ne vouloit respondre aux conseils & opi-

de l'envoi

nions de ceux qui s'y trouueroient, non plus qu'aux escrits & lettres d'vn chacun: mais qu'il l'asseuseroit qu'il ne manqueroit iamais à son deuoir, & que la lettre qu'il auoit escripte à l'Euesque d'Amiens dont on se plaignoit, n'estoit du tout semblable à la coppie qu'il auoit apportee cóme il estoit facile de verifier sur la minutte qu'il representeroit, & mesmes sur l'original qu'il disoit estre tombé en leurs mains, d'autant qu'il leur consigneroit le chiffre pour la deschiffrer quand on s'en voudroit esclaircir. Et d'autant que ledit sieur de Fleury, luy auoit faict instance d'euoyer à Chartres, où il disoit se deuoit faire par le commandement de sa Majesté vne notable assemblee, en laquelle l'on pourroit encores traitter du commerce, & auroit supplié donner ceste commission à M. de Videuille & à moy, il luy respondit, encore qu'il desirast grandement satisfaire au desir de sa Majesté & des Catholiques qui la desiroient, qu'il ne pouuoit toutesfois ouuertement enuoyer en ladite assemblee, sans par trop ombrager ceux qui le secouroient, lesquels il ne vouloit mescontenter à cause du besoing qu'il en auoit; que toutesfois si à bon escient l'on vouloit traitter dudit commerce pour ladite ville de Paris, comme souuent il auoit esté proposé, il nous prioit volontiers ledit sieur de Videuille & moy, d'aller iusques là: mais il ne pouuoit donner d'autre charge, que de respondre en general de sa droite intention au bien du Royaume, auec la conseruation de la religion; parce qu'il ne pouuoit passer plus auāt sans ses amis, ainsi qu'il

auoit

auoit tousiours declaré, & sur cela cõgédia ledit sieur de Fleury par le moyé duquel nous receusmes le passeport bien-tost apres.

LEDIT sieur de Fleury alla à Chartres pour aduertir sa Majesté & ceux de son cõseil de ce que dessus: cependant ie demeuray en sa maison oisif: & afin que ie n'obmette rien en ce discours, sur ceste occasion, i'employeray le temps pour vous rendre compte de la prise & reduction de Chasteau Thierry, pour ce que ie sçay qu'il en a esté parlé diuersement, & mesme à mon desaduantage, & tous vous en diront la verité, comme ie ferois de la prinse dudit sieur de Videuille, aduenuë comme il s'acheminoit à ceste negociation auec le passeport de sa Majesté, si vous n'en auiez esté mieux informé qu'vn autre, comme celuy duquel il fut tres-bien seruy & secouru en son besoing.

VOVS noterez doncques Monsieur s'il vous plaist, que ie n'estois à la suitte dudit Duc, lors qu'il inuestit ladite ville de Chasteau Thierry, *car ce fut au retour de son voiage de Meaux & de Vincennes qu'il* dont ie ne fusse party pour le venir trouuer, sans l'arriuee dudit sieur Fleury, lequel il me manda l'y conduire & le feusmes trouuer audit siege, ayant d'abord gaigné les fauxbourgs de la ville des deux costez de la riuiere, où son armee estoit logee auec luy tres commodement, ayant tellement surpris ceux de dedans, qu'ils n'auoient peu les brusler ny les debattre long-temps: aussi estoient-ils assez mal pouruues de gens de guerre pour ce faire, & mesmes pour bien defendre la ville qui a

D d

MEMOIRES DE MONSIEUR
toufiours esté estimée, comme certainement elle
est, vne des plus mauuaises places du Royaume:
toutesfois nous trouuasmes que lesdits assiegez s'e-
stoient assez gaillardement defendus ayant &pris [pointe]
vne piece dedans la batterie dudit Duc qui l'in- [du chasteau]
commodoit grandement. *pag. 1390*

CHACVN se retira au Chasteau, contre lequel
ledit Duc dressa sa batterie, & deux iours apres le
Vicomte de Comblysy m'enuoya vn billet, par lequel il me prioit de parler à luy. Ie trouuay la place
si remplie de femmes & d'enfans, que ie cogneus
bien qu'ils ne pouuoiét gueres durer, auec cela, aussi
il commença deslors de composer, & d'autant
qu'il estoit occupé ailleurs, il me laissa son pere qui
me proposa des conditions que ie luy dis qu'on
n'accorderoit iamais; car il demandoit que la place
luy fust laissée en garde comme à luy appartenante,
à la charge de n'en plus faire la guerre; encor vou-
loit-il qu'on luy donnast loisir d'en aduertir sa Majesté: à quoy il s'opiniastra tellement, que ie fus
contrainct de me retirer sans rien faire, estant
mandé dudit Duc, apres auoir contesté plus de
deux heures auec luy. En partant ie luy dis que
s'il n'estoit pressé de composer, il faisoit mal d'en
parler, parce que cela decourageoit ses gens,
& sçauoit bien que ledit Duc n'accorderoit iamais ce qu'il demandoit. Ie le dis aussi audit sieur
de Comblysy, lequel me pria d'obtenir vn passeport pour faire sortir sa mere & sa femme, auec les
autres femmes qui estoient au Chasteau, dont il
disoit estre en plus grand soucy que de la batterie

qui estoit preste à iouër, & n'auoit esté retardee que pour ma consideration: & de faict Madame Pinart se vint ietter à mes pieds toute esploree, me priant de l'amener auec moy, ce que ie n'osay entreprendre sans congé dudit Duc, dont ie luy fis requeste: mais il m'en refusa, & fit commencer la batterie, laquelle s'addressant à vne tour, & au pignon d'vne gallerie qui n'auoit esté terrassee, fit bien tost iour. Les estrangers estoient logez au pied du Chasteau, & fussent entrez dans la ville tost apres, si la batterie eust continué, mais ledit Duc la fit cesser à ma requeste: & sur ce que ledit sieur Pinart & de Coblysy, me prieret de faire pour eux telle composition que ie voudrois, ie l'obtins dudit Duc le plus honorablement & aduantageusement qu'il me fut possible tant pour eux & leurs gens de guerre qui les assistpient, que pour les habitans, & vous asseure qu'elle fut faicte au grand regret desdits estrangers, car ils cognoissoient tresbien ledit aduantage. Mais ledit Duc me vouloit faire ce plaisir & feit accompagner luy-mesme ledit Pinart & sa suitte, quand ils sortirent iusques au dehors de l'armee, de laquelle il ne m'eust esté possible de les garantir autrement. Voila la verité de ceste cópositiō, que ie puis prouuer par escrit, pour laquelle ledit Pinart & son fils ont souffert, ce que vous sçauez. Ce qu'on leur pouuoit imputer estoit d'auoir refusé les gés de guerre, qu'on disoit leur auoir esté offerts quelques iours deuant ledit siege: Mais ils s'excusoient sur la mauuaise volonté qu'ils disoient sçauoir bien que ceux qui leur comman-

D d ij

doient leur portoient, lesquels auoient faict auparauant ce qu'ils auoient peu, pour les desnicher de la place, & auroient iuré de ne leur pardonner en ceste occasion: & quoy que ce soit ie vous iure en homme de bien n'auoir eu durant le siege aucune intelligence auec ledit sieur Pinart & son fils, que celle que ie vous ay representee, & dauantage n'auoir iamais veu personne si aigre, & contraire à la ligue que le pere, dôt il ne se peut garder, qu'il n'en donnast connoissance audit Duc quand il sortit & l'accompagna: & si ceux qui auoient entrepris de deffendre la bréche de la ville eussent faict leur deuoir, ie croy certainement que Monsieur du Mayne se fust retiré sans la prendre. Voila à quoy sont subiects en ce Royaume ceux qui changent de profession, & ont faute d'amis & de support à la Cour. Car ie puis dire que i'ay veu assaillir, forcer, & rendre infinies places qui n'auoient esté si bien defenduës, & dont le peril n'estoit toutesfois à beaucoup prés si grand que celuy-cy: mais l'on auoit besoing de la bourse du pere, & croy que ledit sieur de Videuille n'eust esté quitte de sa prinse à meilleur compte que les autres, si la foy & bonté de sa Majesté ne les eussent garantis de la hayne, tant est grande l'enuie de ce temps, & prend-on plaisir de courir à vn affligé que l'on a veu en prosperité.

APRES la deliurance du sieur de Videuille, & le retour de Chartres du sieur de Fleury, par lequel ie receus des lettres de M. le Chancelier, & de Monsieur le Mareschal de Biron, n'y ayant trouué

deuant ni

auec ses amis,

courre sus

sa Majesté ie m'acheminé à Estampes suiuant leur mandement où se trouua ledit sieur de Videuille; & eusse bien desiré que Monsieur le Cardinal de Gondy eust pris la peine d'en faire autant, comme ie l'en auois supplié, afin de nous ayder à faciliter les affaires: mais il s'en excusa, ayant à mon aduis mauuaise opinion du succeds de nostre negociation. Nous passasmes iusques à Dourdan que ledit sieur Mareschal tenoit assiegé. Ledit Duc m'auoit mandé n'auoir iamais ouy les propos que le sieur de Rosne auoit tenus audit sieur de Fleury, lesquels aussi ledit sieur de Rosne tournoit en risée suiuát sa coustume: de sorte que ledit Duc me prioit de parler seulement du commerce dont il nous auoit doné charge, sans s'engager plus auant, ce qui fut cause que mon voyage fut du tout inutile: car les sieurs de Chiuerny & de Biron n'auoient aucune charge ny enuie d'accorder ledit commerce, & attendoient de nous toute autre chose, partant chacun se tint sur les paroles generalles, auec plus de deffiances les vns des auautres, qu'il n'y en auoit ce me semble de subiect: car ils estimoient que nous fissions les fins, à cause de ce que ledit de Rosne auoit dit au sieur de Fleury, & nous ne voyans rien de l'esperáce qu'on nous auoit donnee de nostre voyage, au moyen dequoy apres nous estre assemblez deux iours durant, nous nous separasmes, remettant à consulter de toutes choses auec ceux qui nous auoient enuoyez. I'auois apporté le chiffre, de laquelle auoit esté escritte la lettre de l'Euesque d'Amiens, de laquelle a esté cy deuant parlé, afin de la verifier; mais lesdits sieurs n'auoiét l'ori-

Dd iij

ginal de sorte que cela fut remis à vne autre fois dõt l'on ne s'est depuis souuenu, non plus que des autres discours que nous eusmes ensemble: ce fut au commencement du mois de May, de l'an 1591.

Nous retrouuasmes monsieur du Mayne à Reims, qui fut plus marry du refus du commerce que de toute autre chose: dont i'aduertis ledit sieur de Fleury, & qu'il ne falloit plus s'attendre que ledit Duc fit parler de la paix, que les deputez des prouinces, qu'ils disoient auoir mandé les attendant tous les iours ne fussent venus, d'autant qu'il s'arrestoit à ne vouloir traitter sans eux, pour les raisons susdites. Et me souuient Monsieur, que vous pristes la peine estant à vostre maison, de m'escrire vne tres-sage lettre sur ce subiect; ne vous pouuant contéter des difficultez que faisoit ledit Duc de traitter, ou du moins esbaucher les affaires, en attendant son assemblee: pour garantir l'estat du peril qu'il alloit courre à l'arriuee des armees estrangeres que chacun attendoit, laquelle ie fis voir audit Duc, cuidant l'esbranler; car c'estoit mon aduis qu'on en vsast ainsi. Mais ie n'y gaignay rien s'excusant tousiours sur ce qu'il ne vouloit donner ialousie ny mescontentement à ses amis dedans n'y dehors le Royaume, quoy qu'il en peust aduenir.

Le sieur de Landriano milannois arriua inopinement en la ville de Reims, en ce temps-là enuoyé par le Pape Gregoire XIV. de la maison des Sfondrate n'agueres au Pontificat, chargé d'offres & d'asseurances du secours, & d'vn nouueau mandement de sa Sainteté, addressant aux Catholiques qui assi-

a esleué

ſtoient ſa Maieſté, & ſpecialement aux Eccleſiaſtiques, par lequel ils eſtoient exhortez & commandez d'abandonner ſa Maieſté, & ſortir des villes qui la recognoiſſoient à peine d'excommunication: & combien que ledit mandement fut iugé de pluſieurs tres-rigoureux & arriué tres-mal à propos, à cauſe de la proſperité des affaires de ſa Maieſté, toutesfois il fut incontinent publié à la ſollicitation de ceux qui vouloient nourrir la guerre: dont aucuns Eccleſiaſtiques furent ſcandaliſez, encores qu'ils fuſſent tres-affectionnez au party, car ils diſoient que le Pape deuoit encourager pluſtoſt ceux qui reſidoient aux villes de ſa Maieſté d'y demeurer que d'en ſortir; parce que c'eſtoit quitter le champ aux heretiques, qui eſtoit-ce qu'ils demandoient, & ce faiſant abſtraindre le peuple d'abandonner leurs biens maiſons & familles; qu'il eſtoit à craindre qu'ils eſleuſſent l'vn pluſtoſt que l'autre, car il s'en verroit peu en ce temps qui vouluſſent mourir de faim pour obeyr à ſa Sainctété, que les Eccleſiaſtiques meſmes ne le feroient pas: de ſorte que ledit mandement confirmoit pluſtoſt les Catholiques aupres de ſa Maieſté qu'il ne les eſtrangeoit au meſpris du ſainct ſiege, comme il eſtoit aduenu des precedentes; & d'autant plus que les affaires de ſa Maieſté eſtoiét en meilleur eſtat qu'auparauant. Que c'eſtoit tres-mal faict de deſeſperer chacun de la paix, les affaires du party eſtans ſi découſuës, qu'elles eſtoiét, & deuát que l'on veit les moyens de les redreſſer; bien aſſeurez que nos maux eſtoient ſi enracinez qu'ils ne pouuoient plus eſtre guaris par charmes ou

ou s'accommoder auec les dits heretiques,

paroles, ny crainte de l'indignation de sa Saincteté, de sorte que les huguenots & les estrangers qui auoient coniuré la ruine de la religion, profiteroient seuls sous ombre du desespoir qu'apporteroit ledit mandement, duquel si on les eust creus l'on eust sursis la publication apres la victoire. Mais ledit Landriano auoit charge expresse de le fulminer, dont il ne voulut rien rabbattre, tant il estoit mal informé de nos affaires, & se comporta en l'execution de sa commission à la mode de Rome, où il leur semble que toutes choses doiuent passer par leur censure & iugement, encores que souuent ils se fondent plus sur le vray-semblable que sur le profitable. Ils s'estoient persuadez que la France tomberoit au seul bruict de la leuee & venuë des forces que sa Saincteté auoit resolu d'enuoyer en ce Royaume et du Royaume contre sa Maiesté, & auoient sur cela fait auancer ledit Landriano auec ce commandem'exprés, comme si la crainte & apprehension desdites forces eussent deu l'authoriser, & rendre obei les affaires selon leur desir : mais l'euenement leur apprit bien-tost que la France ne veut pas estre maniee de ceste façon.

I'ADVERTIS ledit sieur de Fleury de tout cecy, afin qu'il sceust que nos folies alloient ruinant toutes choses : ce fut lors que le pauure Marquis de Maignelay seruit d'exemple & d'enseignement à plusieurs, & qu'il fut massacré dedans la ville de la Fere, laquelle il auoit acquise au party, au hasard de sa vie sur vn soupçon que l'on auoit de luy, qu'il traittoit auec sa Maiesté & Monsieur de Longueuille ; ce fut le Vi-Senechal de Montlimat nommé Collas, qui fit

fit ce bel exploict de guerre, auquel ledit Marquis se fioit plus, qu'à personne de la ligue. Il estoit accompagné du Lieutenant des gardes dudit Duc, mais veritablement les Capitaines dudit Marquis & le peuple de laditte ville furent cause de son malheur plus que tous autres, tant ses fautes auoient attiré sur luy l'ire de Dieu : car ceux-la estoient ses creatures qu'il auoit esleuees de peu, & preferees à d'autres, & ceux-cy auoient esté mal-traittez de luy, depuis la prise de laditte ville, de sorte que les vns par malice & les autres par animosité coniurerent sa mort &, & pour ce faire augmenterent tellement le soupçon que ledit Marquis auoit commencé à donner de luy audit Duc, par mescontentement & la frequentation de luy & des siens auec ceux du party contraire, que ledit Duc laissa aller à y remedier par l'enuie dudit Vi-Seneschal accompagné dudit Lieutenant des gardes, auquels il donna charge estant en laditte ville, de faire tout ce qu'ils iugeroient estre necessaire pour la conseruer, & neantmoins ie croy certainement que ledit Marquis, comme ieune & maladuisé, vouloit plustost faire peur de luy audit Duc afin de l'exciter de l'honorer de plus grande charge, que prendre le party de sa Maiesté, ioinct que ledit Duc luy auoit promis de conferer auec ledit sieur de Longueuille : aussi n'a-on depuis sa mort peu rien faire prouuer contre luy qui ait peu condamner sa memoire d'infidelité, ny excuser les autres de ce marché, quelque diligence qu'on y aye faicte, dont ie parle comme celuy qui a veu les depositions, mesmes, & des informations

Ee

qu'ils ont produites, lesquelles condamnent plustost les autheurs, qu'elles ne les deschargent. Mais
l'heure dudit Marquis estoit arriuee : i'estois auec ledit Duc quand il en receut la nouuelle, de laquelle ie
luy vis tomber les larmes des yeux : & s'il n'eust depuis
donné la charge de la place audit Vi-Seneschal comme il fit, du moins qu'il n'eust mieux iustifié en la
iustice l'acte qu'il auoit commis, il eust beaucoup
faict pour sa reputation.
　Son excuse estoit qu'il ne pouuoit aucunement la
se conseruer ; mais ie croy qu'il s'en est repenty depuis assez de fois, tant pour le respect dudit Marquis
que pour la consequence d'vn tel acte, que pour
s'estre depuis ledit Vi-Seneschal monstré plus affectionné ausdits Espagnols, qu'à luy : il ne faillit pas
aussi de se défaire bien-tost des Capitaines dudit
Marquis qui l'auoient trahy, ne se pouuant fier en
eux apres vn tel forfaict, qui est le iuste payemẽt qui
est deu à telles personnes.
　Ledit Duc partant de Reims alla tenter vne
entreprise sur Compiegne qui ne reüssit pas, fut en
la ville de la Fere, où il establit ledit Vi-Seneschal, de
là il alla arriua à Amiens où arriua Dom Diego d'Ibarra
pour resider aupres de luy de la part du Roy d'Espagne. D'Amiens il fut contrainct de courir à
Roüen à cause de la mauuaise l'intelligence qui estoit entre le
Comte de Tauannes qui y commandoit, & de mon-
sieur de Villars gouuerneur du Haure, auquel il donna la charge du premier qu'il retira & emmena auec
luy tres à propos pour conseruer ladite ville, cõme
il apparut depuis par les euenemens : cela faict il don-

na iusques à Pontoise pour executer vne autre entreprise sur Mante, qu'il faillit aussi, & reprint le chemin de Beauuais, Amiens, & Peronne, pour gaigner Ham: d'autant que sa Maiesté auoit assiegé Noyon, laquelle elle print en peu de temps à la veuë dudit Duc, & des forces estrangeres que ledit Duc de Parme luy auoit laissees, lesquelles estoient comandees par le Prince d'Ascoli assisté dudit Diego d'Ibarra, ~~faisant~~ peu de compte des commandemens dudit Duc, lequel ie suiuis en tout ce voyage, attendant le retour d'Espagne du President Ianin, en ~~ceste belle assemblee~~, sans laquelle ledit Duc protestoit tousiours ne pouuoir prendre party. Or ledit President Ianin arriua en la ville de Ham, où l'on sceut en mesme temps la nouuelle de la sortie & euasion du Chasteau de Tours de Monsieur le Duc de Guise, aduenuë au iour de nostre Dame du mois d'Aoust, s'estant faict descendre & deualler auec vne corde par deux de ses gens de la fenestre du grenier en bas, comme chacun disnoit en la ville, & au chasteau, & fut recueilly par le trompette de Monsieur de la Chastre qui l'attendoit hors le Fauxbourg, d'où il fut conduit à Bourges. Ceste nouuelle resiouyt grandement les estrangers, lesquels, en verité monstroient estre tres-mal satisfaicts dudit Duc du Mayne, partant luy desiroient moins d'authorité.

Le President Ianin auoit esté enuoyé en Espagne pour descouurir au vray l'intention du Roy Catholique sur les affaires de France, que Iean Baptiste de Tassis & Rossieux auoient celé audit Duc, comme ie vous ay cy deuant dit. Ledit Duc

et faisoient

apres lequel ceste belle assemblee se deuoit faire

les trouppes doient

Ee ij

se persuadant tousiours que quand le Roy auroit esté bien informé de la verité des affaires, que non seulement il ne s'embarrasseroit en la conqueste du Royaume pour luy ny pour sa fille, comme aucuns disoient qu'il vouloit faire, mais aussi que ayant esgard au pouuoir qu'il auroit au party & à ses trauaux & merites, il se resoudroit à le fauoriser plustost que nul autre: & encores que ledit President ne se promist pas d'en rapporter contentement, comme celuy qui cognoissoit bien la disposition des choses: neantmoins pressé, voire forcé qu'il fut d'entreprendre ce voyage, il s'y resolut volontiers, esperant qu'il dissuaderoit le Roy Catholique du dessein susdit, ou bien qu'à son retour l'on traicteroit: & croy à la verité que l'intention dudit President estoit tres bonne, & partant que le voyage estoit tres-necessaire, toutesfois il ne seruit ny à l'vn ny à l'autre effect, tant il estoit difficille d'effacer des cœurs des Princes les conceptiõs qu'ils affectionnoient. Car encores que ledit President se fust estudié de representer au Roy les tres-grandes oppositions & difficultez qu'il rencontreroit à son dessein, tant de la part de la Maiesté que du party mesme duquel il vouloit s'ayder, voire de toute la Chrestienté, & sur ce fit la chose comme impossible, on luy representant & faisant apres considerer les autres moyens qu'il auoit d'asseurer la religion en ce Royaume, & le recompenser de ses peines & frais auec beaucoup moins de peril & despens, & trop plus de gloire & d'aduantage pour luy, &

pour le party: neátmoins au lieu de profiter il s'apperceut qu'on se défioit de luy, comme s'il eust proposé telles difficultez expres pour favoriser ledit Duc, & non pour estre veritables & bien fondees. Quoy voyant ie luy ay ouy dire qu'il fut contrainct pour ne rompre & perdre du tout ledit Duc auec le Roy, ou reuenir sans resolution de se laisser entendre à ses ministres, ce nonobstant ses raisons ils vouloient tenter leurs desseins; il estoit donc necessaire pour ne perdre la religió, que tout ce qu'ils y emploioient qu'ils l'entreprissent auec tant de forces & moyens, que tant par crainte & necessité, que par force d'argent & de bien-faicts, ils en peussent venir à bout, surquoy ils resolurent & l'asseurerent qu'ils feroient incontinét entrer en ce Royaume deux puissantes armees, payees & accompagnees d'artillerie, viures & autres munitions necessaires, & suffisantes pour reprendre & forcer les places de sa Majesté, & en mesme temps l'acculer en quelque lieu auec son armee dont l'vne seroit commandee par ledit Duc du Mayne, & l'autre par celuy de Parme, ou tel autre chef que sa Majesté Catholique choisiroit; à la charge que l'on assembleroit les Estats du party en mesme temps, pour leur faire approuuer le dessein dudit Roy, lequel leur seroit exposé par ses Ambassadeurs. Voyla la substance de la response que rapporta ledit President, lequel voulut voir ledit Duc de Parme deuant que d'entrer en ce Royaume, pour sçauoir au vray quel ordre & acheminement l'on auoit donné à ce que dessus, dont il luy donna plus d'asseurance que depuis il n'en vit d'effect. Or si ledit President auoit esté deceu de son esperance enuers ledit Roy d'Espagne, il ne le fut moins à son retour du fruit qu'il s'estoit promis de recueillir aupres dudit Duc. Car non seulement il ne l'esbransla de l'opinion en laquelle il l'auoit laissé, mais ie sçay que ledit Duc se plaignoit, qu'il ne l'auoit pas bien seruy en ce voyage, soit qu'il le creust ainsi en se flattāt luy-mesme, ou se laissant flatter ou abuser, ou bien qu'il fust marry que l'on sceust & cogneust que le Roy d'Espagne eust fait si peu de compte de luy, dont ie vis ledit President en peine, combien qu'il eust tousiours esté, & fust encores le plus affectionné franc & digne seruiteur qu'eust ledit Duc, enuers lequel ie cuide bien que la nouuelle de la deliurance du Duc de Guise son nepueu rendoit encores ce desplaisir plus sensible. Or ie ferois tort audit President si i'obmettois à vous dire que passant par la ville de Marseille allant en Espagne, il fit vn tel deuoir & office enuers lesdits habitans de Marseille contre les menées du Duc Sauoye qu'il y trouua, qu'il les renuersa entierement. Car il esperoit s'en rendre maistre, & n'y auoit faute de partisans : mais comme le peuple entendit que le Duc de Mayenne desiroit bien que le païs s'aidast du Duc de Sauoye contre les ennemys communs, mais non que ladite ville ny les autres se separassét du Royaume pour qui que ce fust, vn chacun s'en resioüit & print bien-tost le party, de sorte que ledit Duc de Sauoye s'embarqua auec ledit President pour aller en Espagne, où il recognut comme fit ledit Presi-

[marginal note: a d'auhes]

dent, que l'on auoit aussi peu d'enuie qu'il deuint maistre de la ville de Marseille que de la France, soit que ledit Roy d'Espagne fist estat que ladite ville ne luy pouuoit eschapper auec le reste du Royaume, ou que l'accroissement de son gendre luy fust aussi suspect qu'aux autres : i'adiousteray encores icy que ledit Duc de Mayenne n'a iamais desiré que l'autre prist pied au païs de Prouence, luy ayant dés le commencement refusé vn pouuoir pour y commander qu'il a long-temps poursuiuy & l'eust volontiers acheté & payé bien cherement.

APRES la prise de la ville de Noyon ledit Duc du Mayne alla à Reims & de là en Lorraine, tant pour conferer auec ledit Duc des affaires publiques, & de ce que luy auoit rapporté d'Espagne ledit President Ianin, que pour receuoir des forces de cheual & de pied, que le Pape Gregoire quatorziesme enuoyoit à son secours sous la charge de son nepueu, que l'on nommoit le Duc de Montemarciano: lesdites forces estoient composées d'enuiron mil hommes de cheual, & quinze cent de pied Italiens, & quatre mil Suisses. La caualerie estoit mieux en ordre que le reste. Mais apres auoir faict monstre & parade en l'armee dudit Duc, elle se deffit incontinent, & ne seruit quasi de rien. C'estoit toutesfois les forces auec lesquelles ils discouroient à Rome que sa Majesté & ses seruiteurs, donneroient bien tost du nez en terre, & que les bulles & fulminations de sa Saincteté apportees & publiees par ledit Landriano deuoient estre executees.

LE Roy receut au mesme temps l'armee d'Alle-

MEMOIRES DE MONSIEVR
mans que Monsieur le Vicomte de Turene auoit leuee, & pour laquelle il auroit esté depesché l'anne precedente, lors que sa Majesté refusa la cessation d'armes que ie poursuiuois. Elle estoit forte principalement de cauallerie, auec laquelle sa Majesté vint courir iusques aupres de Verdun, où ledit Duc de Lorraine, & du Mayne estoient venus leger, auec lesdites forces de sa Saincteté & quelques autres venans du pays bas, & de Luxembourg ; ceste course fut sans effect de remarque.

MONSIEVR le Duc de Lorraine faisoit demonstration d'estre fort las de la guerre, & encores plus mal-content des Espagnols : son pays estoit aussi merueilleusement ruiné, et parloit souuent des moyens de pacifier le Royaume auec ledit Duc du Mayne & nous, mais sans resolution, seulement ils promirent de ne traitter du general l'vn sans l'autre. Et d'autant que le Roy d'Espagne auoit remis au Duc de Parme l'accord & resolution de toutes choses, & que l'on estimoit qu'il entreroit bien-tost en France, Monsieur de Lorraine enuoya auec Monsieur de Mayenne Monsieur le Comte de Vaudemont son fils accompagné du sieur de Bassompierre pour assister à la negotiation qu'on pretendoit faire auec luy, non comme il disoit en intention d'accorder ce que le Roy d'Espagne desiroit, mais seulement d'entendre la proposition & les conditions d'icelle ; car ledit Duc de Lorraine faisoit demonstration d'estre fort contraire à ce dessein, & ne le pouuoir gouster aucunement ; neantmoins il soustenoit tousiours n'y auoir

auoir moyen de traitter auec sa Majesté tant qu'elle seroit de contraire religion, & estoit bien empesché d'en trouuer vn bon entre ces deux extremitez.

Si tost que sa Majesté se fut retirée du costé de Sedan, où elle fit le mariage de M. de Turene auec l'heritiere de la maison, ledit Duc du Mayne r'entra en France & se vint rendre à Montcornet, passant par Retel, où arriua ledit Duc de Guise, accompagné de M. de la Chastre & de peu de noblesse au regard de ce que l'on en esperoit.

LA deliurance de ce Prince auoit esmeu les cœurs & releué l'esperance des zelez, lesquels iettoient incontinent le principal fondement sur luy, comme gens qui se lassoient dudit Duc du Mayne, se promettans tout ce qu'ils desiroient, tout ainsi que s'ils eussent peu & deu disposer des volontez des plus grands Princes, & les ranger à leurs opinions tant leur ignorance estoit profonde, & leur presomption extresme, comme sceut fort bien remarquer ledit sieur de la Chastre: de sorte qu'ils ne parloient plus dudit Duc qu'en desdain, chose qui n'estoit desagreable à ceux qui desiroient la paix: car ils esperoient que leur insolence iointe au peu de compte que lesdits Espagnols faisoient de luy, & au mescontentement qu'ils auoient du succeds du voyage dudit sieur Ianin, En fin ils luy ouuriroient les yeux & le feroient resoudre de sortir des mains des vns & des autres. Sur cela Boucher Docteur en Theologie, le sieur de Masparault & Senault arriuerent audit lieu de Retel, enuoyez par ceux de Paris auec des cayers & demandes qui presupposoient desia quelque changement ou malheur en ladite ville. Car ils parloient insolemment se pleignans de ce qu'on leur auoit osté le conseil [general] de l'Vnion & le seau, dont sous main ils accusoient ledit Duc, & publiquement blasmerent ceux qui l'assistoient, au nombre desquels ie n'estois pas espargné, ny ledit sieur President Ianin qui eut de grandes paroles auec eux. A la fin ie fus appellé à la resolution de leurs demandes, où l'on eut assez de peyne à les contenter, ils estoient couuertement supportez des Espagnols, & sur tout dudit Dom Diego d'Ibarra, neantmoins ils ne rapporterent que des responses generalles, aussi ne leur en pouuoit-on donner d'autres sans faire tort au public, & sur tout à l'authorité dudit Duc, dont toutesfois ils firent cotenance d'estre aucunement satisfaicts, mais l'on apperceut bien-tost apres qu'ils dissimuloient, voire qu'ils couuoient quelque meschef, car Messieurs Brisson President, l'Archer Conseiller au Parlement, & Tardif Conseiller du Chastelet furent pendus par ceux de leur caballe. Comme lesdits Boucher & Senaut estoient prés de ladite ville, ledit sieur de Masparault estant demeuré prés dudit Duc, l'on dit que leur dessein estoit de changer & cribler le Parlement & le dresser à leur mode pour apres disposer du nom & de l'authorité d'iceluy contre ledit Duc du Mayne, & mesme faire reuoquer son pouuoir à l'arriuee en France du- [Duc] dit de Parme, & apres chercher vn Roy à leur poste, dont ledit Duc de Mayenne eut le vent, ce qui le fist resoudre d'accourir en la ville pour chastier les mutins, & renuerser leurs desseins. Il estoit à Laon, quand il sçeut ceste nouuelle, dont il fut fort troublé, il auoit laissé l'armee audit Moncornet, & encores que ce coup l'eust picqué iusques au vif pour les susdites causes, son esprit fut agité de diuerses considerations, & le veit-on en bransle de ne passer outre; mais en fin il fut emporté de l'enormité du faict, de l'apprehension de son particulier & des aduis que Madame de Mont-pensier & Monsieur de Belin luy donnerent, par lesquels ils luy manderent qu'allant à Paris, non seulement il puniroit les coulpables, mais aussi asseureroit du tout à sa deuotion ladit ville, comme il aduint. Car il fit prendre & chastier ceux qu'il voulut, s'empara de la Bastille où le Procureur le Clerc dict Bussy, qui a tant malheureusement faict parler de luy, commandoit, & punit tellement la grandeur & enormité de ce forfaict, que chacun aduoüoit qu'il estoit loüé, honoré, craint & aymé des Principaux Citoyens & Bourgeois, mais aussi ce ne fut sans estre detesté & maudit par ledit Don Diego d'Ibarra, lequel estoit audit Moncornet, quand ledit Duc partit de Laon, pour venir à Paris, le suiuit neantmoins en telle diligence sçachant sa resolution, qu'il le ioignit entre Meaux & laditte ville en laquelle il entra auec luy; il estoit vne grande partie des habitans sortis au deuant de luy, lesquels à leur contenance monstroient estre tres-aises de sa venuë, esperans qu'il feroit punir les autheurs de ce faict, qui auoit remply la ville de crainte & de deüil. Mais ces factieux furent si effrontez qu'ils

Ff ij

vindrent en corps à pied au deuant de luy iusques à S. Anthoine des champs, ayans les visages rians & asseurez comme meurtriers, lesquels deuant sa venuë, auoient esté si impudens que de se presenter à mes Dames de Nemours & de Mont-pensier, & à ceux du conseil dudit Duc qui estoient en la ville pour leur faire aduoüer ce bel exploit, que ledit Dom Diego excusoit tant qu'il pouuoit, pressant & importunant ledit Duc & ceux qui l'assistoiét d'en faire de mesme: mais il n'y gaigna rien, car ledit Duc en fit prendre quatre, lesquels furent pendus & estranglez dans la salle basse du Louure. Cette execution fut faicte sans forme n'y ordre de Iustice, contre mon aduis: car ie desirois que la Cour les iugeast, & que la punition en fust publique, pour seruir d'exemple aux autres; mais d'autres iugerent plus à propos d'en vser autrement, à cause que le Parlement estoit la partie offensee, qui estoit encore si effarouché que difficilement les condamneroit; que l'enormité du faict requeroit vne prompte & extraordinaire punition, & que les prisonniers estoient recognus autheurs conuaincus d'icelle; ioint que l'on ne vouloit à la verité en tout tant authoriser le Parlement, par ce que ledit Duc ne se fioit pas trop d'iceluy, n'y approfondir le faict iusques au bout, pour n'estre pas contraint d'en chastier plus grand nombre ny manifester d'auantage la cause de son courroux, ledit Bussy encores qu'il fust plus coulpable que les autres, en fut quitte pour la Bastille, qu'il remit entre les mains dudit Duc, lequel pardonna aussi aux autres lesquels l'ont depuis recogneu, comme sont coustumiers de faire ceux que l'on tire du gibet contre raison, car ils n'ont cessé de le persecuter secrettement & publiquement: sauuer aussi la vie à vn malfaicteur, c'est l'oster à plusieurs gens de bien, & offencer Dieu & le public.

APRES ceste execution ie me retiray à Pontoise, voyant que ledit Duc retournoit en l'armee y attendre ledit Duc de Parme, pour aller secourir la ville de Roüen que sa Maiesté tenoit assiegee.

PRENANT congé de luy il me pria asseurer ceux que ie verrois, qu'il estoit plus affectionné & disposé à la paix: & certes ie le croiois; car il me sembloit qu'il en auoit plus grande occasion que iamais, voyant que l'on l'auoit voulu des-authoriser à Paris, & que tous les factieux auoient les yeux tournez sur monsieur son nepueu: toutesfois comme il auoit lors l'esprit du tout bandé à secourir la ditte ville de Roüen pour la consequence d'icelle, il me dit qu'il ne vouloit rien faire qui peust seruir d'excuse audit Duc de Parme de le retarder, cognoissant n'y pouuoir paruenir sans luy, & que l'autre n'y procedoit desia que trop lentement, ioinct qu'estant ledit Duc de Guise demeuré en l'armee, il craignoit offencer dauantage lesdits Espagnols & qu'ils ne l'authorisassent à ses despens; partant il ne me donna charge aucune de rechercher la ditte paix, seulement asseurer vn chacun en termes generaux de sa bonne volonté, comme i'ay dit.

OR Monsieur, vous deuez sçauoir que l'Abbé de Chasy, ayant esté prins prisonnier par la garnison de Meaux retournant d'Alincourt en son Abbaye qui est prés de chasteau-Thierry, encores qu'il y eust vn passeport dudit Duc que ie luy auois faict donner, estoit pretendu par ceux qui le tenoient de bonne prise, & craignant qu'ils le traittassent mal le fis enuoyer à Moncornet, où discourant auec luy des affaires publiques, ie luy dis le regret que i'auois du peu de compte que l'on faisoit de la paix de part & d'autre, que les grands qui estoient auprés du Roy se deuoient eschauffer plus qu'ils ne faisoient, & mesmes les Princes du sang, lesquels perdoient plus que nuls autres à ceste guerre apres le Roy. Car encores qu'ils fussent Catholiques ils deuoient croire qu'aduenant le decez de sa Maiesté ils seroient aussi peu recogneus de la ligue qu'elle, d'autant que les chefs de la ligue auoient plus d'enuie de faire leurs affaires que celles d'autruy, & que quand tels morceaux tomberoient entre Princes armez, ils suiuroient plustost leur appetit que la raison : que si ie voyois Monsieur le Cardinal de Bourbon ie luy en dirois franchement mon aduis, & qu'vn tel œuure qui estoit plus difficille & important à la religion, & mesmes à leur maison qu'oncques se fut presenté, deuoit estre entreprins par personnes de grande authorité si l'on vouloit qu'il reussit : & si les autres s'y morfondoient, comme il estoit aduenu à ceux qui s'en estoient meslez comme moy iusques alors, toutesfois que ie m'y r'embarquerois encores tres-volontiers comme i'estimois que seroit de nostre costé monsieur le President

Ianin, & ledit sieur de Videuille, si ledit sieur Cardinal l'entreprenoit, parce que nous croyons qu'il le desiroit le bien, & qu'il ne s'embarqueroit qu'à bonnes enseignes, & que sa Maiesté respecteroit son entremise plus que nul autre: dont ie priois d'aduertir ledit sieur Cardinal au plustost, d'autant que ie craignois que l'on print quelque resolution à la venuë dudit Duc de Parme qui nous rendist irreconciliables pour iamais: ce que ledit sieur de Chesy fist, quand il fut retourné en son Abbaye par vn de ses gens, car il n'y pouuoit aller à cause du danger des chemins, par lequel ledit sieur Cardinal le r'enuoyant, & m'escriuit sur ceste occasion de l'aller trouuer à Humieres où il estoit lors, & receus la lettre quelques iours apres estre arriué à Pontoise, me mandant que sa Maiesté à laquelle il auoit faict sçauoir l'aduis que luy auoit donné ledit sieur de Chesy, trouuoit bon qu'il me vist; toutesfois ie m'en excusay, d'autant que ledit Duc du Mayne, lequel estoit desia party de Paris, pour retourner au camp, ne m'auoit permis de ce faire, ny donné pouuoir de conferer ny traitter de ladite paix à personne, comme ie vous ay dit deuant: de sorte que ie craignois y allant de moy mesme le faire inutillement, & luy preiudicier à cause de la ialousie desdits Espagnols, & du siege de Roüen. Mais ledit seigneur Cardinal m'enuoya Monsieur de Bellosane à ma priere, auquel ie dis les propos que i'auois tenus audit Abbé de Chesy, les raisons qui m'auoient meu, l'asseurance que ledit Duc m'auoit donnée de sa bonne volonté, les raisons d'icelle fondees principalement sur le mescontentement desdits Espagnols, & sur la ialousie de son nepueu, mais qu'il estoit necessaire de sçauoir au vray si sa Maiesté vouloit estre catholique, deuant qu'entrer en matiere, parce que ie sçauois que ledit Duc ne traitteroit iamais auec elle, tant qu'elle perseurereroit en la religion. Que i'auois desiré voir monsieur le Cardinal pour estre esclaircy de ce poinct, croyant qu'il sceust mieux l'intention de sa Maiesté que personne, & sur ce l'implorer d'employer son credit enuers elle pour aduancer vn si bon œuure, & si ceste difficulté ne pouuoit estre surmontee, aduiser par quels autres moyens l'on pourroit faire cesser la guerre, d'autant qu'elle continuant, le Royaume couroit fortune de changer de main, & la religion de se perdre, luy disant sur cela le dessein des Espagnols, les menees qu'ils faisoient en ce Royaume, & l'estat qu'ils faisoient d'y estre assistez de sa Saincteté; dont ledit de Bellosane me dit, qu'il aduertiroit ledit sieur Cardinal de mon affection & droitte intention à la conseruation de la religion & du Royaume : il me donna asseurance en partant, qu'il ne falloit point douter qu'il ne desirast employer tout son credit enuers sa Maiesté pour aduancer sa *conseruation* — *conversion* —, de laquelle elle luy auoit donné souuent bonne esperance ; ioint qu'il cognoissoit certainement, n'y auoir autre moyen de conseruer la religion & le Royaume en leur entier, que celuy-là. I'escriuis ces propos audit sieur Ianin comme à celuy que ie sçauois desirer & rechercher les moyens

moyens de renuerser les desseins desdits Espagnols, toutesfois ie recogneus par sa responce, qu'il auoit si mauuaise opinion de la conuersion du Roy, qu'il estimoit estre plus à propos de traicter auec ledit Cardinal, qu'auec sa Maiesté si l'on le pouuoit separer d'elle auec les Catholiques qui l'assistoient, remonstrât que par ce moyé l'on n'auroit que faire desdits estrangers pour deffendre la religion, & partant qu'ils ne ruineroient l'estat, comme ils auoient deliberé, croyant que ce chemin estoit plus court & plus seur que celuy de la conuersion de sa Maiesté.

TOVTESFOIS comme il nous conduisoit à la paix, de mesme ie ne pouuois esperer que ledit sieur Cardinal ny lesdits Catholiques quittassent sa Maiesté, qu'ils ne fussent au moins esconduits & desesperez de sa conuersion, & que ledit President me prioit seulement de sonder sur ce l'intention dudit sieur Cardinal, sans m'asseurer que ledit Duc fust bien resolu de traicter auec luy. Ie m'aduisay de proposer vne trefue, durant laquelle l'on pourroit conferer auec lesdits Catholiques du party de sa Maiesté, des moyens d'asseurer la religion & l'Estat, & enuoyer deuers sa Saincteté, pour sçauoir son intention sur la conuersion de sa Maiesté, esperant qu'en gaignant le temps l'on arresteroit le cours des menees desdits Espagnols, & qu'il n'esperoit autre remede à nos maux. Mais ledit sieur President Ianin me manda par sa responce, que ceste voye estoit trop longue & incertaine, parce que de part & d'autre

Gg

l'on ne vouloit parler de trefue, que le sainct siege estoit vacquant, & qu'il ne falloit esperer que le Pape qui seroit fust moins contraire à sa Maiesté que les precedens, ny que les Espagnols cessassent leurs pratiques, quoy que l'on fit; mesmes quand sa Maiesté changeroit de religion, ioinct que ledit Duc ne pouuoit consentir qu'on traictast en son nom auec sa Maiesté tant qu'elle seroit de contraire religion, & qu'il n'en eust conferé auec ceux du party, comme il auoit tousiours declaré; au moyen dequoy il persistoit à dire qu'on traictast auec ledit sieur Cardinal de Bourbon pour renuerser les desseins desdicts Espagnols, qui aspirans maintenant ouuertement à la Couronne, pressoient merueilleusement ledit Duc de traicter auec eux, ne voulans secourir Roüen qu'il ne leur promist faire eslire leur infante, comme ceux qui vouloient profiter de la necessité publique, & partant traictoient ledit Duc indignement: Toutesfois qu'il s'en estoit defendu iusques alors, mais il estoit à craindre qu'à la longue il ne se laissast emporter: de sorte qu'il estoit necessaire de mettre promptement en ieu ledit sieur Cardinal ou quelque autre Prince de la maison Catholique, encores que l'Euesque de Plaisance Landriano, Nonce du feu Pape, & les Deputez des Estats estans arriuez, ayant eu le vent de ce conseil furent si insensez, que de le blasmer: toutesfois ils estimoient qu'estant conclud & effectué chacun l'approuueroit par amour ou par force, tant il seroit trouué & iugé vtile, pourueu que ce Prince Catholique fuſt auſſi ſuiuy des Catholiques, & des villes principalles, & qu'e reconnoiſſoient [partant] ſa Maieſté, me prioit d'entreprédre & pourſuiure viuement ce traicté ſans m'arreſter à ſa Maieſté, ſi promptement elle ne quittoit ſa religion, à la requeſte de ceux qui la ſeruoient, & ne s'attendre plus d'eſtre connué dudit Duc, car il en eſtoit plus eſloigné que iamais, mais ſi ſa Maieſté vouloit prendre ceſte reſolution, ledit Duc donneroit ſa foy à tel Prince Catholique qui ſeroit choiſi auprès de ſa Maieſté, tel que pourroit eſtre monſieur le Duc de Neuers de la recognoiſtre auec tous ceux du party qui le voudroient ſuiure incontinent apres ſa conuerſion, & pouruoyant auſſi aux ſeuretez de la religion & de ſa maiſon à conditions raiſonnables. Ceſte reſponſe m'empeſcha grandemét voyant d'vn coſté en quels termes eſtoient les Eſpagnols auec ledit Duc, & de l'autre que l'on demandoit vne parolle d'aſſeurance du Roy de ſa conuerſion, comme ie faiſois grande difficulté qu'il vouluſt donner, & que l'on me prioit & preſſoit ſur cela de rechercher Monſieur le Cardinal de Bourbon & traicter auec luy, eſtant incertain, comme i'eſtois de ſon pouuoir non moins que de ſon vouloir, ioinct que ie ſçauois que ledit Duc s'eſtoit touſiours monſtré fort peu affectionné à ce party: de ſorte que ie faiſois conſcience de m'y embarquer, & d'y plonger ledit ſieur Cardinal, attribuant ce conſeil & mádement audit Preſident Ianin pluſtoſt qu'à la voloté dudit Duc: au moyen dequoy ie me contétay de faire ſçauoir audit ſieur Cardinal ce qu'on deſiroit

Gg ij

de sa Maiesté sur sa conuersion, & à son refus l'enuie qu'on auoit de traicter auec luy, mais ce ne fut sans luy en mander mon opinion, afin qu'il prist garde à luy & n'eust occasion de se plaindre de moy à l'aduenir, comme pourra tousiours tesmoigner ledit Abbé de Bellosane, lequel combien qu'il cherchast tous moyens d'aduancer la grandeur de son maistre, faisoit pareil iugement que moy de ceste ouuerture.

MADAME de Longueuille fut lors mise en liberté, auec Madame sa belle fille, & Mesdamoiselles ses filles, par le moyen dudit Duc du Mayne, lequel fut en cela trauersé de plusieurs; de sorte que ladicte Dame qui s'attendoit d'en estre quitte pour vingt cinq ou trente mil escus, à quoy du commencement elle auoit esté taxee, sous pretexte d'ayder à payer la rançon de Monsieur d'Elbœuf detenu prisonnier à Loches par monsieur d'Espernon, fut contrainte s'obliger encores pour pareille somme, moyennant certaine promesse que luy fit ledit Duc, sans lequel elle n'eust encores esté quitte à si bon marché. Elle auoit esté arrestee en la ville d'Amiens apres la mort de monsieur de Guise, auec sa fille & M. le le Comte S. Paul son second fils, lequel depuis s'estoit sauué, comme elle mesme auoit eu enuye de faire par deux fois, & auoit esté traittee tres-indignement durant sa prison, de laquelle elle n'eust esté encores deliuree sans l'euasion de Monsieur de Guise; car on disoit qu'elle estoit retenuë pour luy. Ceste Princesse n'auoit iamais faict mal ne desplaisir à personne, estant innocente de tous ce qui estoit aduenu à Blois, & n'estant venuë en Picardie que pour accompagner Monsieur de Longueuille son fils qui en estoit gouuerneur, sans penser à autre chose, qu'à faire plaisir à ceux du païs, neátmoins elle n'auoit peu esuiter le malheur commun, qui luy auoit esté d'autant plus grief qu'elle sçauoit ne l'auoir merité, & que Monsieur son fils faisoit la guerre au païs pour sa Majesté : mais i'ay souuent admiré la constance auec laquelle m'a ditte Dame la Duchesse, sa belle fille & mes Damoiselles ses filles auoient supporté leur captiuité ; certes si ie ne l'eusse veu, ie ne l'eusse peu croire, & puis dire que rien ne les auoit tant trauaillees durant icelles, que l'ennuy de Madame leur mere, & que toute autre sorte de peril & d'afflictions n'auoient seulement peu esbransler leur courage, ny leur faire changer de contenance & de langage.

COMME cecy se manioit, mon pere m'enuoya vne lettre du sieur de Bussy, par laquelle il luy mandoit que l'on ne trouuoit pas bon que ie traittasse de la paix auec ledit de Bellosane, & que si i'auois charge de negotier ie m'adressasse droit à sa Majesté, laquelle m'oyroit volontiers. Ie respondis que ledit Abbé m'auoit dit estre venu parler à moy par la permission de sa Majesté, & que mondit sieur le Cardinal ne faudroit de luy rendre compte de nostre conference ; que ie n'auois aucune charge de nogotier auec sa Majesté, mais que ie ne me pouuois garder de rechercher la paix pour l'affection que ie portois au Royaume, que la guerre à la longue diuiseroit en plusieurs pieces, comme i'auois

Buhy

dit audit de Bellosanne, auec mon aduis du chemin qu'il falloit tenir pour y remedier, duquel i'estois prest encores à communiquer auec tel autre que sa Majesté ordonneroit, & que i'estois bien marry n'auoir moyen de mieux faire, mais que puis que sa Majesté ne l'auoit à gré, ie ne passerois plus outre. Ledit sieur de Bussy [Buhy] repliqua qu'il n'estoit ia besoin que personne parlast à moy de la part de sa Majesté, puis que ie n'auois charge de traicter.

TOVTESFOIS quelques iours apres le sieur du Plessis frere dudit sieur de Bussy, estant venu au camp à Mante manda le sieur de Fleury mon beau frere qui estoit arriué fraischement à Alincourt, auquel il dit la bonne volonté de sa Majesté à la paix, & que si ie pouuois auoir charge de Monsieur du Mayne d'en traicter auec luy, il estimoit qu'estans ensemble nous ferions quelque chose de bon, dont i[e] le priay de m'aduertir comme il fit, & moy ledit [le] Duc dés lendemain par vn trompette exprés.

DESIA l'armee Espagnolle commandee par le Duc de Parme estoit entree en ce Royaume pour secourir la ville de Roüen, & auoit contraint sa Majesté, laquelle s'estoit acheminee au deuant auec sa caualerie seulement, de quitter le logis d'Aumalle, où elle auoit esté blessee; auoit aussi prins Neuf-chastel, & tellement encouragé les assiegés, qu'ils auroient forcé & renuersé les tranchees de l'armee de sa Majesté, & gaigné quelque pieces d'artillerie y commandant feu Monsieur le Mareschal de Biron : sur quoy ledit Duc de Parme s'estoit retiré iusques à Abbeuille, faisant contenance de vouloir assieger ~~Dieppe~~ Ruë, comme si ladite ville de Roüen ne deuoit plus auoir besoin de luy, mais exprés pour attendre quelque renfort, & enuoyer vers l'armee de sa Majesté, en laquelle il estimoit que les François ne demeureroient quand ils verroient que l'occasion de combattre seroit passee. Ce n'est vne des moindres parties d'vn Capitaine, de sçauoir prendre aduantage, & mesnager ceux qui luy arriuét, ~~& executer~~ ce qu'il entreprend. Ledit Duc de Parme estoit en cela tres diligent & soigneux, comme sont ordinairement ces vieux & experimentez Capitaines, de sorte qu'il s'estudioit plus à esuiter & refroidir l'ardeur & furie de nos François, qu'à les surmonter comme il fist paroistre deuant la ville de Cambray quand Monseigneur frere du Roy la secourut, mais non si heureusement qu'aux deux voyages de France, car au premier il ~~en~~ perdit ~~ledit~~ Cambray tout à faict, auec le temps qu'il y auoit employé deuant, & aux deux autres il sauua les villes de Paris & de Roüen à poinct nommé.

Ie croy bien que ce bon succés de Roüen fut cause en partye de la recherche que fist lors ledit sieur du Plessis, m'estant ~~apparu~~ exceü souuent tels conseils estre nez de pareille occasion, dont sa Majesté n'estoit pas mieux seruie, car ce qui se faict hors du téps, cóme en aduersité est attribué à ~~vne~~ impuissance & necessité, plustost qu'à prudence & bonne volonté, & partant n'est iamais si honorable ny vtille; toutesfois ledit Duc du Mayne estoit lors si mal mené des Espagnols, lesquels le pressoient

car en ce faisant il maintient sa reputation & souuent execute ce

plus que iamais de promettre la couronne à leur
Infante, & si incommodé de sa personne à cause de
son indisposition, qu'il me manda de bouche par
mon fils, & depuis par lettre escrite par ledit President Ianin, que luy & les Princes & Seigneurs qui
estoient auec luy, estoient disposez de recognoistre
le Roy, & traicter auec luy s'il vouloit estre Catholique, asseurer la religion & le party, & y proceder de bonne foy sans déguisement, mais qu'il ne
le pouuoit prier ny requerir par escrit public de
ce faire, depeur que les Espagnols soubs ce pretexte, ne se saisissent à l'instant de plusieurs bonnes
villes, esquelles ils auoient de grandes intelligences
& pratiques, à quoy l'on pouuoit mieux remedier si
rien n'en estoit sçeu iusques à l'entiere resolution;
outre plusieurs autres considerations, qu'ils se remettoient deuant les yeux assez cogneus d'vn chacun, adioustans estre l'office des Princes qui estoient auprés de sa Majesté de faire cette poursuitte, & de l'esclaircir de son intention, offrant de
donner toute l'asseurance qu'ils pourroient desirer, & recognoistre sadicte Majesté se faisant Catholique, me priant d'en conferer auec Monsieur
de Neuers ou autre ayant pouuoir, & qu'ils en
donneroient leur foy, pourueu que dans peu de
iours ils en eussent la resolution, ou bien de traitter
auec vn Prince de la maison de Bourbon, si ledit
Roy persistoit en son erreur : par la mesme lettre ledit President m'aduertissoit de la promotion au
pontificat de la personne du Cardinal Aldobrandin Florentin, de la prudence duquel il disoit que
l'on

l'on pouuoit attendre vn grand secours pour la pacification de nos troubles: toutesfois il protestoit que nostre mal ne pouuoit plus attendre son remede, par ce que les Espagnols pressoient merueilleusement ledit Duc & les autres Princes & Seigneurs qui estoient auec luy, de leur dire leur resolution, auãt que de se separer, & qu'il estoit à craindre estant separez, que chacun traittast à part auec eux, aux conditions qui regardoient le proffit particulier & la ruine publique, proposant sur ce vne surseance d'armes, pour cinq ou six mois affin d'obuier à tous inconueniens.

CESTE lettre fut escrite par ledit President Iannin au commencement du mois de Mars, & deuant qu'il eust receu celle, par laquelle ie luy auois donné aduis des propos que ledit sieur du Plessis auoit tenu à mon beau-frere: il m'enuoya aussi certains articles d'vn traicté que ledit Duc de Mayenne auoit desia faict proposer ausdits Espagnols, dont ie fus en grand' peine, encores que ledit President me mandast qu'ils n'auoient esté mis en auant que pour les amuser. Car par iceux on s'obligeoit d'eslire leur Infante à certaines conditions du tout indignes de nostre nation, & de trop foible & debille estoffe pour soustenir vn tel bastiment, dont ie feusse party à l'heure mesme, pour aller dire mon aduis audit Duc, comme il m'en pressoit, sans l'esperance que i'auois, de voir ledit sieur du Plessis. Partant ie me contentay de l'escrire audit President, lequel estoit tousiours tres-contraire au dessein desdits Espagnols, & croy certes qu'il ne faisoit rien

qu'il me seroit permis sur la despeche que i'en auois faite.

en cela qu'à bonne fin.

Monsieur, iamais negociation ne fut plus difficile à enfourner que celle cy de la paix, car chacun disoit la vouloir, mais personne ne vouloit faire ce qui estoit necessaire pour y paruenir: le Roy faisoit difficulté d'asseurer sa conuersion, & ledit Duc de traitter auec luy sans cette asseurance; c'estoit mettre sa Majesté en peyne voire l'offenser que de s'adresser aux Catholiques qui le suiuoient, & pour ce poinct; par ce que sa Majesté ne vouloit estre par eux pressee ny contrainte en sa conscience, de crainte que son refus les desbauchast & refroidist de son seruice, & ceux de sa religion deffendoient ou excusoient plustost ceste difficulté, qu'ils ne vouloient ayder à la surmonter: & n'y auoit pas moins de peine à persuader ledit Duc de se départir de cette demande, & se contenter de semondre sa Majesté de laditte conuersion, ou de remettre le tout au Pape, & cependant entrer en traicté auec sa Majesté pour deliurer le Royaume des estrangers & de la Guerre; cela estoit cause que aucuns i'ettoient les yeux sur les autres Princes de laditte maison de Bourbon, comme vn moyen tres propre entre ces deux difficultez, pour sauuer la religion & l'estat, & que d'autres excusoient aucunement ceux qui en vouloient prendre vn de la maison de Lorraine ou vn estranger. Mais, comme tout bien consideré l'on trouuoit autant ou plus de peril en ces deux derniers chemins qu'au premier, où souuent les desesperez tendent; l'on abandonnoit au temps & à la fortune, ou pour mieux dire au bon vouloir

difficultez voire d'impossibilitez à suiure l'un ou l'autre de ces deux derniers chemins, qu'au premier souuent d'esesperé, tenté & poursuiui,

de Dieu, le succeds des affaires.

Me trouuant en cette perplexité il aduint deuant le retour du trompette, par lequel i'auois enuoyé audit Président la despesche qui faisoit mention du sieur du Plessis, que le sieur de Lomenie fut prins & emmené à Pontoise où i'estois ; & comme ie sçauois qu'il approchoit de sa Majesté, ie luy voulus bien dire la peine en laquelle i'estois de la poursuitte des Espagnols, & qu'il n'y auoit plus personne qui y peust remedier que sa Majesté, parce qu'on m'auoit escrit que s'il luy plaisoit asseurer sa conuersion, il y auroit moyen d'asseurer sa recognoissance, comme ie m'offrois de faire plus particulierement entendre à Monsieur le Duc de Neuers en la presence de M. le Card. de Gondy, si sa Majesté l'auoit aggreable, lesquels i'estimois desirer le repos du Royaume, & y pouuoir grandement, mesmes à cause du credit que leurs parens auoient auec Monsieur le Duc de Florence, lequel l'on disoit deuoir auoir grande part auprès du nouueau Pape, sans l'ayde duquel ie cognoissois estre quasi impossible de composer les affaires, tant elles estoient embarassees & trauersees desdits Espagnols, & de leurs adherens: dequoy ie le priay d'aduertir sa Majesté, parce que ie ne sçauois s'il me seroit permis de voir ledit sieur du Plessis à cause de sa religion, & craignois que le mal deuint cependant incurable.

Sur ce propos sa Majesté despescha incontinent le sieur de la Verriere audit sieur Cardinal & à moy, pour nous faire aboucher, sans parler de M. de Neuers, nous donnant esperance d'embrasser les

Hh ij

conseils qui luy seroyent donnez, par lesquels elle pourroit auec honneur satisfaire au desir des Catholiques, & s'ayder de l'authorité & puissance de sa Sainéteté en ceste occasion. Quand & quand sa Majesté manda audit sieur du Plessis de ne se mettre en peyne de conferer auec moy, pour ce qu'elle auoit aduisé d'en donner la charge audit sieur Cardinal suiuant ce que ie luy auois mandé par ledit sieur de Lomenie, dont il ne fut pas content, craignant que ie refusasse de traitter auec luy, ou que d'autres eussent d'esgouté sa Majesté de l'employer en cette negotiation; car à la verité plusieurs catholiques en murmuroient; mais la difficulté ne procedoit de luy ny de moy qui sçauoix combien il importoit de negotier plustost auec personnes confidentes qu'auec d'autres, côme ie luy fis sçauoir par celuy qui m'auoit aduerty de son mescontentemét, & ie n'attendois que la response dudit Duc pour m'en resoudre.

MAIS ie fus cependant à Noisy où estoit ledit Card. de Gódy, duquel i'appris la charge que sa Majesté auoit donnee audit sieur de la Verriere, & le fondemét d'icelle, surquoy ledit sieur Card. & moy aduisasmes de faire proposer à sa Majesté qu'elle deuoit asseurer son intention à la religion catholique dedás vn temps prefix, afin de leuer l'opinion que plusieurs auoient qu'elle ne la mettoit en auant que pour amuser le monde; qu'elle declarast aussi son intention estre de se reunir à l'Eglise catholique par le moyen de laditte instruction, & eust aggreable que les catholiques qui l'assistoiét enuoyassét deuers le

Pape pour estre secouru de son bõ cõseil & authorité en ladicte instruction, & cependãt qu'il fust aduisé secrettement aux moyens d'asseurer la religion catholique & les communautez du party de la ligue, pour en vser soit apres ladicte conuersion ou deuãt, si l'on iugeoit qu'il fust besoin pour descharger tant plustost le Royaume du fardeau de la guerre par vne surseance d'armes ou autrement. Ledit de la Verriere porta à sa Maiesté ceste ouuerture, & i'en donnay aduis audit Duc du Mayne par vn hõme exprés.

A mon retour à Pontoise ie trouuay mon trompette auec la response dudit Duc, sur l'aduis que ie luy auois donné dudit sieur du Plessis par laquelle non seulement il me promettoit de voir & conferer auec luy, mais aussi l'asseurer qu'il estoit prest de recognoistre sa Maiesté & faire faire le semblable par ceux sur lesquels il auoit pouuoir, si elle vouloit donner asseurance de se faire catholique apres son instruction, offrant en ce cas de me donner pouuoir des à present de traicter des conditions & d'en tomber d'accord pour les obseruer & accomplir de bonne foy apres sa conuersion, & mesmes s'employer sous main enuers sa Saincteté pour la faciliter, suiuant ce qu'il m'auoit mandé & prié de dire, en quoy il persistoit auec ses amis, encores que le sieur de Giury eust depuis faict sçauoir à monsieur de la Chastre sur ce qu'il l'auoit prié de l'esclaircir, si sa Maiesté changeoit de religion, luy offrant en ce cas de la recognoistre, qu'il ne s'y falloit pas attendre, & que sa M. vouloit estre recogneuë & aprés se faire instruire; Ce que ledit President me manda auoir fort

Hh iij

refroidy nos Princes : toutesfois il esperoit que sa Maiesté se reduiroit, ou croiroit qu'il n'auoit dit son secret audit sieur de Giury; sur tout ledit President me recommandoit de la part dudit Duc, le secret de ceste entreueuë & negociation pour les raisons susdittes, & pource que i'auois demandé vne lettre escritte de la main dudit Duc pour ma descharge, il me promettoit par la sienne de me l'enuoyer, comme il fit, & la receus depuis par les mains dudit sieur de la Chastre.

M. le Duc de Neuers qui auoit desiré & failly de me voir allant à Compiegne, me faisoit escrire tous les iours qu'il n'y faudroit, s'en retournant, me pria de m'y disposer m'asseurant que nostre entreueuë ne seroit inutile au public, & me mandoit que vous y assisteriez, ensemble Messieurs le Cardinal de Gondy, l'Euesque du Mans & de Rambouillet, & croy qu'il faisoit estat que ce seroit en vostre maison, dont ie me resiouyssois, ne pouuant esperer que tout bien d'vne telle assemblee, toutesfois ceux qui voyoient ledit sieur du Plessis me manderent que sa Maiesté ne vouloit point que ie visse ledit Duc, dequoy i'estois en grande peine : car d'vn costé ie ne voulois desplaire à sa Maiesté, et d'autre ie ne desirois manquer audit Duc, n'y à vne telle compagnie, dauantage ie ne voulois descouurir audit Duc la ialousie que ie cognoissois que l'on auoit de luy, de peur de broüiller le monde : encores il aduint que le retour d'iceluy, & le iour qu'il me manda l'aller trouuer, se rencontrerent au iour que ie receus ladite depesche de Monſieur du Mayne & que ie deuois aller trouuer ledit ſieur du Pleſſis: ſurquoy ie pris party de voir ledit ſieur du Pleſſis le premier, pour apres me conduire enuers ledit Duc, ſelon que ie ferois auec luy.

LEDIT ſieur du Pleſſis ſe rendoit à Buy où ie le fus trouuer ſoubs pretexte de viſite: ie luy dis les propos que i'auois tenus au ſieur de Loménie, ce que le Roy m'auoit mandé par le ſieur de la Verriere, l'aduis que Monſieur le Cardinal de Gondy & moy auions donné à ſa Maieſté, & & audit Duc du Mayne, & ce que ledit Preſident Ianin m'auoit eſcrit de la bonne volonté & inclination d'iceluy Duc, & des autres Princes de ſa maiſon à la paix, de laquelle ils eſtoient d'aduis que ie traictaſſe auec luy, parce qu'ils s'aſſeuroient qu'eſtant ſeruiteur tres-affectionné de ſa Maieſté, & tres aduiſé, il y feroit ſon poſſible: toutesfois ie luy dis que ledit Duc m'auoit faict eſcrire qu'il ne pouuoit traicter auec ſa Maieſté qu'elle ne me donnaſt des à preſent aſſeurance de changer de religion apres ſon inſtruction, mais qu'il eſtoit preſt de traicter auec elle de bonne foy, ſatisfaiſant à ce poinct, qu'il eſtoit donc au pouuoir de ſa Maieſté de faire ceſſer la guerre en ce Royaume, & de ſe faire recognoiſtre d'vn chacun, que ce faiſant elle renuerſeroit les menees des eſtrangers, qui eſtoient fort grandes & aduancees, elle contenteroit les Catholiques qui de part & d'autre murmuroient quaſi egalemét de la perſeuerāce de ſon opinion, & ſauueroit la corōne. Il me respondit que sa Maiesté estoit toute disposée & persuadée à la paix, qu'il n'en falloit point douter, et qu'il n'estoit question que de l'acchepter & payer *au pris* de son ~~propre~~ sang, elle en seroit tres-liberalle, non pour crainte de ses ennemis, mais pour la compassion ~~qu'il auoit~~ *quelle* auoit de ses suiects, toutesfois qu'il estoit Prince craignant Dieu & tres-ialoux de sa reputation, partant difficile à forcer en sa conscience, & à luy faire faire chose indigne de luy, comme il luy sembloit que seroit ceste parolle d'asseurance que l'on vouloit qu'il donnast presentement du changement de sa religion. Car ce seroit faire trop bon marché de l'vne & de l'autre, que de faire vne telle promesse deuant que d'estre instruit & bien informé & esclaircy s'il erroit ou non en la religion de laquelle il faisoit profession ; que cela sentiroit plustost son atheiste que son Catholique, & qu'il ne faisoit aucune difference entre aller à la messe du soir au lendemain sans Instruction, & de le promettre dés à present, ~~deuant~~ *apres icelle*, ne sçachant encores quel effect elle feroit en sa conscience ; que si ledit Duc s'aheurtoit à cela non seulement il ne vouloir la paix, mais cuidoit on ce faisant troubler sa Maiesté auec ses seruiteurs, à quoy toutesfois il luy seroit facile de remedier, mais qu'il approuuoit & loüoit grandement ~~ceste~~ ouuerture que ledit sieur Cardinal de Gódy & moy auions faicte, laquelle il m'asseuroit que le Roy accepteroit, partant qu'il n'estoit plus question que de sçauoir si ledit Duc en feroit autant, dont il luy sembloit qu'il en falloit attendre la responce deuant que de passer plus outre en ceste negociation,

pour

pour laquelle il feroit ce qu'vn gentil-homme de- d'honneur
uoit faire, quand ce ne feroit que pour confondre
ceux qui l'accufoient de ne defirer la paix. Son aduis me fembla tres bon, partant nous prifmes
refolution de nous reuoir apres la reception de
laditte refponfe: mais apres auoir entendu les
raifons pour lefquelles ie defirois voir monfieur
de Neuers, non feulement il les approuua, mais
iugea qu'il eſtoit neceſſaire, pour le feruice de fa
Maiefté, que ie fiſſe ce voyage & m'en pria.
Au moyen dequoy ie m'y acheminay dés le lendemain, & fus coucher en voſtre maifon, de laquelle ie trouuay ledit Duc party, de forte que
ie fus contrainct de paſſer iufques à Montfort.
Monfieur, il vous pleut me dire les fages propos que vous auoit tenus ce Prince, les difcours
qui s'eſtoient paſſez entre luy & ledit fieur Cardinal de Gondy & vous, dont ie fus grandement confolé, comme en verité ie fus de le voir:
de fa grace il me receut humainement, il auoit faict
prouifion de raifons pour me perfuader à la paix,
fondees principalement fur le befoing que la
religion & la France en auoient, & l'aduantage
que monfieur le Duc de Mayenne & ceux qui l'af-
fiſtoient en tireroient; mais il trouua que i'eſtois
tout perfuadé, & que ie n'auois befoin finon qu'on
m'addreſſaſt vn chemin propre pour y arriuer:
fur cela nous difcourumes des difficultez, & luy
propofay l'expedient que ledit fieur Cardinal &
moy auions ouuert, lequel ie luy dis que le fieur
du Pleſſis m'auoit aſſeuré que fa Maiefté approu-

Ii

ueroit : & mesmes me pria, sçachant que ie le voulois voir, d'en conferer auec luy, dont il fut trescontent, comme ils luy vouloient escrire par vne lettre dont il chargea le sieur de Fleury. En verité il se tint tres-entier au seruice de sa Maiesté, blasmant les conseils de ceux qui proposoient vn tiers moyen pour sortir d'affaires, dont il soustenoit que l'on ne pouuoit venir à bout que par le moyen de la conuersion de sa Maiesté, faicte toutesfois dignement : par ainsi ie le laissay peut estre plus satisfaict de la Cour, qu'il n'auoit peut estre, en partant d'icelle, contre l'opinion de ceux qui iugeant de la volonté d'autruy par la leur n'auoient desiré que ie le visse, comme ie vous dis ropassant exprés de vostre maison, où i'eus le bien de vous voir, comme ie fis le mesme iour ledit sieur Cardinal de Gondy, lequel deslors ie suppliay d'entreprendre le voyage de Rome, puisque sa Maiesté l'approuuoit, afin de representer à sa Saincteté l'estat veritable de la France, & le besoing extreme que la religion auoit, qu'elle interposast son authorité & prudence pour faire cesser la guerre, que l'ambition & malice Espagnolle y nourrissoit auec trop d'imprudence & de foiblesse pour prosperer, & esperant que ledit Duc de Mayenne n'auroit moins agreable que sa Maiesté prist ceste charge, veu que ledit President Ianin m'auoit desia escrit qu'il estoit desliberé de fauoriser soubs main enuers sa Saincteté l'instruction & conuersion de sa Maiesté si elle s'y vouuloit disposer : & comme ledit sieur Cardinal

a touſiours affectionné le bien public, il me donna
eſperance d'entreprendre volontiers le voyage, ſi
ſa Maieſté & ledit Duc luy faiſoient paroiſtre de le
deſirer.

PARTANT eſtant retourné à Pontoiſe, ie depeſchay vers ledit Duc le ſieur de Caſtelnau qui commandoit en laditte ville en l'abſence de mon fils pour la fiance que i'auois en luy, exprés pour l'aduertir de l'ouuerture que ledit ſieur Cardinal & moy auions aduiſé de faire, pour donner acheminement aux affaires de l'aſſeurance que ledit ſieur du Pleſſis m'auoit donnee de la volonté de ſa Maieſté, des propos que Monſieur de Neuers m'auoit tenus, de la deliberation d'aller à Rome dudit ſieur Cardinal s'il l'auoit aggreable, & de mon aduis ſur le tout: & comme il me ſembloit qu'il ne deuoit inſiſter dauantage ſur l'aſſeurance qu'il auoit demandee que ſa Maieſté donnaſt dés à preſent de ſa conuerſion, puis qu'elle s'en excuſoit ſur ſa conſcience, laquelle il n'eſtoit honneſte ny ſeur pour la religion de violenter, mais qu'il deuoit ſe contenter qu'elle ſe ſoubmiſt d'eſtre inſtruitte de l'authorité du ſainct Pere à la pourſuitte des Catholiques qui l'aſſiſtoient, d'autant qu'il falloit eſperer que Dieu ne l'airoit l'ouurage imparfaict eſtant vne fois acheminé; & quand par la faute de ſa Maieſté il en arriueroit autrement, que ce ſeroit par ſa *honte* faute & ſon dommage, au contraire l'honneur & la iuſtification des armes dudit Duc, lequel en tout cas ne pouuoit errer, aduenant qu'on ſe remiſt à ſa ſainteté & au ſainct ſiege du poinct de la religion, dont il estoit le premier iuge & principal tribunal, qu'il falloit seulement aduiser aux moyens de faire cependant cesser la guerre, afin de pouuoir conduire toutes choses comme il conuenoit, & en soulageant le peuple tirer le Royaume du peril auquel les estrangers s'efforçoient de le precipiter : qu'apres sa responfe sur laditte proposition, i'en ferois ouuerture & instance audit sieur du Plessis s'il auoit agreable, & mettrois peine d'esbaucher les affaires, en attendant que l'on y emploiast d'autres qui eussent les espaules plus fortes que ie n'auois pour ce fardeau, lequel ie recognoissois trop lourd pour ma portee, le suppliant donc me r'enuoyer en diligence ledit sieur de Castelnau auec son intention. Toutesfois il me le r'enuoya deux ou trois iours apres sans responfe à tout ce que dessus, sous pretexte du besoing qu'il disoit auoir de faire aduancer mon fils auec sa garnison pour l'accompagner au dernier secours que le Duc de Parme & luy vouloient donner à Roüen : Mais le President Ianin m'escriuit par luy qu'il m'enuoyroit la responfe dans quatre iours. En verité ledit Duc ne pensoit alors qu'à secourir laditte ville & à ne perdre l'occasion de la foiblesse de l'armee de sa Maiesté, dont il estoit bien aduerty ; il estoit aussi si mal de sa personne, qu'il ne pouuoit bonnement entendre aux affaires; Comme ie sceus de M. de la Chastre qui vint passer en ce temps par Pontoise s'en retournant en son Gouuernement, lequel i'auois prié m'asseurer

il auoit

derechef de son intention à la paix & qu'il estoit prest de faire traitter secrettemét les conditions d'icelles auec sa Majesté moyennant la susditte promesse & asseurance de sa conuersion, mais non autrement pour les raisons predites, & m'apporta la lettre dudit Duc escrite de sa main, portant pouuoir de conferer auec ledit sieur du Plessis, de laquelle i'ay faict mention cy deuant : toutessois par ce que ledit Duc n'auoit encores receu la despesche que ie luy auois faicte par ledit sieur de Castelnau, quand ledit sieur de la Chastre s'estoit separé de luy, ie ne prins ce qu'il me manda par luy pour sa derniere resolution.

LE sieur de Vitry estant party du camp enuiron ce temps, vit sa Majesté à Gisors ou és enuirons, à laquelle le bruit courut qu'il auoit demandé vn passeport pour luy & ledit sieur de la Chastre & moy, comme si Monsieur du Mayne luy eust dóné charge de me prendre à Pontoise & mener auec luy deuers sa Majesté, m'enuoya ledit passeport; & toutessois ledit sieur de la Chastre m'asseura n'auoir eu ceste commission, aussi passa-il à Paris dés le lendemain. Ce bruit qui courut par tout incontinent apresta à parler à plusieurs du mescontentement de sa Majesté, & du desplaisir à ceux qui desiroient la paix, & mesmes offença & mit en peine ledit Duc de Mayenne à cause desdits Espagnols.

MONSIEVR, plusieurs ce sont faicts de feste en cet affaire qui n'auoient aucun pouuoir de ce faire, dont l'on a faict plus souuent de compte que des autres, pour ce qu'ils s'estudioient plus à complaire à ceux ausquels ils s'adreſſoient, qu'à dire la verité & deſcouurir la playe, choſe qui a auſſi ſouuent nuy au public, & à ceux qui de bonne foy ſes'forçoient de ſeruir : car on meſpriſoit leur aduis & attribuoit on à art & malice leurs pourſuittes, conſeils, & actions, dequoy ſe ſont grandement ſeruis les ennemys du Royaume qui n'eſtoient en petit nombre de part & d'autre, & a eſté beſoin à ceux qui s'entremettoient de la paix, faire prouiſion de conſtance & de patience, pour conſeruer iuſques à la fin : ce que ie ne dis tant pour ledit ſieur de Vitry que pour d'autres qui s'y ſont bien embarquez plus auant que luy, & qui toutesfois n'y apportoient l'affection qu'il a touſiours faict : car comme gentilhomme vrayement François il a touſiours deſiré & affectionné le bien & le repos du Royaume, encore qu'il ne fuſt des plus mal dreſſez et apointez à la guerre, comme celuy qui gaignoit bien ſes deſpens.

IE fus en grande peine de la reſponſe dudit Duc, à la depeſche que luy auoit portée ledit ſieur de Caſtelnau, parce qu'elle tarda à venir, dont ie ſçauois que ledit ſieur du Pleſſis ſe plaignoit, & que l'on commençoit à me blaſmer, comme ſi i'en euſſe eſté cauſe, & ne ſçauois à qui m'en prendre, eſtimant que ledit Duc n'auoit approuué noſtre ouuerture, & qu'il tardoit laditte reſponce exprés pour me deſguiſer ſon intention : mais à la fin nous ſceuſmes que ce retardemét eſtoit venu de la faute d'vn lacquais de Monſieur de Grammont, auquel ledit Preſident Ianin auoit baillé à porter laditte response pour m'estre plus seurement renduë, par ce qu'il auoit vn passeport de sa Majesté, & toutesfois ledit lacquais nous dit qu'en passant par Pontoise, ayant rencontré des coureurs & recogneu la lettre du President Ianin escrite en chiffre, il l'auoit rompuë & iettée craignant d'estre surpris auec icelle, dont i'aduertis soudain ledit President, lequel m'enuoya incontinent vn autre double d'icelle. L'original auoit esté escrit dés le 14. Auril, & toutesfois ie n'en receus la copie que le 25. laquelle estoit accompagnee d'vne autre lettre dudit President du 22. dudit mois. Desia Roüen auoit esté secouru, sa Majesté ayant esté contrainte faire place au Duc de Parme, pour auoir esté surpris, & son armee estant trop foible pour combattre, & combien que sa Majesté ne tardast gueres à se r'aprocher dudit Duc le pressant grandement de venir aux mains, & que plusieurs estimassent, qu'il ne s'en pouuoit desdire, d'autant que sa Majesté l'auroit acculé, contre la riuiere de Seine à Caudebec, où elle est tres large & difficile à passer à cause du flux de la mer qui y vient, toutesfois il s'en desmesla, honnestement, par le moyen d'vn pont composé de plusieurs grāds batteaux liez ensemble, qu'il dressa auprés dudit Caudebec, sur lequel l'on passoit prés de trois cens hommes à cheual à chacune fois, conduis auec des cordages & voiles assez industriusemēt, & deslogea vn matin auec des forces qu'il auoit retenuës prés de luy, & eurent bien tost gaigné Roüen, sans aucunement séiourner, encore qu'il fust blessé d'vne arquebusade receuë deuant ladite ville de Cau-

a Caudebec

assez

debec qu'il auoit assiegee & prise, apres qu'il eut secouru Rouen il se rendit à Paris a si grande traicte que sa Majesté ne le peut ioindre: Monsr, il ne passa loing de vostre maison où vous estiez, partant vous sçauez qu'elle diligence il fit.

OR la responce dudit Duc fut escritte au nom dudit President Ianin, & portoit qu'il auoit veu & faict voir & considerer à M. du Mayne mes lettres, les raisons y contenuës, & les moyens qui y estoiét representez, pour traitter, qu'il ne pouuoit plus reietter le remede qui venoit d'Espagne, qu'il craignoit plus que tout autre mal qui peut arriuer; que ledit Duc luy auoit donné charge de m'escrire qu'il estoit tousiours disposé de traitter auec le Roy qu'il nommoit de Nauarre, en auoit Conferé auec M. de la Chastre pour me dire, & chercher auec moy les moyens plus propres pour y paruenir: vray est que lors pour fondement dudit traitté, il vouloit estre du tout asseuré de la conuersion de sa Majesté, & neantmoins ie leur auois mandé qu'il n'en pouuoit rien promettre auec certitude auant son instruction; qu'ils iugeoient bien qu'en ce faisant, sa conuersion pourroit estre suspecte, & qu'il y auoit plus d'asseurance pour la religion demeurant huguenot que s'il se dissimuloit: mais aussi qu'ils auoient crainte que s'ils estoient contraints de traitter ou faire surseance d'armes auec sa Majesté, ne changeant point de religion, que plusieurs prinssent le party d'Espagne, qu'il falloit maintenant regarder si les moyens que i'auois proposez les pouuoyent garantir de cet inconuenient: le principal sur lequel

quel ledit sieur du Mayne s'arrestoit estoit, que secrettement l'on fust d'accord des asseurances, tant pour la religion & pour le party, que pour luy & ceux de sa maison : cela estant arresté par vn traitté fort secret, l'on pouuoit ~~assez~~ conduire le reste fort aysement, qu'il falloit lors commencer non par vne declaration ouuerte de la paix, de crainte que le Pape qui n'en auoit eu communication n'en fust offensé, ensemble plusieurs de leurs amis qui estoient esloignez & le Roy d'Espagne mesme, n'eust trop d'occasion de se plaindre, & faire le pis qu'il pourroit parmy eux, mais ~~pour~~ vne surseance d'armes pour le reste de l'annee, ou pour six mois seulement, aux conditions que chacun demeurast sous son party : cependant que les Catholiques qui estoient auec sa Majesté enuoiroyent si bon leur sembloit, (comme il estoit du tout necessaire ainsi qu'il estoit porté par l'aduis que ie luy auois donné) deuers le Pape, pour l'exciter à trouuer bonne l'instruction que desiroit sa Majesté & y apporter son authorité, que de leur part ils y pourroient enuoyer aussi, soubs pretexte de luy faire entendre les raisons qui les auoient meus à faire laditte treue ; & là dessus luy representer le miserable estat du Royaume, les desseins qui se preparoient pour le ruiner, & disposer sa Saincteté par raisons de receuoir sa Majesté si elle vouloit se reconcilier à l'Eglise, comme le moyen plus propre pour conseruer ~~la religion~~ ; faire aussi que sa Saincteté interposast son authorité enuers le Roy d'Espagne pour luy faire approuuer ce conseil, & enuoyer à cet effect deuers

K k

apres ,1

MEMOIRES DE MONSIEVR
luy en ce Royaume quelques Cardinaux sages & bien instruicts de son intention, pour moyenner le bien de toute la Chrestienté ; qu'il feroit en mesme temps tous efforts enuers les Espagnols, & les estats, (il entendoit ceux du party que l'on vouloit assembler) pour y disposer vn chacun, ce qu'ils esperoient obtenir, car ils feroient trouuer à l'assemblee non seulement les deputez, dont il y en auoit plusieurs de mal choisis, mais le plus grand nombre d'hommes de qualité qu'ils pourroient trouuer, comme Monsieur de Lyon qui estoit mandé instamment, Monsieur de Rieux, Monsieur Senecey qui estoit desia là, & Monsieur le Cardinal auquel on auoit escrit, & qui auoit promis d'y venir, lesquels sans doubte s'accommoderoient à tout quand ils auroient entendu mes raisons. Ce qui estoit donc expedient de faire en diligence, estoit que ie conferasse pour aduiser aux moyens des seuretez pour la religion & pour le party, & que y ayant de l'incertitude sur la conuersion de sa Majesté elle deuoit estre donée plus grandes, mesmes pour le party, que sa Majesté ny ses seruiteurs ne deuoient estre de leur part retenus en cela, que l'on ne persuaderoit iamais à ces Princes de traitter, s'ils ne voyoient deuoir estre mis en estat de ne pouuoir estre aisémét ruinez, de crainte qu'ayát posé les armes ils peussent iamais faire entreprinse, s'il n'y auoit point d'apparence, parce que personne apres tant de miseres n'y seroit plus disposé, que lesdites asseurances pouuoient estre des places des gouuernemens qu'ils tenoient, de ne

[marginalia: Lisieux]

mettre point des garnisons aux villes qui auoient suiuy le party, & autres que ie pouuois bien considerer, entre lesquelles ils mettoient l'interuention du Pape, dudit Roy d'Espagne, & autres Princes leurs amis: Pour le particulier dudit Duc qu'il en auoit souuent discouru, *auec moi* & qu'il voyoit qu'il pouuoit interrompre ce bon œuure, & apporter peut-estre du changement en la volonté des vns & des autres, s'estoit, que l'on vouloit aller ~~voir~~ promptement vers Roüen & faire leuer le siege, ou combattre, & par ce moyen auec quelque raisonnable subiect & vtilité se mettre en plus grand espoir de repos, *l'ence faisant l'on ne vouloit vser d'aucune remise: qu'aiant parlé d'une surseance d'armes pour faire leuer le siege sans peril, &* l'on auoit respondu que quinze iours de temps se coulleroient pour le moins, auāt que d'en pouuoir estre d'accord, & que peut-estre au bout du temps *elle* ne se feroit point, & ce pendant auec ce loisir sa Majesté se pourroit fortifier de toutes ses garnisons; où lors ils auroient de l'aduantage, que ledit Duc de Parme disoit ne vouloir perdre ayant pris vne entiere resolution de combattre, laquelle il croyoit veritablement plus qu'il n'auoit iamais faict: que l'on s'estoit aussi souuenu de la tresue que sa Majesté auoit faict proposer apres le siege de Paris leué, lors qu'elle pensoit que ledit Duc de Parme d'eust faire seiour en France, & qu'elle auoit changé d'aduis, tout aussi-tost qu'elle auoit esté aduertie qu'il vouloit sortir; qu'elle en pouuoit bien faire autant maintenant fortifiée par le temps, & se seruir d'vn tel aduantage, pour prendre Roüen, qu'il n'y auoit que respondre à telles raisons, que peut-estre le siege de Roüen se leueroit sans combattre, & quand l'on seroit prés les vns des autres chacun pour se racheter de peril se disposeroit à la surseance, que s'ils en voyoient l'occasion ils ne la perdroient.

MAIS quoy qu'il arriuast, il suffisoit pour maintenant qu'ils auoient retardé le traitté desdits Espagnols, que i'eusse à m'esclaircir des moyens pour asseurer la religion & le party, & donner contentement audit Duc de Mayenne, & à ceux de la maison, qu'ils assembleroient le plus grand nombre de gens qu'ils pourroient, & croyoient que malgré tous ceux qui auoient mauuaise intention ils prendroient quelque bon conseil. Que si Mósieur le Cardinal de Gondy qui estoit sage & de grand iugement auançoit cependãt son voyage à Rome, ce seroit tousiours pour le mieux ; qu'ils y despescheroient des *Postes* en attendant qu'ils y enuoyassent *quelqu'un* d'authorité ; qu'ils l'instruiroient bien, pour seruir en ce que ledit Duc luy auoit donné charge de m'escrire pour ce regard. Quand à ce que l'on luy auoit mandé du mariage de Monsieur le Comte de Soissons, & du peu d'intelligéce qu'on disoit estre entre sa Majesté & luy, si sa Majesté ne se vouloit faire Catholique, ils estimoient que c'estoit vn remede subsidiaire, duquel sa Majesté se *vouloit* seruir, secrettement pour les affoiblir & rompre les desseins qui se proposoient, & mesme celuy de Monsieur de Guyse, dont le temps les esclairciroit, qu'il ne se vouloit opiniastrer contre ceux qui auoient plus de iugement que luy. Mais qu'il continuoit à dire auec plusieurs autres qui estoient de cét aduis, que les Princes du sang ioincts ensemble auec les Catholiques saueroient la religion & l'estat auec honneur & seureté par tout, & que pour vn si bon effect il luy sembloit qu'on ne luy deuoit refu- /leur ser aucunes villes ny autres conditions qu'ils voudroient demander auec raison.

Monsievr, ce sont les propres termes de la lettre dudit President escritte à Noyon le 14. iour d'Auril que i'ay voulu vous representer, pour auoir esté le fondement sur lequel fut bastie la negociation que ie fis depuis, à quoy i'adiousteray ʌ son au- ʌ encores tre lettre du 22. escritte à Roüen qui accompagnoit le duplicata.

Il me mandoit par icelle qu'il m'auoit enuoyé l'original de laditte responce par le laquais du sieur de Grandmont, comme estimant le moyen plus seur qu'aucun autre parce qu'il auoit vn passeport, & que les lettres qui s'addressoient à moy deuoient à son aduis passer sans soupçon: qu'il auoit grand desplaisir de ceste faute, laquelle il eust plustost reparee s'il en eust esté aduerty, iugeant assez que pour le public & pour mon particulier vn retardement estoit domageable, & suiet à mauuaise interpretatiō, me priāt de ne l'imputer à luy, ny à M. du Mayne qui auoit creu qu'il y auoit plus de seureté en ce laquais, qu'en toute autre personne qui m'eust peu m'enuoyer: que Roüen auoit esté secouru depuis sans combat selon son desir, qu'ils auoient bien sceu aussi que les forces du party contraire estoient inegalles aux leurs; quoy qu'on leur eust mandé de diuers endroicts, & que le Roy estoit trop sage & bien conseillé pour

Kk iij

tenter le hasard foible : que s'ils eussent temporisé, il y eust eu plus de difficulté : que les affaires estoient maintenant en estat pour en deliberer auec loisir pour y prendre bonne resolution, que M. de Mayéne auoit des irresolutions, mais croyoit que fortifié de bons conseils il suiuroit tousiours celuy que nous iugerions le meilleur : le principal estoit qu'il y eust des gens de bien en ceste assemblee que l'on vouloit faire, laquelle estoit fort pressee des Espagnols, & desiree du Duc sans remise, pourueu que l'on y peust auoir des gens de qualité. Que M. de la Chastre luy auoit doné aduis de nostre conferéce, & comment à Paris l'on tenoit que M. le Cõte de Soissons se deuoit separer du Roy, que plusieurs catholiques se ioindroiét auec luy, & mesmes que le Roy d'Espagne luy auoit desia donné vne somme d'argent pour faire la guerre aux huguenots, que le mesme aduis luy auoit encores esté doné d'autres endroits, que ledit sieur de la Chastre luy escriuoit que cela pourroit beaucoup faire de desseruir à M. de Mayéne, & pour son regard il estimoit qu'il pourroit bié diminuer son authorité, mais aussi qu'ils asseuroiẽt le party des catholiques, & seroit cause indubitablement si nous estions bien sages, de la ruine des huguenots : toutesfois que ledit sieur du Mayne auoit grãde occasion de se plaindre du Roy d'Espagne, s'il estoit vray qu'il eust dressé ceste partie, ses ministres ayãt tousiours reietté les ouuertures qui leur auoient esté faictes pour ceux de ceste maisõ là, pour maintenãt les rechercher à leur desceu, qu'il recognoissoit que plusieurs catholiques se lassoiẽt de sa M. & encores du dessein auquel on craignoit qu'ils fussent côtraincts de se precipiter, qu'il preuoyoit quoy que l'on dit de la foiblesse de ceste maison de Bourbon, qu'ils seroient à la fin les mieux suiuis de tous, qu'il ne laissoit toutesfois de preferer mon iugemét au sien, partát me prioit donc de le réter & coferer secrettement, & preparer la matiere en attendát ladite assemblee, qui seroit sans delay dás la fin du mois de May, pour resoudre, moyennát la grace de Dieu, tout ce que les gens de bien trouuerroiét le meilleur, & que de leur costé il feroit ce qu'il m'auoit mandé, par la precedéte lettre, de laquelle il m'enuoyoit le double par le porteur d'icelle. Que l'on auoit fort publié en l'armee de sa M. le traicté qui se faisoit auec moy, & que M. d'Antragues en auoit escrit vne lettre à vn sié amy, qui estoit tôbec és mains de madame de Guise qui l'auoit enuoyee audit Duc de Parme, pour le mettre en soupçon de M. du Mayne, que s'estoient artifices qui ne valloient rien, qui nuisoiét à tous & ne seruoiét à personne. Que sa M. auoit dit à plusieurs & mesmes au commandeur de la Rommaigne qu'on luy parloit tous les iours de la paix, & que s'estoit pour le tromper, qu'il m'asseuroit que M. du Mayne estoit esloigné de tous ces artifices, & qu'il n'en vouloit point vser à mes despens, ny tous y participer pour chose du monde, mesmes à mon preiudice, qu'il prioit Dieu seulement que nous puissiós aussi bien faire qu'il estoit asseuré que luy & moy en auions bonne volóté; que leur armee deuoit attaquer Caudebec pour faire entrer des viures dans Roüen auec plus de facilité, que le Card. de Plaisáce estoit en ladite ville, lequel il n'auoit point veu, mais auoit sceu que só aduis estoit de choisir l'infáte pour

Royne, & la marier auec Monsieur de Guise, que les Espagnols vouloient le premier, & non le dernier, & non pas auec autres Princes François, s'ils en estoient creus, chose toutesfois qu'ils ne se deuoient promettre; qu'il confereroit auec ledit sieur Cardinal, mais qu'il croioit qu'il n'y feroit rien, qu'il l'auoit desia faict auec monsieur Bernard deputé de Bourgongne, lequel auoit beaucoup de creance auec les autres deputez, ce qu'il estimoit auoir faict auec plus de fruict.

CETTE derniere lettre me sembloit plus froide que la precedente, elle estoit faicte aussi depuis auoir secouru Roüen, les bons & mauuais succeds ayant souuent changé, non seulement nos conceptions mais aussi nos parolles, tesmoignage tres-certain & manifeste du fonds de nos intentions: toutesfois ie ne voulus laisser de voir ledit sieur du Plessis apres la reception desdittes lettres, ce fut le lendemain audit Bussy, auec lequel ie ne voulus vser d'autre ceremonie, que de luy faire lire les mesmes lettres que i'auois receuës, excepté seulement l'aduis qui faisoit mention dudit sieur d'Antragues, afin qu'il vist aussi clair que moy, que luy mesme iugeast quel estat nous en deuions faire, pour faciliter ce que nous desirons tant: il fit demonstration de se contenter desdittes lettres, voyant qu'on me donnoit charge par icelles d'entrer dés à present en conference des moyens d'asseurer la religion, le party & les particuliers, sans plus remettre les choses apres la conuersion de sa Maiesté, comme on auoit tousiours faict, qui estoit ce à quoy il auoit tousiours aspiré & n'a-

et qu'il avisast ce qu'il falloit faire

uoit

uoit encores peu paruenir, partant il m'asseura que le voyage de Rome se feroit, que sa M. feroit son deuoir pour contenter le Pape, & qu'elle aduanceroit son instruction de façon que l'on en verroit bientost les effects, mais insistoit d'auancer aussi le faict desdites seuretez, dont il estoit d'aduis que l'on fut resolu mesme deuāt ceste asseblee que l'on deuoit faire, disant qu'autremēt il n'en pouuoit biē esperer, approuuant neantmoins que le tout fust tenu secret, cōme le desireroit ledit Duc & sur ce me pressa & cōiura de m'enuoyer des conditions generalles & particulieres afin de gaigner le tēps : mais ie m'en excusay luy disant, que i'en estois mal informé, qu'il en sçauoit autant que moy, puis qu'il auoit sceu ce que l'on m'en auoit escrit, & aussi que ie ne voulois seul entreprendre ce faict qui estoit trop espineux & embarrassé, partāt qu'il eust patiéce que ie fusse assisté de quelqu'vn mieux instruit des pretētions dudit Duc: d'ailleurs l'on me recōmandoit tant le secret en ceste negotiation, que quād ie me voudrois emāciper d'y entendre plus auant, ie desirerois qu'il me donnast la foy & parolle du Roy pour ce regard, sçachant cōme on en vsoit ordinairement à la Cour, & que si ie pouuois bien faire au public, ie ne voulois au moins nuire au particulier dudit Duc, ny luy dōner occasiō de se plaindre de moy mesme, voyant qu'il se plaignoit desia par la derniere lettre dudit President, que l'on en auoit dōné aduis à madame de Guise, sans toutes-fois nommer l'autheur, & que sa Maiesté mesme l'auʃoit dit au commandeur de la Romaigne.

LEDIT sieur du Plessis me dit qu'il ne me donnoit ceste parolle sans vn expres commandement de sa Maiesté, mais qu'il luy en escriroit & qu'apres sa response il me manderoit ce qu'il pourroit faire, & moy me resoudrois aussi de ce que i'aurois à faire pour le mieux.

MONSIEVR, i'auois telle enuie d'acheminer ceste negotiation, & y engager ces Princes, que ie me resolus si ledit sieur du Plessis me donnoit la foy de sa Maiesté, d'y tenir ce fait secret, d'entrer en matiere, mais de le faire comme de moy-mesme, & sans y obliger ledit Duc, esperant que ledit sieur du Plessis ne faudroit, comme tres-aduisé, de me donner moyen par ses responses de contenter ledit Duc, ioint que ie craignois perdant ceste occasion de ne m'estre à l'aduenir permis d'en vser.

PARTANT si tost que ledit sieur du Plessis m'eut asseuré de la parolle de sa Maiesté, ie mis en auant comme de moy-mesme & sans escrire les articles qui s'ensuiuent. Ie demanday que l'instruction du Roy fust asseuree, & qu'il fit telle declaration de son intention & desir sur sa conuersion à l'Eglise Catholique Apostolique & Romaine, que chacun eust occasion d'en esperer contentement: que l'exercice de la religion Catholique fust restably où il auoit esté discontinué, & laditte religion conseruee & maintenuë & entretenuë par tout en son entier, & les Ecclesiastiques remis en tous leurs droicts, franchises, libertez, priuileges, biens & possessions : estre faict vn reglement sur la presentation & nomination aux benefices estans à la nomination du Roy, conforme aux saincts Canons, decrets & aux ordonnances cy deuant faictes à la requeste des estats generaux du Royaume; que s'il estoit à propos de tolerer à ceux de contraire religion l'exercice d'icelle, que l'on s'obligeast au moins de ne faire dauantage pour eux, sous quelque pretexte que ce fust, que ce qu'ils auoiét lors de la guerre commencee l'an 1585. que toutes choses faictes & passees depuis la mort de feu monsieur de Guise fussent oubliees, sans estre loisible de faire recherche pour quoy que ce fust, excepté toutesfois les cas enormes reseruez par les precedents Edicts entre personnes de mesme party, pourueu que la mort du feu Roy ne seruist de pretexte pour trauailler ceux qui en estoient innocens, & restablir l'honneur & la memoire de feus messieurs le Cardinal & Duc de Guise, sans toutesfois offencer celle dudit feu Roy: casser les Arrests & iugemens donnez de part & d'autre depuis la guerre, auxquelles partyes n'auroient contesté: remettre vn chacun en la iouyssance de ses offices, charges & benefices, pour en vser comme l'on faisoit deuant la mort dudit Duc de Guise: faire vn reglement pour la prouision aux offices de ce Royaume, afin d'esuiter qu'ils ne fussent à l'aduenir donez à ceux de cótraire religió, sans en cela oublier les gouernemés capitaineries, & toutes autres charges de villes, mesmes les Ambassades: cóseruer les habitans des villes en leurs droits, priuileges, & fráchises: faire sortir les gens de guerre qui y estoient, & n'en tenir qu'aux villes de la frontiere; n'en mettre point du tout aux villes qui

Ll ij

seront nommees & accordees pour la seureté du party, ou expressement reseruees & specifiees par le traicté, deliurer les prisonniers sans rançon, rendre les meubles aux proprietaires les trouuant en nature, conuenir particulierement à qui demeureroient les offices, benefices, gouuernemens, & charges ausquelles il auroit esté pourueu de part & d'autre depuis la guerre, pour obuier à toutes disputes; pouruoir au soulagement du peuple, regler la gendarmerie & infanterie auec les officiers d'icelle, & en ce faisant entretenir & soldoyer certain nombre de compagnies à ceux qui auoient suiuy le party, promettre de tenir les estats generaux, pour asseurer les choses susdittes à l'aduenir, les assembler de six en six ans, tant pour cét effect que pour donner ordre par leur aduis aux affaires publicques, & mesmes aux abbus qui se commettoient en l'administration des finances, faire interuenir en ce traicté pour la seureté d'iceluy nostre sainct Pere, & tels autres Princes estrangers qu'il seroit aduisé.

Ie luy fis aussi quelque ouuerture des moyens de contenter en particulier ledit Duc de Mayenne, & les autres Princes de sa maison, comme de ioindre au gouuernement de Bourgongne celuy de Lyonnois, & en donner vn autre à monsieur de Nemours, ayant recogneu que ledit Duc auoit cela tres à cœur, luy laisser la disposition des benefices & offices d'iceluy, l'honorer de quelque charge d'importáce en ce Royaume, cóseruer son gouuernemét à ses enfans, & luy dóner moyen de payer ses debtes, traicter honorablement sa maison, cóseruer à M. de

Guyse l'estat de grand Maistre, le gouuernement de Champagne, & à Messieurs ses freres les benefices que tenoit feu Monsieur de Guyse, leur donnant aussi moyen de s'entretenir, & payer leurs debtes, & en faire autant pour Monsieur de Mercœur en Bretaigne, pour Monsieur d'Aumalle en Picardie, & principallement aux places du party, pour Monsieur d'Elbœuf en Bourbonnois, & pour Monsieur de Ioyeuse en Languedoc, pour M. de la chastre en Berry & Orleans, pour Monsieur de Villars en Normandie, pour M. de sainct Paul en Champagne, pour Monsieur de Rosne en l'Isle de France, & ainsi des autres du party, sans oublier ceux qui le meritoient : ie luy parlay aussi de comprendre en ce traitté les estrangers qui auoient secouru le party, remettant toutesfois à parler desdits interests particuliers, en ce qui concernoit lesdits estrangers, quand i'en serois mieux instruit, & adiouster encores ausdites propositions generalles ce qui me seroit mandé.

Nous discourusmes, sur lesdits articles ledit sieur du Plessis & moy, comme vous sçauez que le subiect le requeroit, mais d'autant que nous n'auions pouuoir de faire mieux, nous promismes l'vn à l'autre d'en aduertir les chefs, & d'en faciliter l'accord de tout nostre pouuoir, & cependant que les voyages de Rome se feroyent comme chose necessaire pour paruenir à nostre but : ledit sieur du Plessis se departant me promist de rechef au nom de sa Majesté de tenir secret tous nos discours & les ouuertures que nous auions faictes.

l'escrivis dés le lendemain audit sieur President ce que i'auois faict, affin d'en aduertir ledit Duc, pour auoir lettres apres de son intention, le priant de ne m'abandonner en ceste entreprise, en laquelle ie m'estois embarqué à son adueu, poussé de tres-bonne volonté de bien faire au Public, & aux particuliers, laquelle ie recognoissois estre plus espineuse & difficile qu'autre qui se fust encores presentee, & partant auroit besoin des paulles plus fortes que les miennes.

Et d'autant que le messager que ie luy auois enuoyé ne reuint dans le temps qu'il m'auoit promis, ie luy fis vne recharge par vn trompette expres, le pressant de me respondre, & ne me laisser en incertitude: toutesfois d'autant que les d'eux armees estoient logees à la veuë l'vne de l'autre, chacun estoit si embesongé que l'on ne pensoit qu'au peril present, & neantmoins ledit President ne laissoit de m'escrire par toutes ses lettres, qu'il se défioit plus que iamais de la conuersion du Roy, qu'il ne croyoit pas aussi que le Pape l'aprouuast iamais, & partant craignoit, que nous amusans à ce chemin nous perdissions la religion & l'estat, remettant encores en ieu celuy des autres Princes du sang, dont ie fus en tres-grande peyne, tirant argument d'vn changement ou refroidissement de la volonté dudit Duc, & que l'on vouloit reietter sur moy & m'a poursuitte le blasme du mal qui en reussiroit & sur ce fonder quelque autre resolution, ce qui fut cause que i'escriuis franchement audit President que i'auois pris & suiuois le chemin d'vn homme de bien, que ie m'y estois embarqué au mandemét du dit Duc, receu par les lettres qu'il m'auoit de sa part escrites, croyant fermement que c'estoit nostre honneur, debuoir, & aduantage de traitter auec le Roy deuant tous autres, pourueu qu'il voulust estre Catholique, & que peussions conseruer la religion, d'autant que la couronne luy appartenoit, & qu'en traictant auec d'autres nous ne ferions cesser la guerre, & partant n'asseurerions ny sauuerions le Royaume : qu'en tout cas mon aduis auoit tousiours esté de tenter ce chemin, deuant que d'en chercher d'autre pour plusieurs raisons que i'auois représentées souuent, ausquelles ie perseuererois plus que iamais ; ioint que ie n'auois occasion de croire, que ledit Duc ny Messieurs ses parens, & tous ceux dont ils estoient assistez fussét plus affectionnez au dernier moyen qu'à l'autre, n'ayant perdu la memoire de ce que ie leur en auois ouy dire, le suppliant me vouloir enuoyer la derniere volonté dudit Duc, & s'il approuuoit que ie ne poursuiuisse plus auant la negotiation commencee par son commandement, me le mander librement sans me bailler le change me chargeant d'vne autre ; car ie protestois, que ie la refuserois tout à plat, comme celuy qui ne vouloit seruir d'instrument de tromperie ny de giroüette pour tourner à tous vens.

Ma premiere lettre fut escritte du dernier d'Auril, & cette recharge le 6. May, & le 10. ie reçeus la responce dudit President, dattee du 8. laquelle contenoit ce qui s'ensuit. Il me mandoit n'auoir encores

peu parler à M. du Mayne si particulierement qu'il estoit besoin de ce que ie luy auois escrit, d'autant qu'il estoit tousiours au champ de bataille prés l'ennemy, & auoit l'esprit du tout bandé & occupé à la guerre sans intermission, & aussi que ledit President estoit tombé en vn soubçon extréme des Espagnols, & de ceux qui ne vouloient point la paix, qu'il en estoit regardé de plus prés que iamais, mais qu'il en choisiroit l'oportunité, & au plustost: adioustant qu'il voyoit aussi si peu d'aduantage pour ledit Duc, & d'asseurance pour le party par les articles dont i'auois conferé, qu'il estimoit estre plus à propos de les luy celer maintenant, & differer iusques à ce qu'il en eust conferé auec moy, ou qu'il m'en peust mander quelques particularitez: qu'il falloit que ie creusse, encores que le bien de la paix fust autant desirable audit Duc qu'à nul autre, que son esprit estoit assez souuent trauersé de ceux qui luy imprimoient plusieurs grandeurs imaginaires pour l'en destourner, & que l'vne des principalles raisons, qui le portoient à ce traicté, estoit que l'on luy persuadoit tousiours que le Roy disoit à vn chacun pour luy raporter, qu'il vouloit luy faire vn si bon, honorable & vtile traictement, pour sa grandeur, son bien & sa maison, qui ne le pourroit esperer de qui que ce fust; que sa Majesté auoit encores tenu les mesmes propos il n'y auoit que deux iours au milieu de la campagne entre les armees du Baron de Luz, auec lequel il auoit parlé vne bonne heure, elle en auoit autant dit aussi, a Monsieur de Vitry & à M. le Mareschal d'Aumont, Lequel s'e-
stoit

l'vn a cause de ce qu'il

stoit plaint, de ce que cet affaire se traittoit auec ledit sieur du Plessis huguenot & grandement suspect aux Catholiques, tant pour ce que les huguenots ne vouloient la paix, craignant que les Catholiques qui assistoient sa Majesté ne la fissent desaduantageuse pour eux, que par ce qu'il auoit vn gouuernement que la guerre rendoit meilleur que ne seroit la paix, qu'il ne voyoit rien ausdits articles qui apportast autre commodité ou asseurance audit Duc: qu'il auoit tant de desir de la paix qu'il ne mettoit en consideration la misere & le mespris de la Ligue, apres qu'elle seroit concluë auec sa Majesté, mais embrassoit le public seulement, me priant de le croire & de bien prendre les difficultez qu'il me faisoit: que c'estoit pour rendre l'affaire plus facile, qu'il estoit bien raisonnable, que le Roy & les siens, lesquels deuoient retirer pour iamais l'authorité, l'honneur & le proffit de la paix, donnassent quelque contentement audit Duc & aux Princes qui les feroient iouïr de cet heur, qu'ils seroient contraints par la continuation de la guerre acheter cherement, & peut estre ne l'auoir iamais: qu'ils traittoient non comme vaincus, mais comme puissans, et en estat de faire aussi tost ruiner leurs ennemys qu'eux lesdits Princes; qu'ils le faisoyent comme gens de bien qui vouloyent garantir le Royaume du peril qu'il courroit par la continuation de la guerre aux perils & à la ruyne d'eux mesmes: partant leur desir à l'embrasser rendoit vn tesmoignagne de leur preud'hommie non de celle de leurs ennemis, que l'vtilité seulle y pouuoit porter, sinon qu'ils monstrassent la recherchans vouloir laisser aller quelque chose pour vne fois à ceux qui ne pourroient iamais rien esperer du regne du Roy, auquel ils se soubmettoient par ladicte paix. Que ie disois que le fondement sur lequel il falloit bastir la paix, c'estoit la conuersion de sa Majesté, & qu'à ceste fin il estoit bon d'enuoyer en diligence à Rome, qu'il le trouuoit necessaire, mais que i'adioustois qu'il falloit faire des articles d'oubles, sçauoir les vns en cas que le Roy se conuertist, & les autres en cas contraire, & toutesfois ce deuoient estre articles secrets qui ne deuoient estre publiez, celuy sembloit, qu'apres ladite conuersion, sans laquelle aussi Monsieur du Mayne n'entendoit que ledit traitté eust lieu, ainsi les autres à faute de la conuersion estoyent inutiles: qu'il n'auoit peu induire Monsieur du Mayne à traitter sans icelle, & que quand il le feroit, il ne seroit suiuy de personne; que les Catholiques aussi qui estoient prés de sa Majesté ne demandoient point qu'on traittast ny qu'elle fust recogneuë, sinon au cas qu'elle fust Catholique: que Monsieur de Longueuille & M. le Mareschal d'Aumont leur auoyét faict dire au nom de tous les Princes & Seigneurs Catholiques seruans sa Majesté, que si Monsieur de Mayenne & ceux de la Ligue offroient de la recognoistre à condition qu'elle se fist Catholique dedans vn temps, qu'ils consentiroient, promettroient & s'obligeroient de leur part, au cas qu'elle n'y satisfist dedans ledit temps, de la quitter, & de se ioindre auec eux pour ensemble aduiser à la conseruation de la religion & de l'estat. Que ceste obligatio auoit bié plus de seureté pour eux, & seroit aussi plus honorable que la forme du traitté duquel i'auois escrit, me priant de le considerer. Qu'ils auoiét faict vne ouuerture sur cette occasion, qui estoit, induire lesdits Princes & Seigneurs Catholiques d'enuoyer de leur part vers Monsieur de Mayenne, & le Duc de Parme, pour leur faire entendre qu'ils estoient Catholiques, desirans comme eux conseruer la religion, auec offres de deputer aucuns Seigneurs pour en conferer & traitter auec eux au contentement mesmes du Roy d'Espagne : que M. le Mareschal d'Aumont auquel le Baron de Luz en auoit communiqué en la campagne auec assez de loisir, approuuoit ce moyen, s'estoit presenté luy mesme pour estre vn des deputez, disant que sa Majesté n'empescheroit cette voye, que la dessus il en auoit de son costé communiqué au Duc de Parme & aux Espagnols, & quoy qu'il leur eust peu dire, mesmes que ce seroit vn moyen pour separer les Catholiques d'auec sa Majesté, affin de donner plustost lieu à ceste conference auec leur gré, il ne leur auoit peu persuader, nó pas à celuy qui estoit le plus sage d'entre eux qui estoit Iean Baptiste de Tassis : que ceste ouuerture & conference nous eust mis au chemin d'vne surseance d'armes, & en fin d'vn traitté bien certain, mais que Dieu ne l'auoit voulu permettre. Que là dessus on me deuoit mander pour estre autheur d'vn si bon œuure, auquel il m'eust tres volontiers assisté : qu'il auoit veu par mes lettres que ledit sieur du Plessis ne vouloit point de surseance d'armes maintenant, que c'estoit contre ce qu'ils auoient desiré, qu'ils le faisoient, ou pource qu'ils pensoient auoir maintenant quelque aduantage en cela, & qu'ils tesmoignoient qu'ils ne remettoient iamais rien de leurs vtilitez; que pour ce regard ils esperoient si bien se garantir de mal & inconuenient, qu'ils esperoient faire voir dedans peu de iours, que l'aduantage leur demeureroit: qu'ils ne cedoyent pas maintenant au Roy en bonté & nombre de forces : mais peut-estre qu'ils fuyoient le combat pour des considerations, & que sa Majesté en auoit de contraires qui luy faisoyent le desirer; que l'autre raison qui pourroit faire craindre, audit sieur du Plessis ladite surseace d'armes, estoit que ce loisir deuoit estre employé à l'instruction & conuersion de sa Majesté, apres lequel s'il ne la faisoit il ne la falloit plus esperer, ce qui separeroit d'auec sa Majesté les catholiques : qu'il auoit cogneu par le discours de mes letttes que pour les villes de seureté l'on n'en vouloit point doner, & que sa Majesté aux villes catholiques qu'elle tient, de la fidelité desquelles elle se vouloit asseurer par la force, & non par la bienueillance, y voulloit tenir des garnisos ; que ie cósideratasse de là so but & intétion.

Qve si personne ne deuoit voir cela aussi clair que luy, il en dissimuleroit pour n'en remuër aucunes difficultez, qui puissét retarder la paix, tant il la desiroit: que pour le particulier de M. de Mayéne l'on offroit son gouuernement, & quelques moyens de payer ses debtes par ses mains, mais qu'il pourroit recómander au Roy pour les benefices qui vacqueroient en son gouuernement, que le feu Roy luy auoit promis auant la mort du feu Monsieur de

Guise luy donner vn breuet secret, par lequel il luy accordoit de pouruoir aux benefices, offices, capitaineries & charges dudit gouuernemét à sa nomination; que ie ne parlois point de tout cela, ny de l'engagement du domaine pour l'argent qu'il auoit employé, ~~ny~~ *non pas* pour rendre ledit gouuernement hereditaire ~~pour~~ luy & ses enfans, & des places qui y estoient tenuës par les ennemis, des charges & ~~grades qui le mettoient hors du commun, ains au rang des~~ Princes de sa qualité, *dignitez* dont il auoit quelquesfois conferé auec moy: qu'il estoit besoin luy tenir autre langage, pour l'induire à traitter, que ie le iugeasse & que ie creusse, que quand il n'y auroit autres difficultez que celle qu'il feroit, il n'y en auroit point du tout: que i'adioustois qu'il falloit faire vn Edit d'abolition ou oubliance des choses passees, pource qui estoit de la prise & continuation des armes, qu'ils ne vouloient pas estre traictez à la huguenotte, leurs armes estants trop iustes, que toute abolition presupposoit vn crime, & laissoit tousiours quelque notte sur ceux ausquels on la donnoit, qu'ils desiroiét que chacun creust auoir eu de l'honneur & de la raison à la prise des armes, & qu'ils auoient beaucoup de peine à les quitter, au moins ne vouloiét-ils pas se códáner eux mesmes en receuát vne abolition, qu'il y auoit des moyés pour ce regard plus honorables pour eux, & qui n'offenceroient personne; qu'il faudroit aussi r'establir la memoire de feu Monsieur de Guise & de son frere, parler sur la mort du Roy comme il conuenoit sans toucher audit Duc, ny contre ceux qui viuoient, ou s'en taire du tout & se contenter de

Mm iij

quelques mots qui feussent coulez en la narratiō dudit traitté, non pas au dispositif, où ils feroiét paroistre qu'ils n'y auoient point participé, que ceste paix ne deuoit pas estre vn simple Edit des suiets à leur Roy, mais vn traicté par lequel ils le recognoistroiét pour Roy à certaines cōditions, ayans eu suiet & raison de ne le pas faire du viuant de M. le Cardinal de Bourbon, ny depuis pendant qu'il estoit huguenot, que pour le regard des gouuernemens il n'estoit pas raisonnable que les Princes de Lorraine les eussent tous, qu'il y en auoit ausquels l'on ne pouuoit les denier parce qu'ils les auoient desia; des autres qu'il falloit voir si l'on pourroit y adiouster dauantage, que ceux qui en auoiét, cōme messieurs de Mercœur, de Nemours, de Guise, de Ioyeuse & autres ie creusse que dans vn téps, cōme de cinq ou six ans, ils demanderoient qu'il fust pourueu aux places qu'ils tenoient à leur nominatiō, aduenāt le deceds pēdant ledit téps de ceux qui les tenoient, que ceste seureté estoit l'vne des principalles que l'ō leur pourroit dōner, & qu'ils ne cōsentiroiét iamais qu'aux villes & places qu'ils auoient occupees par force, ou qui auoient suiuy leur party on ostāt les capitaines & gouuerneurs qui y estoient de present, pour y remettre les anciens qui estoiét leurs ennemis, qu'il faudroit vne cōferéce bien particuliere pour s'en esclaircir, que c'estoit chose estrāge que l'on fit difficulté de rédre à M. de Guise sa charge de grād Maistre, & à ses freres les benefices de M. le Card. de Guise leur oncle, qu'il sēbloit en traictāt ainsi qu'ils fussét desia les maistres, mais que persōne ne croioit où il en estoit, & qu'il me pouuoit asseurer que si l'on parloit de ceste sorte audits Princes ils s'en esloigneroient du tout, & se rendroient pour jamais irreconciliables, car ce premier refus encores qu'on vint à l'accorder apres, les offenseroit par trop, que ce n'estoit sans raison qu'ils auoiét demádé de cóprendre en leurs societez les Princes estrangers, car de ceux du dedans qui estoient du party ils sçauoiét qu'elle estoit leur affectió enuers eux, & quelle seroit l'authorité de sa M. sur eux apres qu'elle seroit recogneuë pour Roy. Toutesfois voulant qu'ils s'en abstinssent il estoit raisónable qu'ils fussét au moins cópris en la paix, & que l'on fit l'vn maintenát, & que l'autre demeurast en lógueur: car apres que le traicté seroit fait ils ne pourroient plus parler qu'auec supplication à celuy qui seroit le maistre absolu, pour ne faire que ce qui luy plaisoit, où auiourd'huy ils auoient part en l'accord comme parties presentes, & peut estre que le Roy d'Espagne n'en voudroit point luy mesme, & qu'il troueroit plus de gés pour l'assister en ce Royaume & le broüiller qu'il n'en seroit de besoin; toutesfois qu'ils vouloiét tout faire auec honneur. & si en cas que ledit Roy d'Espagne vouluft cósentir d'y estre comprins il y auroit plus d'asseurance, mais il ne l'esperoit aucunemét, d'autát qu'il y auoit desia trop de gens de leur party qui monstroient ne se vouloir separer d'auec luy, entre lesquels M. de Nemours estoit l'vn, qu'il auoit mádé fort expressemét q̃ ie creusse, que si le Roy ne se faisoit catholique, plusieurs feroient de mesmes, & que s'il vouloit auoir bó marché d'eux & rópre toutes mauuaises entreprises, il se deuoit faire instruire dás quelques iours, puis se rédre catholique; que ie verrois grád chágemét aux affaires & la paix plaire à tát de gés, que les cótradicteurs auroiét honte de continuer la guerre, où il seroit aysé de les ruiner; que pour luy il desiroit qu'elle se fit, mais qu'il preuoyoit vn milió de difficultez, lesquelles il ne sçauoit si l'on pourroit iamais surmóter : il desiroit que l'on prist ce chemin: qu'il auoit obmis à me faire responce touchant le gouuernement du Lionnois, qu'il seroit difficille ou pluftost impossible de faire quitter à monsieur de Nemours pour auoir desia basty en iceluy sa souueraineté, à laquelle ie creusse qu'il n'oublioit rien pour paruenir; qu'ils continueroient à faire mander pour les estats tous ceux qu'ils pensoient y pouuoir seruir, mesmes M. de Lyon, monsieur de la Chastre, monsieur de Lisieux, monsieur de Noyon, & autres de pareille qualité, me priant de les aller voir, qu'il sçauoit que i'estois trop cóstant pour me laisser surmonter aux dificultez qui se presentoient en ceste affaire, que rien aussi ne l'empescheroit d'y apporter tout ce que deuoit vn homme de bien, iusques à sa vie propre, & qu'il desiroit tousiours se conduire à mon iugement plus que de tout autre. Ceste lettre estoit escritte de de Caudebec le 8. de May, laquelle estoit accompagnee encore d'vn passeport, par où il me prioit prendre en bonne part sa responce, & comme des personnes qui faisoient des difficultez pour mieux disposer toutes choses à auoir bien-tost la paix; qu'il en auoit depuis parlé à Monsieur de Mayenne, mais non auec tant de loisir qu'il eust desiré pour l'occupation qu'il auoit, & qu'il estoit fort mal disposé, & contrainct vouloir ou non, se retirer en quelque ville pour vn mois pour sa santé; qu'il ne perdoit le temps, où il estoit

estoit, trauaillé tous les iours en cét affaire auec ardeur que i'essayasse seulement à faire espouser la religion catholique à sa Maiesté, qu'il approuuoit ce conseil comme moy, & le iugeoit le plus certain remede: mais où sa Maiesté ne s'y accorderoit, à tout le moins qu'vn de la maison se disposast à se ioindre à eux, & que M. le Cardinal de Gondy deuoit cependant auancer son voyage au plustost.

Monsieur, pour appointer vne querelle il faut que les parties narrét leur faict, dient leurs plaintes & raisons, & proposent librement leurs demandes, car il faut descouurir la playe qui la veut guarir, ie fus bié ayse d'estre esclaircy par escrit, comme ie fus par la ladite lettre de l'intention dudit Duc du Mayne tant sur le general que sur le particulier, pour dôner quelque acheminemét à ce traicté, car c'estoit chose que ie n'auois encores peu gaigner sur luy trois ans durát que ie l'auois côtinuellement poursuiuy, d'autát que le Duc auoit tousiours fait difficulté de s'ouurir, s'excusát sur ce qu'il en vouloit côferer auec les deputez des Prouinces, & villes du party ainsi que vous auez entédu par ce discours; toutesfois il faut que ie côfesse que ie ne peus acheuer de lire ladite lettre sás souspirer, voyát à quels termes la côtinuatiô de la guerre auoit côduit l'authorité Royalle, & desolé ce Royaume, & m'auoit aussi en particulier reduit à malheur, me contraignát pour bien faire au public de proposer des choses contraires, contre lesquelles ie soulois cy deuát me báder plus que nul autre, & vous asseure que sur cela ie fus en doute si i'en aduertirois ledit sieur du Plessis, ou non, craignant qu'il prist en trop

Nn

mauuaife part, non feulement des demandes portées par lefdittes depefches, mais auſſi que i'en fuſſe le parrain: neantmoins à la fin ie me refolus de commettre toutes chofes à fa difcretion & prudence, pluftoſt que de faillir à lier ceſte negociation, confiderát qu'vn bon marché ne fe coclud du premier coup, que les hômes ne demeurent ordinairemét à vn mot: que pour en acheuer vn il le faut commencer, ioint qu'il me fembloit qu'encores que tout n'allaſt felon mon defir, i'auois toutesfois beaucoup gaigné d'auoir d'vn coſté fait parler ledit Duc, & de l'autre engagé fa Maieſté à rechercher les moyens de contenter le Pape, & partant deuoir pluſtoſt defcouurir que celer les difficultez afin de les furmonter, fi ie pouuois, fans preparer, comme à l'aduenture ie ferois fi i'eſtois ainfi retenu, vne excufe de rupture aux vns ou aux autres, voire aux deux parties enfemblemét, & à moy vn regret extreme d'auoir laiſſé efchapper ceſte occafion d'eſleuer vn fi bon œuure, ou du moins defcouurir & faire cognoiſtre à vn chacun celuy qui y contrediroit, & à qui le blafme en deuroit eſtre donné. Au moyen dequoy i'efcriuis vn memoire contenant les principaux poinćts de ladite lettre, que ie conceus en termes les plus doux dont ie me peus aduifer, pour feulement donner fentiment audit ſieur du Pleſſis de la refponfe que l'on m'auoit faicte, & des propofitions que l'on faifoit, le priant d'en bien vfer, & confiderer qu'eſtant le Royaume fi malade qu'il eſtoit, non feulement il ne pouuoit eſtre guary du premier coup, mais eſtre auſſi neceſſaire, que ceux qui vouloient y feruir au allaſſent

d'aduancer

doucement & sagement plusieurs mauuaises humeurs & amertumes, deuant que de surmonter cet humeur malin qui le troubloit; & partant qu'il n'eust pas tant d'esgard à la consequence du remede qu'on proposoit, qu'au besoin extréme que le Royaume, & le Roy auoient de la paix, l'addressay ledit memoire audit sieur de Fleury pour la fiance que i'auois en luy, offrāt d'aller encores trouuer ledit sieur du Plessis pour en conferer auec luy plus particulierement s'il iugeoit qu'il fust à propos, le suppliant aussi de tenir tout secret comme il m'auoit promis, s'il ne vouloit renuerser entierement ceste negociation.

Mais ledit sieur du Plessis se laissa tellement surprendre à ce changement, soit qu'il en eust esperé ou promis à sa M. tout autre chose, ou pour autre cōsideration, comme les courtisans sont ordinairemēt suiects à diuers mouuemens, qu'estant sa M. arriuée comme ie croy à l'heure mesme que cela luy fut dit à Bully où il estoit, au lieu de temperer & adoucir les affaires, l'on m'escriuit que d'abordée il auoit demādé pardon au Roy en la presence de plusieurs de son conseil, de la tres-grande faute qu'il auoit faict d'auoir creu & esperé que la paix se feroit apres auoir cōferé auec moy; en quoy il confessoit s'estre grandement abusé, non par malice, mais par vn tres-ardent desir qu'il auoit eu de la paix, & d'y seruir sa M. que ie luy auois fait lire la response que l'on m'auoit fait sur ce que nous auions deuant conferé, laquelle cōtenoit des demādes & conditions si hōteuses pour sa M. si dōmageables pour le Royaume, & si iniques

et veu les premieres depesches que l'on m'auoit faictes.

en tout & par tout, que non seulement elles tesmoignoient que ledit Duc de Mayenne & les siens ne
vouloient la paix, mais aussi estoit d'aduis que sa Maiesté ne leur fit pas cest honneur de les ouyr, ny faire
plus traicter auec eux, comme gens qui en estoient
indignes, & qu'il estimoit estre engagez ailleurs,
& partant ne faire parler de la paix que pour
endormir sa Maiesté, troubler ses bons seruiteurs & suiects, & donner ialousie, aux Espagnols pour en tirer plus d'argent, & amender
leur marché auec eux. Sur cela l'on me manda, qu'il
s'estoit mis à discourir & representer en la mesme
compagnie tout ce qui s'estoit passé entre luy &
moy, les lettres que ie luy auois faict voir, les ouuertures que ie luy auois faictes, & finalemét tout ce
que m'auoit escrit M. le President Ianin par sa derniere lettre, dont ie luy auois donné aduis: de façon
que l'on me dist que sa Maiesté mesmes & ceux qui y
estoient, demeurerent quasi estant *suiuant* offencez de ses
propos, que desdittes demandes, en fin suiuant les
enuies ordinaires de la Cour ie fus plustost blasmé
que loué.

A pour lesquelles il sem-
bloit qu'il me deust
prendre par le bras, pour
auoir la paix; dont

IE m'estois retiré à Pontoise, où l'on m'escriuit ces choses, et neantmoins que sa Maiesté desiroit parler à moy, & partant que ieusse à me trouuer sur le chemin de Senlis quand elle passeroit
allant à Compiegne: l'on me donna aduis aussi
combien le bruict qu'auoit faict ledit sieur du Plessis auoit alteré & changé les affaires, dont ie
fus tres-estonné & marry, car en verité ie n'attendois cela de luy, ce n'estoit pas aussi garder

la foy du Roy qu'il m'auoit donnée, ny le moyen de guarir la playe: partant ie me resolus d'aller droit à Alincourt, & chercher vn autre moyen de parler au Roy, qu'en la compagnie & veuë d'vn chacun, sçachant que ledit Duc de Mayenne ne le desiroit, & qu'il seroit assez offensé de ce que ce faict auoit esté diuulgué & communiqué par ledit sieur du Plessis, dont ie sçauois qu'il seroit bien-tost aduerty: & d'autant que sur la fiance que i'auois dudit sieur du Plessis, ie l'auois quasi asseuré que cela n'arriueroit point, ie m'attendois bien qu'il s'en prendroit à moy, & blasmeroit ma credulité ou ma franchise; car il m'auoit plus recommandé le secret en cette negotiation que tout autre chose, ce que ie iugeois deuoir estre encore plus desiré de luy que iamais, par ce qu'il estoit demeuré à Roüen tres-malade, que ledit Duc de Parme & luy s'estoient separez tres-mal contens l'vn de l'autre, que l'on parloit d'auancer M. de Guise à son preiudice & doresnauant manier les affaires sans luy.

ESTANT arriué audit Alincourt, ie sçeus que sa Majesté estoit partie dudit Buhy vn iour plustost que l'on ne m'auoit mandé, partant ie ne le vis, mais i'enuoyay vers ledit sieur du Plessis qui estoit demeuré à Buhy pour sçauoir ce que i'auois à faire, luy mandant que ie desirerois aller à Roüen voir Monsieur de Mayenne & luy rendre compte de ce que i'auois negotié, luy dire mon aduis sur les affaires, & m'esclaircir de sa derniere volonté, cóme il me sembloit qu'il estoit necessaire, & en estois aussi solicité dudit sieur Ianin. Le Roy ayant laissé à Gyfors Messieurs les Mareschaux de Biron & de Bouillon & M. d'O, lesquels auoient assisté aux comptes que ledit sieur du Plessis auoit faict à sa Majesté de nostre negotiation, au moins les deux premiers auec quelques autres. Ils m'escriuirét & prierent de les aller voir, affin de conferer auec eux de ce qui concernoit le bien du public, dont ils me mandoient que sa Majesté auoit trouué bon qu'ils communiquassent auec moy. Ie leur fis response que ce me seroit honneur de les voir pour receuoir leurs commandements, tant sur le bien public que pour leur particulier seruice, & particulierement leur dire mon aduis sur les affaires qui se presentoient s'ils le desiroyent, mais que n'ayant aucun pouuoir de Monsieur de Mayenne ny d'autre d'en traitter, ny d'y seruir, ie les suppliois de m'excuser de ce voyage, que ie ne pouuois entreprendre, que comme personne priuee : neantmoins m'en ayants faict vne recharge expresse i'y fus, esperant qu'ils m'aideroyét peut-estre à r'abiller ce que ledit sieur du Plessis auoit gasté : toutesfois ie ne le voulus faire sans son aduis, affin de ne le mal contenter d'auantage, puis que sa Majesté m'auoit mis entre ses mains. Il vint à Allincourt, & allasmes ensemble iusques à Gysors, sans me dire toutesfois ce qui s'estoit passé audit Buhy, ny le desespoir qu'il auoit du succés des affaires, mais seulement qu'il eust esté bien ayse, que i'eusse veu sa Majesté, comme il estoit necessaire, que ie veisse lesdits Seigneurs Mareschaux, auec lesquels ie ne fis pas grand proffit pour ce regard, car ils auoient leurs gousts tant differens les vns des autres, que combien qu'ils protestassent vouloir la paix, chacun la desiroit à sa mode. Ie les vis à part affin d'apporter moins d'vmbrage: & comme ie sçauois qu'on leur auoit communiqué tout ce que i'auois negotié, ie leur en fis vne briefue repetition, les exortant & supplant de fauoriser ce bon œuure, ny permettre qu'il fust estouffé à sa naissance: & comme ils estoient tous deux maistres passez en matiere d'affaires & negotiations, ne s'estonner, ny se rebuter des premieres difficultez, mais ayder à les surmonter, m'estant aduis que le Roy ne pouuoit faire vn mauuais marché, s'il pouuoit recouurer l'obeyssance qui luy estoit deuë, mettre son Royaume en paix & en bannir les armes estrangeres: qu'il auoit tousiours desiré & demandé que Monsieur de Mayenne parlast & demandast pour le public & pour son particulier ce qui luy faisoit besoin, disant par tout le vouloir contenter, qu'il s'estoit en fin ouuert non sans peine: que sa Majesté & eux en fissent donc leur proffit, & ne laissassent tomber le fruict que l'on auoit eu tant de peine à cultiuer, croyant s'ils le mesprisoient qu'ils l'anguiroient apres, & peut estre inutilement. Tous blasmèrent ce voyage de Rome, trouuant le circuit trop long: & comme ie leur disois que le moyen de l'accourcir estoit, que sa Majesté aduençast donc son instruction, & conuersion; ils me respondirent que s'estoit vn œuure de Dieu, qu'il falloit que le sainct Esprit & le temps y missent la main, l'vn vouloit que [& n'en parloient qu'incertainement.]

l'on traittast sans attendre la volonté du Pape ny laditte conuersion, & l'autre que sa Majesté allast à la Messe apres s'estre faict instruire, sans s'arrester à sa Saincteté, & tous estoient ce me semble ialoux, de ce que ledit sieur du Plessis auoit seul negotié ce faict. Ie leur dis que s'estoit s'abuser, d'esperer que Monsieur de Mayenne concludast aucun traitté auec le Roy qu'il ne fust Catholique, ou que le Pape n'y eust mis la main, & ie voyois qu'ils ne me donnoient aucune asseurace de la conuersion de sa Majesté, ny autres parolles que generales pour porter à Monsieur de Mayenne, lequel i'auois deliberé de voir bien-tost, que ie craignois que cela le refroidiroit de la paix, & le iettast en des irresolutions fascheuses, prenant leur silence pour vn mespris, & leurs remises pour manquement de bonne volonté, ce que ie ne pourrois empescher puis qu'on ne m'en donnoit le moyen, dont ie me deschargeois entre leurs mains, les supplians de le dire au Roy, & se souuenir du regret que i'en auois. En fin ils m'asseureret puis qu'il en falloit passer par là, qu'ils auanceroient le voyage de Rome & feroient tout ce qu'ils pourroient enuers sa Majesté pour faire contenter Monsieur de Mayenne comme ils reconnoissoient estre tres-raisonnable. Rencontrant Monsieur d'O, & Monsieur de Beaulieu par la ruë, ils me demanderent s'il estoit vray que ie fusse d'accord auec Monsieur du Plessis du poinct de la Religion, par ce qu'il auoit dit que cela estoit resolu & qu'il ne restoit plus qu'à pouruoir aux interests particuliers: ie leur respondis que si pour

auoir

auoir remis le iugement & la decision de ce poinct au Pape, l'on vouloit dire que nous en fussiós d'accord, qu'il estoit veritable. Car nous nous y estions soubmis comme à celuy que nous recognoissions pour nostre chef en l'Eglise, & croyons ne pouuoir errer, estant assisté de Dieu comme il estoit, mais qu'il n'y auoit point d'autre accord pour ce regard & que c'estoit abuser du Roy & se mocquer du public de luy donner esperance de la paix que sa Majesté ne fust Catholique, & que ceste difficulté ne fust vuidee au gré & contentement de sa Saincteté, croyant que ce poinct resolu l'on viendroit apres à bout facilement des autres & principalement des interests particuliers. Car il faudroit que chacun se contentast de raison, quiconque lors ne le feroit seroit en danger d'estre mal suiuy, ce que ie luy priay faire entendre ainsi clairement par tout où il seroit à propos, d'autant qu'ils affectionnoient le seruice du Roy, le bien & salut du Royaume. Estant de retour à Alincourt, ie receus vne lettre dudit President Ianin, par laquelle il me mádoit que Mósieur de Biron leur auoit faict dire par le sieur de Courboufon, que chacun se scandalisoit de ce que Monsieur du Mayne faisoit traicter auec ledit sieur du Plessis, & qu'il voyoit bien que la ialousie que lesdits sieurs auoient l'vn de l'autre seroit cause de diuulguer, & partant trauerser & destruire du tout les affaires : car chacun commenceoit d'en descouurir & des plus particuliers projects que i'auois traittez auec ledit sieur du Plessis, lequel mesme ils sçauoient l'auoir dit & escrit à plusieurs, &

Le Mareschal Canabose

O o

qu'en passant à Vernon il auoit asseuré Monsieur le Cardinal de Bourbon auoir conclud le marché auec moy. Et que le premier article estoit, que le Roy seroit recogneu à la charge de se faire instruire dedans six mois, sans donner autre asseurance de sa conuersion, dequoy mesmes les Catholiques seruiteurs de sa Majesté murmuroient: que ie pensasse à ce qu'en diroiét ceux du party & mesme nos zelés, qui les premiers auoient faict prier Monsieur de Mayenne ne passer si legerement par dessus lesdits articles, apres auoir tant trauaillé & faict pour asseurer la religion, la conseruation de laquelle ils cognoissoient dependre de laditte conuersion de sa Majesté, mandant lors ledit sieur President que M. de Mayenne estoit fort mal content & courroucé de ces bruit dont il me prioit l'esclaircir au plustost, & mesmes de l'aller trouuer, pour cét effect. Au mesme temps l'on m'escriuit de Paris qu'vn personnage de qualité, que ie ne nómeray point, parce qu'il est viuant, auoit enuoyé dire par homme exprés à mes Dames de Nemours & de Guyse, que ledit Duc de Mayenne traittoit sans parler de Messieurs leurs enfans, & mesmes au preiudice de Monsieur de Nemours, & que i'en estois le ministre pour l'interest que i'y pretendois pour mon fils, affin qu'elles aduisassent & pourueussent à leurs affaires, dont elles firent beau bruit, belles plaintes & reproches audit Duc qui aggrauoient sa maladie, & me faisoiét du tout desesperer du progrez de cette negotiation, laquelle estoit si necessaire à tous, & toutesfois si trauersee de toutes parts que i'ay souuent creu que Dieu nous auoit iugez indignes de ioüir de la paix en nos iours. De là ie fus à Roüen où ie trouuay ledit Duc commençant à se mieux porter. Il me fist d'abord très grande plainte des aduis que l'on auoit donnez de m'a negotiation contre la foy qui m'auoit esté donnée, à laquelle il s'estoit confié apres moy, dont il s'estoit tres-mal trouué & s'en repentoit, mais qu'il en feroit son proffit & seroit cy apres plus retenu qu'il n'auoit esté. Ie luy dis par le menu comment i'auois negotié & m'estois coduit en toutes choses depuis le premier pas iusques au dernier, tant auec ledit sieur du Plessis qu'auec les autres que i'auois veus: Et comme il eut recogneu que ie n'y pouuois apporter autre soin & deuoir que i'auois faict, & aussi que ie n'estois moins picqué desdits aduis & bruits que luy, d'autant que le mal qui en arriuoit passoit premierement par dessus moy, qui auois les reins vn peu foibles pour vn tel fardeau: ie le suppliay de faire à ce Royaume le bien qu'il auoit proposé, que nous ne sçauons pas seulement de quelle boutique lesdits bruits & aduis estoient sortis, mais que cognoissant que les autheurs d'iceux craignoient plus la paix qu'ils ne vouloient que l'on les creust, & qu'il en sçauoit les raisons mieux que nul autre, qu'il estoit certain qu'ils en auoient vsé ainsi par art exprés pour le despiter, & luy nuire, non tant pour les considerations particulieres cóme pour la cause publique. Que ie n'auois veu le Roy pour parler & respódre particulierement de son intentió, mais estant Prince bien aduisé, & qui vouloit sortir d'af-

pertinemment

faires, ie l'osois asseurer que nó seulemét il seroit mary & offésé desdits bruits pour les raisos publiques, mais aussi pour le peu de soin qu'ó auoit eu de sa parolle, & partát qu'il nous en feroit raison, qu'é fin il ne pouuoit estre blasmé & reprins d'auoir desiré la paix auec l'honneur de Dieu qui deuoit estre le but de ses armes. & quand il seroit sçeu qu'il auroit remis au iugement de sa Sainctété le poinct de la Religion comme il auoit faict, chacun l'en loüeroit plustost que de l'en reprendre. Car quelle autre meilleure responce pouuoit-il faire, quel moyen & plus court chemin pouuoit-il prendre pour ne faillir point? eust-il du tout reietté la paix, & rebutté ceux qui luy en parloyent? c'eust esté vn trop mauuais conseil, qui eust esté plus accusé d'Ambition qu'attribué à zelé de Religion. & duquel ses amis & ~~co~~partisás, ~~eussét peu estre plus affligez~~, [se fussent peut estre plus alterez] que plusieurs n'estimoyent; qu'il ne pouuoit trop iustiffier ses actios & intentiós, quoi qu'il pretédit faire, que c'estoit le moyen de ~~releuer~~ [retenir] ses amis ~~de peine~~, & les lier à sa fortune, & affoiblir ses ennemis, qu'il sçauoit qu'elle estoit l'affection que les Espagnols luy portoyent, car Monsieur le President Ianin l'en auoit esclarcy au retour d'Espagne [de son voiage], le dessein qui auoit causé la mort du President Brisson l'en auoit confirmé, & depuis les comportemens ~~dudit~~ Duc de Parme en son endroit, l'ayant delaissé à Roüen quasi comme vn homme perdu, d'quoy ils eussent esté bien aises d'estre despeschez, que desia le Card. de Plaisance & les Partisans ~~desdits~~ Espagnols parloient ouuertement de preferer Monsieur son nepueu à luy, voire d'en faire vn Roy auec l'infante à ses despens, se reuestissant & couronnant de ses trauaux, sans auoir esgard à ses merites, dont ils faisoient peu de compte, parce que c'estoit leur honneur, [qu'il n'estoit leur homme] c'est à dire qu'il ne vouloit laisser vsurper l'estat, qu'estant tel leur but, & luy si mal auec eux sans espoir d'y estre mieux qu'à la ruine de la France, pourquoy se vouloit il arrester dauantage à eux, le pouuant auec honneur & vtilité tres-grande pour luy & pour les siens conseruer la religion & le Royaume en leur entier, que le Roy auoit promis & estoit resolu d'enuoyer à Rome pour contenter le Pape au faict de la religion, que ce deuoir engendreroit sa conuersion ou sa ruine, d'autant que manquant à cela, celle-là, il estoit tres-certain que les Catholiques qui le seruoient ne faudroient de l'abandonner, dont s'ensuiuroit sa ruine à la gloire dudit Duc, lequel aussi auoit meilleure part que tous autres en sa conuersion, si elle aduenoit, de sorte qu'il ne pouuoit faillir d'attendre et voir quel seroit le succeds de ceste recherche, afin d'en faire son profit, mais qu'il feroit encores mieux de son costé, s'il le fauorisoit à Rome, comme quelquesfois il m'auoit fait escrire, par ledit sieur President, auoir volonté de faire: que ie l'estois venu trouuer expres pour apres luy auoir rendu compte de ma negociation, sçauoir la deliberation & ce qu'il vouloit que ie fisse tant pour le public que pour son particulier, estimant que sa Maiesté n'espargneroit chose aucune qui fust en sa puissance & iugeast raisonnable pour le contenter.

MONSIEVR, si l'on m'eust donné dequoy ce

faire, i'en eusse paré ma remonstrance, laquelle eust bien eu meilleure grace & n'eust peut-estre esté inutile comme elle fut: mais ie ne pouuois sans mentir ou en la desguisant sortir des termes generaux, puis que Monsieur le President Ianin m'auoit escrit ne luy auoir osé parler des premieres ouuertures que i'auois faict, audit sieur du Plessis, & qu'il ne m'auoit faict donner aucune charge ny responce sur les dernieres. Or comme il est Prince tres aduisé, il prinst party incontinent, & me dit, qu'il reconnoissoit bien que le Roy ou ses seruiteurs ne vouloient point la paix, & qu'ils n'en auoient parlé que pour le ruiner, s'estant seruy de sa franchise pour le diuiser d'auec les siens, luy faire perdre l'honneur & le credit: Car il ne se passoit iour qu'il ne receust quelque aduis de l'alarme qu'on leur auoit donnee de ma negociation, & du mescontentement d'vn chacun: mesme il m'en fit voir plusieurs lettres de ses parens, qui se plaignoient qu'il faisoit ses affaires non seulement sans eux, mais à leur dommage, que monsieur le legat l'en blasmoit, *par tout,* comme faisoient les ministres du Roy d'Espagne, & plus que tous autres les deputez venus des prouinces à son mandement, lesquels disoient tout haut que c'estoit vrayement trahir la cause que de preuenir le iugement & la resolution de l'assemblee, estant à la veille de la faire, comme ils l'accusoient de faire, & que chacun alloit bastissant sur cela des desseins à part, tout à ses despens, où ie n'estois pas aussi oublié: que ie sçauois toutesfois qu'il n'auoit point eu l'intention mauuaise, comme il vouloit aussi respondre de la mienne, qu'il auoit desiré, & demandé d'estre asseuré de la conuersion du Roy qu'il nomoit de Nauarre, & des moyés de conseruer la religion & le party; qu'au lieu de ladicte asseurance l'on auoit proposé de remettre le tout au Pape, ce qu'il auoit approuué, croyant comme ie luy auois remonstré qu'il ne deuoit estre blasmé & qu'il ne pouuoit faillir en ce faisant: qu'en parlant de son particulier, il n'auoit oublié celuy de Messieurs ses parens ny le contentement & interest du Roy d'Espagne, & des autres Princes qui l'auoient secouru, non plus que de ses autres amis, desquels aussi il ne se vouloit separer quoy qu'il peust arriuer, aymant mieux manquer à soy-mesme & à ses enfans, qu'à l'obligation qu'il leur auoit, ny à vn seul poinct de deuoir enuers la religion & le public, que les ouuertures qui auoient esté faictes estoient aussi venuës de moy & non de luy, non pour faire tort à personne, mais pour sonder & voir quel moyen il y auoit de composer les affaires, qu'il me remercioit de la peine que i'en auois prise, & m'asseuroit n'auoir pour tous ces bruits changé d'intention, tant il desiroit seruir au repos du Royaume en conseruant & asseurant la religion & le party catholique, mais qu'il ne pouuoit plus traicter ny conferer auec personne des moyens d'y paruenir qu'il ne sceust l'intention du Pape sur l'instruction & conuersion de sa Maiesté, & qu'il n'en eust communiqué auec ceux du party, lesquels il esperoit assembler bientost pour prendre auec eux vne resolution sur le general pour apres ne s'en departir iamais: qu'il me prioit de voir sa M. tou-

du commencement
Le Roy

tesfois le plus à propos & secrettement que ie pourrois, pour luy dire sa deliberation, & que c'estoit le tromper que de luy promettre la paix, ny que ceux de la ligue le recogneussent iamais, qu'il ne fust catholique, reconcilié à l'Eglise, estant certain que quand il se dispenseroit d'en vser autrement, il seroit suiuy de si peu de gés, que les miseres publiques augmenteroient plustost qu'elles ne finiroient : partant sa Maiesté deuoit penser à elle sans se flatter ny plus s'attendre, qu'autre peust remedier au mal qu'elle : qu'il approuuoit pour ceste cause que l'on enuoyast à Rome, que monsieur le Cardinal de Gondy print ceste peine, & que le Marquis de Pisany y fust employé que de son costé il y depescheroit & feroit ce qu'il deuoit, mais que la diligence estoit tres requise, afin d'estre esclaircy de l'intention de sa saincteté à l'ouuerture de l'assemblee, qu'il estoit resolu, dedans vn mois ou deux au plus tard, qu'il me prioit luy faire sçauoir aussi le plustost que ie pourrois la derniere volonté & responce de sa Maiesté touchant sa conuersion, pource que n'en estant asseuré il falloit qu'il aduisast à prendre quelque autre party, les choses ne pouuans plus temporiser ny subsister en l'estat qu'elles estoient, à cause du mescontentement que les Espagnols auoient de ce qu'il ne les assistoit en leur dessein selon leur desir, des forces & moyens desquels il ne pouuoit se passer, partant qu'il les vouloit mesnager & conseruer auec ses autres amis, qu'il en sçauoit & auoit le moyen graces à Dieu sans plus donner barre sur luy à ses ennemis, comme il auoit faict se fiant en leur parolle & pensant bien faire.

IL

Il me semble n'y auoir que repliquer à ceste responſe, veu le tort qu'on luy auoit faict, & le peu de moyen qu'on m'auoit donné de le contenter, en ſa proteſtation, de vouloir continuer à ſeruir à la paix de tout ſon pouuoir, ioint que ledit Preſident Ianin auec lequel i'auois conferé plus particulierement, m'auoit dit qu'il eſtoit attaché à ce but, & qu'il n'y auoit plus de moyen de l'en faire departir, dont il accuſoit les autheurs deſdits bruits, & les enuies & ialouſies de la cour, en laquelle i'appris que l'on auoit plus blaſmé & trauerſé ma pourſuitte qu'en nul autre endroit.

Lors aucuns mirent en ieu vne nouuelle pratique auec M. le Cardinal de Bourbon, mais ledit Duc ne s'y vouloit engager nõ plus que l'autre, ſoit qu'il n'en euſt point d'enuie, cõme certainemét il n'auoit iamais eu, ou qu'il craigniſt d'offenſer les Eſpagnols & ſes parens, en ce faiſant, autãt que s'il preſtoit l'oreille à ſa M. car ils eſtoient auſſi contraires à l'vn qu'à l'autre; ou qu'il vouloit remettre toutes choſes à ladite aſſemblee, cõme pourroit bié témoigner M. le Cõte de Briſſac & d'autres qui y eſtoiét employez.

De là ie reuins à Alincourt en deliberation de voir ſa M. & m'acquitter de la charge que ledit Duc m'auoit donnee, dont i'aduertis ledit ſieur du Pleſſis lequel me fit parler à elle à Giſors, ce fut de nuict, afin d'eſtre moins veu, toutesfois chacun ne laiſſa de le ſçauoir le lendemain apres luy auoir rendu compte ſommairement de tout ce que i'auois negocié auec ledit ſieur du Pleſſis, & des moyés que i'auois tenus pour renforcer ceſte negotiation. Ie luy dis les plaintes dudit Duc fondées sur les faux bruits & le manquement de sa parolle, sa resolution de ne plus traicter ny faire conferer auec luy & ses seruiteurs qu'il ne sceust la volonté du Pape sur son instruction & conuersion, & n'en eust communiqué auec ceux du party, qu'il m'auoit asseuré n'auoir toutesfois changé d'intention de bien faire, & que ie croyois en verité qu'il m'estoit encores engagé auec les Espagnols, mais que i'estimois qu'il seroit contrainct de ce faire bientost, si sa Maiesté ne contentoit le Pape pour sa religion en se reconciliant à l'Eglise : car ie recognoissois qu'il estoit resolu de ne faire iamais accord auec elle qu'elle n'eust changé de religion, me l'ayant dit ouuertement afin de l'en aduertir; & dauantage qu'il ne pouuoit plus prolonger ny remettre sa resolution à vn autre temps, tant il estoit pressé d'vn chacun, & cognoissois aussi que le party en auoit besoing : partant ie suppliois sa Maiesté d'y donner ordre sans plus promettre autre chose, quoy que d'autres luy fissent entendre que ledit Duc m'auoit donné charge de luy mander fidellement sa derniere volonté, & la responce quelle il me feroit pour sur icelle aduiser à ses affaires, afin de ne demeurer entre deux selles, au moyen dequoy ie la suppliois de me la faire telle que ledit Duc n'eust occasion de boucler auec d'autres, comme ie sçauois qu'il en estoit sollicité, luy representant sur cela combien il luy importoit d'esteindre ce feu à quelque prix que ce fust, & là où elle ne le pourroit faire, que l'on reconneust au moins n'estre sa faute,

conuersion

comme plusieurs l'en accusoient à cause de sa religion; que si elle auoit à changer elle ne deuoit attendre à ce faire que le party tout ensemble eust engagé sa foy ailleurs, comme il estoit à la veille de ce faire, & seroi̠ent côtraint̠s d'accomplir sous pretexte de la religion & par necessité: que sa M. aduançast donc les voyages de Rome comme elle auoit arresté, que si elle n'y mettoit la main elle mesme, ie preuoiois qu'ils seroient rompus où retardez, parce que ie ~~verrois~~ voiois plusieurs Catholiques & huguenots qui ne les approuu̠o̠ient, & neátmoins ores qu'ils d'eussent estre inutiles ie les iugeois estre du tout necessaires pour acheminer les affaires & apporter quelque esperance & consolation aux gens de bien qui desiroient la paix & non la subuersion de l'estat qui estoit abboyé d'infinis ennemis, de part & d'autre, que ledit Duc m'auoit promis d'y depescher de son costé & faire vn bon office, mais i'estimois qu'il attendoit de mes nouuelles deuant que de faire partir les gens pour selô cela leur cômáder ce qu'ils auroiét à faire.

SA Maiesté me dit le desplaisir qu'elle auoit desdits bruits, quelle ne sçauoit à qui s'en prendre, mais qu'elle recognoissoit assez n'y auoir faute de gens auprés d'elle comme ailleurs, qui craignoient autát la paix & la prosperité de ses affaires, qu'elle la desiroit, & que ceste faute n'estoit venuë d'elle & de son côsentemét, ny à son aduis de ceux quelle y auoit employez, voulát entédre ledit sieur du Plessis, que par art ou par faute de volonté, puis que M. de Mayêne ne vouloit côtinuer à traicter que le Pape n'eust parlé, & qu'il n'en eust ~~eu~~ cómuniqué auec ses partisás, qu'elle feroit partir au plustost

Pp ij

M. le Cardinal de Gondy & le Marquis de Pisany & qu'il ne seroit rien obmis de sa part pour côtenter le Pape & les catholiques qui affectiónoiét son instruction, ie creusse qu'elle y marchoit de tres-bon pied, non pour crainte de ses ennemis ou pour mieux faire ses affaires, mais pour le desir qu'elle auoit de contenter ses subiects, les deliurer de la guerre & mettre son ame en repos, comme elle feroit paroistre par effect. Mais que ledit Duc deuoit prendre garde que l'assemblee qu'il pretendoit faire fust composee principalement de personnes de qualité & d'honneur, autrement elle preuoyoit qu'il s'y prendroit des resolutions tres-perilleuses pour le Royaume & pour luy-mesme, quelle se vouloit contenter de m'en donner aduis, estimant que Monsieur de Mayenne en seroit aduerty, & qu'il y pouruoyroit comme chose qui luy importoit autant ou plus qu'à nul autre : que chacun luy disoit que ledit Duc estoit si engagé auec les Espagnols qu'il ne s'en pouuoit plus separer, que le Comte de Brissac l'auoit dit à sainct Luc, que le Legat le disoit tout haut, & qu'il se mocquoiẽt de tout ce que ie disois & faisois, toutesfois qu'il ne se vouloit arrester à tout cela considerant les raisons qui le deuoient garder de se ietter à tel precipice ; la candeur & franchise de laquelle elle recognoissoit maintenant que i'y procedois, d'ont elle auoit plus de contentement qu'elle n'auoit eu cy deuant, & aussi que le temps descouuriroit assez-tost la tromperie ou dommage de celuy qui en seroit l'autheur, sásqu'il fut besoin d'aller au deuant, que si ledit sieur de Mayenne se vouloit accorder auec elle, il s'en trouueroit tres-bien, car il le contéteroit d'honneurs & de biens, plus qu'il n'en tireroit iamais d'autre, & mesmes desdits Espagnols, lesquels le hayssoient & deschiroient autant qu'ils pouuoient, encore qu'il fust meilleur capitaine qu'eux tous ensemble, & qu'il eust trop faict pour eux, qu'elle me prioit luy faire sçauoir sa responce & volonté, de crainte qu'il ne s'engageast ailleurs, & que ie continuasse à y faire tous bons offices comme i'auois commencé me promettant de le recognoistre: En verité sa Majesté me tint ce langage d'vne telle franchise & de si bonne façon, que ie creus certainement qu'elle parloit selon son cœur me faisant paroistre qu'elle auoit non seulemét gousté mes raisons, mais aussi qu'elle auoit volonté de contenter les Catholiques: dont ie partis tres-satisfaict me contentant de la laisser en cette deliberation, & la suppliay sur tout d'aduancer lesdits voyages de Rome comme chose necessaire pour donner allegement aux affaires. *acheminement*

APRES cela ie suppliay sa Majesté, donner vn passeport pour me retirer en ma maison en attendant laditte assemblee, & le retour de Monsieur de Mayenne à Paris, par ce que ie ne voulois y aller tant à cause desdits Espagnols qui y estoient, lesquels Monsieur de Mayenne m'auoit dit y auoir esté receus contre sa volonté, & qu'il en sçauoit tres mauuais gré au Preuost des Marcháds, Escheuins, & mesmes à Monsieur de Belin, lesquels il disoit s'estre laissez surprendre en cela par ceux qui

P p iiij

fauorisoient lesdits Espagnols contre ce qui leur auoit mandé par le sieur du Bourg, lequel il auoit enuoyé vers eux exprés pour cét effect, & par ce que ie ne voulois estre subiect de rendre compte de ce que i'auois negotié à autre qu'au dit Duc du Mayne, dequoy allant là il seroit impossible de m'exempter à cause des bruits qui y couroient de ma negotiation, qui augmenteroient bien d'auantage quand l'on sçauroit que i'aurois parlé à sa Majesté, dont ie ne doutois point que toute la ville ne fust bien-tost abreuuee comme il aduint. Saditte Majesté m'accorda ledit passeport, mais elle me fit promettre que si ie cognoissois que ledit Duc n'eust volonté de traitter auec elle en pouruoyant au poinct de la Religion, comme aucuns disoient, que ie l'en aduertirois, affin qu'elle ne s'attendit plus, & qu'elle aduisast à contenter ses subiects & pouruoir par autre voye à ses affaires.

LE bruit de ma negotiation auoit tellement esmeu tout le monde que Monsieur de Mayenne me manda auoir esté contraint d'en donner aduis par tout, asseurant vn chacun qu'il ne traitteroit rien sans l'authorité du Pape, l'aduis des Princes souuerains qui assistoient le party, & de l'assemblee qu'il esperoit tenir bien-tost, comme celuy qui auoit eu pour but de ses actions sa conscience, son honneur & l'vtilité publique, sans laquelle & le salut commun de tous, il n'en vouloit point esperer, pour luy n'en auoit iamais recherché à part & n'en rechercheroit iamais ailleurs qu'auec tout le party, & m'éuoya vn double de la lettre pour en respõdre.

Mes Dames de Mont-pensier & de Guyse m'enuoyerent aussi Bremont secretaire exprés de la premiere. pour me prier, qu'en traittant les affaires de Monsieur de Mayenne i'eusse soin aussi de celles de M. de Guyse & mesme de proposer son mariage auec Madame sœur du Roy, moyennant quoy elles esperoient qu'il recognoistroit le Roy & le seruiroit tres fidellement. Ie fis responce audit Bremont que Monsieur de Mayenne n'alloit pas si viste en besongne que lesdittes Dames pensoient, que i'auois bien discouru auec aucuns seruiteurs de sa Majesté des moyens de pacifier le Royaume, en quoy ie n'auois oublié les affaires de Monsieur de Guyse non plus que celles des autres, ayant tousiours recogneu que ledit Duc de Mayenne en estoit aussi soigneux que des siennes propres, mais que i'auois faict cet office de moy mesme desireux de la paix publique, & du bien & contentement desdits Princes, dont ayant rendu compte audit Duc, il m'auoit remercié, & prié toutesfois de ne passer outre, parce qu'il desiroit enuoyer à Rome pour sçauoir la volonté du Pape sur le tout, & pareillement en conferer auec les Princes & l'assemblee du party, deuant que de s'engager en ce traitté. Quoy estant, cōme ledit Duc m'auoit lié les mains, ie ne pouuois aussi traitter pour ledit Duc de Guyse, ny autre, & n'estois d'aduis que lesdittes Dames en vsassent autrement. Voylà comme ma poursuitte & les bons aduis que l'on en auoit donné à Paris, auoient resueillé & mis la puce à l'oreille à tout le monde, & comme chacun pensoit bien autant à ses affaires

MEMOIRES DE MONSIEVR

particulieres qu'aux publiques, dont j'eus en somme grand mal au cœur. J'aduertis ledit Duc de Mayenne des bons propos que sa Majesté m'auoit tenus, & encores que par iceux elle ne me donna asseurance de sa conuersion, neantmoins ie luy voulus mander que i'estimois qu'elle estoit resoluë de donner contentement aux Catholiques, puis qu'elle vouloit que Monsieur le Cardinal de Gondy & Monsieur le Marquis de Pisany allassent à Rome, esperant que l'vn engendreroit l'autre, affin qu'il bastist sa resolution sur ce fondement, sans s'arrester ailleurs : Ie luy escriuis aussi que sa Majesté enfin prist en bonne part le delay de Negotier qu'il auoit demandé pour auoir loisir d'enuoyer à Rome & conferer auec ses partisans en laditte assemblee, sans oublier le commandement que sa Majesté m'auoit faict, qu'il prist garde de la composer, de façon, qu'il n'eust occasion de s'en repentir pour son particulier & pour le public de l'auoir conuoquee pour les raisons qu'il luy auoit pleu me dire.

ALLANT en ma maison ie vis ledit Cardinal de Gondy à Noisy pour l'informer de tout ce que i'auois faict, & apprins depuis nostre veuë tant auec sa Majesté qu'auec M. de Mayenne, & le supplier de haster son voyage, luy remonstrant combien il estoit pressé à cause de laditte assemblee, que ledit Duc pretendoit commencer dans vn mois ou deux au plus tard, & de l'enuoy qu'il faisoit à Rome de M. l'Euesque de Lisieux & Desportes, lesquels ie desirois n'arriuer là plustost que luy, encores que l'on

[marginalia: j'ai eu souuent / au nom desdits Catholiques / auoit pris]

l'on m'eust asseuré qu'ils n'y estoient enuoyez que pour soubs main secourir & fauoriser le bien. Le sieur Zamet se trouua lors à Noysi, qui fit pareil office, enuers ledit Cardinal que moy. Ledit Cardinal nous fit voir des lettres qui venoient d'Italie: par là on luy donnoit occasion d'esperer vn bon succés de son voyage, dont ie fus tres-aise: car c'estoit ce que ie desirois le plus, & recognoissois aussi pouuoir plus auancer nostre repos, d'autant que s'il plaisoit à sa Saincteté d'étreprédre & fauoriser laditte assemblee, s'estoit sans doute que personne ne pourroit l'empescher, tant chacun estoit desireux & disposé de l'embrasser.

LE Cardinal de Plaisance & les Espagnols ne pouuoient gouster aucunement lesdits voyages de Rome, lesquels ils blasmoient & trauersoient ouuertement. Ie m'apperceus bien-tost aussi qu'ils vouloient r'amadoüer ledit Duc de Mayenne voyant qu'il commençoit à se bien porter, peut-estre contre leur esperance, craignants qu'il s'engageast à traitter auec sa Majesté deuant laditte assemblee, de laquelle ils se promettoient merueilles, de sorte qu'ils refuserent à Monsieur de Guyse le commandement des forces que le Duc de Parme auoit laissees en Champagne encores que ce fust en son gouuernement, que ledit Duc en fist grande instance durant l'absence & indisposition de Monsieur son Oncle, & qu'ils eussent grande enuie de l'aduancer, & vouloient que le sieur de Rosne y commandast en qualité de Mareschal de Camp de l'armee. Ils commencerent aussi à mettre en auant soubs main

plusieurs sortes d'honneurs & aduantages qu'ils dé-
soient vouloir faire audit Duc du Mayne, affin de
le retenir : voylà le fruict que produisoiét les bruits
que l'on auoit semez de ma negotiation, qui ont
plus nuy au public, que n'y seruiront jamais les autheurs d'iceux.

[marginal note: 1. peut estre]

LEDIT Duc estant ~~marry~~ guery & ayát failly l'entreprise de Quillebœuf prist le chemin de Picardie par
la ville de Beauuais, & enuoya à Paris ledit President Ianin, où ie me rendis incontinent à sa ~~pre-
miere~~ priere, & sur l'aduis qu'il me donna que ledit Duc
y deuoit arriuer bien-tost apres.

IL me dit que Monsieur de Mayenne vouloit
voir Monsieur le Duc de Lorraine & assembler
tous ses parens aupres de luy, pour aduiser & resoudre ensemble ce qu'ils feroient en laditte assemblee, deuant que la commencer, comme il vouloit
faire au plustost, tant pour l'esperance qu'il auoit
qu'elle seroit tres-vtile au public, que pour contenter
ledit Cardinal de Plaisance & les ministres du Roy
d'Espagne, qui l'en pressoient extremement, affin
d'estre resolus & esclaircy de ce que l'on vouloit faire pour le Roy.

ON parloit lors de tenir laditte assemblee à Soissons ou à Reims pour la commodité du Duc de
Parme, lequel s'y deuoit trouuer ; mais Monsieur
de Mayenne fut conseillé de la faire tenir à Paris,
sans auoir esgard aux dangers des chemins, ny à
la charté & incommodité des viures, tant pour
contenter les habitans de la ville qui en faisoient
tres grande instance & par ce moyen les consoler

& tenir en deuoir, dont ils auoient besoin, pour rendre ladite assemblée plus libre, & ne hazarder aussi ladite ville de Soissons ou Reims. Car l'on consideroit que ledit Duc de Parme y venant accompagné selon sa coustume, pouuoit s'en faire maistre & mesme tiendroit l'assemblée en subiectio, ce qui luy seroit difficile de faire en ladite ville de Paris, tant pour sa grandeur que pour estre plus esloignée de la frontiere, & enuironnée de villes & places du party de sa Majesté, remplies de forces & guarnisons, desquelles en vn besoin l'on pouuoit estre assisté pour empescher vne violence ; ioint que ladite ville de Paris estoit plus disposée au bien qu'elle n'auoit encore esté, combien que les zelez y continuassent leurs ieux accoustumez soubs la protection & faueur des garnisons Espagnolles, car le reste de la ville estoit las d'eux & de la guerre : ce fut ledit President Ianin qui fut autheur de ce Conseil pour les raisons susdites, & pour auoir recogneu que la presence dudit Duc en ladite ville y estoit necessaire pour la seureté d'icelle, à cause des diuers mescontentemens dont elle estoit agitée, les vns fondez sur la trop longue continuation de la guerre, & les autres sur ce que l'on n'eslisoit assez tost vn Roy à leur poste.

CE Conseil fut incontinent embrassé dudit Duc du Mayne au grand déplaisir des Espagnols, lesquels vouloient nomémét ladite assemblée estre tenuë en lieu, où ils peussent estre fauorisez de l'armée qu'ils faisoient venir, & croy que si ledit Duc de Parme, lequel mourut en ce téps, eust vescu, qu'il

Q q ij

n'eust permis le changement que les autres ministres dudit Roy n'eurent apres sa mort pouuoir d'empescher, ioint qu'ils furent persuadez par leurs partisans de laditte ville de Paris, lesquels comme ils n'ont iamais eu faute de presomption, cuidoient aussi estre assez forts pour tourner laditte assemblee à leur volonté & troubler laditte ville, mais ils s'y sont trompez comme en plusieurs autres choses, & tiens tres-asseuré que ce coup fut donné tres-à propos pour le salut du Royaume. Car si laditte assemblee eust esté tenuë ailleurs, l'on eust gourmandé les gens de bien, & tiens pour certain que l'on eust faict ceste Royauté, qui nous eust rendus irreconciliables pour iamais, & du moins lesdits estrangers se fussent rendus maistres de la ville où elle eust esté tenuë.

[marginalia: maistriser]
[marginalia: ceste]

IE demeuray à Paris vn mois ou six semaines attendant la resolution, car ie la recognoissois d'importance, comme i'ay dit, & repris apres le chemin de ma maison, où i'entendis que nostre sainct Pere auoit mandé à Monsieur le Cardinal de Gondy, & audit Marquis de Pisany, de n'aller à Rome, que Desportes auoit ouuert trauersé leurs voyages contre l'esperance, voire l'asseurance que l'on m'auoit premierement donnee, puis moy audit Cardinal. Que le Cardinal de Pelleué venoit en laditte assemblee pour y presider comme Archeuesque de Reims & Cardinal, plein de fiel & de haine contre la maison de France, & que de toutes parts l'on y faisoit venir des gens qui preschoient la guerre, & qu'il falloit promptement creer vn Roy au gré du Roy d'Espagne, que ledit Roy y enuoyoit aussi le Duc de Feria accompagné d'vn Docteur exprés pour debattre nostre loy salique, & nous demander la couronne pour leur infante. Qu'il faisoit entrer en mesme temps en ce Royaume vne armee nouuelle pour fauoriser ses partisans & ses desseins, lesquels estoient pour cet effect affectionnez du Cardinal de Plaisance au nom de sa Sainctecé & que de toutes parts l'on faisoit des menees aux villes, & enuers les Princes de la maison de Lorraine pour faire vn effort à l'ouuerture de ladite assemblee, au contentement dudit Roy d'Espagne : dequoy ie fus tres marry, cognoissant que le secours de Rome nous manquoit en ceste occasion, & que tant de ressorts estoient bandez contre le Roy, que les gens de bien auoient prou d'affaires à souffrir, & ne sçauoient en ceste perplexité quel conseil prendre pour y remedier, ioint qu'il ne nous apparoissoit encores aucuns signes de la conuersion de sa Maiesté. Ie cognoissois bien que le general du Royaume estoit las de la guerre, que le nombre de ceux qui desiroient la paix croissoit tous les iours, qu'il seroit tres-difficile faire gouster & receuoir aux François vne domination estrangere: qu'il ne seroit pas plus facile d'accorder lesdits Princes au choix d'vn de leur maison pour souuerain, ny de les faire departir de leurs esperances en faueur d'vn Prince de la maison de France catholique: Toutesfois comme sa Maiesté de son costé ne s'aidoit point, mais estoit soubs main blasmee & trauersee d'aucuns qui la suiuoient, en fin ie m'aduisay pour ne nous laisser du tout aller aux torrens de ceste confusion, de proposer & moyenner, que les Catholiques seruiteurs de sa Maiesté rechachassent ceux de ladite assemblée à l'ouuerture d'icelle, d'vne conference pour ensemble aduiser aux moyens plus propres pour conseruer la religion Catholique & le Royaume, esperant que non seulement elle seroit approuuee de part & d'autre, comme chose qui ne pouuoit estre iustement blasmee ny refusee, mais aussi qu'elle pourroit engendrer des effects qui nous deliureroient de ce peril, dont ie donnay aduis au sieur de Fleury mon beau frere, afin qu'il fit sçauoir à M. le Duc de Neuers ou à tel autre qu'il aduiseroit estre à propos auprès sa M. que nous defaillant le secours du Pape, il ne nous restoit autre moyen de nous garantir que cestuicy, lequel fut incontinent & certes tres-soigneusement & soudainement embrassé & mesmes fondé tres à propos sur la declaration que fit publier lors M. le Duc de Mayéne, par laquelle il sembloit qu'il conuiast luy-mesme lesdits Catholiques à vne generalle reünion pour mesmes effects. Sur cela i'aduançay mon acheminement à Paris exprés pour en conferer auec M. de Lion qui y estoit arriué, & ledit sieur President Ianin lesquels à l'abordée approuuerent les aduis, & mesme me prierent d'exhorter lesdits catholiques d'en vser, comme i'escriuis soudain audit sieur de Fleury.

Ie me trouuay à l'ouuerture de ladite assemblée exprés pour fauoriser les conseils des gens de bien, & m'opposer aux autres, & fus appellé au cõseil quãd la lettre & proposition desdits catholiques ~~fut faicte~~ pour obtenir ladite conference ~~qui fut receuë, ouuerte & leuë~~: ~~desdits~~ les Cardinaux de Plaisance & de Pelleué, & auec eux dom Diego d'Ibarra ministre du Roy d'Espagne, d'eux Prelats estrangers de la suitte dudit Cardinal de Plaisance, messieurs de Lion de Rosne, de Belin, de Tauanes, Ianin & quelques autres du conseil dudit Duc, qui estoit au lict malade: soudain apres la lecture faicte par ledit Presidét Ianin, ledit Cardinal de Plaisance se leua, & sans aucune consultation & deliberation, dit en cholere que ceste proposition estoit pleine d'heresie, sortant de mains heretiques, & que ce seroit heresie d'y auoir esgard, & s'y arrester, partant qu'il falloit la ~~regler~~ reietter & plustost faire punir celuy qui l'auoit apportée que d'y faire responce ; ce qui fut approuué dudit Cardinal de Pelleué & grandement loüé dudit Dom Diego : toutesfois sur ce qu'il fut remonstré que ladite lettre ne s'addressoit pas seulement à M. de Mayenne, mais aussi à tous ceux de ladite assemblee, partát il falloit aduiser si l'on la leur communiqueroit ou non deuát que de la reietter, d'autant que le trompette d'icelle auoit dit à la porte de ladite ville qu'il estoit chargé d'vn escrit de la part des Catholiques qui estoiét aupres du Roy addressant à ladite asséblee, de sorte que chacun en estoit desia abreuué, il estoit à craindre que les deputez se mescontentassent, si à l'ouuerture de ladite assemblee qui deuoit estre libre, l'on leur celoit vne telle chose, & qu'elle fust supprimee sans leur communiquer : il fut ~~aussi~~ arresté que chacun y

[marg.] y estoient

[marg.] porteur

penseroit & qu'il en seroit deliberé le lendemain, où encores que le Cardinal de Plaisance eust r'enforcé la partie de quelques-vns qui auoient concerté leurs opinions auec luy deuant que de venir là, & faict prouision d'argumens pour fortifier la sienne: toutesfois il fut resolu que ledit escrit seroit apporté en laditte assemblee : ce que monsieur de Mayenne fauorisa, & croy que sans luy il fust passé autrement, tant ceste ouuerture desplaisoit aux estrangers, & à leurs adherens. Ie ne puis vous representer les contestations & disputes que ceste proposition engendra en laditte assemblee, parce que ie n'y fus point, à cause des brigues & partialitez dont elle estoit ja remplie, lesquelles estoient ordinairement accompagnees de reproches, aigreurs & violences insupportables à vn esprit nourry au conseil de nos Roys, comme i'ay eu l'honneur d'estre; ledit Cardinal de Plaisance qui y vouloit plustost regenter et presider, m'ayant quelques iours deuant commencé à attaquer, qui ce que ie m'opposois à vn certain serment qu'il vouloit que laditte assemblee fît à l'entree d'icelle, par lequel on s'obligeoit de ne faire iamais paix ny traicté auec le Roy de Nauarre, ses fauteurs & adherens, lequel n'eust point de lieu, pource que ledit Duc sur la plainte & remonstrance qui luy fut faicte de la consequence d'iceluy l'empescha, ioint que l'on auoit commencé à en destourner & bannir ceux qui n'estoient du corps de trois ordres, contre l'ordre auec lequel l'on auoit premierement arresté de former & tenir laditte assemblee, & sur lequel les gens de biens y estoient

estoient embarquez. Car il auoit esté resolu que messieurs du Parlement & des Comptes, & ceux du conseil dudit Duc, ensemble les Princes, ceux qu'ils appelloient officiers de la couronne, & les gouuerneurs des prouinces y assisteroient, & que chacun corps feroit sa voix à part, outre celle des deputez qui prenoiét le nom des estats composez desdits trois ordres; ce qui auoit esté composé ainsi exprés pour contrepoiser les voix de ceux cy, lesquels estoient pour la plufpart factieux, necessiteux, & ennemis du repos public, affamez du bien d'autruy, sans experience ou iugemét aux affaires publiques, esleus & venus exprés pour fauoriser les desseins desdits Espagnols: toutesfois ils auoiét tát de pouuoir qu'apres auoir fait réuerser la deputation des Ecclesiastiques de Paris contre les formes ordinaires, ils auoient aussi cómencé d'exclurre de laditte assemblee lesdittes cópagnies, du moins rendu leur assistance inutile, par ce que leurs voix n'estoient plus cóptees. Dauantage l'on ne dónoit loisir aux particuliers d'opiner, ie dis à ceux desdittes compagnies que l'on vouloit assuiectir à suiure les opinions des gráds, de sorte qu'vn homme de bien ne se pouuoit contenter ny seruir au public, aussi tout dependoit plus du bon plaisir & vouloir dudit Duc de Mayenne, encores qu'il fust souuent trauersé de quelquesvns, plus que de tout le demeurant: partant ie me contentay de faire en son endroit pour faire approuuer la proposition desdits Catholiques; l'office que ie deuois au public.

Mais comme l'on estoit sur ceste deliberation

M. de Mayenne partit de la ville de Paris pour aller receuoir l'armee que côduisoit le Comte Charles de Mansfeld, & pareillement le Duc de Feria auec son docteur nommé Dom Inigo de Mendoze, & le susdit Iean Baptiste de Tassis, tous Deputez pour le Roy d'Espagne pour venir en laditte assemblee, laquelle ledit Duc de Mayenne pria deuant que de partir ne deliberer des principaux affaires iusques à son retour, lequel il promettoit estre brief, remonstrant qu'il falloit attendre les Ambassadeurs de sa M. catholique, M. de Guise son nepueu & plusieurs autres personnages de qualité & deputez des prouinces qui estoient encores en chemin, deuant que de mettre en auant le poinct, pour lequel principalement laditte assemblee auoit esté conuoquee, qui estoit de l'eslection & choix d'vn Roy, comme chose qui importoit à tous & qui requeroit vn consentement vniuersel de tous ceux du party & nommement dudit Roy d'Espagne, sans l'ayde duquel côme le party ne s'estoit iusques alors maintenu, il estoit comme impossible de se deffendre à l'aduenir ny faire laditte eslection sans luy, à quoy il adiousta qu'il estoit necessaire aussi d'aller receuoir leur armee & l'employer à son arriuee, qu'elle estoit forte & gaillarde pour faire quelque bel exploit, qui fauorisast les vœux de laditte assemblee, laquelle en fin il ayma mieux laisser là, que de laisser prédre à vn autre le cómandemét de laditte armee, auec laquelle venant à faire quelque chose de remarque, il esperoit aussi s'en rendre plus recómandable, ioinct qu'il n'estoit sans ialousie que monsieur son nepueu prit cesteplace soubs pretexte de son absence.

LEDIT Duc m'asseura auant que partir que laditte conferéce auroit lieu, donna charge à ses amis de la fauoriser & faire approuuer en laditte assemblee, non à mon aduis qu'il pensast qu'il en deust succeder ce qu'il aduint, mais parce qu'il n'estoit côtent du Card. de Plaisance, ny des Espagnols, lesquels monstroient plus de faueur à son nepueu qu'à luy, & auoient des desseins contraires aux siens: il vouloit auoir plusieurs cordes en só arc pour se faire respecter & s'en seruir au besoin, estimât qu'il luy seroit facile de rendre laditte conferéce inutile, toutes les fois qu'il voudroit. Neantmoins ie croy qu'apres son partement elle eust esté renuersée, si messieurs de Lion & Ianin ne s'y fussent viuement employez, auec les gens de bien qui estoiét encores en laditte assemblee: Car ledit Card. de Pelleué ne la pouuoit gouster, & lesdits Espagnols auec leurs partisans y contredisoiét ouuertemét, & les Cours souueraines n'y estoiét appellez qu'à la discretion d'aucuns, & quand elles y alloient leurs voix estoiét debattuës. Mais à la fin ledit Cardinal de Plaisance se laissa persuader sur ce que l'on luy remonstra, que laditte cóference ne pouuoit estre reiettee sans faire murmurer la noblesse & le tiers estat qui la desiroiét & affectionnoient, comme ceux qui estoient las de la guerre, ne goustoiét volótiers le dessein desdits Espagnols & se persuadoiét de pouuoir par ceste conference gaigner vn grand aduátage pour la religion & leur soulagemét, d'autant qu'elle estoit demádee par les catholiques du party cótraire, afin d'aduiser

Rr ij

auec eux au moyen de conseruer la religion & le Royaume, dont ils esperoient qu'il aduiendroit ou que le Roy de Nauarre seroit contrainct d'obeyr à l'Eglise, ou que lesdits catholiques l'abadonneroiēt. De sorte que si maintenant l'on venoit à les priuer de ceste esperance en reiettant d'authorité leur aduis *et contre* moyens, il seroit à craindre qu'ils fissent pis, attribuant ce refus à ambition plustost qu'à zele de religion, comme plusieurs publioient desia sur les difficultez que l'on y faisoit, dont on le taxoit plus que nul autre. Mais que si l'on vouloit leur laisser esprouuer ce remede, il leur reüssiroit tout autrement, qu'ils n'esperoient, car ils seroient par iceluy rendus plus capables d'en embrasser apres vne autre, pourueu que l'on n'employast en la ditte conference quelques personnes de la fidelité desquelles l'on fust bien asseuré au party comme il estoit facile de faire ; Car il n'y auoit aucune apparence que le Roy fust pour quitter sa religion, estant bien aduerty qu'il n'auoit consenty l'ouuerture de ladite conference que pour contenter & amuser lesdits Catholiques, au nom desquels elle auoit esté proposée; & allentir aussi la resolution de nostre assemblée, faisant desia dire soubs main audit Duc de Mayenne qu'il la falloit reietter & empescher comme chose qui en fin leur estoit à tous deux plus desaduantageuse que autrement : qu'il y *aussi* auoit peu d'apparence d'esperer que lesdits Catholiques quittassent le Roy par le moyen de ladite conferēce, refusant sa conuersion : car premieremēt il n'y employroit que gens qui seroiēt du tout à sa deuotion, lesquels ne rapporteroient de laditte conference autre chose que ce qu'il leur commanderoit. Secondement comme les deputez de nostre ditte assemblee n'auoient charge de promouuoir laditte conuersion, mais seroient plustost aduertis soubs main de se monstrer esloignez d'en faire compte, ils estimeroient que les autres se garderoient bien de la proposer, & quand ils feroient autrement, il y auoit tousiours moyen de la faire esuanoüir, & s'en demesler en r'enuoyant le tout au Pape au sainct siege, de la volonté & des commandemens duquel il protestoit mourir plustost que de se d'epartir. Tiercement cependant l'armee estrangere approcheroit & feroit quelque effect qui releueroit les courages & l'esperāce des peuples, intimideroit les Politiques, & fortiffiroit les Zelez; que le Duc de Ferja viendroit aussi auec sa suitte, lequel auec les propositions qu'il deuoit faire au nom de ce grand Roy, & les moyens que l'on disoit qu'il auoit, rendroit toutes choses plus aisees & faciles qu'elles n'estoient ; en fin que l'on pouuoit se conduire en laditte conference de façon que le party en seroit plustost fortifié qu'affoibly. Ce sont les raisōs ausquelles le Legat se laissa vaincre: Ioint qu'il craignoit d'en estre blasmé à Rome, & tenu en France pour estre du tout Espagnol, comme il sçauoit que plusieurs desia le depeignoient, dont il estoit marry, parce que cela rendoit sa conduitte si suspecte, que l'authorité de nostre sainct Pere auec laquelle il agissoit, en estoit moins respectée.

LE Roy fit en ce temps-là vn voyage à Tours qui luy fut tres preiudiciable, car il donna loisir à ses ennemis de prendre la ville de Noyon qui fut lors attaquee par ledit Duc du Mayne & le Comte Charles, & fut contraint de leuer le siege de deuant Selles en Berry auec peu de reputation, & certes tres mal à propos sur l'enfournemét de cette assemblee de Paris, où il deuoit se monstrer plus puissant que iamais, pour renuerser les menees desdits estrágers: cela ioint aux defaueurs que le Cardinal de Gondy & le Marquis de Pisany reçeuoient de sa Saincteté, haussoient grandement les cœurs ausdits estrangers & à leurs adherens, lesquels estoient encores fortifiez non seulement de la diuision & mauuaise intelligence, que l'on sçauoit estre entre les Princes de la maison de Lorraine, lesquels en leur assemblee & conference de Reims, s'estoient plustost diuisez & trompez, que resolus & accordez, mais aussi de certaines recherches & petites menees qu'aucuns du party de sa Majesté faisoient parmy nous. D'auantage la mort du Duc de Parme, ores qu'elle eust affoibly le party du grand chef de guerre, auoit toutesfois tellement remis Monsieur de Mayenne en goust desdits Espagnols, que chacû s'aperceuoit qu'il vouloit se r'apatrier auec eux, esperant que le Roy d'Espagne apres la perte d'vn tel Capitaine & seruiteur se relascheroit de ses premiers desseins, lesquels ne pouuoient estre conduits par ses autres ministres auec telle authorité que ~~l'autre~~ *la sienne*, ou bien qu'il n'y auroit plus de difficulté qu'il n'eust cy apres la principalle & entiere charge des forces & deniers que ledit Roy enuoyroit en France, auec quoy il pourroit faire tellement ses affaires, que s'il n'obtenoit le premier lieu, il s'establiroit si bien au second, que celuy qui seroit esleu Roy ne le seroit en effect plus que luy. Toutesfois comme ledit Duc ne peut, ou voulut se resoudre de quitter du tout les esperances de l'vn, dont il s'estoit tousiours repeu pour s'attacher à l'autre, rencontrant à Soissons ledit Duc de Feria, accompagné dudit docteur & de Iean Baptiste de Tassis, ils traitterent auec luy comme à celuy duquel ils ne se pouuoient bonnement fier, & luy auec eux comme personne qui estoit irresoluë de ce qu'elle deuoit faire, de façon qu'il eut beaucoup de peine d'en tirer de l'argent, & fut contraint de leur promettre des choses qu'il ne leur obserua, ainsi qu'ils ont publié depuis.

IE m'estois retiré à Pontoise apres le partement de Paris de Monsieur de Mayenne, attendant la resolution de laditte conference & le retour dudit Duc, me recognoissant inutille en laditte ville de Paris en son absence.

LE Roy reuint trop tard pour secourir Noyon, mais aussi laditte armee estrangere se defist en ce siege, de façon qu'elle ne peut rien entreprendre depuis, dont les Parisiens se plaignoient grandemét, par ce qu'ils n'en receurent aucun soulagement, comme on leur auoit promis, & à son arriuee elle eust esté employee plus prés d'eux, dequoy ils accusoient ledit Duc, dont Don Diego d'Ibarra & les Zelez faisoient grand bruit, comme s'il l'eust empesché exprés, pour tenir tousiours ladicte ville en necessité, luy faire de plus en plus detester la guerre & la desesperer du secours d'Espagne: toutesfois il est certain que ce fut le sieur de Rosne qui fut cause plus que nul autre que ladicte armee fut employee contre ladicte ville de Noyon, laquelle il auoit failly à surprendre quelques iours deuant, & la vouloit auoir pour sa retraitte : i'estime aussi que ledit Comte Charles ne se sentant trop fort, fut bien ayse d'estre arresté sur la frontiere sans s'engager plus auant dans le Royaume.

Ladite conference arrestee de part & d'autre, Monsieur, vous fustes mandé en vostre maison par le Roy pour y seruir, certes au grand contentement des gens de bien des deux partis pour vre probité & experience aux affaires, non moins recogneuë & desiree d'vn chacun, que necessaire en cette tourmente & confusion publique.

Deslors aussi nous commenceasmes non seulement à mieux esperer des affaires, mais aussi à y voir vn meilleur acheminement que deuant : car comme vous eustes ioint la prudence à la force, ce qui n'auoit encores esté pratiqué, la raison surmonta bien-tost la passion, & fut le voile leué qui couuroit les artifices & desguisemens, auec lesquels le public & les particuliers auoient esté abusez de part & d'autre iusques alors, à quoy si on eust pourueu plustost, nos maux n'eussent pas tant duré. La conference fut commencee sur la fin du mois d'Auril, & cette premiere petite trefue aux enuirons de Paris accordee deuant le retour dudit Duc de Mayenne qui ne qui n'en fut pas content, soit que l'on se fust plus aduancé, ou que l'on eust plus entrepris qu'il ne desiroit, ou que la ioye qu'il trouua qu'en demenoient les Parisiens luy apportast quelque crainte & apprehension de l'aduenir.

IE ne fus comme vous sçauez à l'ouuerture de laditte conference, parce que ie ne fus compris au premier nombre des deputez, pour lesquels on auoit demandé passeport encores que l'on m'eust mandé que ledit Duc de Mayenne m'auoit nommé & escrit de m'y trouuer de sa part : mais M. de Belin y fut employé en la place que l'on m'auoit ordonnee, par l'aduis d'aucuns, que pour mon absence il fut iugé à propos d'en vser ainsi, & pour complaire aussi aucunement ausdits Espagnols & Zelez, lesquels ne m'y desiroient pas, car i'estois trop descouuert d'eux : toutesfois i'y fus adiousté du depuis, mais ayant recogneu qu'on se vouloit seruir de laditte conference, plus pour abuser le monde que pour bien faire au public, ie voulus attendre le retour à Paris de M. de Mayenne deuant que d'y retourner pour me ioindre aux Conseils des gens de bien aupres de luy ; sans aller en laditte conference, cognoissant, comme i'ay dit que l'on n'y marchoit de bon pied.

MONSIEVR, vous sçauez mieux que personne qu'elle en a esté la conduitte, & ce qui s'y est passé, partant il ne m'appartient d'en parler deuant vous, ie diray seulement que la patience dont sa Majesté vsa en icelle par vostre aduis & des gens de bien qu'elle y employa durant & depuis le siege de

S f

Dreux, fut cause d'vn grand bien, car chacun commença à loüer sa bonté & à recognoistre & detester la foiblesse, la presumption & l'impudence desdits Espagnols, mesmes quand ils s'opposerent, à la trefue proposee au nom de sa Majesté, par le moyen de laquelle l'on eust sauué laditte ville de Dreux, qu'ils ne peurent secourir faute de forces: mais ils aymerent mieux boire cette honte, que d'approuuer ou tollerer laditte trefue, tant ils craignoient qu'elle engendrast la paix, voyant le peu de compte que l'on auoit faict de leurs propositiós, & que ledit Duc de Mayenne ne les assistoit en leurs pretentions comme ils desiroient, ioint qu'ils esperoient suiuant leurs premiers conseils nous persuader & auoir plustost par necessité que par raison, tant ils se défioient de nous & d'eux mesmes, & cognoissoient mal nostre naturel François.

Neantmoins ils furent si mal aduisés & temeraires qu'ils ne laisserent de faire proposer & desduire en pleine assemblee les droits & pretentions de leur infante sur ce Royaume, & demander la couronne pour elle & l'Archiduc Ernest les mariant ensemble; dont aussi ils furent mocquez & blasmez d'vn chacun, mesmes reprins d'aucuns qui leur auoient esté affectionnez, voyants contre leur esperance qu'ils nous voulloient faire violer nos loix & rendre nos maux eternels pour contenter leur ambition, & se garantir à nos despens soubs pretexte de pieté, encores estant foibles, hays & mesprisez comme ils estoient, & nous pressez & desesperez comme nous estions, tout ainsi que s'ils eussent eu à faire à gens perdus, & sans sentiment & memoire des belles & precieuses protestatiõs qu'ils nous auoient faictes du commencemẽt de la guerre, que leur Roy ne pretendoit rien en ce Royaume, & qu'il ne nous assistoit que par zele de religion, & pour empescher le regne d'vn Heretique sur vn peuple si Chrestien qu'estoit celuy de la France. Ce qui leur fut depuis reproché assez à propos en vne assemblee particuliere par vn prelat qui les auoit tousiours creus à leur parolle, leur disant qu'ils auoient par cet acte descouuert leur turpitude, dequoy ils furent plus scãdalisez que dissuadez.

TOVTESFOIS voyant que nos oreilles Françoises ne pouuoient entendre ceste domination du tout estrangere, ils offrirent peũ apres qu'eslisant leur infante Royne ils la mariroient à vn Prince François en y comprenãt ceux de la maison de Lorraine au choix de leur Roy, lesquels ils rendirent apres en secret à Monsieur le Cardinal de Lorraine ou à M. le Duc de Guyse cuidant par ce moyen nous faire franchir le sault qu'ils desiroient. Cecy fut receu diuersemẽt, & vous asseure que s'ils eussent esté aussi ruzez, qu'ils pensoient estre la beste estoit prise, car l'on leur offroit sur cette ouuerture d'eslire dés à present en ladicte assemblee ladicte Infante Royne conjointement & solidairement auec le Prince susdit, que sa Majesté Catholique choisiroit pour l'espouser, à condition toutesfois que la declaration & publicatiõ seroit sursise iusques à ce que ledit mariage fust accomply: & pour ce qu'ils remonstrerent, qu'ils ne vouloient que ladicte In-

reduisirent Bourbon

Sf ij

fante pour sa dignité partist d'Espagne deuant laditte declaration, L'on adiousta que ladite assemblee dés à present depescheroit ou donneroit pouuoir à M. de Mayenne de deputer certains Ambassadeurs ou procureurs qui passeroient en Espagne auec le Prince, que ledit Roy d'Espagne choisiroit pour gendre pour y faire manifester laditte declaration, & recognoissance, au nom de tous en contractant & effectuant ledit mariage, mais ils reiectoient ledit offre comme indigne de la Majesté de leur Roy, & de l'obligation que le party luy auoit.

Ie m'estois rencontré par hazard en vne compagnie particuliere où cecy auoit esté proposé, que i'auois contredit tant que i'auois peu, non que i'eusse opinion que ledit Roy d'Espagne fust pour iamais marier sa fille à vn desdits Princes, mais pour ce qu'on vouloit que laditte asseblee fist dés à present laditte eslection, & donnast sa procuratió pour ce faire, considerant que quand laditte resolutió auroit esté passee encores qu'elle fust conditionnee, toutesfois qu'il seroit apres facile d'en oster ou changer la condition, & de la faire obseruer soubs pretexte du bien public; partant que laditte Infante iouiroit seulle de laditte eslection sans faire ledit mariage: car quand laditte assemblee seroit separée apres auoir determiné cette eslection, personne ne pourroit d'effendre l'execution conforme au decret d'icelle, & si elle nous auroit rendus irreconciliables à iamais auec le Roy & les Princes du sang: neantmoins ma remonstrance fut innutile, car non seulement il fut arresté que l'on feroit ladite proposition aux Ambassadeurs dudit Roy, mais aussi que l'on n'en diroit rien en ladite assemblee generalle qu'apres leur response: dont ie fus si scandalisé, qu'à l'heure mesme ie prins congé dudit Duc de Mayenne, luy disant ne vouloir demeurer en lieu où l'on fit si bon marché de l'honneur & des loix de nostre nation, & de tout le Royaume ensemble à la ruine de nostre religion.

La ville estoit en grande crainte & rumeur de tous ces traictez, voyant qu'ils estoient escoutez & fauorisez des grands, & qu'il n'estoit permis à personne d'y contredire : le Parlement plus que tous autres s'en alteroit & esmouuoit dauantage, quelques vns sollicitoient monsieur de Mayenne de prester l'oreille à vne pratique qui se faisoit soubs le nom de Monseigneur de Bourbon combien que i'estime qu'il en fust ignorant, auec lequel ils le conseilloient de traicter pour se deliurer desdits Espagnols, lesquels vouloient preferer tout le monde à luy, & n'estre contrainct aussi de composer auec sa Maiesté, estant de contraire religion, d'autant qu'il ne pouuoit plus maintenir le party sans Roy : l'on luy disoit que ledit Cardinal seroit suiuy des catholiques qui seruoient le Roy, que plusieurs villes du party de sa maiesté en feroient de mesmes, & qu'il asseureroit mieux & plus honorablement sa fortune auec luy qu'auec tous les autres. Cecy passa si auant que l'on escriuit & fit-on signer des articles audit Duc, qui furent baillez à vn personnage d'honneur pour en estre porteur audit sieur Cardinal, ie ne fus

le Cardinal

Sf iij

employé en ceste negociation ; toutesfois elle me fut communiquee & me sembloit que ledit Duc y entroit mal volontiers, mais aucuns esperoient qu'à la fin il s'y resoudroit & que chacun en feroit de mesmes iusques aux Espagnols ; ie n'estois de leur aduis ains preuoyois que ledit Cardinal seroit trópé, dont me plaignant à vn de ceux à qui ce traicté auroit esté descouuert, il me dit que soit que l'on abusast ou non ledit Card. il falloit mettre peine de le retirer, parce que l'on affoibliroit d'autant le Roy de Nauarre, & thoubleroit-on ses affaires, dequoy ie ne me peus garder de me plaindre & mesme en dire mon aduis à vn gentil homme seruiteur dudit Cardinal, qui oyant parler de ce traicté s'estoit addressé à moy, & m'auoit conuié de ce faire en home de bien. Ie veux croire que ledit sieur Cardinal, comme i'ay creu, ignoroit ceste pratique, mais il est certain que ceux qui se disoient ses seruiteurs qui la poursuiuoient, ne voyoient goutte aux affaires ny aux volontez de M. de Mayenne & des autres Princes du party, celuy auquel lesdits articles furent confiez, ne fut pas si tost party de Paris que ledit Duc se repentit de la charge qu'il luy auoit donnee, & l'enuoya prier d'en differer l'execution, de sorte que bien luy prist de ne s'y estre ingeré legerement, ce qu'il fit par prudence & conseil, car il eust esté resposable du mal qui en fust arriué s'il s'y fust embarqué, dont il eust eu grand regret, car il y alloit à la bonne foy : mais les mescontentemens publics que lesdits Espagnols recognoissoient qu'on auoit d'eux, auec l'aduis qu'ils eurent du traiété susdit qui se brassoit auec ledit Cardinal, feurent cause qu'ils declarerent, apres auoir refusé l'offre cy deuant dit, qui leur auoit esté faict, que le Roy d'Espagne mariroit plustost & sacrifiroit sa fille auec M. de Guise pour le bien de la religion, que de manquer à vn seul poinct de son deuoir pour ce regard, pourueu que dés à present elle fust esleuë Royne & luy auec elle Roy de France, esperant par ceste proposition qui estoit tres-aduantageuse & honorable à la maison de Lorraine, non seulement assoupir lesdits mescontentemens & traictez contraires à leur dessein, mais aussi obtenir facilement ladite eslection de ladite assemblee: Et veritablement plusieurs d'abordée s'en resiouyrent, cuidans auoir ville gaignee & que c'estoit chose qui deuoit estre embrassee d'vn chacun. A quoy tels se laisseret aller qui auparauant n'auoient faict cas de toutes les ouuertures & promesses desdits Espagnols, trasportez d'affection enuers ledit Duc de Guise. Cecy estonna M. de Mayenne soit qu'il creust que lesdits Espagnols vouloient tromper monsieur son nepueu & le party, ou qu'il n'eust pas enuie qu'il fust preferé à luy : sur cela il fut conseillé de demander ausdits Espagnols quel pouuoir ils auoient de leur Roy de faire ladite proposition, & de là dire, s'ils l'auoient & le monstroient qu'il y consentiroit, & s'assembleret pour cela en la maison du Cardinal de Plaisance, où celuy de Pelleué se trouua auec les ministres dudit Roy d'Espagne & quelques autres & luy firent voir vn endroit de leurs instructiôs qui faisoit mention de ladite ouuerture par forme

d'alternatiue, soit que ladite alternatiue y eust esté adioustee par eux exprés ou non, mais il aduint que ce qu'ils esperoient leur donner gain de cause les en esloigna plus que deuant, & accreut leur honte. Car ledit Duc de Mayenne par ialousie ou autrement s'opposa lors ouuertemét à ladite ellection, mesmes auec alteration: le parlement s'aduança aussi de donner vn arrest contre icelle, qui fut tres-magnanime & de grande efficace enuets vn chacun, l'assemblee mesmes en fut plus diuisee & troublee que deuant. Car plusieurs creurent que ce party auoit esté mis en auant par lesdits Espagnols pour esbloüir la compagnie & la conduire comme insensiblemét à l'ellection de ladite infante & par consequent à la ruine de l'estat, sous l'allechement dudit mariage, lequel ils ne pouuoient croire que le Roy d'Espagne eust aucune enuie de ce faire, pour les raisons qui y contredisoient. Ledit Duc plus que nul autre soustenoit ceste opinion, demandoit d'estre mieux asseuré dudit mariage deuant qu'il fust procedé à ladite ellection, voir aussi les forces & deniers necessaires pour la soustenir, & pareillement qu'il fust procedé à la recompense de ses peines & trauaux qu'il faisoit valoir, & comme ledit Duc auoit plus de credit en ladite assemblee que tous autres, & que son opinion estoit plausible, il accolla facilement ceste resolution, assisté des Politiques au grand regret des zelez & des seruiteurs dudit Duc de Guise, lequel neantmoins se monstra en ceste occasion plus sage & temperé que son aage & le subiect ne le permettoient, dont il fut grandement
loüé

loüé & estimé: lesdicts Espagnols creurent que ledit Duc de Mayenne auoit poussé le Parlement à donner leur Arrest: mais cela n'estoit point, car ladite Cour auoit pris ce conseil d'elle-mesme meuë de son honneur & deuoir, comme gens qui aymoient mieux perdre la vie que manquer à l'vn & à l'autre en cette occasion en conniuant au renuersement des loix du Royaume, dont par leur institution ils sont protecteurs, & à ce faire obligez par les sermés de leurs receptions; *il apparut* après aussi par l'accueil que receut monsieur le Presidét le Maistre, & ceux qui l'assistoient, dudit Duc de Mayenne, & ceux qui l'accōpagnoient quand il luy porta ledit Arrest, & fit la remonstrance de la Cour qu'il n'y auoit consenty, & s'entédoit tres mal auec icelle, dont ceste action fut d'autant plus loüee que le peril en estoit plus grand, & certainement elle seruit grandement, & faut que ie die que le Royaume en demeure obligé à laditte Cour.

Cette varieté & diuersité de demandes & propositions desdits estràgers faites si à coup, offença plusieurs personnes, descouurit leur ambitiō auec leur foiblesse & impudence, ce qui les rédit encores plus mesprisez que deuant, chacun croyant qu'ils n'auoient mis en auant Monsieur de Guise, que pour faire eslire plus facilement leur Infante, diuiser nos chefs, perpetuer nos miseres sous pretexte de pieté, l'on trouuoit sur tout estrange qu'ils eussent entrepris ce fait mal garnis de forces, d'argent & de reputatiō, cōme ils estoient: car lors leur armee s'estoit retiree & mutinee par faute d'argent, le Roy ve-

Tt

noit de prendre Dreux à leur barbe, & n'auoient dequoy donner à viure à personne, ils viuoient eux mesmes tres mescaniquement, desorte que tels qui estoient venus disposez de les fauoriser & seruir en payant, les maudissoient voyants qu'il n'y auoit rien à gaigner auec eux : toutesfois ils estoient si impudens, ou nous tenoient pour si sots & stupides, qu'ils s'offençoient & disoient s'esmerueiller dequoy nous refusions & faisions doute seulement de sacrifier à leurs fumees, nos consciences, nos libertez & nos biens.

Et comme nous estions en ces perplexitez, Dieu ayant compassion de la France & de nous, voulut toucher le cœur du Roy de la cognoissance de nostre religion, qui estoit le seul remede à nos maux qui nous restoit. Ceste nouuelle fut receuë de ceux qui sans passion desiroient la cóseruation de la religion & du Royaume, auec autant d'allegresse que si l'on leur eust donné la vie; & comme naturellement nous doutons de ce que nous desirons, iusques à ce que nous voyons l'effect reussir, chacun discouroit de ce changement entre l'esperance & la crainte, non sans emotion & alteration mais diuersement : les estrangers & leurs adherans faisoient prouision de moyens pour d'escrier & trauerser vne si saincte & louable resolution, blasmants ouuertement ceux qui s'en reiouyssoient, & s'efforçant de faire desgouster mesmes sa Maiesté, laquelle n'ayant legerement & à demy pris ce party, se rendit à sainct Denys, où elle fut admise & receuë en l'Eglise par les Prelats & Docteurs assemblez pour cet effect, auec les ceremonies & solemnitez qui y furent gardees, où vous estiez pour en parler mieux que nul autre. Et comme apres tant de declarations & protestations que monsieur le Duc de Mayenne & plusieurs du party auoient faictes & publiees de recognoistre sa Maiesté apres sa conuersion, rien ne pouuoit plus nous excuser de ce faire, si nous ne voulions estre tenus pour meschans & ennemis de nostre patrie, & de nostre religion. Ceux qui craignoient ceste recognoissance, mirent en auant qu'il estoit necessaire de consulter auec le Pape de ce faict, & que sa Maiesté receust l'absolution des mains mesmes de sa saincteté pour rendre sa conuersion vallable, ne l'osans ouuertement reietter du tout. Et combien que plusieurs soupçonnerent, voire creurent que ceste difficulté de remise au Pape, auoit esté proposee autant pour empescher l'effect de ce bon œuure, que pour le rendre entier & parfaict : toutesfois comme chacun creut aussi que sa Maiesté n'auoit point franchy ce saut, pour apres refuser ce deuoir & respect enuers sa saincteté & le sainct siege, l'on embrassa ce Conseil qui fut aussi-tost approuué & bien receu de sa Maiesté & de ses seruiteurs auec grande prudence & franchise, au grand contentement des gens de bien.

PARTANT il fut aduisé de faire vne cessation d'armes pour trois mois, durant laquelle on enuoyroit vers sa Saincteté de part & d'autre pour sçauoir son intention, ie fus mandé & employé

Tt ij

en ce traicté auec vous, Monsieur, & les autres seigneurs qui y furent deputez, où sa Maiesté fit bien paroistre qu'elle desiroit à bon escient arrester le cours des miseres publiques, car elle traicta quasi du pair en toutes choses auec ledit Duc de Mayéne, sans auoir esgard à sa dignité ny à son authorité, cóme l'on a veu par les articles qui furent accordez & publiez, ce qui fut blasmé d'aucuns, qui ont depuis esté cogneus par les euenemens auenus & que sa M. auoit esté tres-bien cóseillee. C'est grande prudéce aussi de ceder quelquesfois au téps & aux occasions qui se presentét, car par ce moyen l'on euite souuent de grads perils, lesquels passez l'ó recouure apres facilemét voire au double ce que l'on y a mis. Si sa M. eust voulu s'opiniastrer & ne traicter auec ledit Duc du Mayne que cóme auec son suiect, iamais il n'eust accordé la trefue, quoy aduenant l'assemblee de Paris ne se fust separee sans traicter auec lesdits Espagnols & faire vne Royauté: Car le party ne pouuoit plus soustenir la guerre sans faire l'vn ou l'autre, ce qui eust perpetué nos miseres, & eust à l'aduéture osté le moyen & la commodité à ceux qui ont depuis recogneu sa Maiesté de ce faire, car personne n'auoit encores bien concerté ceste deliberation & executió, & si peut-estre que plusieurs eussent creu n'estre iuste ny honorable de ce faire, si la guerre eust tousiours duré, mesmemét estát recóneuë ladite M. estre seule cause du refus de ladite trefue pour sa particuliere cósideration. Car chacun luy eust imputé le malheur public & eust excusé sur la necessité tout ce que ledit Duc eust fait pour se deffendre, au côtraire de ce qui est aduenu. Car pour auoir sa M. si franchement & librement accordé ladite tresue & la prolongation d'icelle, & ledit Duc refusé de traicter la paix durant icelle auec sa Majesté, elle a tellement iustiffié ses intentions & ledit Duc condamné les siennes, qu'elle a acquis & luy perdu plus de seruiteurs & de villes en trois moys qu'ils n'eussent peut-estre en dix ans, tant la iustice & le droit ont de puissance sur les hommes specialement apres que les maux les ont faict sages.

Depvis ladite cessation d'armes ie me suis trouué auec vous aux deux assemblees & conferences qui ont esté faictes à Andresy, & à Milly, pour aduiser aux moyens de pacifier le Royaume, comme de part & d'autre nous disions auoir volonté de faire, où vous sçauez qu'il auoit esté proposé, debattu, & comme accordé plusieurs poincts & articles concernans le general & le particulier, qui nous donnoient esperance d'vn meilleur succeds que celuy qui s'en est ensuiuy, & croy certainement que s'il nous eust esté permis de conclurre & parfaire le marché que nous l'eussiós faict lors tresaduantageux pour la religion, voire pour ceux de la Ligue, tant vous nous faisiez paroistre saditte Majesté estre disposee d'accorder pour ce regard tout ce qu'honnestement l'on pouuoit desirer d'elle, dont ie ne diray les particularitez, car vous les sçauez comme moy, & me semble aussi qu'il suffit d'en parler en termes generaux. Mais comme il fut dit & arresté qu'il falloit attendre la volonté du Pape deuant que passer outre, il fut aussi resolu &

promis que chacun feroit son deuoir enuers sa Sainctété en faueur de la paix publique : pour moy ie l'entendois & croyois ainsi, parce que ie cognoissois que c'estoit nostre deuoir, le bien & aduantage de tous.

Que ledit Duc de Mayenne m'auoit asseuré que c'estoit son but, qu'il me sembloit qu'il auoit trop mal traicté les Espagnols pour s'attédre plus à eux, & que le President Ianin estoit employé en cette negotiation, qui estoit celuy de tous ses seruiteurs & amis auquel il se fioit le plus, & qui cognoissoit mieux aussi l'interieur de son cœur, comme ie dis audit Duc, quand il me pria d'aller à Andresy ; & partant que ie ne voulois prendre autre asseurance de son intention, allant en cette commission que la compagnie dudit President, auec lequel il ne falloit craindre que ie fusse desaduoüé, comme i'auois esté auparauant ; ioint qu'il me sembloit, qu'il estoit trop aduisé & bien conseillé pour laisser perdre cete fois l'occasion & les moyens qu'il auoit de s'accommoder auec sa Majesté, comme ie luy auois souuét dit de sa part, & par son expres commandement qu'il feroit si tost qu'elle seroit Catholique ; luy remonstrant qu'en ce faisant il asseureroit grandement nostre religion, qu'il ne fortifiroit pas moins le party Catholique, iustifiroit ses armes & les nostres, nous deliureroit de la tyrannie des estrangers, qui auoient iuré sa ruine & la nostre, acquereroit vne gloire immortelle, obligeroit à luy non seulement la Frácé mais aussi toute la Chrestiété qui gemissoit auec nous de nos miseres :

Qu'il demeureroit en ce faisant chef non seulement de ceux de son party, mais auec le temps des autres Catholiques qui auoient suiuy sa Majesté, pour à l'aduenir accourir à luy & se r'allier au premier effort que l'on entreprédreroit côtre la religiõ, comme ceux qui attribuoient à sa conduite & à ses armes l'honneur & le gré de la conseruation d'icelle, & mesmes de la conuersion de saditte Majesté qu'il ne deuoit craindre d'auoir faute d'authorité & de seureté tandis qu'il y auoit des Huguenots en ce Royaume à cause de l'enuie & inimitié que leurs portoient les Catholiques, lesquels seroient plus vnis en paix qu'en guerre, d'autant que le besoin qu'ils auoient en icelle les vns des autres les faisoient viure & compatir ensemble, ce qu'ils feroient difficilement sans cela, de sorte que lesdits Catholiques auroient soing de luy & de sa grandeur comme de leur protecteur : bref qu'il retiendroit les villes du party à sa deuotion & ses amis interessés à sa conseruation s'il leur procuroit ladicte paix, sãs laquelle ie n'estimois pas qu'il les peust lõguemét cõseruer apres la conuersion de sa Majesté, tant chacun estoit las de la guerre & mal edifié des Espagnols; qu'il ne deuoit point douter aussi que le Pape & le Roy d'Espagne n'eussét soin de luy apres ladicte paix autant & plus que deuant. Car cõme il auroit moins de besoin d'eux, il en seroit plº estimé & recherché cõme il se pratique ordinairemét entre les Roys & Princes, lesquels n'affectionnent que ce qui leur est necessaire, & m'esprisent ordinairement ceux qui ne se peuuent passer d'eux, qu'ils trauerseroiét & empefcheroiét ladicte paix de toutleur pouuoir deuát qu'elle fuft cócluë. Mais quand elle feroit vne fois accordee & publiee,s'ils ne l'approuuoient foudain, ie m'affeuroisqu'ils ne s'y oppoferoiét ouuertement, & qu'auec le temps ils s'y accommoderoient : car ce que la paffion empefche pour vn temps eft en fin emporté par la raifon & l'vtilité. Quoi foit que fa Sainéteté s'oppofaft à l'vnion de toute la France & que le Roy d'Efpagne fe vouluft charger d'vne telle querelle,fur la fin de fes iours,efpuyfé d'hommes & d'argent comme il eftoit, ie ne pouuois,& me fembloit auffi qu'il ne deuoit croire l'vn ne l'autre, le premier eftant obligé comme pere commun d'auoir trop de foin de ce Royaume tres-Chreftien pour n'en defirer le repos auec la conferuatió de la religion:& l'autre trop mal voulu en iceluy auec fes miniftres pour efperer à l'aduenir d'y faire fes affaires, mefmemét apres laditte paix, mais quand ils en vferoient autrement, que l'experience aprenderoit bien toft à l'vn, & la neceffité à l'autre, qu'ils auroient pris vn tres mauuais & perilleux confeil pour la religion Catholique & leurs propres Eftats, comme pour toute la republique Chreftienne. Que tous Meffieurs fes parens fatacheroient auffi à fa fortune de bonne volonté ou par neceffité. Car comme ils le verroient accompagné & fuiuy en cette refolution, ainfi qu'il feroit indubitablement des principales villes du party & des gouuerneurs d'icelles, ils fe garderoient bien de demeurer derriere, ny de perdre cette occafion de pouruoir auec luy à leur feureté & à leurs affaires,

que

que ie ne sçauois pas quel aduantage on luy feroit, car c'estoit chose de laquelle il n'auoit encores esté parlé, mais que ie ne doutois point qu'on ne luy accordast en honneurs, en charges & dignité, & en argent pour luy & pour les siens tout ce qu'honnestement il pouuoit desirer & demander, & que le tout ne se fist au gré d'vn chacun de part & d'autre, tant seroit grand & estimé son merite enuers le public moyennant laditte paix. Que ie luy conseillois bien de se contenter plustost de mediocrité, que de se surcharger d'enuie, parce que l'vne estoit plus seure *et durable* que l'autre; qu'il auoit des enfans qu'il aymoit, à la fortune desquels il deuoit penser, comme de la sienne : Ioint que i'auois toute ma vie remarqué que ceux qui auoient voulu precipiter la leur, l'auoient plustost recullee qu'auancee, chaque fruit voulant estre cueilly en sa saison pour estre de bonne garde. Qu'il ne m'appartenoit de luy representer l'Estat du Royaume ny celuy de la Cour, parce qu'il en estoit à mon aduis mieux informé de l'vn & de l'autre que ie n'estois; mais qu'il me sembloit luy pouuoir & deuoir dire en conscience, que s'il *y pensoit* l'espluchoit & bien consideroit, il trouueroit plustost matiere d'esperer que de craindre à l'aduenir. Partant i'estois seulemét d'aduis qu'il eust soin de conseruer sa reputation, maintenir les Catholiques, mesnager ses vieux amis en acquerir d'autres, bien allier ses enfans faire prouision d'argent, & se tenir loing de la Cour apres auoir faict laditte paix, asseuré ce faisant d'estre à l'aduenir plus recherché, vtile & necessaire que iamais, sans d'auantage s'opiniastrer à poursuiure par les armes vn dessein pour s'aggrandir, qui estoit plus imaginaire que bien fondé, au peril de la religion, du Royaume, de sa reputation, de ses amis, de sa vie & de ses enfans, blasmé, enuié & trauersé d'vn chacun dedans & dehors la France, iusques à ses propres parens, plein d'iniustice & d'impossibilitez de luy esprouuees & encores mieux recogneu de tous, croyant si cette fois il ne s'en departoit que chacun l'abandonneroit pour traitter sans luy auec le Roy, ou auec celuy d'Espagne, dont plusieurs estoient desia recherchés, & à mon aduis resolus, cognoissans n'y auoir plus de salut enuers luy, estant mal comme il estoit auec les Espagnols, & sans resolution de ce qu'il auoit à faire enuers sa Majesté: que s'estoit bien faict de rendre au Pape le respect qu'il auoit esté proposé, deuant que de conclurre tout à faict à laditte paix, & la publier; mais qu'il ne deuoit pas laisser cependant de la faire esbaucher, de façon qu'il n'y eust plus rien à redire tant pour le general que pour le particulier, quand il receuroit l'intention de sa Sainɔteté, laquelle embrasseroit bien plustost le party de nostre repos, quand elle sçauroit auoir esté pourueu à la seureté de nostre religion par aduis commun des Catholiques, que quand on se remettroit à sa Sainɔteté, d'autant qu'elle feroit difficulté & peut estre conscience de se charger de ce soin & d'vne telle enuie mesmes, estant tenuë de court par les Espagnols comme elle estoit: Ioint que sa Saincteté ne pouuoit iuger ny cognoistre si bien que nous ce qui estoit necessaire de faire pour ce regard pour estre loing de nous, & luy auoir tousiours esté la verité des choses desguisee: que la reuerence que l'on portoit en ce Royaume à sa Saincteté, & au sainct Siege estoit grande, mais qu'il estoit certain que tel bien ne seroit desormais assez fort pour maintenir le party en vnion contre les efforts de la necessité, & le degoustement que l'on auoit desdits Espagnols, mesmement si sa Saincteté mesprisoit l'obeïssance & submission de sa Majesté, comme aucuns osoient desia dire qu'elle feroit, estant certain que ceux qui s'attacheroient à ce pretexte pour faire durer la guerre sans auoir esgard à la conuersion de sa Majesté, en seroient mauuais marchands, d'autant que la longueur & rigueur de nos maux nous auoient ouuert les yeux & rendus plus sensibles que nous n'estions au commencement de la guerre, que transportez de zele ou de passion nous croyons en parolles, & pouuoir mieux conseruer la religion & asseurer nos fortunes par la guerre que par la paix. Partant ie le suppliois & conseillois de l'embrasser viuement, & s'y conduire de façon, que si Dieu nous vouloit tant punir qu'elle ne se fis, que chacun sceust & cogneust au moins n'auoir tenu à luy, affin de n'attirer sur luy le blasme la hayne & malediction publique, que ne pouuoient euiter ceux qui l'empeschoient.

IL fit demonstration de prendre en bonne part ma remonstrance, m'asseura qu'il desiroit la paix de cœur & d'affection qu'il ne tiendroit à luy qu'elle ne fust faicte cognoissant que c'estoit encores le meilleur moyen de tous ceux qui se presentoient pour conseruer la religion & asseurer sa fortune, à cause de la foiblesse & mauuaise conduite desdits Espagnols, auec lesquels il me disoit ne pouuoir plus compatir, & principalement auec Dom Diego d'Ibarra qui estoit insupportable, mais qu'il falloit conduire & manier les choses dignement, affin de contenter le Pape, & que le Roy d'Espagne & ses amis de dedans & dehors le Royaume n'eussent occasion de se plaindre de nous apres auoir employé pour le party ce qu'ils y auoient mis; & aussi qu'il estimoit ce poinct estre des moins importans pour asseurer la religion & sa fortune, & que le salut public dependoit principallement de l'vnion & bonne intelligence du party auec sa Saincteté, & ledit Roy d'Espagne, laquelle il ne pouuoit conseruer s'il concluoit ce traicté sans eux: partant qu'il enuoiroit vers eux gens expres pour cet effect, & qu'il ne cesseroit de poursuiure ce bon œuure qu'il ne fust resolu. Que ce seroit aussi le bié du Royaume comme celuy de la religion & de toute la chrestienté, que la paix fust faicte generalle pour donner relasche à la France, & moyen aux Princes chrestiens de s'opposer aux armées du Turc, dont la chrestienté estoit menacee, ioint qu'il ne pouuoit croire que le Pape approuuast la paix en France pour reietter la guerre sur le Roy d'Espagne, qu'il respectoit & craignoit par trop, tant pour le pouuoir qu'il auoit en Italie, que pource qu'il le tenoit pour le plus seur appuy & protecteur de nostre religion, & du sainct siege contre ledit Turc & les heretiques; au moyen dequoy il ne pouuoit se separer du Roy d'Espagne sans offenser sa Saincteté, ny la mal contenter sans manquer à son deuoir, & peut estre diuiser le party, & rendre inutile & honteux l'accord qu'il feroit, chose qu'il vouloit euiter au peril de sa vie: Mais qu'il esperoit que chacun s'accommoderoit à l'vtilité publique, à quoy le Roy de Nauarre pouuoit plus ayder que personne, en contentant sa Saincteté, & luy donnant occasion d'approuuer sa conuersion, qui estoit le poinct auquel il falloit principalement trauailler & pouruoir, comme il me prioit de faire entendre aux deputez de sa Maiesté en ceste conference, protestant qu'il y procederoit de bonne foy, & en homme de bien, & qu'il ne me donneroit la peine d'y aller ny à Monsieur de Bassompierre, ny à monsieur le President Ianin, s'il n'auoit enuie de bien faire.

LADITTE conference d'Andresy engendra celle de Milly, comme i'ay dit, nous discourusmes assez franchement & rondement des moyens de faire la paix & contenter ceux qui y pouuoient seruir, toutesfois sans rien accorder ny resoudre; parce

V u iij

ce disions

que nous n'auons charge ny pouuoir de ce faire, voulans par ce discours nous attendre à la volonté du Pape, enuers lequel chacun promettoit faire son deuoir. M. de Belin se trouua en ceste derniere assemblee au lieu de Monsieur de Bassompierre qui s'en estoit allé en Lorraine: l'on pourueut du mieux que l'on peut aux plaintes & contrauentions de la tresue qui auoit esté bien receuë & embrassee du general du Royaume, mais estoit mal obseruee des gouuerneurs des villes & prouinces, & des gens de guerre, trop accoustumez à leur profit & au pillage, de sorte que le pauure peuple en fut plus oppressé que soulagé, il fut parlé en ceste derniere assemblee de prolonger encores pour quelque temps ladicte tresue, pour donner plus de loisir d'enuoyer à Rome, car ceux qui y deuoient aller n'estoient encores partis, & toutesfois le temps accordé par icelle estoit ja fort aduancé.

SA Majesté parla aussi au President Ianin à Fleury, & sembloit que toutes choses fussent disposees au bien, chacun faisant demonstration de l'affectionner, & d'estre marry de ce qui se faisoit au contraire: les peuples quoy qu'ils fussent mal traictez s'en esiouyssoient esperant d'estre bien-tost deliurez de leurs maux, comme faisoient les habitans des villes & quasi toute la noblesse, & les Ecclesiastiques du Royaume, les factieux & ceux qui viuoient de la guerre ou profitoient du mal d'autruy seuls s'en attristoient, & la trauersoient par diuers moyens, comme par prédications, factions, menees, escrits rapports & plusieurs autres attentats, à quoy il estoit difficile de remedier, tant la guerre auoit accreu la licence & despraué nos mœurs ; ioinct que les grands au lieu de se formaliser comme ils deuoient, y conniuoient plustost qu'autrement, soubs pretexte de conduire les affaires doucement, mais à mon aduis fort imprudemment & quelquesfois à mauuaise fin.

Av retour dudit voyage de Milly, monsieur de Mayenne me pria de reuoir sa Maiesté, pour luy parler de la prolongation de laditte trefue, laquelle il disoit estre necessaire, pource qu'il auoit aduisé de prier monsieur le Cardinal de Ioyeuse de prendre la peine d'aller à Rome pour seruir le public en ceste occasion, esperant qu'il seroit tres-vtile, & propre à cause de son bon zele, de sa qualité & suffisance, & comme il estoit en Languedoc, c'estoit chose à laquelle il ne pouuoit pas pouruoir dedans le temps de laditte trefue ; ioinct que les Ambassadeurs de sa Majesté n'estoient encores hors du Royaume. Ledit Duc me renouuela lors l'asseurance qu'il m'auoit donnee de sa droitte & sincere intention & resolution à la paix, vsant de termes plus exprés qu'il n'auoit encores faict, iusques à me prier d'en resoudre, ce qui me fit encore plus volontiers entreprendre ceste comission. Ie fus trouuer sa Maiesté à Fontaine-bleau qui me receut de sa grace tres-humainement, vous y estiez Monsieur, mais elle voulut auant que d'entendre ma charge, que ie ville vne depesche à Rome du Cardinal de Plaisance qui auoit esté prise & enuoyee à sa Maiesté & fraischement deschiffree: elle me fut leuë en vostre presence & de Messieurs de Schomberg, de Sancy, & de Reuol, le sieur de Zamet que ie trouuay à Fontaine-bleau y fut appellé; elle estoit fort longue & particuliere, accompagnee de la copie d'vn certain serment faict à Paris le 23. du moys de Iuillet, entre les mains dudit Cardinal sur les sainctes Euangiles en la presence du Duc de Feria & des autres ministres du Roy d'Espagne, par ledit Duc de Mayenne, le Cardinal de Pelleué, des Ducs de Guise, d'Aumalle & d'Elbœuf, les sieurs de la Chastre de Rosne, & de sainct Paul en qualité de Mareschaux de France, & de Tournabon Florentin agent du Duc de Mercœur; par lequel estoit porté que recónoissant pour plusieurs grandes considerations n'estre à propos de faire alors vne Royauté catholique, mais plustost la differer à vn autre temps plus opportun; cependant estoit necessaire que le party catholique ja composé, dressé & estably, depuis quelques annees de l'vnion generalle des catholiques, dont depuis auoit esté chef ledit Duc de Mayenne, demeurast entier & ferme en sa premiere resolution, d'empescher pour tousiours la ruine de la religion Catholique Apostolique & Romaine en ce Royaume de France; & pour la maintenir, conseruer & restaurer, s'opposer à tous les ennemis d'icelle & leurs fauteurs, & extirper l'heresie autant que faire se pourroit. Ledit Duc de Mayenne comme Lieutenant de l'Estat & Couronne de France &

les

les autres deſſuſdits iuroient ſur les ſainctes Euangiles és mains dudit Cardinal de Plaiſance comme
Legat de ſa Sainctetè, & promettoient ſur leurs
parolles de Princes & de gentilshommes, & ſur leur
foy & honneur de maintenir inuiolablement la
ligue Catholique & ce qui eſt comprins ſoubs
icelle & de ſe tenir liez & vnis pour l'effect ſuſ-
dit, comme ils auoient faict iuſques à preſent,
& ne s'en departir iamais pour quelque cauſe
que ce fuſt, ny de s'accoſter en general ny en particulier du Roy de Nauarre, ny faire paix auec
luy quelque acte de Catholique qu'il fit; promettant encore ſa Maieſté Catholique vne armee de douze mil hommes de pied, & deux mil
cheuaux, & ſemblablement des commoditez pour
maintenir pour quelque temps la caualleric &
infanterie françoiſe que l'on pourroit mettre enſemble, & d'eſtre auſſi d'accord des conditions de
proceder ſans aucun retardement à leſlection de la
ſuſditte Royauté catholique, laquelle n'auoit peu
eſtre faite pour lors : & ſi aucuns d'eux refuſoiét encores
de ce faire, les autres ſeroient tenus & obligez les
abandonner, de ne les tenir plus en aucune maniere ⟨& de faire compte⟩
du nombre des vnis deſſuſdits pour la cóſeruation de
la religion, ains leur eſtre ennemis & ſans auoir eſ-
gard à eux paſſer outre ſans difficulté à laditte eſlection de Royauté catholique; ledit Duc de Mayéne
promettant en particulier & en general, que pour
effectuer laditte eſlection les eſtats generaux ſe tié-
droiét enſemble, ainſi nommoiét ils l'aſſemblee de
Paris, & qu'aucune perſonne d'iceux ne s'en ſepare-

X x

roit, ou qu'ils seroiết tenus à Paris ou ailleurs, selon qu'il seroit trouué plus conuenable, pourueu qu'il fust pourueu de la part de sa Maiesté Catholique de huict mil escus par mois, pour distribuer ausdits Estats, par les mains de leur President, cóprenant ledit Duc de Mayenne, côme Lieutenát general de l'estat & couronne de France, le susdit party en general, & plusieurs prouinces, villes, & communautez en ce cóptis le Duc de Nemours, le Cóte de Brissac & le sieur de Villars & tous les autres, lesquels il asseuroit qu'ils se tiendroiết obligez comme s'ils se feussent trouuez presens, & eussent soubs signé la mesme escriture auec ledit Duc de Mayenne, s'obligeant particulierement, & les autres susdits soubs signez pour les prouinces, villes & places qu'ils auoiết en charge, & faisant le séblable lors ledit sieur Legat de la part de sa Saincteté & le Duc de Feria pour la M. catholique, qu'ils côtinuëroiết la protection dudit party pour le bien & conseruation de la religion, come ils auoient faict iusques alors, en foy dequoy ils auoiết tous signé laditte promesse de leurs mains, & à icelles faict apposer le seau de leurs armes en laditte ville de Paris le 23. Iuillet 1593.

Vovs sçauez Monsieur, si ie demeuray estonné apres la lecture dudit serment, lequel estoit si contraire aux parolles dudit Duc de Mayenne, & aux asseurances qu'il m'auoit donnees de son intention à la paix, & mesmes à ce qu'il nous en auoit faict dire & traicter en nos conferences, que du commencement i'eus opinion qu'il auoit esté faict à plaisir ou seulement proietté sans auoir esté

marginalia: et soubs sa particuliere promesse.

effectué, iusques à ce que i'ouy lire les lettres dudit
Legat surprises auec ledit sermét du 24. dudit moys *et 25.*
de Iuillet, par lesquelles il rendoit si bon & particulier cōpte des assemblees, allees & venues faictes tāt
pour cela que de tout ce qui s'estoit passé à Paris, des
raisōs motiues dudit sermét, & de ceux qui y auoiét *noms de*
esté embesongnez, & de plusieurs autres particularitez qui descriuoiét la verité du fait, qu'il ne fut plus
question que de souspirer & de me plaindre de la
fortune publique, & de la mienne, me voyant embarrassé auec des gens qui faisoient si peu de compte de l'vne & de l'autre; dequoy ie fus si scandalisé,
qu'à l'heure mesme ie me resolus de n'accomplir
la charge que ledit Duc m'auoit donnee, d'aller
prendre congé de luy, & ne me mesler plus de
ses affaires. Toutesfois vous ne fustes de cét aduis, ny ces messieurs qui estoient presens, pour
l'opinion que vous auiez de moy, que ie pouuois
encores seruir de quelque chose à remettre &
composer les affaires, recognoissant que sa Maiesté,
ny vous autres messieurs cōme bien conseillez, n'e-
stiez d'aduis de rompre encores la poursuitte ny priuer le Royaume de l'esperance de la paix, non-
obstant les *dit* sermens, considerant que ledit Duc
pourroit peut-estre auoir changé d'opinion, veu *depuis*
les propos qu'il auoit faict tenir, par le President Ianin, & le mauuais predicament auquel
il apparoissoit par lesdittes lettres du Legat, qu'e- *eurs*
stoient auec luy les Espagnols & aussi que lȳ
tromperies sur le mariage de monsieur de Guise
auec leur infante, & leur foiblesse & imprudence
X x ij

estoient aucunement descouuertes par les mesmes lettres, estimât qu'estant comuniquées à l'oncle & au nepueu sans leur faire paroistre de l'aigreur, leur pourroient eschauffer à la paix plus que deuant: au moyen dequoy ie fus conseillé & persuadé de la côsideration publique, de ne rôpre encores auec eux, mais asseurer de tirer profit de ceste occasion pour porter les affaires au but des gens de bien, à quoy ~~notamment~~ *certainem^t* seruit bien à me faire resoudre de n'auoir trouué esdittes lettres les noms de Messieurs de Bassompierre & Ianin, me promettant de les auoir pour compagnons en ma plainte & en mon mescontentement, comme en effect ils estoiét à l'iniure qui m'auoit esté faicte, puis que nous auions esté depuis employés ensemble aux traictez de la trefue, et de la paix, & asseurés & ~~ioindre~~ *respondu* de la bonne volonté dudit Duc, sans toutesfois auoir eu cognoissance ny communication aucune dudit serment, comme en verité ie n'auois eu en sorte quelconque.

Le sieur Zamet & moy leusmes à part audit Duc lesdittes lettres & ce serment l'vn apres l'autre, deuant que de luy faire paroistre aucune alteration: & comme il recogneut tant par la suitte & substance d'icelles que par les originaux, que vous nous auiez confiez, qu'elles estoient veritables, & qu'il n'y auoit moyen de les desguiser, changer ny adiouster, il fit contenance de n'estre moins offensé dudit Legat, pour la façon de laquelle il parloit de luy par icelles, qu'estoné & marry de la descouuerte dudit serment aduenuë côtre son attéte & tres-mal à propos pour ses desseins. Lors i'adiousta y ma plainte particuliere en termes les plus exprés & praignans dont ie me peus aduiser, comme celuy qui estoit picqué iusques au sang du tort qu'il m'auoit faict, non de m'auoir celé ledit serment, mais de s'estre depuis seruy de ma credulité, & franchise non moins que de mon honneur & de ma foy pour amuser le monde en beaux traictez, ausquels il m'auoit employé apres auoir couru sa fortune cinq ans durant auec toutes les incommoditez & ruines de mes biens, & mesme de ma reputation, qu'il estoit impossible de plus : laquelle plainte i'accompagnay encores d'vne remonstrance que ie luy fis de son aueuglemét, pour ce qui le concernoit luy mesme, de ce qu'encores qu'il recogneust par infinies preuues & effects, la haine que le Legat & lesdits Espagnols luy portoient auec leurs adherens, leur malice & pernicieuse intention enuers le Royaume, auec leur foiblesse & impudence au soustien & à la conduite des affaires, il ne vouloit toutesfois se d'espestrer de leurs mains, ains continuoit à se laisser beffler par eux, pour destruire la religion & le Royaume, & se rendre le plus miserable homme du móde; qu'il voyoit maintenant par lesdites lettres quelle foy & credit il deuoit adiouster aux belles parolles dudit Legat, puis qu'il faisoit si peu d'estat de sa parolle & de ses promesses, encores qu'elles fussent si solemnelles, le tenant pour le plus grand trompeur du monde, & pour telle depeignoit au Pape & à Rome, quoy qu'il s'attendist apres cela que sa Sainteté fauorisast ses desseins, &

X x iij

que son Legat fist ses affaires, quelle apparence y auoit-il de l'esperer, aussi s'estoit il bandé ouuertement pour M. son Nepueu, en quoy l'on descouuroit par sa despesche qu'il perseueroit plus candidement & fidellement que plusieurs n'esperoient *timoient*, car il estoit soupçonné de s'entendre du tout auec les ministres du Roy d'Espagne, pour abuser ce ieune Prince de l'esperance du mariage de leur Infante, ne pouuant croire qu'estant personnage clairvoyant & bien informé des affaires du monde, il eut opinion que ledit mariage se d'eust iamais effectuer, & toutesfois il apparoissoit le contraire par lesdittes lettres, car il accusoit lesdits ministres de ne proceder en ce faict rondement, & soit qu'il le fist pour plaire au Pape à sa descharge, ou iouant au plus fin à l'vsage du pays, ou qu'en verité il fust marry de la tromperie desdits ministres à l'endroit de ce Prince, qu'elle esperance deuoit-il plus auoir d'aduacer sa fortune par son moyen. Car si sa Sainctété affectionnoit celle de M. de Guyse, la mauuaise odeur que ledit Legat donnoit encores de luy à sa Saincteté ne luy faisoit *feroit* changer d'aduis: d'ailleurs il ne deuoit esperer ny vouloit faire son proffit de la tromperie & honte de Monsieur son Nepueu, estant en si mauuais predicament enuers le Legat & les ministres du Roy d'Espagne; ioint qu'il donneroit iuste occasion à son dit Nepueu de luy reprocher son malheur, outre qu'il pensoit *desia* en auoir dont il pourroit aduenir plus de mal au party, à sa personne & aux siens que de bien; & d'autant que i'auois aprins à Fontaine-bleau la prinse de Lyon

& de M. de Nemours, ie luy dis encore que chacun la luy imputoit, publiant qu'il s'estoit aydé de M. de Lyon & du mescontentement que la ville & le pays auoient des déportemens dudit Duc pour le chasser de son gouuernement, affin de l'adiouster au sien par la guerre ou par la paix. Qu'il pouuoit penser sur cela commét sa conuoitise estoit blasonnée, puis qu'elle n'espargnoit son propre sang, le fils bié aymé de la mere, laquelle il deuoit faire estat de voir doresnauant fondre en larmes & seicher d'ennuys & de despit à ses pieds, sans auoir toutesfois le pouuoir de la deliurer, ny la contenter, d'autant que l'on ne disposoit d'vn peuple comme l'on vouloit, & estoit encores plus difficile de bien reparer vne iniure faicte à vn Prince, mesmement quand elle estoit fondee sur ses propres fautes & delicts, executee par inferieurs, & attribuee à ses plus proches; que cecy auoit renouuellé la memoire des propos tenus par le sieur Alfonse Corse sur la mort de Messieurs ses freres, dont l'on disoit qu'il auoit monstré peu de setiment, l'ayant en sa puissance, & y adioustoit-on encores l'assassinat du Marquis de Maygnelay, de la charge & despoüille duquel il auoit reuestu l'autheur d'iceluy. Que ioignant maintenant à ce que dessus l'opposition qu'il auoit publiquement & fraischement faicte à son dit Neueu encore qu'elle fust grandement excusée des Clairs voyans & gens de bien, le tout ensemble faisoit quasi tenir de luy vn mesme langage tant à ses amis qu'à ses ennemis, veritablement à son grand desaduantage, dont il ne deuoit point douter que luy & les siens tost ou tard ne receussēt & s'entissent à bon escient le dommage, & ne verroient point qu'il y eust autre moyen de se garantir qu'en faisant la paix, par laquelle il deliureroit la religion de peril, se tireroit des mains du Legat & des Espagnols, purgeroit ses actions passees mettroit l'esprit de sa mere en repos, & la personne de son frere en liberté auec honneur, auanceroit la fortune dudit Duc son Neueu, seroit & asseureroit la sienne comme il voudroit, & obligeroit le Royaume & le party catholique à l'honorer, & le Roy à l'aymer & respecter eternellement: qu'il estoit encore en sa puissance de ce faire, d'autant qu'encore que sa Majesté fust à bon droit tres indignee & mal edifiee dudit serment, & de la façon de laquelle il auoit esté depuis procedé auec elle, toutesfois saditte Majesté s'estoit promis, que quand il auroit veu & bien consideré la depesche dudit Legat, le peu d'estime qu'il faisoit de luy, auec ce qu'il pouuoit esperer desdits Espagnols, il traitteroit apres auec elle plus sincerement qu'il n'auoit faict, comme elle m'auoit donné charge de luy dire; & qu'en ce faisant elle ne laisseroit de le gratiffier, & faire pour luy comme celuy qu'elle vouloit honorer & côtéter plus qu'il ne pouuoit iamais esperer de lestre desdits Espagnols. adioustant pour fin que pourueu qu'il print ce party, & fist paroistre par effect, & y marcher de bon pied, i'auois opinion que saditte Majesté accorderoit la continuation de la tresue encores pour vn mois ou deux, affin de donner loisir à Monsieur de Neuers d'acheminer

son

son voyage & sa legation à Rome. Ledit Duc commença sa responseen souspirant, me demandant s'il estoit vray que sa Majesté eust nouuelles certaines de l'emprisonnement de M. de Nemours, parce qu'il en auoit bien quelque aduis, mais il ne le pouoit croire, & en estoit en grande peine, tát pour le respect de Madame sa mere, que pour plusieurs autres raisons qui importoiét grádement au public & à son particulier, encore que ledit Duc se fust mal comporté en son endroit, iusques à suborner ses seruiteurs, & prendre bien auant en son gouuernement: toutesfois il ne pouuoit qu'il ne fust marry de ce qu'il luy estoit aduenu, ne doutant point que cela fist parler beaucoup de gens à son desauantage, mais qu'il y apporteroit tel remede que les effects iustiffiroient son intention, protestant ne luy estre arriué accident de long-temps, dont il eust receu plus d'affliction que de cestui-cy. Et veritablement ie m'apperceus bien qu'il en estoit grandemét trauaillé, & tant qu'il en oublioit le demeurant: Mais apres auoir reprins ses esprits il me dit qu'il auoit esté contrainct de faire ledit serment pour arrester le cours de cette Royauté, que poursuiuoient ledit Legat, les Espagnols, & leurs partisans auec tant d'ardeur & de violence, que s'il n'eust vsé de ce moyen, ils l'eussent peut-estre decerneé sans luy, tant qu'ils estoient depitez de la conuersion de sa Majesté, & recogneu que ce coup renuerseroit leurs desseins: que si ladite Royauté eust esté faicte, le Pape eust esté obligé de la soustenir, & partát refuser à sa Majesté son absolution, ce qui eust perpetué nos ca-

arrestée ou

Y y

lamitez, car il n'eust esté apres en sa puissance d'y remedier : mais qu'estant toutes choses entieres côme elles estoient demeurees par cette inuention, ils ne pouuoient garder sa Saincteté de receuoir sa Majesté, qui estoit le poinct auquel il estoit necessaire de pouruoir sur tous autres, d'autant que l'obtenans tous moyens & pretextes de troubler le Royaume & sa Majesté cesseroient, qu'il auoit deliberé d'y ayder & seruir de tout son pouuoir comme il auoit souuent promis, mais que M. le Cardinal de Ioyeuse qu'il vouloit faire chef de cette negotiation, ne pouuoit faire ce voyage deuant l'expiration de la trefue, partant falloit aduiser à la continuer, comme il m'auoit prié de remonstrer à sa Majesté : qu'il enuoiroit auec ledit Cardinal Messieurs de Seneçé & Ianin qui luy estoient tres confidens, & desiroient le bien du Royaume, de sorte qu'il ne falloit seulement qu'auoir patience sans s'arrester audit serment, lequel estoit faict à la requeste du Legat, & entre ses mains deuoit estre du tout remis & differé au Pape, soubs le bon plaisir, duquel il auoit entendu & protesté le faire & non autremét, mesmes estimoit qu'on le trouueroit ainsi escrit en l'original, si ledit Legat pour fauoriser les Espagnols ne l'auoient faict obmettre expres, comme il y auoit en la copie que ie luy auois aportee ce mot de catholique, ou il estoit faict mention de ne recognoistre le Roy de Nauarre quelque acte qu'il fist pour faire trouuer le sermét à Rome moins rigoureux. Qu'en fin il n'estimoit estre obligé par ledit sermét de desobeyr à sa Saincteté, quand elle auroit

receu & abſous ſa Majeſté ny de reietter la paix,
pourueu qu'il recogneuſt le pouuoir faire à l'honeur
de Dieu, & en ſaine conſcience; Que s'il euſt eu autre intention il ne m'euſt employé en ces traictez ny
M. le Preſident Ianin, que ledit Legat meſmes ne
faiſoit eſtat dudit ſerment, comme l'on voyoit par
ſes lettres, par leſquelles il n'eſpargnoit leſdits Eſpagnols, ayants ouy parler qu'il vouloit continuer *n gueres plus que lui*
la treſue, deſeſperoient deſia de cette Royauté & de *que leſdits Eſpagnols*
l'accompliſſement dudit ſerment, encores qu'ils
aſſeuraſſent que l'armee & les moyens qu'ils auoyẽt
promis par iceluy ſeroiẽt preſts à la fin d'icelle. Qu'il
alloit auſſi faire debander les deputez des Eſtats, ſi-
gne euident de ſon intention: car quand ils ſeroiẽt
vne fois ſeparez il n'y auroit plus moyen d'eſlire vn
Roy. Partant le principal eſtoit de fleſchir le Pape
le ioindre à noſtre deſir, & eſtre aſſeuré de luy a-
uant l'expiration de laditte treſue: car s'il falloit recommencer la guerre, il ſeroit contraint de
s'ayder encores deſdits Eſpagnols, leſquels luy en-
cheriroient leurs durees plus que iamais, meſmes
voudroient eſtre payez auant la main, & luy pour
auoir moyen de ſe deffendre ſeroit forcé de les contenter: au moyen dequoy il prioit ſes amis de
plaindre pluſtoſt ſa condition & luy ayder à
conduire les affaires à bon port, que de s'offenſer de ſes actions, eſtants toutes forcees comme
elles eſtoient; qu'il ne m'auoit rien dit dudit ſerment, & n'en auoit auſſi communiqué audit Preſident, parce qu'il ſçauoit bien que nous n'euſſions

iamais approuué l'vsage de ce remede, & qu'il auoit iuré aussi de n'en parler qu'à ceux qui l'auoient faict auec luy, & sur tout de ne le nous communiquer ny à Monsieur de Bassompierre pour la ialousie extreme que ledit Legat & les Espagnols auoient de nous; qu'en fin son intention estoit bonne, qu'il m'en asseuroit derechef & le feroit paroistre par effect, specialement enuers sa Saincteté: mais qu'il estoit necessaire d'obtenir ladite prolongation non pour vn ou deux mois, mais plustost pour quatre, affin de ne precipiter les affaires, si l'on ne vouloit aduancer celles desdits Espagnols, dont il me pria d'aduertir sa Majesté par vostre moyen, & d'en auoir responce bien-tost, par ce qu'il n'en estoit asseuré, il falloit qu'il se preparast plustost à la guerre qu'à despescher à Rome.

ET d'autant que vous m'auiez prié, comme i'ay desia dit, auec ces Messieurs qui vous assistoient en ces affaires, de ne desesperer ledit Duc, ny rompre auec luy, l'acceptay encores cette commission, & vins vous trouuer à Estampes, où sa Majesté vous auoit laissé expres pour entendre la responce dudit Duc & la recharge qu'il m'auoit donnée, laquelle ie vous representay telle que ie l'auois receuë, dont vous me promistes d'aduertir sa Majesté, & me faire sçauoir sa volonté.

DEPVIS vous & Monsieur de Reuol vintes à Poissy, où ie me trouuay, & accordasmes que la-ditte trefue seroit cōtinuee encore pour deux mois, sçauoir est Nouembre & Decembre, toutesfois que la publication ne s'en feroit que pour vn mois, que dans le dixiesme Nouembre elle seroit publiee pour l'autre, ce que sa Maiesté voulut estre ainsi passé pour certaines considerations qui importoiét pour son seruice : pareillement il fut accordé que l'on s'assembleroit dedans 8. iours audit Poissy pour donner ordre aux contrauentions de ladite tresue, dont chacun de part & d'autre se plaignoit, & sur ce vn bon reglement pour la faire mieux obseruer à l'aduenir. Cecy fut traicté & accordé le 13. d'Octobre, dequoy i'aduertis ledit Duc qui m'en enuoya la ratification, laquelle ie vous fis tenir, comme vous fistes apres celle de sa Maiesté, mais ie ne me voulus engager en la conference desdittes contrauentions, tant le serment & l'acte de Lyon m'auoient donné mauuaise opinion du succés des affaires, comme plusieurs autres lesquels n'eussent iamais creu que ledit Duc eust voulu vser de tels moyens pour auancer les siennes.

MONSIEUR de Belin fut depesché de luy à sa Maiesté en ce temps là, sur l'aduis qu'il eut que saditte Maiesté estoit allée à Dieppe exprés pour faire la guerre à monsieur de Villars, en faueur du sieur de Boisroyer qui commandoit au fort de Fescamp, lequel sa Maiesté disoit s'estre donnée à elle deuant la tresue, & partant ne pouuoit l'abandonner audit sieur de Villars qui luy faisoit tous les iours la guerre, pour la supplier de n'vser de voye de faict en ceste deffence pour n'alterer les affaires, mais faire que le tout fust traicté amiablemét, & par les deputez conformement aux articles de la tresue, laquelle ne pouuoit estre rompuë en vn lieu qu'elle

Yy iij

ne le fust par tout. Ie n'estois auprés dudit Duc quand ledit sieur de Belin fut depesché: Car i'estois demeuré à Pontoise exprés pour me mieux excuser de la conference susditte, que l'on deuoit faire audit Poissy, mais ie sceus que ledit Duc auoit donné charge audit sieur de Belin de sonder saditte Maiesté, sur vne plus longue prolôgation de laditte trefue que celle qui auoit esté accordee iusques à la fin de l'annee, disant ne pouuoir dans ledit temps auoir nouuelles de Rome & d'Espagne, d'où il falloit qu'il eust aduis deuant que de traicter la paix. Et combien que i'eusse aduerty ledit Duc que vous vous trouueriez audit lieu de Poissy au temps que nous auions ordonné pour donner ordre ausdittes contrauentions, afin qu'il fit aussi trouuer ses deputez: neantmoins ie ne vous en manday rien par ledit sieur de Belin qui passa à Mante prés de vostre maison, où vous estiez demeuré exprés pour vous acheminer audit Poissy, sans vous donner aduis de son passage, ny de l'occasion de son voyage, dequoy estant retourné à Paris ie fis plainte audit Duc sur celle que chacun faisoit de ce que l'on differoit tant à pouruoir ausdites contrauentions: toutesfois il voulut attendre le retour dudit sieur de Belin deuãt que d'enuoyer audit Poissy, soit qu'il fust en peine de ce feu, que l'on disoit qui s'alloit allumer du costé de Normandie, à cause du differend d'entre le sieur de Villars & Boisrozé, ou qu'il s'attendit d'obtenir la susditte plus longue prolongation de laditte tresue par le moyen dudit sieur de Belin, lequel luy en auoit donné quelque esperance: & combien que ie luy remõstrasse qu'il ne s'y deuoit attendre, veu les difficultez que sa M. & ceux de son conseil auoiét faites d'accorder les deux mois moyés que i'auois obtenus; neátmoins comme c'estoit le but auquel il aspiroit par dessus tous autres il croioit que ce que ie luy en disois & le sieur Zamet qui en parloit comme moy, procedoit plustost de mauuaise volonté que de iugement, en quoy le confirma plus que deuant le rapport que luy fir ledit sieur de Belin au retour de son voyage : Car il luy dit que s'il luy eust donné pouuoir de traicter laditte prolongation, il la luy eust rapportee pour tel téps qu'il eust voulu; mais que ne luy ayant commandé que de sçauoir sur cela l'intention de sa Maiesté, il n'auoit voulu s'y engager dauantage, & quand au different dudit sieur de Villars, n'eut agreable son entremise, comme celuy qui ne vouloit que l'on sçeust gré à autres, qu'à luy de ce qui en succederoit: mais voyant qu'il ne pouuoit estre assisté dudit Duc, des Espagnols, ny de Monsieur de Guise en ceste querelle, d'autre chose que de belles paroles & promesses, il en fit depuis luy-mesme l'accord auec sa Maiesté, auquel i'ay ouy dire que vous fustes employé, de sorte que ledit sieur de Belin ne rapporta de son voyage qu'vne lettre de sa Maiesté addressante à vous, par laquelle elle vous mandoit de donner iusques à Paris si ledit Duc vous en prioit, & cogneussiez qu'il fust à propos, dequoy ayant eu la communication, ie fus d'aduis que ledit Duc parlast à vous, pour luy mesme vous dire ses raisós sur ladite

ledit Sr de Belin auansa aussi peu, parce que ledit Sr de Villars plus longue prolongation, de laquelle, continuoit à faire plus grande instance que iamais, & apprendre aussi de vous la disposition de saditte Maiesté sur icelle, ce qui fut cause que vous vintes en laditte ville bien-tost apres, où vous parlastes par deux fois audit Duc, & ne tint à vous qu'il ne print autre conseil sur le traicté de la paix, que celuy qu'il auoit suiuy iusques alors, sans plus s'amuser aux contrauentions de laditte tresue comme il faisoit : car vous luy dites qu'on auoit eu peine à faire approuuer celle qui auoit esté accordee par sa Maiesté, contre l'aduis quasi de tous ses seruiteurs, lesquels estoient blasmés dedans & dehors le Royaume & sa Maiesté aussi, comme de chose que l'on estimoit auoir faict tort à sa reputation & à ses affaires; ioinct que sa Maiesté esperoit estre aduertie par M. de Neuers de l'intention de nostre sainct Pere deuāt que laditte tresue fust expiree, pource qu'il sçauoit qu'il estoit arriué à Rome, & que selon qu'il manderoit à sa Maiesté elle se resoudroit de ce qu'elle auroit à faire, mais que si en cinq mois que laditte tresue deuoit durer, ledit Duc ne pouuoit enuoyer à Rome & sçauoir la volonté du Pape, s'estoit sa faute & non celle de sa Maiesté, laquelle pour ce regard s'estoit acquittee de son deuoir comme elle auoit promis, encores que ledit Duc de Neuers, auquel elle en auoit donné la charge fust tant pour sa qualité que pour indisposition moins portatif que les autres : que sa Maiesté ne pouuoit endurer que son peuple payast la taille à deux partis plus longuement de son consentement, comme elle

auoit

auoit souffert iusques alors, esperant que la trefue engendreroit la paix, par le moyen de laquelle elle pouruoiroit à son soustagement plus commodement, mais qu'elle ne voyoit pas à son grand regret les choses estre pour ce regard plus aduancees qu'elles estoient le premier iour, ains au contraire auoir assez d'occasion de croire que l'on auoit recherché laditte trefue que pour mieux se preparer à faire durer la guerre: que si ledit Duc eust eu volonté de bié faire, il en feroit autremét, car chacun sçauoit qu'il en auoit le pouuoir & que tout dependoit de luy, ioint que sa M. estoit resoluë passer tout ce qu'honnestement elle pouuoit accorder pour le contenter tant au general qu'au particulier comme elle luy auoit fait souuent dire: mais aussi qu'il estoit deliberé de ne se repaistre plus de parolles, & qu'il falloit des effects.

Qu'elle auoit rendu au Pape & au sainct siege l'honneur & le respect qui leur estoiét deubs, & tels qu'on leur auoit desiré, & si la factió d'Espagne estoit si forte à Rome que sa M. ny peust estre receuë, il estoit question de sçauoir en ce cas ce que ledit Duc pretédoit faire, & s'il traicteroit ou non, d'autát que selon cela sa Maiesté seroit conseillee de se gouuerner en son endroit, le priant de bien peser ce faict auant que d'y faire responseà, afin de ne perdre ceste occasion, & d'obliger à luy saditte Maiesté & toute la France, voire la Chrestienté, auec beaucoup de gloire & d'vtilité pour luy & pour les siens, laquelle estoit encores entre ses mains: adioustant que s'il cótinuoit à remettre au Pape ce que l'on sça-

Z z

uoit dependre de luy entieremét, sans parler de luy plus clairemét qu'il n'auoit faict iusques alors, sa M. feroit mauuais iugement de son intention, de sorte que vous n'auriez moyen à vostre grand regret de seruir au repos du Royaume selon vostre desir.

Monsieur, vous amplifiastes ce discours de plusieurs autres raisons tres-considerables fondees sur le besoin que le Royaume auoit de la paix, & toute la chrestienté de l'vnion des Princes chrestiens pour s'opposer aux armees du Turc: Toutesfois vous ne peustes esbranler ledit Duc, la premiere & la seconde fois que vous parlastes à luy, de sorte que vous en partistes tres-mal edifié cóme, il vous pleut me dire, & moy audit Duc, lequel pour cela ne s'en esmeut pas dauátage, & me semble qu'il attribuoit les difficultez que vous luy auiez faictes sur la continuation de laditte tresue qu'il affectionnoit plus à vn commun aduis que nous auions prins ensemble, vous, le sieur Zamet & moy, qu'à la verité du faict, d'autant que nous luy en auions autát dit que vous, & que ledit sieur de Belin luy en auoit donné toute autre esperáce, de laquelle neátmoins vous ne vouluftes le reietter entierement, le voyant si aheurté à ce poinct, afin comme ie croy, d'en remettre la resolution à sa Maiesté & luy faire sçauoir & à moy son intention dedans huict ou dix iours au plus tard, ce que vous ne peustes faire à cause de l'esloignement de saditte Maiesté qui estoit encores à Dieppe, & de vostre indisposition, mais ledit Duc m'enuoya à Pontoise apres vostre partement afin d'estre plus prés de vous, où ie receus vos lettres du 25. Nouembre, par lesquelles vous me mandez que ie vous reuerrois bié-tost auprés dudit Pótoise, nous donnant tousiours peu d'esperance de la prolongation de laditte tresue, mais bien esperant de traicter à bon escient la paix, si l'on y vouloit entendre, côme l'on pouuoit faire deuát que la tresue fust expirée, dedás lequel téps vous espetiez estre asseuré de la volonté du Pape, concluant que sa Maiesté desiroit & auoit tant de besoin de la paix, que vous estimiez qu'elle ne precipiteroit rien.

IE presentay vostre response audit Duc, laquelle luy donna plustost esperance d'obtenir laditte prolongation qu'elle ne l'en desesperoit en verité côtre mon aduis, tant il est difficille d'arracher de l'esprit d'vn Prince l'opinion d'vne chose qu'il affectione, partát il me pria de retourner à Pótoise pour vous voir, se persuadant que ie vous persuaderois de faire à la fin ce que vous n'auiez enuie ny peut estre pouuoir de ce faire, quoy que ie luy peusse dire au cótraire : & comme il cogneut que i'auois besoin estre en cela persuadé autant que vous mesmes, parce que ie n'estois assez eschauffé à son gré, il vsa d'vn artifice nouueau pour me remettre en train, c'est qu'il me voulut faire croire qu'il auoit tant faict auec monsieur son nepueu qu'il l'auoit du tout gaigné & tourné à la paix, de sorte qu'estans maintenant bien vnis en ce dessein, si sa Maiesté luy donnoit le loisir de conduire les affaires, il ne falloit point douter qu'elles ne succedassent heureusemét; & sur ce il me dressa vne partye pour me faire parler à Monsieur son nepueu, lequel s'en acquitta, de façon qu'il ne me donna pas grande occasion de croire qu'il eust ceste volonté: toutesfois ie ne laissay pas de retourner à Pontoise, afin d'auoir ce bien que de vous voir; ioint que i'eusse en verité desiré que l'on eust prolongé ladite trefue encores vn mois, pour leuer toute excuse audit Duc, & en ce faisant le mettre de plus en plus en son tort, estimát que cela ne pouuoit estre que tres-vtile au public.

Mais quand ie vous visvous me fistes bien cognoistre qu'il ne se falloit plus attendre à ladite prolongation, me disant que sa Maiesté auoit de nouueau descouuert par plusieurs autres lettres qui auoient esté prises, que ledit Duc ne la demádoit que pour donner loisir aux Espagnols de s'armer, & au sieur de Montpesat faire le voyage d'Espagne où ledit Duc l'auoit enuoyé. ce qui vous estoit confirmé par la demeure en France du President Ianin, lequel au lieu d'estre allé à Rome auec le Cardinal de Ioyeuse & le sieur de Senecé cóme il auoit promis de faire, s'il cognoissoit, cóme il disoit, que l'on voulust bien faire, n'auoit pas passé Lyon & auoit laissé aller les deux autres, ausquels l'ó n'auoit tát desfiáce qu'á luy.

Ie reuins à Paris exprés pour dire audit Duc que sa M. estoit resoluë de ne continuer ladite trefue le mois de Décembre passé, afin qu'il ne s'y attédist plus, & luy conseillay d'entendre à la paix sans plus remettre le traicté à vn autre temps, luy disant que si la guerre recommençoit sans estre assisté de forces suffisantes pour s'opposer à celles du Roy, & sur tout deliurer la ville de Paris de captiuité, que plusieurs tant de bonne volonté que par necessité le separeroient du party, & composeroient auec sa Majesté, à present qu'elle faisoit profession de la religion Catholique, & que ceux qui demeuroient constans dans le party, traicteroient encores sans luy auec les Espagnols, lesquels recherchoient vn chacun de ce faire, dont ie luy disois, qu'entre autres ils s'estoient adressez à mon fils, lequel ils auoient fort pressé de traitter auec eux à son desceu, combien qu'il fust recogneu d'eux & d'vn chacun luy estre tres-affectionné, par où il pouuoit cognoistre quel estoit leur but, ce qu'il deuoit esperer d'eux, & quelle seroit sa condition s'il aduenoit que chacun traistast sans luy auec sa Majesté ou auec lesdits Espagnols, comme ie sçauois que l'on feroit.

TOVT cela ne le peut destourner de son premier chemin qui estoit d'attédre des nouuelles de Rome & d'Espagne deuant que prendre party : de sorte qu'il se resolut de s'ayder encore de Monsieur de Belin pour tenter de rechef s'il pourroit auoir ladite trefue, cuidant que ie l'en desesperois exprès pour le contraindre de faire la paix : ioint que ledit sieur de Belin continuoit à luy en donner esperance, mais à son retour il en desespera du tout ledit Duc, lequel neantmoins ne changea d'aduis, ains pria ledit sieur de Zamet de téter encor ce remede, nous disant que Monsieur le Legat & luy, auoient depesché à Rome le sieur Montorio pour deuancer ses deputez, & faire que le Pape luy permist de traitter auec sa Majesté. Toutesfois ie sceus qu'il luy auoit donné autre charge, & que de nouueau

Zz iij

il s'estoit laissé persuader, que le Pape & le Roy d'Espagne ayant veu n'auoir peu faire eslire Monsieur de Guyse, demanderoient qu'on esleust le fils aisné dudit Duc moyennant le mesme mariage de l'Infante; ce qui auoit esté apposté pour renuerser la paix auec sa Majesté, laquelle il luy faisoit remonstrer ne se pouuoir éuiter, que par ce moyen: en quoy il se laissoit entretenir du sieur Iean Baptiste de Tassis, lequel comme plus fin luy donnoit esperance que son maistre y condescendroit, pourueu que la chose fust bien conduite. Cestuy-cy ayant eu ceste astuce, embouché des partisans d'Espagne qui enuironnoient ledit Duc, que de luy faire croire qu'ils affectionnoient son contentement & la grandeur de sa maison, plus que toute autre chose, au lieu que Dom Diego D'Ibarra faisoit le contraire auec ledit Duc de Feria, lesquels se monstroient plus affectionnez à Monsieur de Guyse; Mais tout cela ne se faisoit que pour les abuser tous deux, & par ce moyen nous faire franchir le sault de ceste Royauté affin de perpetuer nos miseres.

Quoy voyant & que la tresue alloit expirer, de sorte qu'il falloit se resoudre de recommencer la guerre à sa Majesté, ou s'accommoder auec elle, comme celuy qui estoit entré en la ligue par necessité, & qui y estoit depuis demeuré pour seruir au repos de son pays sans auoir esprouué cette guerre, ie prins congé dudit Duc le 23. de Decembre & me retiray à Pontoise auec les miens, pour les disposer à recognoistre sa Majesté auec moy, puisque Dieu luy auoit faict la grace de se renger au giron de l'Eglise, que ledit Duc ne vouloit faire la paix, & que le dessein des Espagnols estoit d'vsurper & diuiser le Royaume & le destruire. Et partant ie suppliay derechef ledit Duc de mieux aduiser à ses affaires, & considerer que l'esperance de la paix auoit contenu plusieurs villes & personnes au party & en bonne opinion de luy, qui s'en separeroient & murmureroient contre luy quand la tresue expireroit, tant pour estre lassez de la guerre que pour ne vouloir porter les armes contre sa Majesté puis qu'elle estoit Catholique, suiuans en cela leurs protestations & declarations souuent reiterees, & publiees de sa propre bouche & par escrit, dequoy il seroit difficile qu'elles fussét retenuës pour le respect du Pape, sur lequel ledit Duc s'excusoit, puis que sa Majesté s'estoit mise en deuoir de le contenter; ioint que l'on estimoit que sa Saincteté ne luy pouuoit iustement refuser son absolution, la demandant d'vn cœur penitent, & si humblement qu'elle faisoit: de sorte que si sa saincteté en faisoit difficulté, comme desia l'on cómençoit à dire soubs main qu'elle estoit resoluë de faire, l'on l'imputeroit au pouuoir qu'auoient à Rome les Espagnols, ayant veu que le Legat fauorisoit ouuertement leur pratique & desseins : que ie ne voulois pour mon regard que la guerre me surprint à Paris tan pour ce que ie voulois estre en lieu où ie fusse libre pour disposer de moy, comme Dieu me conseilleroit, que pour ce que ie ne pouuois compatir aux humeurs dudit Legat & desdits Espagnols, lesquels ie tenois autheurs & cause de la ruine du party catholique & de la France, que de demeurer auprés de luy sans y adherer, ce seroit mé perdre & me faire mocquer de moy, & d'auantage luy faire tort, parce qu'en recommençant la guerre il seroit contraint d'espouser entierement leurs passions, deuenir leur esclaue, ou d'estre abandonné de toutes parts. Que si ie voyois qu'aprés tout cela il nous restast encores quelque sorte d'esperance de faire la paix, ie ne laisserois de m'y employer comme i'auois faict depuis la mort du feu Roy, que ie l'auois suiuy & accompagné exprés. Mais qu'il ne s'y faudroit plus attendre aprés ladite tresue, la fin de laquelle aporteroit vn merueilleux changement aux affaires, que ie ne voulois plus luy representer les malheurs qui luy en arriueroient, parce qu'il y deuoit voir plus clair que moy, & que ie les luy auois remonstré si souuent, que i'estimois l'en auoir importuné. Mais seulement ie luy voulois dire que s'il n'estoit retenu comme il disoit, que du respect qu'il portoit à sa Sainctete en ce traicté, l'on pourroit peut-estre obtenir de sa Majesté que tout seroit faict soubs le bon plaisir d'icelle, affin de la contenter: adioustant que i'estimois qu'il feroit plaisir à sa Saincteté d'en vser ainsi, affin de la soulager au iugement qu'on luy auoit remis, auquel chacun recognoissoit qu'elle estoit agitee & combatuë de diuerses considerations, concluant que si aprés la tresue il ne trouuoit moyen de contenter & retenir les villes au party, elles luy eschapperoiét plus viste qu'elles n'y estoient venuës aprés la

mort

mort de Messieurs ses freres, tant l'ambition & la foiblesse des Espagnols, auec les maux qu'elles auoient endurees par nostre conduite en toutes choses leur auoient faict desirer, & leur faisoit maintenant approuuer la conuersion de sa Majesté, comme estant l'vnique, plus prompt & asseuré remede à leurs calamitez, le suppliant si mes raisons & remonstrance ne pouuoient l'esmouuoir, au moins se resouuenir quelquesfois du deuoir, auquel ie m'estois mis de l'assister, conseiller & seruir en cette occasion, l'asseurant que ie regretterois eternellement de n'auoir peu acquerir, en cinq ans que ie l'auois accompagné, plus de creance en son endroit pour son propre bien & seruice, non moins que pour conseruer la Religion & le Royaume.

LEDIT Duc auoit derechef depesché M. de Belin deuers sa Majesté, cuidant obtenir à la fin ladite prolongation, & vouloit que i'attendisse son retour auant que partir : mais ie le suppliay de m'en excuser, sçachant que ledit sieur de Belin n'en rapportoit qu'vn refus, & craignant qu'il aduint quelque chose qui rendit mon partement plus difficille & moins honeste : partant ie me retiray à Pontoise, où on eut ce bien de vous voir bien-tost apres, au ce Monsieur de Sancy, où se trouua ledit sieur Zamet qui reuenoit de Mante. Là ie vous asseuray de ma deliberation apres l'auoir esté de vous, qu'il ne falloit plus esperer de trefue generalle, mais ie vous priay de m'en faire accorder vne particuliere pour Pontoise, tant pour me donner moyen de gaigner mon fils & ceux de sa garnison, que pour auoir loi-

Aaa

fir de voir quelle resolution Monsieur de Mayenne prendroit à Paris, apres auoir entendu la volonté du Pape, & ce que Monsieur de Neuers en raporteroit sans poser (porter) les armes contre sa Majesté, laquelle la nous accorda pour trois mois, dont i'aduertis Monsieur de Mayenne qui la ratiffia, mais à regret, à cause de ce qui estoit aduenu à Meaux, où les habitans auoient recogneu sa Majesté auec Monsieur de Vitry leur gouuerneur, dont ledit Duc estoit tres-offensé, & non sans cause, car la declaration de ceux de laditte ville resueilla les courages des armees (autres), leur fist gouster les raisons qui les auoient meus, auec le bon traictement que sa Majesté leur auoit faict, de façon que plusieurs commencerent à d'etester la guerre & les autheurs d'icelle, auec desir d'en sortir.

Ce que i'entrepris de remonstrer audit Duc, tant par ledit sieur Zamet, que par lettres que ie luy fis presenter par Pasquier que i'auois laissé à Paris, luy faisant dire qu'à l'exemple des habitans de Meaux qui auoient esté des plus entiers & affectionnez à la Ligue, chacun l'abandonneroit s'il ne traittoit la paix, & n'y employoit des personnes publiques, telles que pouuoient estre Messieurs du Parlement & les Magistrats de la ville de Paris, affin de donner occasion à tout le monde de croire qu'à ce coup il y marchoit de bon pied; car ses plus chers amis ne se fioient quasi plus en luy non plus que ses ennemis, tant il estoit descheu de reputation à cause de sa foiblesse & de la mauuaise conduite de sa fortune: de sorte que l'on disoit par tout à haute voix qu'il ne pouuoit faire la guerre, & toutesfois ne vouloit faire la paix, transporté de son interest particulier sans auoir esgard au public, ny à ceux qui l'auoient assisté; à quoy ie ne recognoissois point qu'il peust remedier qu'en s'attachant vne negotiatiõ publique telle que dessus: partant ie le suppliois de s'y resoudre, & pour ce faire, aller luy mesmes au Parlement leur en faire l'ouuerture, & priere, & ne perdre vne seule heure du temps, mais il n'en fit compte non plus que des remonstrances pour la paix, qui luy furent faictes lors par ceux du Parlement desquels il s'offensa, s'excusant tousiours sur le Pape, & se promettant qu'à la fin il obtiendroit ladite trefue, pour laquelle il enuoya de rechef Monsieur le Comte de Brissac, & le sieur Zamet vers sa Majesté chargez de nouuelles offres ainsi que i'ay entendu, dont sa Majesté fist aussi peu de compte que des premieres, disant tousiours quelle vouloit faire la paix tout à faict, ou la guerre sans plus s'amuser ausdites trefues, tant elle auoit mauuaise opinion de la volonté dudit Duc.

Sv r cela sa Majesté alla à Chartres, où elle se fist sacrer au grand plaisir & contentement d'vn chacun: & le Cardinal de Plaisance publia vne lettre addressante aux bons Catholiques, par laquelle il leur faisoit sçauoir que nostre S. Pere n'auoit admis & receu M. de Neuers, que comme Prince d'Italie, & non en qualité d'Am-

Aaa ij

bassadeur de saditte Majesté, à laquelle il nous aduertissoit qu'il ne donneroit iamais absolution quoy qu'elle fist, de quoy chacun fut extremement scandalisé & offensé, car par sa lettre il ne rendoit aucunes raisons de ce reffus, qui estoit iugé de tous trop rigoureux, pour celuy qui tenoit lieu de Pere commun des Chrestiens, mesmes à l'endroit d'vn tel Prince que sa Majesté, laquelle l'auoit recherché auec tant de submission & d'humilité: de sorte que la récontre de ces deux actions sçauoir du sacre de sa Majesté, & de laditte declaration, fist resoudre plusieurs personnes de recognoistre sa Majesté, encores pluftost qu'elles n'eussent faict, voyant d'vn costé que saditte Majesté faisoit ce qu'elle deuoit, & pouuoit pour asseurer ses subiects de sa veritable & entiere conuersion, & de l'autre que ledit sieur Cardinal nous desesperoit entierement de l'assistance de sa Saincteté en sa faueur contre toute raison, par où nous nous voyons plongez pour iamais en vn abisme de calamitez au peril de la religion, sans nous faire apparoir d'aucun moyen ny remede propre pour nostre consolation.

De quoy chacun veit aussi bien-tost sortir des effects par la resolution que prindrent les principalles villes du Royaume, de recourir à sa Majesté & luy iurer fidelité & obeyssance, comme feirent plusieurs Seigneurs & Gentils-hommes, lesquels iugerent ne deuoir plus differer à ce faire, soubs pretexte d'attendre la volonté de sa sainteté, puis qu'elle auoit condamné sa Maiesté sans l'ouyr, comme nous apprenions par la lettre dudit Legat imprimee; ioinct que sa Maiesté auoit communié aux saincts Sacremens de l'Eglise, & faict les sermens accoustumez aux sacres de nos Roys.

Monsievr, vous sçauez que Dieu m'a faict ceste grace que i'ay esté des premiers qui se sont rengez au deuoir, auquel comme il a pleu à sa Maiesté me receuoir tres-fauorablement par vostre moyen & de mes autres amis, qui s'y sont employez, ie vous ay voulu aussi addresser ce compte de mes actiós durant ma miserable fortune, tant pour vous tesmoigner l'obligation que ie recognois vous en auoir, que pour vous donner occasion de me continuer vostre amitié, de laquelle ie sçay que vous n'honorez pas volótiers ceux qui ont l'ame trauersee: ie iure aussi que ie ne la rechercherois, si en ma conscience ie sçauois m'en estre redu indigne, voire ne demeurerois en ce Royaume ny pourrois viure ailleurs en aucun repos, tant i'abhorre vn malefice, & suis ialoux de mon honneur: ce que nous faisons par force & necessité ne nous doit entierement estre imputé, mesmes quand en nostre cheute nous nous efforçons de l'amender en seruant au public, comme vous voyez par ce discours que i'ay mis peine de faire.

Ie sçay bien que l'on m'a long temps blasmé de la poursuitte de ladicte paix, voyát qu'elle estoit infructueuse, comme si i'eusse eu part à l'artifice dont elle a esté accusee: les vns croyás que i'auois tel pou-

Aaa iij

uoir auprés dudit Duc qu'il faisoit vne partie de ce que ie luy conseillois, & les autres que ie le deuois abandonner dés le commencement, que ie deuois auoir recogneu qu'il ne marchoit de bon pied: i'excuse les vns & les autres, car en verité ayāt esté nourry aux affaires, voire si i'ose dire dedans le sein des Roys, la raison vouloit que ledit Duc fist plus de compte de mes conseils qu'il n'a faict, & de l'autre mon deuoir m'obligeoit le quitter les voyant mesprisez: car i'aduouë n'auoit peché par ignorance, mais le succeds des affaires, & ma derniere resolution me iustifient assez, estant certain que ie n'eusse esté si vtile au public que ie cuide auoir esté, si i'en eusse vsé autrement, comme ie m'asseure que tesmoigneront tous ceux qui ont seruy au changemēt qui est aduenu; ie n'en recuse vn seul: dauantage ie ne me fusse satisfait moy-mesme, ny peut-estre contenté sa M. & mes amis comme i'estime auoir faict.

Car il me fust demeuré vn regret, & à l'aduenture vn perpetuel reproche d'estre aucunement cause de la longueur de nos calamitez publiques si i'en eusse abandonné la Cour, cependant que par raison & iugement le Roy mesme & ceux qui le seruoient, cóme plusieurs gens de bien qui seruoient le party de M. de Mayenne, croioient que ie pouuois y seruir; l'on eust dit que i'eusse preferé mon particulier au public par timidité, ou pour ma cómodité: dauātage ie ne sçay si deuāt la conuersion de sa M. i'eusse peu persuader aux miens de faire ce qu'ils ont faict pour le seruice de sa M. tant ils estimoiét leur honneur estre engagé à suiure l'opinion cómune de la guerre laquelle estoit colorée du pretexte de la religion.

I'ADVOVE bien auoir recogneu dés le commencement, que ledit Duc n'auoit pas grande enuie de faire la paix, mesmes lors qu'il refusa de faire semondre sa Maiesté de se faire catholique, car c'estoit le chemin qu'il y falloit tenir pour y paruenir: mais aussi ie descouurois en mesme temps qu'elle estoit la cause qui l'en degoustoit, & si ie me suis trompé en quelque chose ç'a esté d'auoir esperé que le temps & l'experience luy feroient changer d'aduis; aussi s'il n'est aduenu ç'a esté plus par vn vray iugement de Dieu que par raison: car ie puis dire que le ciel & la terre ont comme à l'enuie l'vn de l'autre combattu son dessein depuis le commencement iusques à la fin, & neantmoins chose quelcóque n'a peu l'en diuertir, & souuent a esté pour cela, mais à tort, accusé d'irresolution au fort de la constance, lors que la nature, les vœux d'vn chacun & mesmes ses propres parolles & actions le couuroiét & desguisoient entierement, & specialement aux yeux de ceux qui discouroient & iugeoient des choses, par ce qui luy estoit plus honorable & vtile, comme ie confesse auoir faict souuent.

MAIS le desir de regner & tenir le premier lieu, a tousiours transporté ce Prince, s'estant promis du pouuoir par les armes & sa vertu, atteindre à ce degré pour luy & pour les siens, fauorisé du pretexte de la religion, lequel luy auoit acquis la bien-veillance publique, & assisté des forces & moyens du Roy d'Espagne, & peut-estre que s'il eust eu plus d'heur, prou de gens n'eussent faict conscience d'excuser voire fauoriser son dessejn, à cause des aduantages que Dieu luy auoit mis en main, lesquels donoient occasion de croire qu'il vouloit faire vn changement en cét estat, comme d'aduenture il fust aduenu s'il n'eust rencontré sa Maiesté, laquelle a eu le courage de defendre la iustice de la cause, assisté de Dieu, & de sa noblesse, mais ledit Duc se deuoit au moins departir apres la bataille d'Iury, en laquelle il esprouua sa fortune, ou bien au retour d'Espagne du President Ianin, par lequel il fut esclaircy que le Roy d'Espagne pretendoit à la couronne pour luy & pour sa fille, & sur tout apres la conuersion de sa Maiesté, que le pretexte de la religion auec la bienueillance publique luy manquoient auec les moyens & la faueur du Pape & dudit Roy d'Espagne, les ministres desquels vouloient qu'on preferast à luy Monsieur son nepueu. S'il eust prins ce party comme il en estoit conseillé par tous ceux qui l'aymoient, quelle gloire n'eust-il acquise? Il eust iustifié la memoire des siens, ses actions passees, & celles de ses amis & du party: l'on luy eust attribué vne grande partie de l'honeur de la conuersion de sa Maiesté, la France eust estimé luy deuoir son salut & son repos : quelle fortune aussi n'eust-il faicte? car il eust vny à luy d'vn lien indissoluble, les bonnes villes du Royaume, ausquelles il auoit commandé, & la noblesse qui l'auoit suiuy ; plusieurs estiment aussi qu'aucuns catholiques qui ont suiuy sa Maiesté se fussent apres ce deuoir tres-volotiers attachez à sa fortune pour asseurer les leurs, suiectz à ce changement, comme

sont

font ordinairement celles qui se forment durant vne telle guerre & confusion, qu'a esté la nostre depuis 5. ans, & si le Roy traictant auec luy eust accordé quelque aduantage aux catholiques côme i'estime qu'il eust faict, l'on luy eust donné l'honneur & le gré, de sorte qu'il eust esté difficile d'empescher qu'il n'eust esté recogneu à l'aduenir chef du party catholique en ce Royaume, & que par ce moyen il n'eust conserué ses intelligences estrangeres, lesquelles se fussent d'autant plus volôtiers entretenuës auec luy qu'estant son credit & pouuoir plus grâds & asseurez, son amitié eust esté aussi plus vtile : dauantage le Roy eust esté contrainct pour auoir la paix de luy accorder, & à ceux de sa maison & autres ses amis & partisans plusieurs auantages particuliers, qui l'eussent rendu plus puissant que iamais, dont il eust esté difficile voire impossible que sa Maiesté l'eust priué quand elle l'eust voulu faire, principalement tant que la diuersité de religion eust duré en ce Royaume : car ce pretexte eust tousiours seruy d'arcboutant & d'apuy à sa conseruation : bref il pouuoit par la paix s'establir auec tant d'honneur & telle authorité & puissance que saditte Maiesté n'eust gueres moins eu besoing de luy & de son seruice, qu'il eust eu de sa bonne grace & bien-veuillance, le Royaume estant en l'estat qu'il est.

Mais Dieu n'a voulu qu'il soit ainsi succedé, pour manifester sa iustice : neantmoins ie diray que si vn autre que ledit Duc eust conduict ces affaires, que le Royaume eust plus paty qu'il n'a faict : car certainement il a tousiours contredit aux violences publiques & priuees, & à la dissipation de l'estat, dequoy se plaignoient ceux qui vouloient rendre nostre guerre perpetuelle, & à dire le vray, il a faict paroistre auoir trop bon naturel pour durer & compatir auec telles sortes de gens, lesquels vouloient à quelque prix que ce fust ruiner le Royaume cuidans s'aggrandir aux despens d'vn chacun.

Mais le bon heur de la France s'y est opposé, fauorisé de la grace de Dieu qui s'est seruy de la magnanimité & vertu de sa Maiesté, à laquelle apres sa diuine bonté, la gloire en est deuë principalement. Toutesfois Monsieur, la playe est encores ouuerte, de sorte que sa Maiesté a besoin d'estre mieux seruie que iamais pour la guerir du tout, car vn petit accident la peut rendre aussi dangereuse que deuant. Sur tout nous deuons supplier sa Maiesté de mieux mesnager sa personne qu'elle n'a faict, car en sa conseruation consiste le salut du Royaume, elle à voulu iusques icy & peut-estre qu'il a esté necessaire se hazarder pour asseurer les autres, mais il faut que d'oresnauant que les autres se hasardent pour l'asseurer. Car s'il en mesaduenoit, nos maux deuiendroient à l'instant plus perilleux que iamais. C'est peut estre aussi ce qui nourrit & entretient encores le reste des factions qui nous troublent, voire qui en preparent de toutes nouuelles, non moins dangereuses que les autres; vous y voyez plus clair que moy, & sçauez encor mieux par quel moyen l'on y peut remedier, partant ie m'en tairay & mettant fin à mon discours, Ie vous suppliray le prendre en bonne part, & croire qu'il est veritable, & ie demeureray eternellement.

Vostre seruiteur DE NEVFVILLE.

Les presens Memoires acheuez d'imprimer l'Imprimeur en a recouuré vne copie plus ample que celle dont il s'estoit seruy, de laquelle il à tiré les lieux cy dessous, qui seruent à rendre cét ouurage plus parfaict, & font voir que Monsieur de Villeroy y auoit mis la main plus d'vne fois.

PAg. 169. li. 8. apres ce mot, *d'oppression*, adioustez: Au reste qu'elle loüoit la resolution que ie prenois de me retirer en ma maison quád la paix seroit desesperee: que c'estoit le vœu d'vn homme de bien obligé à la France comme i'estois, & qu'elle me dóneroit pour ce faire toutes les asseurances & sauuegardes qui me seroient necessaires ; Mais qu'elle vouloit que ie la visse encor' vne fois auant que me retirer, quand ce ne seroit que pour luy rendre compte de la response & volonté dudit Duc.

Pag. 171. lig. 9. apres ce mot, *la paix*, adioustez Tout cela me seruit fort peu, car ledit sieur Mareschal pechoit en ceste opinion aussi bien que les autres, & sa Maiesté mesme estoit de cét aduis, encore qu'elle me fit vne ample declaration de sa bóne volonté au repos public & au contentemét particulier dudit Duc, cóme de sa grace elle fit en mon endroit.

IE retournay encores à Soissons vers ledit sieur Duc de Mayenne à qui ie rendis compte de tout ce que dessus, sans toutesfois luy dire ce que i'estimois le pouuoir aigrir & esloigner du desir de la paix;

Bbb ij

ie cogneus bien qu'il n'estoit pas trop content de mon retour, & que ie luy eusse faict plus de plaisir de gaigner ma maison, & que durant mon absése aucuns luy auoient fait trouuer mon voyage tres-mauuais & preiudiciable à sa reputation & au party, à cause que les zelez qui possedoient lors la ville de Paris & les estrangers en monstrerent estre mal contents, nonobstant les lettres de desadueu qu'il leur auoit escrit, à quoy il estimoit que moy n'estát auprés de luy, il les confirmeroit de plus en plus.

Pag. 199. lig. 13. aprés ce mot, *parlé*, adioustez: Nous nous separasmes là dessus, certes à mon grand regret, parce que i'auois bien faict estat d'engager si auant ledit affaire par l'accord de laditte cessation, que l'on eust esté contrainct de part & d'autre de passer outre; mon pere n'en fut moins marry que moy, car il s'en estoit faict fort & m'auoit faict venir exprés pour cela. Toutesfois ie receus &c.

Pag. 200. li. 2. aprés ces mots, *tendoit le plus*, adioustez Cecy fut cósulté auec ledit Duc de Parme & l'Euesque de Plaisanse, lesquels ie recogneus craindre extrememét que l'on attachast quelque negotiation auec sa M. pour quoy que ce fust, tant ils se défioient desia dudit Duc de Mayéne, auquel aussi ils desguisoient encores le but du Roy d'Espagne: car Iean Baptiste de Tassis ayant remis à l'en esclaircir, quand il arriua aprés que la ville de Paris seroit secouruë, comme il fut blessé d'vne grande arquebuzade deuant Corbeil, de laquelle l'on pensoit qu'il d'eust mourir, il ne luy en dit rien du tout, non plus que ledit Roſſieux qui l'auoit accompagné en Eſpagne, lequel diſoit que ſa Majeſté Catholique auoit chargé du tout ledit Taſſis; Et toutesfois Monſieur le Preſident Ianin m'a dit auoir apris en ſon voyage d'Eſpagne qu'il n'en auoit eſté rien celé audit Roſſieux, mais qu'ils l'auoient ſi bien gaigné qu'il eſtoit plus à eux qu'à ſon maiſtre, comme il teſmoigna tres-bien en ceſte occaſion, que ledit Duc de Parme & les autres miniſtres du Roy d'Eſpagne reſolurent couurir audit Duc de Mayenne la volonté de leur maiſtre, parce qu'ils recognoiſſoient qu'il auoit quelque autre deſſein, que ledit Duc de Parme s'en vouloit retourner auec ſon armée, & que leur partie n'eſtoit pas encore ſi bien dreſſée qu'ils deſiroient pour la manifeſter à d'autres qu'à ceux deſquels ils eſtoient bien aſſeurez : Et ſi ledit Roſſieux euſt eſté fidelle à ſon maiſtre il l'euſt lors eſclaircy de toutes choſes, ſurquoy il euſt peu prendre quelque autre party que celuy qu'il print. Et veritablement pluſieurs iugeoient, que ledit Duc de Parme n'auoit ſecouru Paris pour le deliurer, mais pour en acquerant à ſon maiſtre & à luy la gloire & obligation de ce ſuccez, rendre ſes forces plus neceſſaires, car il euſt pris laditte ville de Corbeil pluſtoſt & à meilleur cōpte s'il euſt voulu; & s'il ſe fuſt addreſſé à Melun deuant l'autre, peut-eſtre qu'il en euſt eu bon marché.

DAVANTAGE il pouuoit encore retenir l'armée, & apres la prinſe de Corbeil entreprendre encore quelque autre choſe, & meſme s'attaquer à Sł Denis qui n'eſtoit encores fortifié; car ſa Majesté estoit foible, & ledit Duc de Parme n'auoit faute de moyens d'entretenir voire de rafraischir son armée : Mais il fut possible bien aisé qu'elle se deffit & consumast deuant ledit Corbeil, tant il donna mauuais ordre à la nourriture d'icelle, exprés pour auoir excuse de s'en retourner, & en ce faisant laisser ladite ville de Paris & le party en necessité, car ledit siege de Corbeil dura plus de six sepmaines ; Et si d'abordée il eust voulu l'assaillir par où il le battit & print à la fin, comme il luy fut remonstré, il l'eust forcé en huict iours, sans reietter, comme il fit, cette longueur sur la faute des poudres & balles à canon, & partant sur ledit Duc de Mayenne, lequel faisoit plus qu'il ne pouuoit pour le secourir ; Et toutesfois l'autre le descrioit tât qu'il pouuoit. S'il le faisoit pour mieux faire les affaires du Roy Catholique ou non, comme aucuns ont voulu dire, ie m'en rapporte à ce qui en est ; mais il est certain qu'il y feit plus de mal que de bien s'y gouuernant comme il fit, car les hommes & principallement les François se gaignent & acquierent bien plustost par les beaux faits que par la necessité, comme les Espagnols ont depuis esprouué.

P. 204. lig. 12. aprés ces mots *seroit enuoyé* adioustez : Doncques suiuant l'aduis desdits sieurs ie m'achéminé à Soissons & vis sa Majesté en passant à Senlis, à laquelle ie dis, & pareillement à Messieurs Do & de la Noüe le desplaisir que i'auois receu desdites lettres, les plaintes que i'en auois faittes, & auois deliberé de renoueller ; ce que le President Ianin m'en auoit escrit: & comme i'allois trouuer ledit Duc expres pour les faire reformer & remedier au mal qu'elles auoient fait; mais qu'il estoit question de sçauoir si sa Majesté feroit renouueller & prolonger lesdits passeports, si ledit Duc vouloit changer sa depesche; puis que les deux mois accordez par les premiers estoient quasi expirez; remóstrant à sa Majesté que c'estoit chose qu'elle deuoit accorder, affin que ceste faute que l'ó disoit ne proceder de mauuaise voloté, cóme ledit Ianin m'auoit escrit, ne fust cause de rompre laditte assemblee sans laquelle la paix ne se pouuoit faire: Sa Majesté me promit faire rafraischir lesdits passeports pourueu qu'elle vit & fust d'accord de la forme & substance des lettres que l'on escriroit aux Prouinces.

Et d'autát que ledit sieur Ianin m'auoit escrit que ledit Duc l'éuoyoit en Espagne, & qu'il desiroit sçauoir deuant son partemét si sa Majesté en traittát la paix se laisseroit aller de vuider par accord aussi les differéts qu'elle auoit auec le Roy d'Espagne affin d'en respondre où il alloit, ie prins la hardiesse d'en demáder à sa Majesté sa voloté, & luy dis que c'estoit pour la faire sçauoir audit Presidét; adioustát qu'il me sébloit que sa Majesté ne deuoit faire difficulté d'en dóner parolle, d'autát que cela pourroit seruir grádemét à faire laditte paix, estát certain que le vét qui venoit de ce costé là nourrissoit plus qu'autre chose la tourmente qui troubloit ce Royaume: ioint que ie sçauois que ledit Duc de Mayenne ne traitteroit iamais sans ledit Roy, & que ce seroit l'honneur & l'aduantage de sa Majesté de mettre la Chrestienté en paix auec son Royaume. Ce qu'il prit de sa grace en tres bonne part, me disant qu'elle auoit si grande enuie de deliurer son peuple d'oppression, qu'elle estoit resoluë d'y ceder du sien pour y paruenir, & suiure en cela le conseil des plus sages, pourueu qu'on le fist dignement & honorablement, & non autrement, car elle vouloit plustost perdre la vie que de rien faire & passer indigne de sa Majesté & de la memoire de ses predecesseurs ; dequoy elle me promit de donner aduis audit president Ianin, comme à vn chacun, de son affection au repos du Royaume. Cecy fut par l'aduis de Monsieur de la Noüe que i'ay tousiours trouué tres fidelle à son maistre, & prudent en toutes choses, mais principalement en ses derniers iours à desirer & conseiller laditte paix, comme il faisoit ordinairement, combattant l'opiniastreté ou malice de certains flateurs où ignorans, lesquels soustenoient que sa Majesté pouuoit mieux venir à bout de ses ennemis par la guerre que par vn accord ; & partant la dissuadoient d'entendre à toute reconciliation, & toutesfois eussent esté bien marris de se relascher d'vn seul poinct de leurs profits & commoditez ordinaires pour pouruoir aux necessitez de sa Majesté & du Royaume.

ESTANT en la ville de Senlis le sieur Alphonse d'Ornano Colonnel des Corses qui auoit passé à Guise, où il auoit veu ledit Duc de Mayenne, me dit en la presence de sa Majesté par son commandement, qu'il auoit apris de bonne part, que ledit Duc estoit si bien lié & engagé auec les Espagnols qu'il ne pouuoit plus traitter auec sa Majesté sans

eux,

eux, comme celuy qui dependoit du tout de leur volonté; dont ie luy respondis que ie n'en auois encores rien sçeu, mais que l'on luy auoit peut-estre voulu dire que ledit Duc auoit promis aux Espagnols de ne traitter sans eux; comme ie ne doutois point qu'il n'eust fait; que ie l'estimois honneste & raisonnable, veu le secours qu'il en auoit receu. Toutesfois qu'il ne s'en suiuoit pas que pour ceste promesse il dependit d'eux entierement, ny fust obligé de preferer leur contentement au bien de la religion, du Royaume & de sa maison.

Pag. 205. lig. 23. apres ces mots *ladite assemblée* adioustez

LEDIT Duc ayant veu ladite reformation l'approuua, mais voulut que ie fisse dire à sa Majesté qu'il n'entendoit pour cela prescrire aux deputez qu'il enuoyeroit querir, la charge qui leur seroit donnée aux Prouinces, auec lesquelles il vouloit sçauoir, s'ils ne pourroient pas venir seurement quand bien elle leur seroit donnée contraire au seruice & aux intentions de sa Majesté, & au contenu desdittes lettres reformées, affin que personne de part & d'autre ne fust trompé & eust occasion de se plaindre de ce qui en succederoit, disant aymer mieux n'auoir lesdits passeports que de respondre desdittes commissions, assuiettir lesdits deputez & ceux qui les enuoyoient à la volonté d'autruy, & mettre ses amis en peine & hazard à faute d'esclaircissement & intelligence.

Pag. 206. lig. penultiesme, apres ce mot *Chartres* adioustez

Nous demeurasmes plus de six sepmaines sans auoir responce dudit sieur de Fleury à la despeche qui luy auoit esté enuoyée par ledit trompette, dont il s'excusoit sur ledit siege qui occupoit du tout sa Majesté, & certaines lettres interceptes, lesquelles il disoit auoir mis sa Majesté en plus grande deffiance que iamais de laditte assemblée; & mesmes vne dudit Duc de Mayenne addressante à l'Euesque d'Amiens du second de Feurier, par laquelle il luy mãdoit ne vouloir entẽdre à la paix auec saditte Majesté, & que tout ce qu'il faisoit auec elle n'estoit que pour faciliter laditte assemblée, & auec icelle pouruoir à leurs affaires. Mais ledit sieur de Fleury vint sur la fin de Mars auprès de Soissõs auec la copie desdittes lettres & plusieurs memoires qui auoiẽt esté surprins, lesquels il auoit chargé de faire voir audit Duc, & sur ce entẽdre & s'asseurer encores de sa volõté, & de l'effet auquel il vouloit employer laditte assemblée deuant que de deliurer lesdits passeports. Entre autres interceptes, il y en auoit vne de l'Euesque de Plaisance au Cardinal Caietan, par laquelle il luy mandoit que l'on ne se deuoit fier audit Duc de Mayenne ny à moy : que cette assemblée dont on parloit ne luy pouuoit estre que suspecte, combien que ledit Duc l'eust asseuré la faire pour mieux affermir & establir le party : il apporta aussi vne certaine remonstrance de Panygarolle au Duc de Sauoye, par laquelle il luy persuadoit d'entreprendre la conqueste de ce Royaume, comme celuy qui y deuoit auoir plus de part, & y mieux faire ses affaires que tous autres: adioustant que le Roy seroit bien-tost maistre de la ville de Chartres, & qu'apres il auoit deliberé de faire vne assemblée seulement des Princes, Officiers de la Couronne & de plusieurs Prelats, & mesmes y appeller ceux du Parlement, pour donner ordre à ses affaires par leur aduis, & sur tout au fait de la religion; où si l'on pouuoit faire que Monsieur de Mayenne fist trouuer quelques vns de sa part, plusieurs estimoient qu'il en reussiroit vn grãd bien: qu'il auoit charge de le dire audit Duc, & que par mesme moyen l'on y pourroit traitter & accorder le cõmerce general, me priant d'étreprendre le voyage de la part dudit Duc auec M. de Videville. Et d'autant que ie luy dis qu'il ne falloit pas esperer que ledit Duc le nous promit, si ce n'estoit pour traitter dudit commerce, il escriuit que l'on nous enuoyast des passeports fodez sur ce subjet, en attendant qu'il veist ledit Duc, lequel estoit party de Soissons & allé à Meaux, pour voir si de là il pourroit secourir laditte ville de Chartres qui commençoit à estre pressée. Il donna iusques au bois de Vincennes, où il fut conseillé de reformer le Parlemẽt de Paris, & en oster quelques officiers à la poursuitte des Zelez de laditte ville, lesquels estoiẽt lors si supportez des grãds, & redoutez des autres qu'ils osoyent & faisoient tout ce qu'ils vouloyent, & souuent deffaisoient ou blasmoient au soir ce qu'ils auoient fait ou approuué le matin, comme il aduient ordinairement à ceux qui suiuent plustost leurs passions que la raison, lesquels accusent

Ccc ij

d'iniuftice tout ce qui leur deplaift : ceux-cy en feirent de mefme en cefte occafion, car quelques iours apres ils blafmerent laditte purgation faitte toutesfois à leur poftulation, comme difoyent ceux qui auoyent fuiuy ledit Duc. Car il m'auoit laiffé en laditte ville de Soiffons, mais l'ayant aduerty de l'arriuée dudit fieur de Fleury, de ce qu'il auoit apporté, & de l'inftance qu'il faifoit de parler à luy, il me manda le mener à Chafteau Thierry où il eftoit rebrouffé, ne fe fentant affez fort pour fecourir laditte ville de Chartres : ioint qu'il ne difpofoit des forces eftrangeres comme il vouloit, de forte que laditte ville fe rendit bien-toft apres.

P. 209. lig. 3. apres ces mots *toft apres* adiouftez MAIS ledit fieur de Fleury s'eftant recontré auec le fieur de Rofne deuāt que de partir, recueillit de luy certaines ouuertures pour faciliter laditte paix, & croyāt qu'il ne les mettroit en auant fans deffein, il les raporta à fa Majefté, laquelle en fit cas, par ce qu'il difoit qu'il ne falloit s'arrefter à laditte affemblée generalle pour traitter, mais feulement en faire vne particuliere en quelque lieu, foubs pretexte de parler de la deliurance de Monfieur le Duc de Guyfe, & là enfoncer vne bonne negotiation en laquelle on employaft des perfonnes qui affectionnaffent le bien & aduantage particulier de Paris, fans tant s'arrefter au general comme on auoit toufiours fait, s'offroit d'y feruir volontiers fi l'on trouuoit bon qu'il y fuft employé, comme celuy qui defiroit & affectionnoit plus le bien dudit Duc que toute autre chose, adioustant que ce ne seroit iamais faict que de remettre ses affaires à ladicte assemblee, cela fut cause que sa Maiesté enuoya ledit sieur de Fleury auec d'autres passeports lesquels faisoient mention de la deliurance dudit Duc de Guise, entre lesquels il y en auoit vn pour ledit sieur de Rosne: mais d'autant qu'apres que ledit sieur de Videuille & moy eusmes receu les premiers que l'on nous auoit enuoyez pour traicter dudit commerce, ledit Duc nous auoit pressez de partir, i'arriuay à Fleury aussi-tost que le maistre de la maison auec ces derniers passeports, où il me dit lors le langage que luy auoit tenu ledit sieur de Rosne, l'estime que sa Maiesté en auoit faitte & ce qui s'en estoit ensuiuy; de quoy ie fus assez estonné, car il ne m'en auoit rien dit, & n'auois point ouy parler de ce moyen ny de chose qui en approchast, & vous asseure que i'en fis plus eu d'estat, cognoissant l'humeur de l'autheur: neantmoins voyant que sa Maiesté l'auoit prins autrement auec ceux de son conseil, lesquels sur cela attendoient peut-estre que M. de Videuille & moy leur ferions d'autres ouuertures que celles dont ledit Duc de Mayéne nous auoit donné charge, ie ne voulus passer outre sans leur faire sçauoir que ledit sieur de Videuille & moy n'auions autre pouuoir que de parler du commerce pour la ville de Paris, & escouter ce que l'on nous voudroit proposer pour le public, pour à nostre retour informer & aduertir ledit Duc du changement, afin qu'il despeschast ledit sieur de Rosne, ou nous esclaircir de sa volonté sur les ouuertures qu'il auoit faictes, &

Ccc iij

mesme sur la deliurance de monsieur son nepueu, laquelle ie luy conseillois d'embrasser & affectionnée puis que l'occasion s'en presentoit. Ce fut ledit sieur de Fleury qui alla &c.

Pag. 210. lig. 6. apres ces mots, *l'incommodoit grandement* adioustez.

Quand ledit Duc me vit il fit dire à M. Pinard que ie desirois parler à luy, sans que ie le sceusse : ledit sieur Pinard fit responce, qu'il seroit bien ayse de me voir. Ie fus mandé sur cela & prié par ledit Duc de me presenter, ce que ie fis à la mesme heure : ledit Pinard m'apperceuant par vne canonniere d'vne porte de la ville laquelle estoit terrassée, me pria de passer du costé du pont, par où il me pourroit receuoir & parler plus commodement; ce qu'il fit accompagné des gentilshommes & principaux capitaines & habitans qui l'assistoient, & m'ayant retiré en vne boutique entre la porte du pont & celle de la ville, ie luy dis en la presence de cinq ou six qu'il auoit retenus, n'estre venu là pour luy donner conseil de se rendre ou faire chose indigne d'vn homme d'honneur, luy ny son fils, d'autant qu'aymant mes amis comme moy-mesme, ie ne voulois aussi leur conseiller chose que ie ne voulusse faire estant en leurs places ; ioinct que i'auois si bonne opinion d'eux, & de ceux qui les assistoient, que quand i'en vserois autrement ils en feroient peu de compte : partant ie desirois seulement qu'ils sçeussent que i'estois en l'armee prest à les assister & seruir auec mes amis quand ils en auroient besoing, n'estant arriué que depuis vn iour auec le sieur de Fleury, venu pour parler de la paix. Ledit sieur Pinard me remercia de mon conseil & de l'offre que ie luy faisois: me dit qu'ils estoient tous resolus de mourir plustost que de commettre vne lascheté; qu'ils estoient plus de mil hommes de guerre sans les habitants, regorgeoient de courage & de bonne volonté de ce faire, l'ayant ainsi promis & iuré tous ensemble sur les sainctes Euangiles depuis le siege, & esperoit que Dieu les fortifieroit iusques à la fin: qu'il s'estonoit comme ledit Duc s'estoit attaqué à eux auec vne armee si foible & mal pourueuë de munitions qu'estoit la sienne pour forcer vne telle place garnie de tout ce qui estoit necessaire pour bié se deffendre: qu'apres que la ville seroit prise il auroit encore affaire au Chasteau qui estoit imprenable, & qu'il sçauoit aussi qu'il auoit desia consumé ses poudres & ses balles sans rien aduancer, & que son canon estoit allé à la picorée: que ledit Duc feroit bien mieux au lieu de s'opiniastrer à ce siege de se seruir de luy & de ceste occasion pour faire la paix à l'honneur de Dieu; qu'il sçauoit que sa Maiesté y estoit tres disposee & ne l'en esconduiroit, & que de sa part il sacrifieroit volontiers sa vie: Qu'il estoit bien aduerty que sa Maiesté auoit pris Chartres, & qu'on la verroit bien-tost aux tranchees de l'armee dudit Duc, toutesfois il l'auoit supplié de ne se haster tant il estoit asseuré de son baston. En verité, Monsieur, ie ne fus marry de le veoir en ces propos, croyant certainement veu sa contenance laquelle estoit encores plus asseuree que ses parolles, qu'il auoit le ieu encor meilleur qu'il ne disoit, de sorte que ie luy dis seulement qu'il ne s'attendist à ceste negociation de paix, ny que ledit Duc se departist dudit siege que par force, que ie sçauois qu'il auoit enuoyé querir des balles & des poudres, & qu'elles deuoient arriuer le lendemain, partant qu'il songeast seulement à se bien deffendre, & ne se fier par trop à la bonté de sa place & de ses forces que de mespriser ny retarder vn bon secours s'il le pouuoit auoir. Estant en ces termes l'allarme se donna dedans la ville à cause de quelque boutique enfoncee dedans la riuiere, qu'ils apperceuoient que nos soldats vouloient retirer à la faueur de la tresue accordee durant ce Parlement, de sorte que ie fus contrainct me retirer sans voir le Vicomte de Comblizy, ny entretenir dauantage son pere, qui ne parla iamais à moy que tout haut & en la presence de ceux qu'il auoit appellez.

Mais la ville fut prise bien tost apres par faute de garde à la bresche; l'on dit que ceux qui y auoiét esté commis n'estimoient pas qu'on d'eust aller alors à l'assaut, pource qu'il y auoit plus de quatre heures que le canon auoit cessé, de sorte qu'ils auoient remparé ladite bresche, que la montee d'icelle s'estoit renduë plus difficile à cause qu'il auoit pleu & que le iour commençoit à faillir, telles longueurs procedant des difficultez que faisoiét les capitaines estrangers d'aller à l'assaut, encore qu'ils eussent obtenu la poincte au grand desplaisir

des

DE VILLEROY.

des François : mais ils vouloient qu'on oſtaſt encores quelques places qui les voyoient tout à deſcouuert, auant qu'aucun y allaſt, & ledit Duc n'auoit pour ce faire, tant il eſtoit mal pourueu de balles & de poudres, ayant conſumé celles qui luy eſtoient arriuees : Mais comme l'on eſtoit en ceſte conteſtation, les ſoldats s'ennuians de telle longueur, l'vn d'eux ſe coula d'vne tour rompuë, où il s'eſtoit logé auec quelques autres iuſques ſur la breſche auec vne pique à la main, où ne voyant que trois ou quatre ſoldats de garde commença à les combattre & à appeller ſes compagnons qui furent ſuiuis du reſte de l'armee, de ſorte que laditte ville fut ainſi forcee alors que l'on y penſoit le moins.

flancs

Ddd

ADVIS
DE MONSIEVR
DE VILLEROY
A MONSIEVR LE DVC DE
Mayenne, publié a Paris
apres la mort du Roy, sur la fin de
l'an M. D. LXXXIX.

*De cet ad-
uis est faict
mention cy
dessus page
141. et 143*

MONSIEVR, chacun dit n'y auoir que trois moyens par lesquels l'on puisse remedier aux desordres du Royaume.
L'vn de composer auec le Roy de Nauarre.

L'AVTRE de reünir tous les catholiques pour s'opposer ensemble à l'establissemét du Roy de Nauarre sous la recognoissance & obeyssáce d'vn Prince du sang nommé & esleu regent du Royaume, durant la prison de M. le Card. de Bourbon, & declarer son successeur apres son deceds, du gré & cósentemét de nostre S. pere le Pape & du Roy d'Espagne.

LE troisiesme est, de se ietter entre les bras du Roy d'Espagne & luy donner telle part & authorité en ce Royaume qu'il aye occasion de ne rien espargner pour nous proteger & garentir.

SVR QVOY ie vous diray, qu'il me semble que vous

deuez aduiser sur toutes choses à rendre la resolution que vous prendrez la plus iuste & vtile au public que vous pourrez afin qu'elle prospere.

Av moyen dequoy il faut que vous ayez deuant les yeux, & pour fondemēt principal, de ne rien desirer, entreprendre ny poursuiure qui soit contraire à l'honeur de Dieu ny au bien public du Royaume.

Cevx de vostre maison ont acquis le credit & pouuoir en iceluy, & la reputation en la chrestienté dont vous iouyssez à present, ayant constāment defendu la querelle de Dieu côtre les heretiques, & fait paroistre leur affection au soulagement du peuple.

Vovs ne deuez en façon quelconque vous departir du chemin qu'ils vous ont tracé, car c'est la plus belle roze de vostre chappeau de laquelle s'il aduenoit que vous fussiez priué par vostre faute, vostre nom deuiendroit aussi contemptible qu'il a esté honoré iusques à present: les vostres en ont esté aussi si ialoux & soigneux, que toutes les fois que nos Roys ont traicté auec lesdits heretiques & surchargé leurs subiects ils ont plustost souffert qu'approuué lesdits traictez & surcharges, & ont esté les premiers à monter à cheual, & les derniers à en descendre, quand il a esté question de faire la guerre ausdits heretiques.

C'est pour cela que nous auōs veu apres la mort de messieurs vos freres (que Dieu absolue) tant de villes, de noblesse & d'autres personnes cōspirer ensemble contre leur souuerain naturel Prince & seigneur, ayant creu qu'il auoit auancé leurs iours expres, par ce qu'ils soustenoient les catholiques,

Ddd ij

& poursuiuoient le soulagement du peuple.

ET si en la prise & leuee des armes & depuis, nous eussions tesmoigné par effects auoir plus de soin de l'vn & de l'autre que nous n'auons eu, vostre party seroit à present plus fort qu'il n'est; mais il séble que Dieu ait permis vne telle & si signalee soubleuation autát pour nous chastier nous mesmes que pour faire sétir la rigueur de la iustice aux autheurs de nos miseres : qu'ainsi ne soit depuis la mort du feu Roy, les choses nous ont moins succedé heureusement que nous esperions, car nous nous promettiós, & nó sás raison, que la noblesse catholique qui l'auoit assisté se ralieroit auec nous pour nous ayder à deffendre nostre religion, & qu'elle ne s'assubiectiroit iamais à vn Prince heretique, que nous retirerions incontinent Monsieur le Cardinal de Bourbon qui estoit entre les mains d'vn catholique, & que les heretiques seroient contraincts se retirer de la riuiere de Loyre où nous porterions la guerre.

MAIS au contraire de cela nous voyons non seulement laditte noblesse plus affectionnee au seruice du Roy de Nauarre quasi qu'elle n'estoit au feu Roy, & celle qui nous assiste tres-refroidie & degoustee de continuer à ce faire. Ledit sieur Cardinal auoit esté liuré entre les mains des heretiques, dont il nous reste bien petite esperance de le retirer par la force, & le Roy de Nauarre plus puissant en ses prouoinces que deuant.

Dequoy nous deuós à bon droit d'autát plus nous accuser nous mesmes que les catholiques qui assistét ledit Roy de Nauarre: car par nos deportemés nous les auons pluftoft effarouchez & defgouftez de noftre party que conuiez d'y entrer, ils ont efté conftituez prifonniers, rançonnez, pillez en leurs maifons & baffoüez par tout, nonobftant vos commandemens & declarations, de forte qu'ils ont recogneu ny auoir auec nous aucune feureté pour eux; dauantage vos gens de guerre ont vefcu fi licencieufement & debordement qu'ils vous ont faict hayr (s'il m'eft permis d'ainfi le dire) de Dieu & des hommes.

Qvi croira que vous combattez pour la foy catholique & pour le foulagement du peuple voyant à voftre fuitte Dieu mal feruy comme il eft, fon S. nom blafphemé, les Eglifes pillees, mefmes celles que nos aduerfaires auoient conferuees, les beneficces conferez à perfonnes indignes, les biens des Ecclefiaftiques rauis, & toutes fortes d'impietez, facrileges, volleries, rauiffemens & autres mefchancetez commifes fans iuftice, police, ordre, ny reigle aucune? Eftimez-vous que Dieu & le peuple vous fauorifent, tant que ces defordres regneront? Il fuffit bien bien aux perfonnes priuees de viure honneftement & fans faire tort à autruy: mais cela n'eft affez aux Princes qui gouuernent les affaires publicques, il fault qu'ils donnent ordre que perfonne ne face mal ny outrage à autruy, car il n'importe gueres à ceux qui fouffrent quelque iniure qui que ce foit qui la leur face, & s'en prennent toufiours aux fuperieurs.

Nostre vnion abonde en des-vnion depuis

les pieds iufques à la teſte, nos villes ſont remplies de deſobeyſſances, de violences, de confuſion, & pauureté; la charité & la iuſtice vertus tres-agreables à Dieu, & les anciennes marques des catholiques en ſont bannies entierement, l'auarice & l'enuie qui ſont les nourriſſes de la diſcorde y dominent totalement, les magiſtrats & officiers y ſont gourmandez & ſans authorité, & principalement ceux qui n'approuuent telles violences, ils ne iouiſſent de leurs gaiges ny de leurs rentes & biens, non plus que les bons bourgeois & marchands qui ſont outre cela priuez du commerce, dequoy ils ſouloiēt nourrir leur famille; & les artiſans auſſi ont ſi peu de pratique, qu'ils ſont contraints de quitter leurs meſtiers, & quelquesfois deuenir volleurs pour viure. Les gens d'Egliſe n'y ſont pas plus à leurs aiſes, car leurs biens des champs eſtans pillez & rauagez autant ou plus que les autres, ils n'ont dequoy ſubuenir aux charges de leurs Egliſes, ny à leur nourriture, & neantmoins ſont tous les iours comprins aux daces & couruees comme les autres habitans, auſquelles il faut qu'ils contribuent.

Si quelqu'vn s'en lamente & blaſme les autheurs de tels deſordres il eſt incontinent accuſé d'hereſie & de trahiſon, l'on l'appelle catholique ſimulé, fauteur d'heretique ou polytique. Il eſt iugé & condamné & quelquefois executé ſans eſtre ouy; neantmoins qui hait la police humaine, hait quand & quand la iuſtice diuine: car ce ſont deux choſes conioinctes ſi eſtroictement, qu'elles ne peuuent subsister aucunement entre les hommes l'vne sans l'autre vn magistrat ne peut estre bon politique, qu'il ne soit premierement tres-grand zelateur de la religion, car la religion est le fondement principal de toutes republiques, & la fin d'vn bon politique est d'instituer les meurs de ses concitoyens à vne iustice ciuille, & s'accorder les vns auec les autres, & entretenir & conseruer vne paix & tranquillité commune, faire que chacun soit gardé en ce qui est sien, que les hommes communiquent ensemble sans fraude, & que l'insolence des meschans soit punie, lesquelles choses ne peuuent auoir lieu ny durée, si elles ne sont basties sur ce premier base de religion & pieté.

Et toutesfois nous recognoissons & confessons tous estre du tout impossible, que les choses subsistent long-temps en l'estat ausquelles elles sont, car toutes personnes desesperent de leur salut, & sont si incommodées, qu'elles n'ont quasi plus dequoy viure: Les gentils-hommes qui vous assistent sont priuez de la iouyssance de leurs biens, & neantmoins subiects à des despences tres-grandes à cause de vostre sejour aux villes, de sorte qu'il faut qu'ils vous abandonnent, ou que vous les secouriez d'argent, à quoy il est impossible de fournir, qui est ce qui en rend tant de mal contens côme il s'en voit, car celuy qui s'ouffre en seruant attribué ordinairemēt à faute de bonne volonté ce qui procede d'impuissance, tant la necessité est indiscrette. Dautrepart les villes sont grandement tourmentees par les ennemys qui sont respandus aux enuirons d'icelles où ils ne permettent entrer aucuns viures, de sorte qu'elles sont reduittes en telle necessité qu'il est fort à craindre que les habitans changent la bien-veillance qu'ils vous ont portée iusques à present, qui est le seul gage, auec lequel vous les pouuez dire vostres en vn desespoir tres dommageable, & croyez que l'exemple d'vne en attirera plusieurs autres à ce poinct, vous sçauez que les peuples sont naturellement enclins à esperer plus qu'ils ne doiuent, & à endurer moins qu'il n'est necessaire.

Monsievr, les choses estans reduictes aux termes susdits, le mieux que vous puissiez faire pour le seruice de Dieu, la conseruation du Royaume & pour vostre particulier honneur & bien, est d'eslire vn chemin par lequel vous puissiez bien-tost par la rigueur des armes ou par la douceur deliurer ces peuples des vexations qu'ils endurent, affin qu'ils ayent moyen de viure, & en viuant glorifier Dieu, & vous continuer leur bien-veillance.

Povr ce faire l'on vous a proposé les trois moyens predits, pour lesquels ie vous supplie prendre en bonne part que ie vous represente ce qu'il m'en semble, auec la liberté, & la mesme affection qu'il vous plaist me porter; le seruice que ie vous ay voüé & ma conscience m'obligent de ce faire.

Ie commenceray par le premier, sçauoir est de composer auec le Roy de Nauarre, sur lequel ie
vous

Ie vous diray estre chose à laquelle il me semble que vous ne deuez entendre aucunement tant qu'il demeurera separé de l'Eglise comme il est, d'autant que vous offenseriez mortellement & pareillement à Dieu vostre honneur & tous les Catholiques du Royaume & de la chrestienté, de sorte que chacun attribuëroit à pure ambition vos actions passees, les presentes & futures & seriez abandonné de Dieu & des hommes.

Et aussi que vous tomberiez en tel mespris mesmes dudit Roy de Nauarre qu'il ne feroit aucun compte de vous, parce qu'il ne recueilleroit de vostre amitié & reconciliation le fruict qu'il auroit attendu, car les catholiques elliroient incontinent vn autre chef que vous pour les deffendre contre le Roy de Nauarre, soubs l'obeyssance duquel vous n'auriez en ce faisant le credit de les ranger.

M a i s si le Roy de Nauarre vouloit de cœur & d'affection, & comme il conuient retourner au giron de l'Eglise, & nostre sainct pere luy receuoir & le rendre digne de porter le sceptre François, en ce cas comme il n'y auroit plus à vuider que l'interest de Monsieur le Cardinal de Bourbon, auquel l'on pourroit pouruoir par quelque expedient de son aduis & consentement mesme; i'estime qu'il seroit plus vtile au public & à vous mesme d'accorder auec luy que de suiure toute autre voye.

C a r vous rempliriez ce Royaume d'vne paix vniuerselle, & pourriés par mesme moyen estre cause de composer les differents qui troublent la

Ecc

Chrestienté, parce que ie pense que ledit Roy de Nauarre ne feroit difficulté de remettre & ceder quelque partie de ses droicts pour paruenir à la iouïssance paisible de ceste Couronne.

QVELLE plus grande gloire pourriez-vous acquerir que d'estre autheur d'vn tel heur en ce Royaume & en la Chrestienté, l'vn vous deuroit sa saluation, & l'autre vous l'obligeriez à vous honorer eternellement; car si vostre guerre dure, ie tiens le premier pour d'estruict, & croy aussi que l'autre en patira grandement.

PAREILLEMENT ie ne doubte point que n'obtinssiez facilement dudit Roy de Nauarre le recognoissant pour Roy, tout ce qu'en pourriez honnestement desirer pour vostre particuliere satisfaction: tel aduantage seroit à vous & aux vostres plus honorable certain & paisible, que ne seroient à l'aduenture tous les autres, que les occasions qui se presentent vous pourroient promettre: car il ne seroit subiect à reproches; & toutes gradeurs qui ne sót fondees & basties sur fondemét legitime, ne peuuent estre honorables ny durables; si vous desirez que vos enfans heritent du fruict de vos trauaux, & rendre vostre memoire heureuse, cheminez en iustice, & preferez par effect l'honneur de Dieu, & le bien de vostre patrie à toute autre consideration.

POVR negocier ce faict comme il appartient il seroit necessaire au prealable d'en aduertir nostre sainct Pere le Pape, afin de l'entreprendre auec sa permission, d'autant qu'estant chef de l'Eglise les portes d'icelle ne peuuent estre ouuertes audit Roy de Nauarre que par son authorité.

IL seroit raisonnable aussi d'en aduertir le Roy d'Espagne, pour l'obligation que la cause & vous luy auez de son assistance, & ne luy donner occasion de se plaindre de vous, ny de trauerser ce dessein, par lequel il seroit asseuré vostre intention estre de vuider la querelle du Royaume de Nauarre à son aduantage & contentement, & quand & quand l'obliger à ne donner secours ny assistance à ceux qui troublent ses affaires aux pays bas par les moyens & termes qui seront iugez les plus propres & conuenables.

IL seroit à propos pareillement d'en faire sçauoir autant à Monsieur le Cardinal de Bourbon, puis que nous l'auons recogneu pour Roy, & que nous auons iuré & declaré le Royaume luy appartenir, afin de n'estre arguez de legereté ny d'infidelité.

CES deuoirs accomplis il faudroit enuoyer quelque personnage de qualité deuers ledit Roy de Nauarre, pour luy faire entendre vostre deliberation & s'esclaircir de la sienne, & voudrois ceste legation estre publiée & sceuë d'vn chacun.

CAR il aduiendroit que ledit Roy de Nauarre se resoudroit & obligeroit de se reconcilier à l'Eglise, aux charges & conditions qui luy seroient proposees pour la seureté des Catholiques, & pour la paix publique, ou qu'il refuseroit de ce faire.

S'IL en faisoit refus vous destourneriez par ce moyen plusieurs Catholiques qui le suiuent, ausquels il a promis de se faire Catholique, & a imprimé en l'esprit, qu'il ne tient qu'à vous qu'il ne l'aye desia faict, & mesmes que ne desirez aucunement la paix & conseruation du Royaume : mais que vous voulez l'occuper & demembrer, ou en inuestir ledit Roy d'Espagne, dequoy ils seroient esclaircis par vostre propositiõ, de sorte qu'ils ne pourroient plus doubter auec raison de son intention ny de la vostre. Ce qui rendroit les opiniastres au party dudit Roy de Nauarre apres vostre ditte declaration, sans excuse conuaincus tout à faict de crime de leze Majesté diuine & humaine, & iustifieroit grãdement vostre dessein enuers Dieu & les hommes qui est ce qui vous peut autãt honorer que profiter.

Mais, ledit Roy de Nauarre eslisoit l'autre voye, cõme par raison il semble qu'il deuroit faire tant pour le salut de son ame que pour asseurer sa grandeur, il ne seroit plus question que de chercher les moyens d'en aduancer l'execution le plus promptement & diligemment que faire se pourroit, pour tant plustost deliurer ce pauure Royaume du danger où il est, & des maux qu'il souffre.

Pour ce faire ie serois d'aduis qu'on cõmençast par vne cessation d'armes pour six mois tant pour dõner relasche au pauure peuple, que pour pouuoir plus cõmodement & seuremẽt conuoquer les estats du Royaume par l'aduis & authorité desquels il me semble que toutes choses deuroient estre concluës, & executees pour plus grande seureté.

A ceste fin il seroit expediẽt que lesdits estats fussent asseblez en vne ville, en laquelle ils feussẽt libres de dire & faire ce qu'ils iugeroient estre vtile au public, & qu'ils fussent seulement assistez des officiers de la couronne.

Qve ledit Roy de Nauarre, M. le Cardinal de Bourbon & vous promissiez de suiure, obseruer & accomplir de bonne foy tout ce qui seroit resolu & arresté par laditte assemblee, qui ne seroit contraire ny preiudiciable à la religion catholique ny aux loix du Royaume, ny seulemét aux droits des Princes nos voisins & amis, à tous lesquels ie desirerois procurer pareil repos qu'à nous mesmes. Ie desirerois sur toutes choses estre auisé & resolu en icelle des moyés, pour pouuoir asseurer les catholiques de l'obseruation de la foy & des promesses dudit Roy de Nauarre, iusques à ce qu'il eust dóné occasion par sesdits cóportemens d'en prendre entiere asseuráce.

Comme seroit de luy faire iurer, promettre & accorder de pouruoir aux officiers de la courône, aux gnuuernemens, charges de lieutenás generaux des prouinces, Presidés des cours souueraines, aduocats & Procureurs generaux d'icelles, capitaineries de places & citadelles, & autres pareilles charges de cósequéce, sinon personnes ayans fait profession de la religion catholique depuis certain téps qui seroit prescript, de ne mettre aussi aucune garnison dás les villes de l'vnion & autres qui sont dans le Royaume qui pourroiét apporter ialousie aux catholiques, de suiure le reglemét qui seroit fait pour la nominatió des benefices, la conseruation des personnes & biés ecclesiastiques, de l'obseruation du cócile de Tréte, la reünion à l'Eglise catholique de ceux qui en sont separez, la succession à la courône apres son deceds & mesmes pour l'effect de son mariage. Auec protestation & declaration solénelle d'absolution, resolution & descharge entiere du sermét de fidelité en son endroit, en cas de côtrauétion reuocation & rupture de sa part des choses susdittes & autres qui y seroient arrestees & accordees, en laquelle obligation seroient priez d'interuenir nostre sainct Pere le Pape, & autres Princes que l'on iugeroit estre plus à propos en la forme & maniere qui seroit resoluë.

[marginalia: le faict / refus]

IL faudroit aussi aduiser à donner tel contentement à M. le Cardinal de Bourbon que toutes choses s'effectuassent de son bon gré & consentement, ce que les catholiques qui l'ont recogneu pour Roy sont obligez de procurer & obtenir pour luy, pour satisfaire à leur honneur & debuoir; & ne doubte point que M. le Cardinal, pour l'affection singuliere qu'il porte à nostre religion & à l'estat, ne cedast beaucoup au desir public, quand les choses seroient traictees auec le respect & la dignité qu'il conuient: celuy seroit aussi plus de gloire d'estre cause de la restauration de la religion, & du salut du Royaume que de consentir que la guerre fut continuee & poursuiuie plus auant soubs son nom, auec tel hasard de l'vn & de l'autre, qu'est celuy qu'elles courent par la longueur d'icelle.

L'ON traitteroit aussi de la deliurance de M. le Duc de Guise, auec la dignité & l'aduátage que merite la memoire de feu monsieur son pere, & pareillement de celle de M. le Duc d'Elbœuf, la liberté desquels est desiree d'vn chacun.

I'AY parlé de compoſer & vuider tout à faict le differét qui eſt entre le Roy d'Eſpagne, & ~~ledit Roy~~ celui de Nauarre à cauſe dudit Royaume de Nauarre, & quand & quád obliger le Roy de Nauarre ſoubs les conditions ſuſdites à ne dóner aucun ayde, force ny aſſiſtance à la Royne d'Angleterre ny aux eſtats des pays bas qui font la guerre audit Roy d'Eſpagne, afin de retrancher entierement toutes les occaſions qui pourroient à l'aduenir rompre & alterer la paix entre les Catholiques, à quoy il faudroit auſſi pouruoir par l'entremiſe, & à la requeſte deſdits eſtats, pour procurer de tout noſtre poſſible à nos amis & voiſins pareille paix qu'à nous meſmes; & vous diray que ſi chacun vouloit embraſſer cette reconciliation de cœur & d'affection, elle pourroit eſtre cauſe d'eſtablir vne telle paix, & cócorde en la chreſtienté, que le nom de Dieu en ſeroit grandement glorifié: car ie croy que ledit Roy d'Eſpagne ſeroit tres-cótent de recouurer ſes pays d'Hollande & Zeláde & autres villes qu'on luy detient, & laiſſer tous ſes voiſins en paix & ſes eſtats paiſibles au Prince ſon fils, à quoy peut-eſtre que la Royne d'Angleterre ne contrediroit auſſi de ſon coſté, pour deliurer ſes ſubiects de l'incómodité de la guerre qu'elle ſouſtiét contre le Roy d'Eſpagne, & faudroit apres cóſpirer de faire la guerre au Turc pour occuper les ⋀ tous enſemblement ambitieux, & ceux qui ne peuuét demeurer en repos.

VOILA (Monſieur) le bien & auantage duquel i'ay conſideré que vous pourriez eſtre autheur ſuiuant ce premier chemin, mais il faudroit que vous vous y reſoluſſiez au pluſtoſt, ſi vous deſiriez vous en seruir, d'autant que le retardement rendra tous les iours les choses plus difficilles, à cause des desseins & preparatifs que font nos voisins, des necessitez qui nous accablent & des engagemens plus grands, ausquels le Roy de Nauarre embarque iournellement la noblesse catholique qui l'assiste.

DONCQVES ie serois d'aduis que vous tentassiez ce moyen par preference à tous autres pour les raisons susdittes, encores que ie ne sois sans doute que ledit Roy de Nauarre y vueille entendre, consideré ses deportemens passez & actions presentes enuers nostre sainct pere le Pape & monsieur son Legat, & aussi pour la grande confiance qu'il a ausdits heretiques, auec lesquels il s'est grandement obligé, & les moyens dont il vse enuers les catholiques qui l'accompagnent, ausquels il distribuë tous les iours les biens de l'Eglise, & de ceux qui portét les armes contre luy, en la iouyssance & possession desquels il promet les maintenir par la crainte & apprehension qu'il leur donne d'vne domination estrangere, qu'il espere vaincre ses aduersaires & s'establir auec sa religion en despit de tout ceux qui s'y opposent, desquels il dit recognoistre la foiblesse precedente de la diuision des chefs, de l'ambition des Princes estrangers qui les assistent, des desordres qui regnent parmy eux qui desesperent tout le monde, du manquement de zele & affection à l'aduancement de nostre cause, de la legereté & inconstance des peuples qui se lassent d'endurer, & finalement du desespoir auquel chacun est de pouuoir sortir de ceste guerre, la poursuiuant par le mesme chemin

chemin que nous l'auons commencee & continuee iusques à present.

MAIS (Monsieur) luy ayant mis ce marché en la main, le refusant, comme il seroit seul coulpable enuers Dieu & les hommes des maux de la guerre, que vous seriez contraint de continuer pour deffendre l'honneur de Dieu à cause de son obstination: ie suis certain que cela fortifieroit grandement vostre party dedans & dehors le Royaume, & pourriez apres librement & en saine conscience auoir recours au deuxiesme moyen qui a esté proposé, cóme ie serois d'aduis que feissiez, & pour ce faire que missiez peine de gaigner les Catholiques qui suiuent le Roy de Nauarre, & les obliger à s'opposer auec vous à l'establissement d'iceluy: & pour y paruenir plus facilement il faudroit veritablement donner contentement aux Princes du sang Catholiques, & specialement à Monsieur le Cardinal de Vendosme, & Comte de Soissons, en leur accordant le rang & lieu que leur maison, & condition merite, apres toutesfois s'estre faicts absoudre suffisamment par sa Saincteté de la faute qu'ils ont faicte d'auoir recogneu, & seruy ledit Roy de Nauarre comme ils ont faict.

CAR retirant & contentant lesdits Princes vous iustifierez aussi grandement vos desseins & intentions, attirerez à vous les Catholiques qui en sont separez, confirmerez & asseurerez grandement ceux qui vous assistent, & peut-estre que Messieurs les Ducs de Neuers & Lon-

Eff

gueuille s'y rengeroient, & pareillement le grand Prieur de France, & les Ducs de Montmorency & de Rets, & les autres officiers de la Couronne qui sont Catholiques comme desesperez de la conuersion du Roy de Nauarre, tous lesquels Princes & Seigneurs, recognoistroient ~~qu'auriez esté~~ a vous autheur d'vn tel bien.

PLVSIEVRS pensent que n'auriez grande difficulté à gaigner les Princes du sang, d'autant qu'on dit qu'ils sont assez mal edifiez du Roy de Nauarre, lequel faict peu de cópte d'eux, comme ceux desquels il n'est sans ialousie, faisant demonstration de vouloir preferer à eux le fils du Prince de Condé né depuis sa mort aduenuë comme chacun sçait, auquel on dict qu'il a donné le gouuernement de Guyenne en qualité de premier Prince du sang, mais l'honneur & aduátage qu'ils tireroient de vostre amitié, & l'obligation qu'ils ont de deffendre l'honneur de Dieu, & nostre Religion les y attireroit encores plustost que toutes autres choses, & mesmes s'ils voyoient que le Pape, & le Roy Catholique feussent ioincts auec eux et vous en ce dessein.

A quoy il faudroit tendre pour ~~la~~ se fortiffier de l'authorité, du nom & des moyens de l'vn, & de la force & puissance de l'autre, pour rendre les effects d'icelui ~~d'iceux~~ tels que les gens de bien desirent.

CAR encore que lesdits Princes du sang accompagnez desdits Catholiques feussent ralliez auec vous, neátmoins vous ne seriez encores assez fort & puissant pour subiuguer ledit Roy de Nauarre estát appuyé d'Angleterre & des Princes, & cantons protestans comme il seroit, sans l'estre aussi de sa Saincteté, & dudit Roy Catholique, ausquels il seroit necessaire à ceste fin donner contentement.

A quoy personne ne contrediroit quand l'on cognoistroit par les effects, vostre but estre de conseruer la Couronne à qui elle appartient en conseruant nostre Religion; car l'on n'entreroit en doubte du changement de l'estat ny du demembrement d'icelle qui sont d'eux choses que redoubtent le plus les François, & lesquels font eschapper plusieurs personnes auec ledit Roy de Nauarre, cuydant n'y auoir moyen quelconque d'euiter l'vn & l'autre que par son establissement, d'autant qu'ils pensent que vueilliez partager l'estat auec vos amis, ou en inuestir ledit Roy Catholique tant pour ce que vous auez iusques à present reietté toutes voix & ouuertures d'accord & reconciliation auec ledit Roy de Nauarre, iaçoit qu'il ayt faict sentir assez qu'il se fera Catholique, comme pour auoir attendu à faire declarer & proclamer Roy Monsieur le Cardinal de Bourbon qu'il ayt esté tout à fait entre les mains & au pouuoir dudit Roy de Nauarre, & n'auez deuát ny apres aucunement recherché l'amitié des autres Princes du sang, en quoy les confirment encores dauantage que toute autre chose les propos & articles & escripts publiés en ceste ville en faueur dudit Roy d'Espagne, les pratiques que font ses ministres & leurs procedures en toutes choses.

MONSIEVR, vostre dessein estant iuste seroit

loüé & approuué d'vn chacun dedans & dehors le Royaume; il n'y auroit Prince ny Potentat Catholique qui n'y entrast apres sa Sainćteté & ledit Roy d'Espagne, de sorte que ledit Roy de Nauarre demeureroit seul auec les heretiques facile à dompter.

LESDITS Princes du sang vous seroiét si obligez de leur auancement & grandeur, qu'ils le recognoistroient enuers vous & les vostres selon vostre desir; à quoy vous pourriez encores les astraindre d'auantage par quelque alliance que l'on pourroit faire auec vostre maison: dauantage ils auroiét tousiours tel besoin de vous & de vos amis qu'ils despédroient plustost de vous que vous ne dependriez d'eux: car ayant le Roy de Nauarre & ses partisans pour ennemis coniurez, ils n'y pourroient resister sans vostre ayde & celle de vos amis, lesquels ie m'asseure que vous sçauriez tres bien mesnager & augmenter.

ET pour ce faire, ie dis que ceste resolution vous seroit fauorable, car en preferant le salut & bien du Royaume à toutes considerations particulieres, vous seriez pour cela plus aymé & honoré d'vn chacun, que si vous faisiez autrement, estant certain que l'opinion de la vertu & equité est la vraye fontaine d'honneur & d'amitié.

DAVANTAGE les Princes estrangers recognoissant que vous pourriez suiuát ce chemin vous mieux passer d'eux que si vous entrepreniez quelque autre voie, priseroient d'auantage vostre amitié, car les hommes & principalement les grands font ordinairement moins de compte de ceux qui ne se peuuent passer d'eux que des autres.

Av moyen dequoy (Monsieur) ie vous conseille de suiure ceste seconde voix, si vous ne pouuez tenir la premiere, laquelle pour mon regard i'estime plus vtile au public, plus courte & asseuree que l'autre: car que sçauons-nous si mesdits sieurs le Cardinal de Vendosme & Comte de Soissons voudroient abandonner ledit Roy de Nauarre & se ioindre à vous pour la ialousie & deffiance ordinaire & ancienne que leur maison a tousiours euë de la vostre? qui nous asseurera quand ils s'y resoudroiét, qu'ils soient suiuis des catholiques qui assistent ledit Roy de Nauarre, sans lesquels peut-estre leur venuë & assistance troubleroit & diuiseroit bien autant nostre party, & partant l'affoibliroit plus qu'elle ne le fortifieroit, parce qu'il seroit tres-difficille de faire gouster à messieurs les Ducs de Sauoye & de Lorraine l'aduantage que lesdits Princes pretendroient, & qu'il seroit raisonnable leur donner? car chacun pense bien autant à soy & à ses affaires qu'au public, & neantmoins i'estime que l'amitié desdits Ducs nous est necessaire continuans à faire la guerre audit Roy de Nauarre, lequel se voyant assailly de ceste façon desesperé de vostre amitié, ne faudroit à les rechercher, & mettre toutes prieres en œuure pour nous mal-faire. Et croy qu'il aymeroit mieux promettre le partage de l'estat que sa ruine & nostre prosperité.

Davantage il est tres certain que pour vaincre le Roy de Nauarre tout à faict, & mesmes pour luy resister, nous auons quasi autant de besoin que deuant des deniers & des forces du Pape & du Roy d'Espagne, specialement iusques à ce que nous eussions nettoyé quelques Prouinces du royaume des moyens & reuenu desquels nous peussions estre secourus, car la guerre ne se peut faire sans argent, dont vous estes tres-mal fourny; qui sçait encores à quelles conditions sa Saincteté & le Roy d'Espagne voudroiét cōtinuer leur assistance: serions nous si mal aduisés de croire que l'vn & l'autre, & principalemét le dernier voulussét employer leurs moyés reculer & incommoder leurs affaires, qui ne sont pas petites, seulement pour faire les nostres & conseruer ce Royaume en son entier? par raison d'estat ledit Roy d'Espagne deuroit plustost nous ayder à nourrir la guerre en ce Royaume qu'à l'acheuer & finir; & à demembrer la couronne qu'à la conseruer en son entier s'il perdoit l'esperance de se la mettre sur la teste: ses ministres disent que le Duché de Bourgongne luy appartient; celuy de Bretaigne aux infantes ses filles, & pareillement les Comtés de Bloys, de Coucy & d'Auuergne, pour le moins ledit Roy voudroit estre asseuré pour son argent qu'il luy seroit faict droict desdittes pretentions, & qu'il seroit receu paisible possesseur desdittes prouinces qui sont les plus nobles & importantes du Royaume & dont la distraction l'affoibliroit grandement: nous debuons croire aussi que sa Maiesté catholique fauorisera & assistera tousiours plustost Monsieur le Duc de Sauoye en ses desseins, pour estre son gendre, que nos Princes, si d'aduenture il n'en vouloit eslire quelqu'vn, & luy donner sa fille aisnee en mariage, & pour dot les susdittes pretentions auec les moyens de le rédre Roy paisible de ce Royaume, auquel cas certainement l'on pourroit esperer tout bon & heureux succez de ce dessein, tant pour le seruice de Dieu, & le bien de la chrestienté, que pour le salut particulier de ce Royaume. Mais il seroit question de disposer sa Maiesté catholique à ce poinct, à quoy faire ie recognois y auoir plusieurs difficultez & longueurs durant la decision, desquelles il seroit fort à craindre l'empirement de nos affaires à cause des preparatifs qui font de toutes parts pour nous engloutir.

D'AVANTAGE il faut considerer que ledit Roy d'Espagne preferera tousiours la grádeur de sa maison à toutes autres; il n'a qu'vn seul fils assez delicat & de foible complexion, qui est ieune, si Dieu l'en priuoit, sa fille aisnee heriteroit de tous ses estats, & par consequent celuy qui l'auroit espousee, c'est la raison pour laquelle il ne l'a encores mariee, & semble qu'il l'ait dediee à vn Prince de son nom & sang; toutesfois ie ne veux m'opposer à ceux qui desirent qu'on traicte ce moyen enuers ledit Roy d'Espagne pour obtenir de luy s'il est possible ce mariage : car ie recognois que ce seroit vn souuerain remede à nos affaires, ne pouuant traicter auec ledit Roy de Nauarre : mais ie desire grandement si c'est chose que l'on vueille faire, qu'on n'y perde vne seule heure de temps pour les raisons susdittes, & que nous ne nous repaissions d'esperance qui nous bande les yeux & nous conduise à nostre ruine & perdition entiere au lieu de nostre saluation. Car cependant & en attendant que nous en soyons esclaircis, nous serons contraincts pour nous deffendre contre ledit Roy de Nauarre de faire entrer en nostre Royaume les forces estrangeres qu'on nous offre, lesquelles y estans nous assuiectiront facilemét à la volonté de ceux de qui elles depédront, qui est ce à quoy il semble que tendent ceux qui ne se donnent pas grand' peine du changement & dissipation de l'estat.

Ie serois moins de doubte de la volonté du Pape à nous assister en ceste occasion, que de celle du Roy catholique, car sa Sainteté s'est desia laissee entendre qu'il falloit choisir vn Prince du sang catholique pour heritier du Royaume apres le deceds de monsieur le Cardinal de Bourbon, laquelle elle disoit tenir comme pour mort en ce monde, afin de donner occasion à tous les catholiques de se reünir à son obeyssance contre lesdits heretiques, & conseruer le Royaume à la maison de Bourbon à laquelle il appartient. Mais i'estime que sa Sainteté ne pourroit fournir seule aux despens & frais necessaires pour faire la guerre telle qu'il conuient audit Roy de Nauarre, sans quoy il nous seroit impossible d'en sortir, estans si desnuez d'argét que nous sommes, dequoy l'on se pourra esclaircir à l'arriuee de son Legat: Mais il est certain que l'assistance de sa Sainteté apporteroit beaucoup moins d'ombrage aux François & à tous les autres Princes de la chrestiété, que ne feroit celle du Roy d'Espagne, laquelle sera tousiours si suspecte aux François, que

la

la seule ialousie que ledit Roy de Nauarre leur en donnera sera doresnauant la chaisne, auec laquelle ne se faisant catholique il retiendra à son seruice les catholiques qui sont auec luy, & les menera gayement à la mort pour s'establir auec sa religion.

C'est pourquoy ie ne pourrois approuuer en façon quelconque l'opinion de ceux qui voudroient que nous nous iettassions tout à fait entre les bras dudit Roy d'Espagne, que luy donassions des marques & tiltres d'vne souueraine puissance en ce Royaume & que luy engageassions nos villes & nostre foy, qui est le troisiesme moyen de remedier à nos maux qui vous a esté proposé, car ce seroit ouuertement enfraindre nos loix & par trop offencer nostre honneur & deuoir.

Ce seroit nous precipiter entre les mains d'vn Prince caduc qui n'a qu'vn fils tres-delicat & ieune, sous la puissance d'vne nation tres-cótraire à la nostre en mœurs, & façon de viure, de laquelle depuis vne certaines annees nous auons esté nourris en telle ialalousie que nous en auons quasi oublié l'ancienne haine que nous soulions porter aux Anglois.

Ce seroit aussi mettre nostre sainct Pere le Pape, & le sainct Siege auec le sacré college des Cardinaux, & tous les autres Princes & potentats de la chrestiété en telle ialousie pour la crainte qu'ils ont desia de la grandeur & puissance Espagnolle, que nous les aurións en ce dessein plustost pour cótraires que fauorables; ce qui nos preiudicieroit grádemét.

D'avantage il ne faut pas croire que les thresors & moyés du Roy d'Espagne soient infinis, c'est

Ggg

veritablement vn puissant & tres-grãd Prince, mais il est aussi chargé de tres-grandes & excessiues despences pour la conseruation de ses estats qui sont separez les vns des autres : il a la guerre au pays bas qu'il a soustenuë à tres-grands frais depuis vingt ans, laquelle durera encore long temps ayant affaire à la Royne d'Angleterre qui est en tres-grande prosperité, & l'incommode grandement sur la mer.

Et s'il aduenoit que le Turc luy recommençast la guerre, comme il ne faut pas douter qu'il n'en fut recherché & sollicité par ledit Roy de Nauarre qui n'oubliroit rien pour se deffendre & mal faire à ses aduersaires, sa ditte Maiesté catholique seroit contrainte d'y employer ses meilleures forces, & moyés, car il preferera tousiours le salut & la deffence de ses estats à toute autre chose : quoy aduenant il luy seroit tres-difficille de nous continuer l'ayde & secours qu'il nous auroit promis.

D'avantage nous aurions formellement contraires à ceste resolution les estats du Royaume, & mesmemét toute la noblesse & les officiers qui font la plus forte partie d'iceluy, tant ils ont leur honneur & deuoir en recommandation, & apprehendroient vne domination estrangere : les ecclesiastiques n'en feroient peut-estre pas moins, voyans & sentans les impietez & maux que la longueur de la longueur de la guerre apporte : à quoy ils se resoudroient bien plus ouuertement si sa Sainteté n'approuuoit ce dessein, & croy qu'ils seroient suiuis en cela des principaux bourgeois & habitans des villes du Royaume, & peut-estre du corps mesme entier d'icelles pour se deliurer des maux &

nécessitez de la guerre & euiter la domination estrágere, de maniere que vous seriez abandonné quasi de toute la France, & contrainct de poursuiure ceste guerre auec des estrangers desquels vous vous trouueriez peut-estre bien empesché.

D'AVANTAGE comment pourriez-vous engager vostre foy & personne au seruice dudit Roy d'Espagne, luy promettre nos villes, & luy donner authorité & puissance en ce Royaume sans la permission de M. le Cardinal de Bourbon, puis que vous l'auez reconeu pour Roy & souuerain seigneur, ou du moins sans l'aduis & consentement des trois estats du Royaume & legitimement assemblez? car estat François côme vous estes, & officier de la corône, vostre honeur & deuoir, vous obligent aussi de conseruer & garder les loix du Royaume. Vous pourriez encores moins auec raison disposer des droits des villes & de la souueraineté d'icelles en qualité de lieutenant general de l'estat Royal & courône de France, d'autát que ceste charge ne vous a esté commise que par prouision en attédant l'assemblee generalle des estats, pour côseruer & maintenir ce Royaume en son entier auec la religion catholique; dequoy si vous vo⁹ dispésiez, tenez tout asseuré qu'é seriez blasmé, ce qui vous seroit reproché eternellement, & que peu de personnes vous y assisteroient & seruiroient, specialement si elles cognoissent pouuoir sans ce faire estre maintenus en leur religion.

IE croy aussi que ceux qui procureroient vn tel aduantage audit Roy d'Espagne feroient peu pour sa reputation, & pour le bien de ses affaires &

Ggg ij

mesmes pour son contentement, car c'est vn Prince tres-curieux & ialoux de son honneur qui n'a iamais rien entrepris contre ses voisins sans raison & consideration, & qui a demonstré vouloir pluftost entretenir la paix de la chrestienté que de la troubler; Ce seroit aussi l'embarquer à vne guerre tresperilleuse, incertaine & difficille, pleine de peines, d'ennuys & de soucy, & dont les mauuais succeds luy pourroient à l'aduenture engendrer en ses propres estats, & mesme apres son deceds des affaires tres-fascheuses & dommageables: car ayant les François & le Royaume sur ses bras, il se tireroit pour luy & les siens à iamais l'inimitié d'vne nation tres-belliqueuse, qui voudroit s'en resentir lors que l'occasion s'en presenteroit, chose qui luy seroit d'autant plus facile à faire, si elle se trouuoit commandee & regie par vn Prince genereux & guerrier, particulieremét offencé de luy, & qui auroit pour amys & adherans l'Angleterre & les Princes & cantons protestans, auec ceux qui auroient desir de s'accroistre aux despés dudit Roy d'Espagne & de ses estats, ou diminuer son authorité & puissance en la chrestienté, laquelle on sçait desia estre par trop enuiee & insupportable à plusieurs.

MONSIEVR, ie ne vous representeray les hazards & desaduantages que courreriez & ausquels vous pourriez estre subiect en vostre particulier vous donnant tout à faict audit Roy d'Espagne, combattant auec ses forces & deuenant son pensionnaire & subiect: car ie croy que vous les auez sagement considerees comme chose qui concerne particulierement vostre personne, & la fortune de messieurs vos enfans, lesquels ne sont à mespriser ny l'experience que vous en auez desia faicte, que ie ne cotterray ny specifficeray poinct pour n'offencer personne, seulement ie vous supplie de me permettre de vous dire, que s'il faut que vous continuiez à rendre obeissance & subiection à quelqu'vn, vous acquererez tousiours plus de gloire, de grandeur & de biens pour vous & les vostres en vous assubiectissant aux loix du Royaume, & au commandement d'vn Prince François, qu'en faisant autremét; pourueu que vous cognoissiez pouuoir en ce faisant conseruer nostre religion, laquelle ie seray tousiours d'aduis, comme i'ay desia dict, que vous prefericz à tout autre consideration.

Mais l'on dict que si vous ne contentez du tout ledit Roy d'Espagne il se seruira d'autres que de vous, & que vous demeurerez en ce faisant sans appuy entre d'eux forces, qui vous maistriseront auec honte & dommage.

Monsieur ceux qui mettent en auant tels propos ont ce me semble bien petite cognoissance de l'estat auquel se trouue le Royaume, de la force & puissance d'iceluy, & quand & quand des moyens que vous & les vostres aurez tousiours de bien & mal faire à vos amis & aduersaires.

Si les ministres dudit Roy d'Espagne vouloient prendre ce chemin il faudroit qu'ils se seruissent de François ou estrangers.

Ils publient qu'ils traicteront auec messieurs les Cardinaux de Vendosme & Comte de Soissons, qui

Ggg iij

seroient accompagnez de messieurs les Ducs de Neuers, de Longueuille, & de Montmorency, lesquels ils veulent que nous croyons qu'ils attireront facilement à leur dessein auec la noblesse & plusieurs villes de ce Royaume.

PEVT estre que ce seroit chose à laquelle il y auroit quelque apparence d'adiouster foy & auoir esgard, si vous alliez à l'estourdy recognoistre ledit Roy de Nauarre pour Roy, & vous ioindre à luy sans la permission du Pape, & sans le consentement de M. le Cardinal de Bourbon, deuant qu'il se fust reconcilié à l'Eglise, & auoir pourueu à la seureté des catholiques du Royaume, d'autāt que lesdits sieurs Princes & villes catholiques indignées de ce pourroient se resoudre de se ralier auec ledit Roy d'Espagne pour deffendre nostre religion, laquelle ils verroiēt que vous auriez abandoné: mais c'est vne faute que vous n'auſez garde de faire & en laquelle personne ne vous coseillera iamais de tōber; dauantage ie fais grand doubte que lesdits Princes, noblesse, & villes feussent si disposées à contenter ledit Roy d'Espagne, comme ses ministres se promettent, n'y à s'attacher à luy, pour les mesmes raisons qui vous en auroient empesché, sçachant aussi que la coustume d'Espagne est de faire de leurs filles d'eux gendres, c'est à dire de donner esperance du mariage d'icelles plusieurs, pour s'en ayder sans les leurs deliurer: mais que quand lesdits Princes s'embarqueroient, chacun sçait qu'ils n'auroient pas grande suitte en ce Royaume sans vous & les vostres, car l'ō attribueroit ce qu'ils feroient auec lesdits Espagnols à pure ambition, attendu les deportemens passez des vns & des autres.

Mais au deffault desdits Princes du sang, & des autres susdits, on adiouste que le Roy d'Espagne se seruiroit de messieurs les Ducs de Sauoye & de Lorraine, auec lesquels, & sa puissance il s'empareroit du Royaume, ou le demembreroit. Veritablement ie voy que lesdits Princes ne seroient pas grande conscience, ny difficulté de se ioindre au desir dudit Roy d'Espagne en ce dessein, pour l'esperance qu'ils auroient de s'en preualloir & s'agrandir, & de faict il semble desia qu'ils n'y soyent que trop disposez & preparez, & mesmes que ce soit leur resolution, qui est la raison entre toutes les autres qui esmeut & incite les plus vrays François, & vos bons seruiteurs à vous conseiller, Monsieur, d'entendre à composer nos diuisions, & d'aduiser à vous mieux asseurer des moyés auec lesquels vous pourrez preseruer ce Royaume du peril qui le tallone que vous n'auez encores faict: mais ie tiens pour certain que s'ils entreprenoient de ce faire sans vous & vos amis, qu'ils maudiroient l'heure de l'auoir commencé, mesmement si vous vous accordiez auec ledit Roy de Nauarre en la forme qui a esté ditte, car le nombre desdits François qui les assisteroient seroit bien raçourcy, & n'y auroit faute de moyens de leur tailler de la besongne en leur propre pays auec ceux ausquels leur dessein plein d'ambition seroit des-agreable, & à contre-cœur: & si la France a resisté autresfois à toutes les puissances & forces de toute la Chrestienté ensemble, comme elle a faict, sans qu'elles ayent rien gaigné sur icelle, à present qu'elle regorge de gens de guerre, qu'elle seroit assistée de ses voisins, qu'il n'y a bon François qui ne vouluft auoir achepté cherement vne guerre estrangere, pour se deliurer de l'intestine; ie vous laisse à penser si nous aurions le moyen de nous deffendre desdits Princes ioincts audit Roy d'Espagne.

Monsieur, certainement ie ne croiray iamais que le Roy d'Espagne entreprenne vn si haut dessein auec lesdits Ducs seulement, quoy que dient ceux qui mettent telles propositions en ieu, lesquels parlent & iugent des affaires du Royaume, comme personnes qui sont informés de l'estat d'iceluy par gens qui les flattent, & qui veulent pescher en eau trouble & s'enrichir par leur moyen, lesquels seroient peut-estre les premiers à les védre & trahir en la poursuitte de leur entreprise : ie veux croire aussi que les desseins dudit Roy d'Espagne seront tousiours plus considerez & moderez que ne sont les parolles de telles gens, lesquels ie cuide qu'ils iettent au vent autant & plus pour vous picquer & esmouuoir à faire ce qu'ils desirent en vous donnant martel desdits Princes, que pour enuye qu'ils ayent de vous quitter, & s'adresser à ceux desquels l'aduancement & grandeur leur seroit à bon droict plus suspecte que la vostre.

Qvoy qu'il y ayt quiconque entreprendra d'assubiectir les François à vn Prince estranger, y fussiez-vous resolu, Monsieur, il faut qu'il face

estat

estat qu'il sera tres-mal accompagné & suiuy d'eux, & partant qu'il faudra qu'il face la guerre auec des estrangers seuls, chose que ie vous conseille d'euiter tant qu'il vous sera possible, comme la plus vituperable & perilleuse de toutes celles que vous pourriez entreprendre.

Mais ie vous supplie tres-humblement, & vous coniure par vostre propre bien & honneur, par le salut de vostre patrie, & le zele que vous portez au seruice de Dieu de vous resoudre bien-tost en ces affaires.

Car le Royaume ne peut lóg-téps subsister soubs le faix qu'il porte ny en la cófusion en laquelle il est, vous ne possedez les villes qui se sót vnies auec vous que de leur gré & bonne volonté; les necessitez & pauuretez que les habitans d'icelles s'ouffrét les incómodent & pressent de telle sorte, que vous deuez craindre grandemét qu'ils changent d'aduis, d'autant qu'ils s'estoiét promis d'estre deschargez d'oppression par vostre moyen, dequoy ils se trouuent tres esloignez : car vous sçauez qu'il n'y a villes ny Prouinces qui ne vous demandent secours & qui n'en ayent tres-grand besoin : ne croyez pas qu'elles puissent longuement demeurer en cette sorte, specialement si ledit Roy de Nauarre leur peut persuader qu'il se fera catholique, ou qu'il les maintiendra en leur religion : pareillement la noblesse qui vous suit n'en peut plus, & vous n'auez dequoy la secourir & gratifier ; les champs s'en vont estre deserts & sans culture à cause des volleries que font les gens de guerre, le traffic est empesché du tout par terre & par mer, sans lequel ce Royaume ne se peut entretenir, & seront nos greniers bien-tost desgarnis de sel par les violences & desobeyssances qui sont ordinaires: & comme c'est vn aliment necessaire pour la vie de l'homme, ie preuoy que ce deffault engendrera infinies putrefactions qui troubleront grandement toutes sortes de personnes; En somme il n'y a celuy qui ne desire la fin de ces miseres, de sorte que si bien-tost vous ne nous faictes voir que vous auez moyen de nous en deliurer, faictes estat Monsieur que chacun cherchera à ce faire de soy-mesme, & que la premiere ville qui en monstrera le chemin sera suiuie de plusieurs autres.

Et comment nous ferez-vous cognoistre que vous nous puissiez procurer vn tel bien par la continuation de la guerre, puisque vous ne tirez ny pouuez plus esperer vn seul sol de tous les reuenus du Royaume dont souloient iouïr nos Roys, lesquels sont rauis par nos aduersaires, consommés par vos soldats, ou rendus infertilles par la pauureté, & destruction du peuple: c'est aussi se mettre au hazard de reuolter les villes que de leur parler d'emprunts & contributions, & mesme de receuoir des gens de guerre en icelle pour les deffendre & conseruer; & toutesfois comme sans argent, & payement vous ne pouuez continuer la guerre, il est impossible aussi que vous deliuriez lesdittes villes des vexations que leurs voisins leur font sans forces; de sorte que c'est comme reduire les choses à l'impossible que de vous desnier l'vn & refuser l'autre, & neantmoins vouloir que vous continuiez la guerre.

A quoy c'est abus de peser, & esperer que la puissance seule du Roy d'Espagne soit bastante de remedier; ie vous predis que l'entree en ce Royaume des armees, desquelles ses ministres promettent de vous secourir, scandalisera & offensera plus grand nombre qu'elle n'en consolera ny contentera, & verrez que les portes des villes leurs seront fermees, & qu'elles auront peine de viure en la campagne.

Et si d'vn costé nous sommes assistez desdittes armees lesquelles s'efforceront de faire les affaires de leur Roy plustost que les nostres, n'estimez vous pas que ledit Roy de Nauarre n'en appelle aussi à son secours qui destruiront aussi de leur costé ce que les autres auront espargné & empescheront vos desseins?

Monsieur, tants'en faut que nous deuions esperer de sortir de nos miseres par le moyen desdites forces, que nous en deuós plustost attendre nostre entiere & totale ruine, aduenát laquelle, & la guerre durant, ie dis que la religió, & l'Eglise catholique en ce Royaume auront plus grand peril, qu'elles ne feroient par la pacification d'icelle auec ledit Roy de Nauarre aux conditions susdites.

Car si Dieu permet qu'il prospere par la guerre & qu'il s'establisse auec les armes, il changera cóme

Hhh ij

il voudra la religion en ce Royaume, & peut-estre qu'il passera plus auant au dommage de toute la Chrestienté, à quoy le seul accident du trespas du Roy d'Espagne luy donnera ville gaignee, ou la perte d'vne seule battaille, & mesme celle de vostre personne que Dieu vueille bien garder.

Ce qui peut-estre ne succederoit si aduantageusement pour nous, quand pareil accident leur arriueroit, d'autant que le party de ceux de la religion s'est plus accoustumé à souffrir, & à mieux garder les places qu'ils occupent comme nous n'auons que trop experimenté.

D'avantage pour nostre prosperité nous verrions naistre tant de partis & factions entre nous mesmes, à cause des diuisions qui nous accompagnent qui procedent des diuerses fins ausquelles tendent nos chefs, que nous ne ferions nostre profit de nostre prosperité, comme ils feroient de la leur, d'autãt qu'ils sõt tous d'accord à vn mesme but.

Et la seule continuation de la guerre rendroit les Ecclesiastiques si pauures, la noblesse si volontaire & peu soigneuse de la religion, les villes si troublees & les champs si deserts, qu'il seroit impossible que la religion catholique n'en diminuast & patist grandement, & partant n'encourust plus grand hazard qu'elle ne feroit par le moyen de la susditte paix, auec laquelle vous pourriez r'allier & vnir tous les Catholiques ensemble à conseruer & deffendre laditte religion en force & authorité, nonobstant les desseins & ruses desdits heretiques, aufquels s'oppoferoient lefdits Ecclefiaftiques par leur vigilance, bonnes mœurs & prieres, la nobleffe par fa reünion & bonne intelligence obtenuë par voftre moyen, affiftee de voftre authorité & prouidence & de tous ceux de voftre maifon. Et les villes par leur ialoufie & défiance ordinaire, fortifiees du deuoir qu'y feroient les officiers, & particulierement de l'authorité de fa Sainctet é & ~~particulierement de l'authorité de fa Sainctet é~~ & de la correfpondance que les catholiques entretiendroient pour ce feul effect auec les Princes catholiques.

Au moyen dequoy ie concluds qu'il feroit plus expedient & vtile de traicter auec ledit Roy de Nauarre aux conditions fufdittes, pourueu que le Pape & le fainct Siege s'y accordent, que de fuiure toute autre voye, puis que par vn tel moyen vous deliureriez du tout le Royaume de la guerre auec moins de hazard & peril pour la religion catholique, laquelle ie prie Dieu vous faire la grace de defendre & conferuer à fon honneur & gloire & au falut du Royaume.

HARANGVE FAICTE PAR MONSIEVR DE VILLEROY POVR estre prononcee en l'assemblee des pretendus estats de Paris. M. D. LXXXXIII.

MESSIEVRS

Si iamais il a deub estre permis, & fut oncques necessaire de parler librement en vne deliberation, c'est en celle qui se presente, en laquelle il s'agit de la deffence de nostre religion & de la disposition du Royaume & de nos personnes, croyant fermement, que si en la recherche & ellection du remede à nos maux, nous nous oublions tant que de prendre le nom de Dieu envain, & abuser de celuy de la religió en nous flattant nous mesmes, ou voulant plaire à autruy, il confondra nos desseins & nous fera perir honteusement : c'est pourquoy ie supplie la diuine Maiesté me faire la grace que ie ne die ne propose rien en ceste compagnie s'il est possible, qu'il ne soit à sa gloire, et au salut du Royaume, comme ie proteste estre mon seul but. Mais ie vous supplie, messieurs, de prendre en bonne part que pour ce faire i'vse de la liberté & franchise d'vn homme de bien, laquelle i'ay accoustumé du gré de nos Roys, tant que ie les ay seruis comme celuy qui veut plustost manquer à soy mesme qu'à son deuoir en ceste occasion esperant que Dieu qui cognoist mon cœur, & vous, Messieurs, qui m'auez veu autresfois en besongne excuserez mes fautes. Ie proteste aussi de ne vouloir estre opiniastre & que ie cederay tousiours au iugement & conseil des plus sages, vray est qu'il me semble que ce tiltre est deub principalement à ceux qui ont la crainte de Dieu, la cognoissance & experience des choses du monde pour sçauoir discerner l'ombre d'auec le corps, & ne se laisser emporter à des desirs & desseins imaginaires, & impossibles qui ne sont ordinairement suiuis que de honte & dommage.

Messieurs personne ne peut nier que la cause que nous deffendons ne soit iuste ayant pour fondement l'honneur de Dieu & le soulagement du peuple; neantmoins pour auoir esté entreprise & commencee auec plus d'ardeur que de prudence, & depuis poursuiuie auec plus d'esperáce que d'ordre, non seulemét nous y auós plus perdu que gaigné, mais aussi nous auons donné matiere à nos aduersaires de la blasmer, dót ils n'ont tiré peu de profit à nostre dommage dedás & dehors le Royaume, tát a de force & de puissance sur les hómes ce qui est iuste, mais aussi ce qu'ils estimét l'estre: à quoy il me semble qu'il nous importe grandemét de pouruoir pour l'aduenir ce que nous ferós, quád nous dónerós ordre que nostre códuitte & nos actiós respódét vrayement & d'vn comun accord au defaut susdit, chose que nó? deuós esperer de la resolution qui se prendra en ceste assemblee, laquelle pour ceste cause a esté il y a vn long temps recherchee & desiree des gens de bien, & toutesfois ie veux croire, que si elle n'a eu lieu plustost que Dieu l'à ainsi permis, afin que le temps & nos maux seruissent d'enseignement à ceux qui en auoient besoin.

Povr bien deliberer de nos affaires & du remede d'icelles il me semble qu'il faut commencer par nous representer deux choses, la premiere ce que nous auons gaigné à la guerre pour le party catholique depuis que nous auons pris les armes, & la deuxiesme en quel estat & disposition le Royaume se trouue maintenant, afin que nous ne nous abusions en nostre poursuitte, & ne bastissions nostre resolution, s'il est possible, sur vn faux fondement: car il s'en faut beaucoup, ie ne diray que ne soyons si ardens & affectionnez à la guerre, mais si forts & puissans pour la soustenir que nous estions au commencement d'icelle, nous auons faict comme ceux lesquels courent si viste au partir de la carriere qu'ils perdent l'haleine auant qu'ils soient arriuez au mitan d'icelle: de maniere qu'il faut recognoistre que c'est maintenant la necessité & non la raison qui nous rend plus circonspects & considerez que nous n'estions, dont s'il aduient que nous facions nostre profit, l'allegement que nous en recceurons aydera à nous faire oublier & porter plus doucement nos fautes & pertes passees. Mais n'attendós ie vous supplie, que ceste necessité qui ne nous presse desia que trop, opere d'auantage en nous & en nos affaires, ce que la prudence y doit apporter, car vous sçauez que ses effects sont ordinairement tres-violens & perilleux ceux specialement quand ils agissent és cœurs d'vn peuple.

Mais comme pouuons nous, ie veux dire ceux qui se sont embarquez en ce party pour le respect seul de la religion, desduire au vray & par le menu les chāgemens aduenus en ce Royaume, au desauantage d'iceluy depuis la guerre, sans souspirer voire desesperer de sa conseruation, s'il est ainsi que l'on doiue iuger des choses aduenir par les passees : certainement si les gens de bien n'auoient plus d'esperance en la bōté & protection de Dieu qu'en la cōduitte des hommes & en leurs forces, leur desespoir pour ce regard seroit quasi arriué à son periode, mais ie ne puis croire que son courroux esmeu par la grauité & multitude de nos pechez s'estende si auant que de nous vouloir priuer du tout de la religion auec laquelle nos peres & nous, l'auōs adoré & seruy iusques à present, sinō auec telle integrité qu'il eouient, au moins auec la foy de l'Eglise vniuerselle, de laquelle nous deuōs pluſtost mourir que nous departir : & toutesfois il est certain que nos armes ont plus seruy iusques à preset à l'affoiblir qu'autremēt, cōbien que nous protestions les auoir prises & employees seulement pour la deffence d'icelle, tāt sont les iugemens de Dieu incomprehensibles, & les proiets des hommes vains & abusifs.

Qvand nos mouuemens ont commencé, l'ordre Ecclesiastique en ce Royaume estoit tres-florissant & puissant, il estoit reueré & supporté & bien vny, nos Eglises estoient garnies de Prelats autant dignes de leurs charges qu'elles auoient esté 50.

Iii

ans auparauant, où Dieu estoit seruy honorable-ment comme en plusieurs bonnes Abbayes & monasteres d'hommes & de femmes, & specialement des religieux, où la charité & hospitalité estoit exercee exemplairement. Les curez administroient leurs cures aux villes, aux champs en toute seureté, & lesquels contentoient leurs parroissiens en la foy de l'Eglise: mais depuis la guerre, la misere & la pauureté ont tellement persecuté lesdits pasteurs, que les vns ont esté contraincts d'abandonner leurs troupeaux, les autres n'en peuuent quasi plus viure: la mort en a aussi banny plusieurs, de sorte que maintenant il y a autant ou plus d'Eglises en ce Royaume vaccantes & priuees d'iceux que d'autres: & ne sont les maisons de religion en meilleur estat, car les religieux & religieuses les ont laissees & laissent tous les iours, errans partout auec grand mespris & scandaleuses offenses, cherchant à viure & viuans tres licencieusement: les curez aux champs sont encores pis, tant ils sont outragez & mal-traictez des vns & des autres: il y a aussi infinies parroisses où le peuple est priué tout à faict de l'exercice de religion & de la consolation des saincts Sacrements. D'auantage combien d'Eglises ont esté saccagees & despoüillees de leurs reliques & ioyaux, mesmes abbattuës depuis la guerre, & à l'occasion d'icelle qui n'a mis la main dedans leurs biens pour s'en accommoder? que deuons nous attédre de la disposition que font nos aduersaires des Archeueschez & Eueschez, Abbayes & autres benefices qui vacquent ou sont tenus par ceux de nostre party, sans distinction d'ordre ny de religion, qu'vn renuersement entier de ceste hierarchie & Eglise Gallicane, que nos maieurs ont auec tant de pieté, honneur & loüange fondee, augmentee & conseruee. Pouuons nous faire mention aussi de la separation & diuision de ceux du desordre & de l'assistáce qu'en reçoiuent les ennemis de l'Eglise & du schisme qui est prest à esclatter sans horreur & frayeur. Messieurs, si ceux de nostre party sont du tout innocés de ces desordres, vous le sçauez mieux que moy: il me suffira devous requerir qu'il y soit pourueu cóme il est necessaire, si nous voulons que Dieu nous ayde, & que la posterité ne nous reproche la ruine & subuersió de só Eglise, aussi bié qu'à nos aduersaires.

APRES cósiderons nos villes, lesquelles estoiét deuant la guerre tres-riches & opulétes; nos aduersaires en ont pris plusieurs dont les gens estoient tresaffectionez au party qui en est maintenant affoibly d'autát, & celles qui nous sont demeurees, combien qu'elles soient les principalles, sont toutesfois remplies de tant de partialitez & affections, & si chargees d'impositions & coruees extraordinaires mises sus, autát par noº mesmes cóme par ceux qui noº sot la guerre, qu'elles sót tres-miserables & necessiteuses: les habitás y sont sans cómerce priuez du payement de leurs rentes, de la iouïssance de leurs heritages, & sans iustice de leurs debtes, ayant mangé & consommé leurs reserues & biens de leurs magasins; la iustice qui souloit y presider n'y est pas quasi recognoissable, tant elle y a esté mal-traittee, & est encores outree de regret : les Ministres &

officiers d'icelle, y sont sans authorité & sans gaiges, y viuans en grande crainte & pauureté auec leurs familles apres auoir tout védu & souffert pour y durer comme ils ont fait iusques à present; bref tout y regorge de côfusion, de diuision, necessité, frayeur & mescontentemét, principalemét en ceste noble ville de Paris, la cóstance de laquelle est certainement admirable & doit seruir de cósolation & d'exemple à toutes les autres; elle est, messieurs, la capitale du Royaume, le vray throsne de nos Roys, le premier & principal siege de leur iustice, la residéce de ceste fameuse eschole & faculté de theologie, la garde de nos reliques plus sainctes & precieuses & des thresors de la couronne; où i'ose dire que la charité a eu autant de vogue, & la pieté a esté de tout temps aussi ardemment embrassée & continuellement exercée qu'en nul autre endroict du monde; celle qui a tousiours seruy de fanal & de reigle à toutes les autres du Royaume; pouuons nous considerer son changement sans douleur, & souffrirons nous qu'il en mesaduienne; elle qui importe tant à la cause de Dieu, & au party pour lequel elle a ioüé de son reste? Toutesfois, Messieurs, il est impossible qu'elle persiste, si elle n'est deliuree des charges & incommoditez qui la pressent, eslargie & remise en estat qu'elle puisse se substanter, maintenir & conseruer d'elle mesme, & par elle mesme, comme elle souloit faire & non par conuois & à force de garnisons & d'argent, ainsi qu'elle a esté gouuernee & nourrie depuis le siege, autrement il ne nous en demeurera que les corps bien debiles & extenuez si encores nous les pouuons retenir.

Si nos villes sont desolées que dirons nous du plat païs en tout & par tout en proye & à l'abandon? il semble que de part & d'autre nous en ayons entrepris, & coniuré par enuie l'entiere ruine & vastation, ces pauures peuples payent double, & triple taille par tout sans compter les autres subsides, contributions & coruees que l'on exige de luy à discretion, qui excede de trop toutes lesdittes tailles, outre infinies autres sortes d'outrages, excez & violence que l'on luy faict souffrir, dont rien ne le peut garentir que la seule mort: car tout espece de refuge, ayde consolation & iustice luy est desniee, c'est quasi honte que d'en auoir compassion, c'est peine perduë que d'interceder & parler pour luy, & crime que d'en demander, & poursuiure le soulagement. Nos villages en sont deserts, & la face de la terre hideuse, & en friche en plusieurs endroicts, & toutesfois, Messieurs, c'estoient les vrais tresors de la France, nos minieres & nos indes que ces bonnes gens lors qu'ils cultiuoient nos terres en toute liberté & seureté auec le bestial dont ils souloient estre garnis, estans destruits, où trouuerrons nous dequoy viure, qui nourrira nos armees, & entretiendra nos garnisons la guerre durant? tout nous manquera tout au coup: Messieurs, il me semble que nous en deurions craindre, & apprehender la ruine plus que nous ne faisons autant & plus pour l'aduenir que pour le present, car soit que Dieu nous donne la paix ou la victoire ce defaut, &

manquemét des peuples, de labeur & bestiaux nous incommodera grandement, & sera sans remede sinon auec vn long-temps.

Mais quelle mention ferons nous de nostre noblesse Catholique, qui souloit estre deuát la guerre tres vnie à la deffence de nostre religion, la voyát maintenát separee comme elle est, combattre l'vne contre l'autre aussi furieusement qu'elle faisoit ensemble du temps de nos Roys contre les ennemis d'icelle? Pouuoit il aduenir au party Catholique par la guerre vn affoiblissement plus grand que cetuy-cy, comme ainsi soit que l'vnion des Catholiques soit la vraye terreur des heretiques, lesquels aussi ne sont forts auiourd'huy, & ne nous resistent que de l'assistance qu'ils tirét d'eux? quel creue-cœur en deuons nous auoir? que ne deuons nous tenter & employer pour les retirer & nous reunir enséble? Messieurs, il est certain que si nous auiós gaigné ce poinct, nous aurions acquis à la cause vn tres-grand aduátage: le nó de Roy duquel nosdits aduersaires s'appuient, les fortifié grádement, mesmes autant (à mon aduis) que faict la diuision de la noblesse Catholique, & le secours qu'ils en tirent. Dauantage combien de Princes, & quels Princes, chefs d'armées, Seigneurs & gentilhómes Catholiques auons nous perdus depuis ces mouuemens? ie comprens & regrette en ce nombre ceux qui sont morts auec nosdits aduersaires comme les autres: car s'ils eussent vescu peut-estre que le temps, & les occasions nous eussent r'alliez ensemble plus que deuant, comme encores ie ne puis desespeter que ne facent quelque iour ceux qui restent, lors que Dieu aura compassion de nos miseres. Bref nosdits aduersaires estoient deuant la guerre combattus de l'authorité Royale, & de l'vnion desdits Catholiques; pauures, necessiteux & reduits, comme abandonnez, en trois Prouinces du Royaume, où encores ils estoient tresfoibles, à present ils nous opposent la mesme authorité, nous combattent de nos armes par nostre diuision, disposent mieux que nous des deniers Royaux & moyens publics, ausquels il ne souloient auoir aucune part, & sont cependant logez & establis par tout le Royaume allans du moins de pair auec nous en tous lieux.

Voila Messieurs, ce que nous auons profité à la guerre pour le party Catholique, & l'estat present du Royaume que ie vous ay representé le plus sommairement & simplement qu'il m'a esté possible (pour ce que vous en sçauez plus que moy) & que la chose parle assez d'elle mesme. Ie vous supplie de n'estimer qu'en ce faisant i'aye voulu blasmer personne, car ce n'a esté mon intention, & moins m'adresser à nos chefs & superieurs qu'à tout autre; specialement à vous, Monseigneur, duquel ie sçay comme celuy qui a eu c'est honneur que de vous suiure & accompagner long-temps, que la violence de la tourmente qui nous a agitez, a souuent forcé vos conseils & volontez, & que vous auez autant ou plus trauaillé, & enduré que feit iamais Prince de vostre qualité pour soustenir les affaires; en quoy ie puis dire sans flaterie, que i'ay souuent admiré vostre patience & constance, l'vne à supporter vertueusement comme vous auez faict les grandes incommoditez, necessitez, & deffaux qui vous ont esté ordinaires, principalement depuis les batailles de Senlis & d'Iury, & l'autre à mespriser & reietter toutes sortes de recherches & ouuertures qui vous ont esté faictes de diuers endroicts, pour tirer de vous quelque consentement ou promesse en ce qui concerne le general de la religion, & de l'estat deuant ceste assemblee ; ayant tres religieusement & fidellement gardé & conserué le sainct depost de l'vne & de l'autre qui vous auoit esté confié, comme il vous pleut nous declarer & faire entendre dernierement à l'ouuerture d'icelle, dont certainement nous vous sommes tous tres obligez, & vous rends graces tres humbles en mon particulier comme bon catholique & vray François.

MESSIEVRS, apres ceste deduction, par laquelle le malade vous a esté representé auec vne partie de ses playes, il conuient traicter des remedes, c'est où gist nostre labeur, & la difficulté en laquelle nous auons besoin sur toutes choses de l'ayde de Dieu, & de n'vser de flatterie, dissimulation ny conniuence. I'implore donc sa grace, & vostre permission pour m'en acquitter dignement & fidellement, en quoy ie seray plus brief & plus modeste qu'il me sera possible pour ne vous ennuier ny desplaire à personne si ie puis, car ce n'est mon but, mais seulement de seruir la cause à vostre gré & à ma descharge.

OR

OR il est certain, Messieurs, que nous ne pouuons conseruer nostre religion que par trois moyens, par la singuliere & speciale grace de Dieu, de nous mesmes, & auec l'ayde & assistance de nos amis.

IE ne m'estendray sur le premier, car c'est matiere plus propre, & mieux seante à la bouche de Messieurs du Clergé qu'en nulle autre; seulement ie me dispenseray de dire deux choses, l'vne, que si nous voulons que Dieu aye soin de nous, il faut que nous deuenions plus charitables & equitables, moins vicieux, & en effect meilleurs Chrestiens que nous ne sommes, & l'autre qu'il se faut bien garder de tenter Dieu, & abuser de l'esperance que nous pouuons auoir en luy, par temerité, presomption ou autrement, comme à l'aduenture nous ferions si nous choisissions des remedes impossibles, nous fondans & confians du tout sur nos bonnes intentions, & sur la iustice de nostre cause, sans dauantage esplucher ny conferer les choses: car souuent Dieu permet qu'vne mauuaise cause prospere auec ceux qui la deffendent pour matter & chastier les autres qui combattent au contraire, comme nous n'auons que par trop esprouué en ce Royaume, depuis trente cinq ans contre les mesmes aduersaires, & en la mesme cause, de laquelle il s'agist maintenant, sans qu'il soit besoin pour nous enseigner que nous iettions des yeux sur nos voisins, ny sur la terre saincte, tombée par nos dissentions & pour nos

K k k

vices, & pechez au pouuoir des infidelles.

Le moyen qui depend de nous gist aux forces qui nous restent, & en nostre conduitte.

Nos forces consistent en la vertu de nos chefs, en la richesse & bonté de nos villes, au nombre & en la valeur de nos gens de guerre, & en nos deniers communs & publics: Nosdits chefs sont genereux & experimentez, & tres-affectionnez, & croy certainement que nos affaires ne demeureront par eux, ie souhaitte seulement qu'ils soient mieux reuerez, obeys & vnis, comme il est necessaire pour nous bien faire. Nous auons encores nos principales villes, mais elles sont fort descheuës & appauuries depuis la guerre, comme ie vous ay representé, de sorte que si du commencement elles se gardoient d'elles-mesmes, voire regentoient autour d'elles, fortes de zele, de nombre d'habitans, de commoditez & d'esperance; maintenant il faut que nous les gardions du dehors, & par le dedans auec forces & moyens, d'ailleurs non sans peine, & solicitude tres-grande, tant elles sont diuisees, desnuées de peuples, plaines de necessité, de crainte & de deffiance de l'aduenir: Quoy estant il sera difficile qu'elles contribuent doresnauant aux affaires publiques autre chose que le nom, & la reputation de leur ancienne grandeur auec la retraitte & seureté de ceux du party; ce qui procede du mal qu'on leur a fait, par le dehors, & qu'elles mesmes ce sont faict par le dedans, dont chacun sçait & ressent les particularitez: mais, comme elles ne peuuent estre remises ny restaurees qu'auec le temps, il conuient pour cette heure aduiser plustost au moyen de les soulager & secourir pour les conseruer, que de faire estat (si on ne me trompe) d'en tirer de l'ayde, & principalement en deniers pour soustenir la guerre. Quant aux gens de guerre du party, le nombre en est grand, mais mal reglé, & discipliné; l'ambition & l'auarice les dominent par trop: car tous quasi pensent plus à s'agrandir & enrichir, qu'à l'vtilité publique, vice ordinaire des guerres ciuiles, ores tres-perilleux & contagieux, qui se prend par exemple non seulement entre esgaux, mais aussi du petit au grand: cecy engendre toute sortes de maux, entre autres vne licence effrenée, & vne desobeyssance generale, & vne ialousie & combustion extreme qui corrompt esnerue, & affoiblit tellement la bonté desdits gens de guerre, que nous ne deuons faire estat d'en estre bien seruis pour le public tant que cela durera. Le secours que nous pouuons tirer des deniers publics est encores plus incertain, d'autant que lesdits gens de guerre le prennent, & comment tout par tout, sans ordre ny reigle, encores n'en ont ils pas à demy: *consomment* dauantage il faudroit faire reuiure le peuple qui est mort depuis la guerre, & remettre le plat pays en culture pour en tirer commodité, chose tres-difficile voire impossible de faire sinon auec le temps. Toutesfois si nous pouuions reprendre l'ordre, & les reiglemens

Kkk ij

anciens en l'administration des finances, comme font sagement nosdits aduersaires; peut-estre que nous en tirerions quelque chose pour subuenir aux despens de nos armees, tout ainsi qu'ils font de leur costé, lesquels n'ont quasi autres deniers pour faire la guerre: mais il faudroit y mettre la main bien-tost & viuement, & ne se laisser vaincre aux importunitez & mescontentemens de ceux qui s'en accommodent, particulierement comme l'on a faict iusques à present, de façon que le public n'en a eu aucun secours: doncques estans nos villes pauures & troublees comme elles sont, nos gens de guerre mal creés & disciplinés, & nos deniers publiqs mal mesnagez & incertains; il faut que nous recognoissions, & aduoüyons estre tres-difficille que nous resistions à nos dicts aduersaires, & nous maintenions de nous mesmes.

Nous voyons ce que nous pouuons esperer de nostre conduitte, Messieurs; si nous voulons la rendre bonne, & faire qu'elle prospere, il faut que nous la iustiffions tellement, que Dieu & les hommes en demeurent satisfaicts: Nous la iustifierons, quand vrayement & sincerement nous chercherons la gloire de Dieu, & l'vtilité publique, comme nous ferons quand nous prendrons le chemin, par lequel nous pourrons plus seurement & promptement deliurer le Royaume de l'heresie & de la guerre; car tant qu'il sera battu de ces deux fleaux, il ne faut esperer que nous restaurions la religion ny le public, comme nous auons esprouué aux despens de l'vne & de l'autre depuis nos mouuemens: au moyen dequoy tout ainsi que ceux qui se veulent preualoir de la ruine de nostre religion & du Royaume s'accordent en ce poinct, sçauoir est de fomenter & nourrir la guerre & nos diuisions par tous moyens & artifices qu'ils peuuent inuenter, si nous voulons sauuer l'vn & l'autre, il faut au contraire nous efforcer de les assoupir & terminer le plustost qu'il nous sera possible. C'est le vray moyen aussi de faire cesser les enuies, partialitez, & passions, qui troublent & destruisent nostre vnion, s'il en faut esperer quelque chose: car il n'y a rien qui puisse plus ayder à ranger à la raison, & ramener les particuliers à leur deuoir enuers le public, que l'exemple & la bonne conduitte d'iceluy.

A quoy i'adiousteray l'opinion de ceux qui disent que nous deuons promptement eslire & creer vn Roy sur nous, comme vn moyen tres-propre, voire qui seul nous reste, pour releuer nos affaires & les garder de nauffrage, attribuant à ce deffaut non seulement toutes nos infortunes passees & nos diuisions, partialitez & mauuaises procedures, mais aussi les aduätages que nosdits aduersaires ont gaigné sur nous dedans & dehors le Royaume, pour la reuerēce & affection que les François nourris & accoustumez de tout temps à la Royauté, portent naturellement à leurs Roys, & par le credit & pouuoir qu'a ce nom enuers les Princes & potentats estrangers, lesquels desirans pour leur interest la conseruation entiere de la courōne, fauoriserōt tousiours

Kkk iij

plus volontiers celuy qui en portera le tiltre qu'ils ne feront toute autre sorte d'administration, laquelle ne peut qu'elle ne leur soit d'autant plus suspecte & odieuse, & moins agreable aux subiects d'icelle, qu'elle semble aucunement aspirer & tendre à vne alteration ou mutation d'estat, chose que i'estime estre à considerer auec beaucoup de raison par ceux qui affectionnent ce conseil; partât ie ne veux estre des derniers à y ioindre mes vœux, toutesfois ie desire que nous poisions & considerions bien & meurement la nouueauté & importance du faict deuant que nous y engager. Car messieurs, ce n'est pas comme vous sçauez trop mieux, le nom ny le tiltre, la couronne & sceptre qui donne authorité, force & puissance aux Roys, & les faict reuerer & aymer; c'est le droict d'vne legitime succession que la nature leur donne par la grace & permission de Dieu suiuant les loix & constitutions des pays, & leurs vertus & bonne conduitte: & si quelquesfois l'on s'est dispensé de desroger & contreuenir ausdittes loix en faueur de quelqu'vn, c'a esté auec l'acclamation, approbation & du consentemét vniuersel de tous les estats & peuples d'iceluy pour vne vtilité & paix publique, & non pour se ietter & plonger en vne guerre immortelle, tres-perilleuse & douteuse, comme certainement sera celle que nous espouserons pour toutes nos vies, faisant laditte ellection. Parquoy ie dis qu'il est necessaire au prealable d'aduiser à deux choses: la premiere, s'il n'y a point de moyen ny d'espoir de conseruer nostre religion sans vser de ce remede. L'autre s'il y a Prince auquel nous puissions nous donner, qui soit fort & puissant assez pour nous sauuer & deliurer de la guerre & des vexations d'icelle, afin que l'on n'attribue à passion, ce que la necessité seule de conseruer nostre religion nous doit contraindre, & doit excuser de faire, & qu'au lieu mesme d'y profiter & à nous mesmes, nous n'aduancions la ruine d'icelle & la nostre: mais d'autāt que ce poinct est le principal de nostre deliberation, dōt ie dois attēdre à dire mon aduis, & m'expliquer d'auantage à la fin & cōclusion de mon discours, ie me contenteray d'en auoir touché ce mot en traictant des moyens & remedes qui dependent de nous, afin que l'on n'estime que ie le vueille obmettre.

Mais en fin il faut confesser que nos forces domestiques sont trop foibles auec toute nostre conduitte, pour sortir d'affaires par les armes sans l'ayde de nos amis, partāt il ne nous reste plus qu'à examiner, si c'est chose à laquelle nous deuions esperer de paruenir par leurs moyens ou non, pour sur ce bastir nostre resolution.

Messieurs, nous tenōs à bon droict pour nos principaux, plus asseurez & speciaux amis nostre S. pere le Pape, le Roy d'Espagne, & auec eux Mess. les Ducs de Lorraine & de Sauoye, lesquels n'ont rien espargné iusques à presēt pour nous secourir & fortifier: de sorte qu'il faut recognoistre veritablement que sans eux nous eussiōs esté cōtraints de cōposer auec nos aduersaires, ou de souffrir beaucoup plus que nous n'auōs fait. Nosdits Ss. peres y ont employé les vns apres les autres leur authorité & leurs thresors spirituels & tēporels tres-largemēt, cōme nous voyons qu'ils continuent encores sans espargne: en quoy ils ont esté tres-bien secondez dudit Roy d'Espagne, lequel a eu tant de soin de nous, qu'il faut que nous aduoüyons, si nous ne voulons estre tres méscon-noissans, que nous luy deuons la gloire & la recon-noissance entiere de nostre estre: car sans luy les villes de Paris & de Roüen, qui sont les deux principalles colomnes de nostre cause, ne seroiét plus nostres, & n'auós soustenu la guerre depuis le cómencement iusques à present que de ses deniers & auec ses forces, ayant souuent delaissé ses propres affaires pour mieux nous secourir: ce que nous pouuós dire semblablement que lesdits Ducs ont faict aussi de leur part, tant que leurs moyens se sont estendus, dont nous voyons que leurs affaires sont en arriere, & leurs pays grandement incommodez.

ET neantmoins ie ne voy pas qu'auec tout cela, ioinct ce que nous auons peu y contribuer de nostre part, lors que nous estions encores plus frais & mieux pourueus de toutes choses que nous ne sommes & ne pouuons estre cy apres, nous ayons gaigné tel aduantage sur nosdits aduersaires, que nous ayons grande occasion de nous resiouyr, ny esperer qu'en continuant nous voyons de long temps la fin d'eux par les armes: les fulminations de nosdits saincts Peres ont plustost aygri leurs cœurs, & leurs exortations & admonitions souuent reiterees enuers les catholiques qui les assistent, ne les ont pas encor' esbranlez: Les gens de guerre qu'ils nous ont aussi par force & à grands frais enuoyez ne nous ont gueres plus profité, & ia-
soit

soit que ledit Roy d'Espagne nous ait enuoyé plusieurs armees, l'vne apres l'autre, qu'il ait aussi secouru à part la Bretaigne & le Languedoc d'hommes & d'argent, & qu'il n'ait rien obmis à faire pour nous: toutefois le fruict de sa bonne volonté & des frais qu'il y a faicts tres-grands n'a respódu à nos esperáces ny à nostre besoin. Si ce malheur nous est aduenu par nostre faute ou celle d'autruy, pour n'auoir esté les choses códuittes, administrees ou employees cóme elles deuoiét estre, ou par impuissance & foiblesse procedát de nostre part, ou de ceux qui nous secourét, ie m'en rapporte à ce qui en est: tát y a qu'il est veritable & notoire à tous que nostre códitió est plustost empiree qu'amendee, cóbien que celle de nosdits ennemis soit quasi aussi languissante que la nostre, n'estans moins incommodes & mattez de la guerre: Toutesfois d'autát que leur force principalemét gist en eux, qu'ils sont mieux vnis que nous, qu'ils tendent & trauaillent tous à vn mesme but, qu'ils obseruent & suiuent en leurs affaires tant en la códuitte des armees qu'en l'administration de la iustice & police & au maniment des finances, l'ordre ancien du Royaume, par lequel chacun est auctorisé & soustenu en sa charge & fonction, comme il doit estre, qu'ils font argét de tout cóme nos Roys souloient faire en téps de paix, que les villes sont riches des despoüilles & desordres des nostres, & que le party huguenot va tousiours se fortifiant autant que celuy des catholiques s'affoiblit par la continuation de leurs diuisions ils se maintiennét mieux que nous. Nous ne faisons rien qu'à force d'hom-

LII

mes & d'argent & qu'auec toutes les longueurs, peines & difficultez du monde, au lieu que nosdits aduersaires s'entretiennét de peu de chose & font tous les iours quelque effect, comme gens qui disposent de leurs forces & moyens ainsi qu'il leur plaist, & qui seruent leur party, ou pour mieux dire leur maistre de cœur & d'affection, attendans la recompense de leurs seruices de sa prosperité : d'auantage ils ont gaigné ce poinct sur nous que chacun croit dedans & dehors le Royaume qu'ils cherchét le combat & que nous le fuyons, chose qui faict craindre leurs armes, & mespriser les nostres, & principalement parmy nous autres François accoustumez à respecter ceux qui sont non seulement genereux & vaillans, mais aussi hazardeux ; ioinct que nous estimons que c'est le vray moyen d'abreger nos miseres desquelles nostre langueur & necessité nous rend tous les iours plus impatiens, mesmement voyant les excedz & desordres que font sur nous sans distinction de party lesdittes forces estrangeres, & pareillement les diuerses pratiques & menees qu'aucuns font par toutes nos villes, qui tendent plus à nous precipiter qu'à nous sauuer.

Qvoy estant, qu'elle raison auons nous d'esperer que nos affaires succedét mieux cy apres qu'elles n'ont faict depuis quatre ans ? mais peut-estre que le Roy que nous parlons d'eslire, cōme vn souuerain remede à toutes nos playes, y apportera le changement que nous desirons. Quoy ? rendra il nostre cause plus iuste & nostre vnion plus parfaite qu'elle n'est ? rechauffera-il nostre ardeur esteinte par la necessité, ou s'il restaurera nos villes & fera cesser les partialitez qui acheuent de les despeupler & destruire? remettra-ils nos champs en culture, & s'il fera reuiure nos laboureurs que la guerre a rauis, afin que nous puissions recueillir nos fruicts pour viure, & en tirer les deniers publics pour cōtinuer la guerre: ou bien s'il nous emplira de tāt de cōmoditez, & nous apportera en peu de tēps vn tel aduātage que rien ne nous manquera, ny sera difficille à executer contre nosdits aduersaires, pour nous eslargir & cōtenter? Messieurs, si le zele que nous portōs à nostre religion, & si nostre perplexité nous faict desirer & volontiers esperer ce secours d'vne telle resolution, faut-il pourtant s'asseurer que les effects s'en ensuiuent sās en estre mieux esclaircis? Croyōs nous que le Roy, qui sera peut-estre cōposé & creé de nature estrangere, estant adiousté & receu au corps de nostre party, autant parauanture par contraincte que par raison, ayt ses functions aussi vigoureuses & vtiles, que si nature nous l'auoit dōné? Messieurs ouurons les yeux & recognoissons que nous sommes hommes, que l'on peut bien imiter la nature, mais non atteindre à sa perfection.

PARLONS plus clairemēt: s'il faut que nous prenions vn Prince dedans nostre party pour estre nostre Roy, il faut necessairement que nous le choisissions au gré du Roy d'Espagne & de son desir, car nul des autres ne peut estre assez puissant pour se maintenir en ce degré & nous sauuer sans son ayde, quelque reputation, parens, amys & moyens qu'il puisse auoir. C'est chose recogneuë de tous, au moyen dequoy si ledit Roy veut auoir ceste couronne pour luy ou pour l'Infante sa fille aisnee, comme nous font entendre ses ministres, & qu'il n'y ait moyen de l'en diuertir, l'obligation que nous luy auons, & le besoin que nous auons de luy, s'il faut que nous continuiōs la guerre, requiérét que nous passions plustost par dessus nos loix & toutes autres cōsiderations pour le contéter, que de l'offencer en noº addressant à vn autre: car tout ainsi que nosdittes loix n'ont esté faictes que pour bien faire au public, l'obseruation nous en doit estre chere & recommandee, sinon autant qu'elle peut estre vtile à iceluy, & sur tout à la deffence & conseruation de nostre religion que nous deuons preferer à toutes autres choses. Quoy estant il ne nous reste plus qu'à sçauoir, si en eslisant ledit Roy d'Espagne ou ladite Infante sa fille nous y trouuerons les benedictiōs & aduantages qui nous seront necessaires, comme aucuns se promettent, afin que nous ne soyons si temeraires & mal aduisez de frāchir ce saut qui est suiect à infinis perils & inconueniens difficiles à preuoir, mais encores plus à euiter apres le coup, deuāt que d'auoir bien consideré & pesé comme il appartient les euenemēs d'iceluy pour euiter le dōmage, le blasme, & le regret d'vn tardif repétir, qui suit de prés ordinairement vne resolution precipitee, sans souffrir que nos passions, ou attēdre que nos necessitez soiēt si grādes qu'elles nous violétét en ce faict.

Povr mon regard ie suis d'aduis s'il faut que nous contentions ledit Roy, que nous nous donnions à luy plustost qu'à sa fille, sans nous arrester qu'elle est issuë d'vne fille de France : car s'il est necessaire que nous violions nos loix, ce doibt-estre pour le party plus vtille, & non pour celuy qui en approche le plus : sans doubte nous trouuerons tousiours plus de seureté au tronc qu'aux branches, car les moyens de ladite Infante, dependent de la volonté dudit Roy son pere, & apres luy du Prince son fils qui doit-estre heritier vniuersel. Mais qui peut respondre & asseurer que ledit Prince succedant aux estats de son pere succede aussi à l'affection qu'il porte à sa fille, de sorte qu'il veuille obmettre ses propres affaires pour assister sa sœur, comme faict à present le pere sa chere fille? C'est chose rare qu'vn fils suiue en tel cas les intentions de son pere, & encores plus qu'vn Prince delaisse & abandonne ce qui le concerne pour bien faire à autruy, quelque proximité qu'il y ait, ce que nous deuons encores moins nous promettre de ce changemēt que de nul autre. Car il n'y a desia que trop de seruiteurs & subiects dudit Roy, qui regrettent les despences qu'il a employées à ce Royaume, de sorte que si Dieu en disposoit deuant que sa fille fust restablie, & que ledit Prince ne fust conseillé, ou ne peust à cause de ses affaires nous cōtinuer le mesme secours que nous receuons du pere, comment pourrions nous secourir sa cause & la nostre, les choses de ce Royaume & de la Chrestienté, estant en l'estat qu'elles sont? Dauantage ie ne puis croire que le nom & party de ladite Infante, n'engendre par tout les mesmes ialousies & effects que fera celuy du Roy, car c'est tousiours se donner à la maison, la grandeur & puissance de laquelle, & non celle de la personne du Roy, tient en crainte le reste de la Chrestienté, à quoy ne sert de rien de dire qu'elle espousera vn Prince de langue Françoise, dautant que c'est à elle & non à son mary que ledit Roy entend que nous donnions la Couronne. Partant si elle decedoit sans enfans apres nostre eslection son droit seroit pretendu & debattu par ses plus proches. Du commencement & iusques à la venuë de Monsieur le Duc de Feria, les ministres dudit Roy nous ont dit ouuertement qu'il ne vouloit que ladite Infante fust mariee à vn de nos Princes, pour ne mettre la succession de tous ses estats au hazard de tomber entre les mains d'vn Prince d'vne autre famille que la sienne, comme il aduiendroit, si le Prince son fils mouroit sans enfans, de sorte que l'esperance que soubs main l'on nous donne maintenant de la bailler à vn des nostres ne me peut-estre que suspecte d'estre iettee, & publiee entre nous plustost pour gaigner nos voix en faueur de ladite Infante, que pour enuie que l'on ayt de l'effectuer. En tout cas il seroit donc necessaire pour nostre seureté que ledit mariage fust accomply deuant ladite eslection, afin que l'on ne s'en peust desdire apres icelle, comme il seroit lors trop facile de faire sans remede, ne me pouuant persuader que ledit Roy marie iamais sa fille deuant son fils, principalement à vn Prince d'autre maison que la sienne: mais l'on dit que si ce Royaume est conserué & possedé à part, quand ce seroit par vn Prince de la mesme maison dudit Roy, les autres Princes n'en prendront tant de ialousie que s'il est à celuy d'Espagne. A quoy ie respons que ceste raison seroit considerable si nous pouuions à present disposer de la possession, & en tendre la iouyssance paisible à ladite fille & à son mary: mais comme c'est chose impossible, & que les grands se menent principalement par les raisons & choses presentes, & non par celles qui sont attendues, lesquelles sont ordinairement incertaines, chacun deux craignant autant la ruine & dissipation de ce Royaume, par la continuation de la guerre, que la susditte vnion auec celuy d'Espagne: il faut faire estat que les Princes & Potentats de la Chrestienté qui redoutent l'accroissement dudit Roy d'Espagne & l'affoiblissement de la France prendront pareille ialousie de l'vne que de l'autre, comme ils ont faict assez paroistre depuis le commencemét de nostre guerre: outre cela il faudroit enfraindre nostre loy salique, laquelle nous a tousiours esté tres saincte & sacree quelque mutation qui soit aduenuë en ce Royaume, auec lequel elle est née, & est tellemét attachee & incorporee, que l'vn ne peut patir sans l'autre: iamais aussi l'on n'a essayé de s'en dispenser qu'à l'instant le Royaume n'ait esté remply & accablé de calamitez, desquelles il n'a esté deliuré que quand elle a esté restauree en sa premiere force. Et si maintenant nous la mesprisons sur l'esperance d'vn bien futur, faisans estat d'é receuoir en nos iours le mesme traictement, & apres qu'ils serót passez, le mesme blasme,

& reproché de ceux qui en ont autresfois abusé: c'est aussi vne vraye imagination d'esperer pouuoir persuader aux François, que ceste loy qui leur a esté si vtile, & à laquelle ils doiuent apres Dieu, la grandeur & conseruation de leur pays, est violable, estant si auant grauee en leurs cœurs, & d'eux reuerée & cherie comme elle est. Au moyen dequoy tant s'en faut que i'estime que nous en deuions faire si peu de compte, que ie dis qu'il est necessaire de faire cesser les bruits qui courent de ce dessein le plus diligemment qu'il sera possible, comme tres preiudiciables à nostre cause, & à la reputation de ceste assemblée dedans & dehors le Royaume.

C'est doncques à la personne mesme dudit Roy d'Espagne, & à la puissance de son Empire que nous deuons nous lier, si d'vn costé son assistance nous est si necessaire, que nous ne puissions nous en passer pour conseruer nostre religion: & si de l'autre il ne luy plaist nous la continuer, que nous ne nous donnions à luy tout à faict, ou à la ditte Infante sa fille. Or pour iuger de la necessité dudit secours, il faut discourir du bien, & du mal qui nous peut aduenir de ladite declaration: car si nous ne sommes bien certains qu'il nous en succede mieux qu'il a faict iusques à present de l'assistance que nous auons tirée dudit Roy, encores qu'elle ayt esté secondée des moyens du sainct Siege, & desdits Ducs de Lorraine, & de Sauoye, certainement nous ferions vne grande faute de nous y engager.

L'ON dit que quand nous nous serons donnez
audit

audit Roy, il aura soin de nous comme de ce qui luy appartiendra en propre, où sa reputation sera entierement engagée, de sorte qu'il nous secourera à l'aduenir, non pour allumer & faire durer nos troubles, comme à l'aduanture il a faict iusques à present, mais pour les esteindre & faire cesser, & partãt plus puissamment & à propos qu'il n'a faict, & que rien ne nous manquera, & que son eslection fera cesser les ialousies, diuisions & desseins priuez qui regnent entre nous : car quand nous l'aurons vne fois esleu pour Roy chacun de nous ne pensera plus qu'à le seruir comme maistre, ainsi qu'ont accoustumé de faire les grands Princes qui peuuent remunerer ceux qui les seruent fidellemẽt, & punir les autres. Que cela sera cause de conseruer le Royaume en son entier, lequel autrement court fortune d'estre partagé & dissipé par la guerre, s'il ne tõbe entre les mains, & en la protection d'vn Prince fort pour l'en garentir, toutes choses n'estans desia que trop acheminees à desmembrement, qui est le plus grand malheur qui nous peust arriuer, lequel nous deuons à ceste cause euiter à quelque prix que ce soit. Qu'estant ledit Roy Prince tres-equitable & grand obseruateur de sa foy & parolle, nous ne deuons point doubter qu'il ne nous face ioüir de tout ce qu'il nous aura promis en general & en particulier par le traicté de son eslection, à l'exemple du traictement qu'il faict à ses subiects du Comte de Bourgongne, & autres, lesquels il a tousiours gardez & maintenus en leurs franchises & libertez, suiuant leurs loix & constitutions: plus, que ce nous sera vn grand aduantage d'estre appuyez de ses autres estats, & doresnauant participer à la commodité d'iceux, cóme mébres que nous serons de son Empire, & enfans de la maison qui est tres opulente & puissante. Qu'estant Prince tres-entier & constant en la foy Catholique il perdra plustost tous ses estats, & mesme la vie que de manquer d'vn seul poinct au deuoir d'vn Roy tres Crestié pour la deffence d'icelle, qui est tout ce que nous deuons desirer. Qu'il est auiourd'huy le seul Prince de la Chrestienté, qui a le vouloir & le pouuoir de soustenir l'Eglise de Dieu assaillie de toutes parts, & comme abandonnee des siens propres. Partant si nous ne nous appuyons de luy & ne l'embrassons, pour en l'assistant & fortifiant de toute nostre puissance nous sauuer, il ne nous demeurera en ce Royaume autre moyen que le martire, pour opposer à la persecution qui se fera contre nous, & principalement contre les gens d'Eglise, lesquels ont desia commencé à estre traittez en leurs personnes & biens tres-indignement. Que nos loix & coustumes ne nous doiuent point estre si cheres que nostre religion & le salut de nos ames : de façó que si nous ne pouuons conseruer les deux ensemble, il vault mieux manquer aux hommes qu'à Dieu, & en ce faisant perdre plustost les biens & la vie, & mesme le Royaume, que d'obeyr à vn Prince qui a iuré la ruine de nostre religion dés le ventre de sa mere. Que c'est vn grand heur & aduantage quand il faut changer de maistre, de tomber entre les mains d'vn Prince puissant, nay & accoustumé à toutes choses grandes comme est ledit Roy: car la domination en est ordinairement plus douce à supporter, & plus vtile & honorable. Pour lesquelles raisons aucuns concluët qu'il est non seulement vtile, mais si necessaire pour conseruer nostre religion, & ne tomber en la puissance des ennemis d'icelle, de nous ietter entre les bras dudit Roy d'Espagne, & le recognoistre pour maistre par preference à tous autres Princes estrangers & domestiques, que si nous faillons à le faire nous n'en pouuons euiter la tirannie.

A quoy ils adioustét estre chose, que nostre sainct Pere le Pape desire & nous conseille de faire, offrant y ioindre son authorité & sa puissance spirituelle & temporelle. Qu'estans ces deux forces & puissances vnies en ce dessein, il n'y aura Prince, Potentat, ny republique Catholique qui ose s'y opposer, mesme du costé d'Italie, où personne ne se peut maintenir qu'auec leur bienueillance. Que si quelques vns s'oublient tant que de s'en formaliser, il sera facile ausdits Princes de les renger à la raison. Que les Princes de la Germanie & les cantons de Suisses Catholiques fauorisent aussi ce dessein, les vns cóme parens & alliez dudit Roy d'Espagne, & les autres comme tres-interessez en la cause. En fin qu'estans toutes ces Couronnes vnies soubs vn seul Monarque, doüé des vertus qui abondent en la personne dudit Roy, il n'y aura force ny puissance aucune qui luy resiste. Quoy aduenant, nous changerons bien-tost nostre malheur en vn perpetuel bon-heur à la gloire de Dieu, chose que nous ne deuons esperer par autre voye que ce soit.

Av s qv e l l e s raisons tres fortes & considerables, ceux qui sont de contraire aduis opposent principalement l'impossibilité de ce dessein, disans qu'estant la religion en peril comme il est certain, & notoire à tous qu'elle est, ce seroit vrayement pure impieté que d'y contredire, nous deffaillants tous autres moyens d'y pouruoir, si nous pouuions ou seulement auions dequoy esperer de faire ce changement heureusement: mais ils cognoissent tant de difficulté, & obstacles qui rendent le succés d'iceluy impossible qu'ils sont contraincts de le reietter.

Premierement ils ne peuuent croire, que le general du Royaume ny mesme du party l'embrasse iamais de bon cœur pour estre si contraire à nos loix qu'il est, comme sont les mœurs de la nation Espagnolle aux nostres, & sur tout à nostre noblesse, en laquelle consiste la force du Royaume, laquelle difficilement s'assubiettira à vn Prince de maison estrangere & mesme de nation, contre laquelle nos Roys & nous auec eux auons depuis cent ans continuellement faict la guerre, & debattu de grandeur & preeminence. Qu'il est vray qu'on doit passer par dessus toutes considerations humaines, quand il s'agist de la gloire de Dieu: mais comme nous sommes nés imbecilles & imparfaits, non seulement nous pouuons errer en nos iugemens, mais aussi estre tres difficile de disposer & faire resoudre tout vn peuple à ce deuoir au peril euident de ce qui le concerne. Qu'il n'y a pas grande apparence que laditte eslection rende nostre vnion plus parfaicte, ny change les volontez & desseins de ceux qui pretendét faire leur profit particulier de la dissipation de l'estat: car telles conuoitises augmentent auec le temps bien plustost qu'elles ne diminuent, specialement quand elles ont pour exemple vn attentat faict aux loix publiques soubs quelque pretexte que ce soit. A quoy l'authorité dudit Roy pour grande qu'elle soit pourra difficilement remedier par force tant que le Royaume sera troublé; car quiconque refusera de si assubiectir, n'aura faute de suppos dedans & dehors pour se maintenir. D'auantage, qui doute qu'il ne soit besoin que ledit Roy accorde & delaisse aux grands de nostre party des aduantages extraordinaires, qui ne pouuans estre que preiudiciables aux droicts de la courone, pour les attirer & faire condescendre plus volontiers à son desir, de sorte que tant s'en faut que nous deuions faire estat d'euiter par ceste eslection la dissipation dudit Royaume, qu'à bon droict nous redoutons, il n'y a rien qui en effect la facilite d'auantage? car c'est la guerre plus qu'autre chose qui esguise l'appetit de ceux qui y tendent, & qui peut seule leur dõner les moyens d'y paruenir, partant plus elle s'allumera & durera, plus ils auront le ieu beau pour ce faire. Quoy? y a-il rien qui la puisse tant eschauffer & mouuoir que laditte eslection, par laquelle elle deuiendra immortelle? d'vne guerre de religion nous fonderons vne guerre d'estat. Ie demanderois vo-

Mmm iij

lontiers si ~~celuy~~ le Roy d'Espagne apres que nous l'aurons esleu passera en France en personne exprés pour nous regir & fortifier de sa presence, comme ainsi soit qu'il n'y ayt rien qui enflamme plus les cœurs des François que l'œil de leurs Roys? Abandonnera-il l'Espagne en l'aage où luy & le Prince son fils sont, pour icy s'enuelopper, ou peut estre s'enseuelir en nos miseres & en nostre confusion: ou s'il faudra que nous soyons encores apres ladite ellection conduicts & gouuernez par Lieutenans generaux, desquels l'authorité, les moyés & les deportemens seront controlez & suiets à milles trauerses & longueurs, qui destruisent les affaires, comme nous auons assez esprouué? sera-ce à vn Prince François ou à vn estrager que la susditte charge si importāte sera cōmise: si c'est vn de nostre nation les estrāgers ne s'y fierōt qu'à demy, non plus qu'ils ont fait iusques à present, pour la crainte que tousiours ils auront qu'il veille acquerir de la reputation & faire ses affaires à leurs despens, de façon qu'il n'aura les fonctions libres comme il est necessaire qu'ayt quiconque exercera ladite charge pour bien faire: d'auantage nos autres Princes en auront ialousie, tant est grande & desbordee l'enuie que la licence du temps a engendree entre nous. Et si pour remedier l'on cuide y employer vn estranger, qui sera celuy de nos chefs qui voudra supporter vn tel affront & luy ceder? Messieurs, pensons de bonne heure à ces contentions, car ce ne sont pas là les moindres & plus legers inconueniens qui n'aistront de la susditte ellection, laquelle alterera aussi indubitablement les cœurs des officiers royaux qui nous restét, comme ceux qui sont plus obligez que tous autres de suiure & deffendre les loix du Royaume, de sorte qu'il faut faire estat que plusieurs d'eux, combien qu'ils soient tres affectionnez à la religion, quitteront plustost leurs offices, que de consentir ny s'assubiettir à ce changement, ce qui apportera vn grand remuëment parmy nous, scandalisera & affoiblira la cause plus qu'aucuns ne veulent croire, car à leurs exemples plusieurs autres, aux villes & ailleurs se degoustront de s'y embarquer: de sorte qu'au lieu d'estre fortifiez & reünis dedans nous & pour laditte eslection, nous en serons plus diuisez & foibles que nous ne sommes, dont au contraire nosdits aduersaires tireront vn grand aduantage, car il ne faut point douter que cela ne lie & affermisse du tout à leur seruice les catholiques qui les assistent de tous estats, pour courre tous ensemble vne mesme fortune iusques à la fin de la guerre sans plus penser qu'il y ayt autre remede à nos troubles, que par la ruine des vns & des autres, ou de tous les deux partis ensemble, qui est la chose que nous deuons plus craindre, & apprehender. Et s'il aduient que les habitans de nos villes ne reçoiuent de ce changement la deliurance de leurs miseres si promptement & aduantageusement qu'ils se sont promis des esperances qu'on leur a donnees, & que leur besoing le requiert: Quels effects deuons-nous attendre du mescontentement, ou pour mieux dire du desespoir qui en n'aistra parmy eux? y a-il rien qui altere plus les peuples qu'vn tel mescóte, quand ils en ressentent le dommage? si nous souffrons vne fois que leurs calamitez surmontent & estouffent leur zele, ou qu'ils s'impriment de pouuoir conseruer leur religion & iouyr du benefice d'icelle plus commodement par quelque autre voye, que par leur perseuerance en ce dessein, qui doute qu'ils ne le changent encores plus volontiers qu'ils ne l'auront embrassé? auec quoy pourrons nous retenir ce torrent, s'il s'esbranle? sera-ce à force de garnisons estrangeres? Messieurs, s'il en faut venir là, que deuiendront les priuileges, immunitez & libertez desdittes villes, & les autres promesses que l'on leur aura faictes? comme ainsi soit que les Princes n'estiment estre obligez à l'obseruation de leur foy au desaduantage de leurs affaires: alors qu'elle fiance aurons nous d'eux & eux de nous, comment compatirons-nous auec eux, & resisterons tous ensemble à nosdits aduersaires? Preuoyons ces choses deuant qu'elles arriuent, comme accidens infaillibles de laditte resolution, si bien-tost apres la declaration d'icelle, nos villes ne voyent & ressentent les effects desdittes promesses, car leurs afflictions commencent desia à leur estre insupportables: & si Dieu & les hommes ont permis que la guerre leur ayt esté si peu fauorable iusques icy, expres pour les attirer & renger plus facilement au party duquel il s'agit. Prenons garde, Messieurs, qu'apres le coup ils ne se repentent d'auoir plustost suiuy leurs desirs & necessitez que leurs loix, adiousté plus de foy à leur esperance qu'à l'experience, & que leurs affections

&

& simplicitez ne se changent en fureur au domage de nostre religion: Messieurs les conquestes ne se conseruent que par la force, & ne faudra point moins de temps pour surmonter ceste naturelle défiance & rigueur Espagnolle qu'il en faudra pour dompter nostre inconstance & impatience Françoise: dõt ceux qui en craignent la domination appellent à tesmoins les Neapolitains, Siciliens, Milannois, Portugais, Indiens & iusques aux mesmes Flamens, pour respondre aux autres qui se mirent en la douceur de ceux du costé de Bourgongne: mais ledit Roy nous assistera apres son election si puissamment & à propos, qu'en peu de temps nous pourrós vaincre nosdits aduersaires, & apres remettre facilement toutes choses en ce Royaume en leur premier & ancien ordre, ayant deliberé pour cest effect faire vn merueilleux effort deux ans durant, dedans lequel temps il espere executer ce dessein, c'est ce que l'on nous dit. Mais verifions, Messieurs, si c'est chose possible, & de laquelle nous ne deuions douter aucunement: pour ce faire il seroit necessaire que ledit Roy enuoyast en ce Royaume plus de forces & d'argent qu'il n'a faict par cy deuant, qu'elles y arriuassent plus à propos, & qu'elles fussent mieux conduictes, & lesdits deniers mieux employez qu'ils n'ont esté, & pareillement que nosdits aduersaires deuinssent plus foibles, & moins assistez & heureux en leurs affaires qu'ils n'ont esté iusques à present: car s'il n'aduient quelque changement en tout cela à nostre aduantage, comment esperons nous qu'il nous en

Comté

prenne mieux à l'aduenir que par le passé? defia sommes nous bien certains que ledit Roy ne sera assisté & seruy d'autres Princes & potentaz, que de ceux qui se sont employez cy deuant pour nous, c'est assauoir de nostre sainct Pere & desdits Ducs de Lorraine & de Sauoye, encores deuons nous doubter que les deux derniers s'y plongent si auant qu'ils ont faict, d'autant que nous ne sçauons s'ils approuueront ce dessein, parce que leurs esperances de s'agrandir en ce Royaume seront du tout retranchees : qu'ils n'ont peut-estre tant d'occasion de desirer l'accroissement dudit Roy comme aucuns estiment, & qu'en tout cas leurs affaires ne sont en estat qu'ils puissent faire pour ceste cause ce qu'ils ont cy deuant faict, d'autant qu'ils ont mis & consommé tout ce qu'ils auoient de meilleur, & qu'ils n'ont faute de besongne en leurs propres pays, lesquels ils ne seront conseillez de mettre en plus grand peril pour le bien d'autruy. Quand à sa Saincteté nous n'auons point encores esté bien asseurez qu'elle approuue ce dessein, & si nous pouuons conseruer la religion en ce pays par quelque autre moyen, par raison saditte Saincteté nous deuroit coseiller de l'embrasser plustost que cestuicy, quád ce ne seroit que pour entretenir la chrestienté en repos, & pour la coseruation & authorité du sainct Siege qui depend du contrepoix de ces deux puissances, dont ses predecesseurs ont tenu & soigneusement gardé la baláce, & esgalité tant qu'ils ont peu : toutesfois quand saditte Saincteté passant par dessus toutes ces cósideratiós se resoudra de fauoriser du tout ladicte entreprise, c'est tout ce qu'elle pourra faire d'y contribuer autât qu'ont faict depuis quatre ans ceux qui l'ont deuancee: partant il faut necessairement que ceste augmentation de forces & de deniers, dont l'on nous donne esperance, vienne entierement dudit Roy catholique, car mesme il ne tirera point de secours de la Germanie, ny de Suisse qu'à force d'argent: Ce n'est pas aussi la coustume dudit pays d'en vser autrement. Messieurs sans doute la puissance dudit Roy est tres-grande, il possede & domine plus de pays que n'a faict aucun Prince en la chrestienté depuis Charles le grand. Mais comme ils sont fort separez les vns des autres, ils sont aussi subiects à plusieurs frais & accidens, ausquels il a iusques à present par sa prudence & puissance, fauorisé de la minorité de nos Roys & des troubles de ce Royaume, tres-heureusement pourueu depuis trente cinq ans: & neantmoins si d'vn costé il a adiousté à son empire le Royaume de Portugal auec tout ce qui en pouuoit dependre, il n'a peu toutesfois recouurer l'obeyssance entiere des estats des pays bas, quelque effort qu'il y ait faict par le moyen de ceux que la nature luy auoit donnez, lors qu'ils estoient paisibles, les forces de son empire estoient en la chrestienté & principalement en la France tres-formidables. Car c'a esté la porte par laquelle ses predecesseurs & luy ont faict plus de dommage au Royaume durant nos guerres estrageres: c'est vn aduátage que le Royaume, de Portugal ne peut recompenser & valloir, pour le dessein qu'il veut entreprendre en ce Royaume, à cause de son esloignement, & de la ialousie & défiance qu'il a des Portugais, laquelle durera autant qu'eux, & leurs Castillans conserueront leurs noms. S'il est vray que ledit Roy ayt retranché & mis en arriere depuis quatre ans la despence qu'il souloit faire en ses autres pays pour les conseruer, afin de mieux entendre & pouruoir aux affaires de France, & neantmoins n'ait peu nous deliurer de nos miseres ny bien souuent payé les gens de guerre qu'il nous a enuoyez, ny ceux que nous auons receus en nos villes, lesquelles par faute de ce ont esté contraincts de se desbander & commettre plusieurs excez à nos yeux: par quel moyen deuons nous croire qu'il nous pourra mieux pouruoir à l'aduenir, si pour nous acquerir & nous donner occasion de nous ietter entre ses bras il n'a deub par raison espargner aucune chose, comme pour mon regard ie croy qu'il n'a faict, & neantmoins que ses moyens & sa puissance ayent esté trop foibles contre nos maux ? deuons nous esperer qu'il face mieux, lors que nous ne nous en pourrons plus desdire, & que par honneur & deuoir nous serons obligez à supporter ses deffaux comme ses autres subiects, & courre sa fortune iusques au bout? Messieurs, tels Princes n'ont pas accoustumé de se feindre ny espargner aucune chose, quád il est question d'acquerir & adiouster tel accroissemét à leur empire, qu'est-ce Royaume, qui merite bien vn bon effort: de maniere que ie ne puis estre de l'aduis de ceux qui ont attribué à art, pluſtoſt qu'à faute de moyens les retardemens & deffaux de deniers, dont ledit Roy nous a aſſiſtez, comme ſi luy & ſes miniſtres auoient voulu nous renger à leur deſir par neceſſité, pluſtoſt que par bienfaits, & partant euſſent faict naiſtre exprès tous ces manquemens, par leſquels nous voyons que l'eſperance, & confiance premiere que nous auions en leur aſſiſtance, & bonne volonté eſt grandement deſcheuë, ne plus ne moins que la reputation de leurs forces & conduitte au ſeul auantage de noſdits aduerſaires. Meſſieurs, la bonté & prudence dudit Roy ne meritent qu'on luy attribuë vn tel artifice, & faut neceſſairement pluſtoſt croire qu'il n'a eſté ſeruy ſelon ſon deſir, en tout ce qui s'eſt paſſé, d'ont à l'aduenture que l'eſloignement de ſa perſonne a eſté cauſe, autant que toute autre choſe, d'autant qu'il faut perdre beaucoup de temps à l'aduertir de ce qui ſe paſſe & receuoir ſes commandemens, & que nos mouuemens en France ſont ordinairement ſi ſoudains & muables, qu'il eſt tres difficile de s'en preuálloir ſi on y apporte de la longueur. I'ay ſouuenance d'vne reſponce que i'ay ſouuent ouy faire dés le commencement de nos troubles à vn des plus ſages miniſtres dudit Roy, employé par deça en ſes principaux affaires, ſur ce qu'aucuns luy remonſtroient, que tant qu'ils emploiroient leurs moyens à nous ſecourir petit à petit, & eſcharcement, comme ils faiſoient, pour les meſnager & faire durer dauantage, ou peut-eſtre pour nous le faire trouuer meilleur, ils leurs ſeroient & à nous infructueux, d'autant que nostre feu vouloit estre esteint à force d'armes, & d'argent, autrement ils consommeroient totallement tout ce que l'on y mettroit, sçauoir est que les moyens de son Roy estoient veritablement tres-grands, mais qu'ils n'estoient infinis, & qu'il estoit necessaire qu'il les despartist en diuers endroicts, mesmes pour la conseruation de ses estats, nous exhortant à ceste cause d'aduiser de bonne heure à establir & dresser quelque fond de nous mesmes pour subuenir à nos necessitez, & soulager la bourse de son maistre, sans du tout nous reposer & confier sur icelle, comme nous faisions, par ce qu'à la longue elle n'y pourroit fournir: Messieurs, l'aduertissement de ce personnage nous a esté confirmé par l'experience que nous en auons faicte depuis. Car nous auons d'an en an tousiours esté secourus dudit Roy, & principalement en deniers plus estroictement, non à mon aduis par faute de bonne volonté, mais comme il est vray semblable, par ce qu'il n'y a peu fournir selon son desir; c'est aussi vne charge tres-pesante, de laquelle suiuant le conseil du mesme autheur nous eussions peu trouuer les moyens de le soulager si la fortune de la guerre nous eust esté plus fauorable: mais elle a tellement apauury nos villes, & a mis chacun en arriere, qu'il n'y a celuy de nous qui n'ayt peyne seulement à viure encores bien pauurement & miserablement. Et toutesfois ie dis que si nous pouuions encores inuenter quelque expedient de pratiquer ce conseil, ie serois d'aduis qu'il en fuſt vſé, ſoit que nous nous donnions audit Roy ou non : car ſans doubte nous ſuccomberons à la longue ſoubs le faix de nos miſeres, ſi nous ne contribuons & aydons aux deſpences qu'il conuient faire pour ſouſtenir la guerre, autrement que nous n'auons faict cy deuant, tout l'or des Indes n'eſtant ſuffiſant pour donner à viure à ceux qui en ont beſoin parmy nous, & partant nous maintenir & faire voir en l'eſtat auquel nous ſommes, qui empire tous les iours à veuë d'œil : de ſorte qu'il faut que nous auiſions à faire quelque effort d'armes, par le moyen duquel nous finiſſions nos iours, ou entrions en la iouyſſance de nos heritages, & d'vn commerce plus libre, & moins onereux que celuy qui nous reſte, affin que chacun ayt dequoy ſe ſubſtanter & nourrir. Car ſi noſtre langueur eſt à preſent tres-grande & inſupportable elle deuiendra horrible, lors que par noſtre ſuſditte reſolution nous aurons rendu noſtre guerre immortelle, & aurons fermé la porte à toute eſperance de paix, & reconciliation entre nous autres François, à cauſe des rigueurs que nous exercerons les vns contre les autres.

Mais poſons le cas que ledit Roy faiſant vn effort extraordinaire, comme l'on dict qu'il veut faire, puiſſe mettre enſemble de grandes ſommes de deniers. Quoy ! hazardera-il cy apres ſes gens au combat auſſi ſouuent qu'il eſt neceſſaire pour vaincre noſdits aduerſaires, & ſe rendre paiſible poſſeſſeur du Royaume? Ses ſeruiteurs & miniſtres luy donneront-ils ce conseil en l'aage où il est, ses pays bas estans troublez comme ils sont, & la Chrestienté comme au guet, attendant quelque mutation en son Empire par son trespas ou autrement pour s'en preualloir: ces mesmes considerations qui augmentent auec le temps, ont-elles pas souuent empesché que les les armées qu'il a cy deuant enuoyées à nostre secours, bien qu'elles fussent tres fortes n'ayent combatu & faict infinis beaux exploicts à nostre grand regret & dommage, par lesquels s'ils continuent à estre si retenus & circonspects, Messieurs, quand finiront nos miseres, quand aurons nous repris tant de villes & places que nosdits aduersaires occupent, lesquelles ils fortiffient tous les iours de plus en plus? sera-ce en deux ans que l'on dict que doibt durer son effort, & à force de temporiser & nous faire languir qu'il aura la raison d'eux? Ce puissant Royaume fut-il onques conquis autrement qu'à force d'armes? les François de ce temps estans nourris à la guerre comme ils sont, sont-ils moins courageux & magnanimes qu'ils ont esté, ou s'ils sont plus lasches & patiens qu'ils ne souloient? Lisons en nos cœurs, nous n'y trouuerrons l'ardeur, ny le courage de continuer la guerre entre nous qui y estoit du commencement: mais qui en est cause, que ceste langueur, & suitte de calamitez qui nous a plus mattez que nosdits aduersaires, auec laquelle neantmoins il faut que nous nous resoluions de compatir, nous donnant audit Roy d'Espagne, si luy & ses ministres ne veulent resoudre de combattre, pour auec nous vain-

cre ou

cre ou mourir, autrement qu'ils ont faict iusques
à present. Mais encores suis-ie empesché où ledit
Roy trouuerra auec son argent des gens de guerre
suffisamment pour executer ce dessein, car il n'en
voudra desgarnir l'Espagne plus qu'elle est, puisque
il y tient sur pied vne armee expres pour obuier aux
inconueniens, qu'il craint, comme Prince tres-prudent qu'il est, qui y peuuent arriuer specialement
apres son deceds si Dieu le permet, cependant que
le Prince son fils est encores ieune. L'Italie luy en
peut encores moins fournir, car non seulement elle
est menacee & en doubte de remeüement, mais c'est
bien chose certaine si les nostres durent qu'elle se
troublera à bon escient & bien-tost; nous sçauons
aussi en quel estat sont les affaires au pays bas, qui
luy ont cy deuant fourny des soldats en bon nombre: mais nos guerres depuis quatre ans en ont tant
deuoré, que ses seruiteurs ont peine maintenant d'y
en assembler; Et mesmes en Allemagne si c'est pour
venir en France, où ils sçauent n'y auoir plus rien à
gaigner que des coups, & de la necessité, & c'est ce
qui est cause qu'il faut tant de temps comme nous
voyons qu'il s'en passe à remettre sus les armees,
quand elles sont vne fois deffaictes. Il en pourroit
tirer plus commodement des cantons Catholiques
de Suisse que d'autres endroits s'il vouloit s'en seruir: mais pour ce faire il faudroit qu'il accordast auec eux du payement des debtes de la Couronne,
ou du moins de celles qu'auons crees au nom de
nostre party pour les seruices que nous auons receus d'eux depuis quatre ans, car i'estime qu'ils ne

Ooo

s'y engageront, autrement que tres-difficilement, tant pour le peu de compte que ledit Roy Catholique a faict de leur nation, & pour le soin qu'ont nosdits aduersaires d'en conseruer l'amitié : & toutesfois il est certain qu'il ne faut pas remettre ensemble de petites & mauuaises forces, ie ne diray pour ruiner nosdits aduersaires, mais seulement pour eslargir ceste miserable ville de Paris, & luy ouurir les passages qui luy empeschent les viures, car s'ils sont puissants d'eux mesmes, ils le sont aussi d'alliez & d'amis qui les secourent commodement & volontiers, comme ceux qui sont interessez en leur cause, tant pour le respect de la religion que pour la conseruation & seureté de leurs estats, dont il ne faut point doubter que la ialousie dudit Roy d'Espagne n'augmente encore le nombre & l'affection : car comme nostre guerre changera de nom ils s'y engageront plus auant & plus librement, qu'ils n'ont encores faict, & mesmes du costé d'Italie d'où ils seront assistez d'argent qui est-ce dont ils ont plus de besoin. Car ils ne peuuent chaumer d'hommes pourueu, qu'ils ayent dequoy les payer, ayans l'Angleterre, l'Escosse, l'Allemagne, & les Suisses à leur deuotion, & pareillement ceux des estats des pays bas qui font la guerre audit Roy d'Espagne ; & si il faut croire qu'ils feront encores ce qu'ils pourront pour esbransler le Turc contre ledit Roy : dauátage, ils font plus de besongne d'vn escu, que les ministres dudit Roy de quatre, tant à cause des interests du port & change de deniers que l'on faict tenir d'Espagne, en Flandre, & de là en ce Royaume, ou quelquefois il se perd encores assez sur les especes, par ce qu'il y a des debtes du passé à payer à ceux qui sont employez au seruice dudit Roy qui consomment de grandes sommes de deniers, & ne font rien qu'à force d'argent. Ie suis aussi en peine comment ces grandes armees estrangeres seront cy apres nourries en ce Royaume, principalement s'il faut qu'elles approchent de Paris, comme il est necessaire qu'elles facent pour la desgager & conseruer; car doresnauant les viures seront tres-rares en ce Royaume, pour ce que les terres, & les vignes n'y sont labourees comme elles souloient, & desia que és enuirons de laditte ville il ne s'y trouue dequoy viure, principalement pour la caualleries dauantage, quand auront-ils repris par force les villes & places que tiennent nosdits aduersaires, seulement à l'entour de laditte ville sur les riuieres d'icelles. Nous auons esprouué souuent qu'il ne faut qu'vn seul Siege de place pour ruiner vne forte armee, laquelle aura cousté beaucoup d'argent & de temps à dresser, encores faut-il estre bien asseurez que les munitions de guerre necessaires pour ce faire ne nous manquent, & faire estat aussi que nosdits aduersaires ne demeureront les bras croisez ny inutiles durãt ce temps-là, non plus qu'ils ont faict cy deuant, & que s'ils ne peuuent pis faire, du moins ils attaqueront nos places quand ils verront nos armees engaigees aux leurs, & peut-estre qu'ils en forceront & prendront autant que nous, de sorte que ce sera tousiours à recommencer, & ne s'en ensuiura qu'vne entiere &

Ooo ij

generalle ruine & desolation qui ne restaurera nostre religion, Messieurs non plus que la continuation de ceste miserable guerre, laquelle acheuera de r'emplir ce Royaume d'impieté, d'affoiblir le party Catholique.

Messievrs ces choses estans veritables comme elles sont, Quel aduantage deuons nous esperer qu'apportera à nostre religion & à nostre patrie nostre declaration en faueur dudit Roy d'Espagne, puis qu'elle rendra nostre guerre immortelle, & plus perilleuse & douteuse pour nous que iamais? qu'elle recompense aurons nous d'auoir violé nos loix, forcé nos volótez, & espousé pour iamais la dominatió d'vne nation estrangere, dót les façós de viure sont du tout contraires aux nostres, leur grauité estant incompatible auec nostre naturelle franchise & promptitude? Que ne deuons nous tenter & faire pour fuir ce naufrage qui ne nous sera moins vituperable que dómageable? Sera-ce faire le deuoir de vray François, que de nous precipiter à ce gouffre calamiteux, les yeux bandez comme aucuns nous conseillent, nous confians du tout, ainsi qu'ils disent, en la Iustice de nostre cause, sans d'auantage auoir esgard ny nous arrester à tous nos vices & passions qui offusquent la pureté & lumiere d'icelle? Est-ce le moyen de conseruer la religion, que de forcer & obliger les Catholiques qui assistent nosdits aduersaires, de plustost mourir que de les abandonner, leur acquerir de nouueaux amis & nous diuiser & partialiser entre nous plus que nous ne sommes? C'est veritablement mourir glorieusement que de finir ses iours pour deffendre sa religion : mais aussi c'est offencer Dieu que de s'y precipiter inconsiderement & temerairement : car il faut que l'intention soit accompagnée de charité & de raison, & qu'elle profite à l'effect qui la conduit.

IE m'estonne sur toutes choses comment ledit Roy d'Espagne affectionne tant ladite ellection en l'aage où il est, veu les accidens qui en peuuent naistre au reste de la chrestienté & à ses estats, estant Prince doüé d'vne tres grande experience & sagesse comme il est, & qui a toute sa vie faict demonstration de vouloir regler ses entreprises & actions au pied de la raison & de l'equité autant que nul autre Prince de ce siecle : car il me semble qu'il doit plustost desirer de laisser au Prince son fils, la succession de ses Estats entiere & paisible, que de le surcharger d'enuie & d'vne querelle hereditaire fondee sur le debat de ceste couronne, n'y ayant point d'apparence qu'il doiue esperer d'en veoir la fin en ses iours : & neantmoins il faudra qu'il employe & consomme infinis hommes & deniers, qui peut-estre feront faute à son fils apres son trespas; car toutes mutations de Princes sont subiectes à mouuemens, & s'il aduenoit qu'ils trouuassent son empire desgarny de forces & de moyens ou de la bonne fortune qui l'a continuellemét accompagnée depuis cent ans, ils le pourroient endommager grandement. Mais comme il n'y a point de puissance en la chrestienté qu'il doiue craindre pour ce regard que celle de ce Royaume, si d'auenture il n'en deuient le maistre suiuant son dessein, l'on se promet peut estre qu'il se rendra si foible par la guerre, qu'il ne pourra pour lors nuire à son fils ny à ses estats, de sorte qu'en tout cas il ne luy peut mesaduenir de tenter ce dessein & nourrir nos diuisions. Messieurs, il me semble que ce n'est cognoistre la force de la France, ny le naturel des François que de bastir telles esperances sur fondemens si inconstans, dont le succeds pourroit reüssir tout au rebours, ne plus ne moins qu'il aduint en l'annee mil cinq cens octante huict de ceste grande & formidable armee de mer dudit Roy d'Espagne, auec laquelle il s'estoit promis d'enuahir l'Angleterre, & tout ensemble ruiner ceux qui luy font la guerre aux pays bas, qui ne seruit toutesfois qu'à augmenter la gloire & asseurer le regne de la Royne dudit pays, & à releuer les affaires des autres qui ont tousiours depuis prosperé au detriment de la religion catholique : ledit Roy n'a aucun droit en ceste couronne, & suis content de croire aussi qu'il ne s'est engagé à la poursuitte que pour le respect de la religion, & de crainte qu'il a euë que tombant entre les mains du Roy de Nauarre il ne vouslust remuër l'ancienne querelle dudit Royaume à son preiudice: mais i'estime qu'il n'eust iamais passé si auant s'il n'en eust esté pressé & sollicité, voire importuné par aucuns des nostres, lesquels luy en ont faict la conqueste tres-facile, & ont esté luy en offrir & promettre la domination, com-s'ils eussent eu le pouuoir d'en disposer. C'est pourquoy maintenant que luy & ses ministres recognoissent tout le contraire, i'estime qu'il ne feroit difficille luy perfuader de s'en defifter & qu'il aymera toufiours mieux nous conferuer pour voifins tres-obligez & amis affeurez, que nous auoir pour fubiects incertains & miferables aux defpens de fes trefors & au peril de fes propres pays, lefquels comme Prince tres-aduifé, il n'a voulu iufques icy engager, quoy qu'il ait faict pour nous ouuertement en cefte guerre, chofe qu'il ne pourra euiter à l'aduenir s'il faut qu'elle fe face fous fon nom. Et en tous euenemens ie defirerois que nous vouluffions tenter cefte remonftrance en fon endroict, deuant que nous laiffer aller à d'autres confeils; & fur tout ne nous precipiter en celuy de laditte eflection qui rendra noftre guerre immortelle: car lors il ne fera plus queftion de la foy & religion, ains du droict de la Couronne, duquel l'on n'aura priué feulement ledit Roy de Nauarre, mais auffi tous les Princes de fa maifon, iaçoit qu'ils facent profeffion de la religion catholique: ie defirerois femblablement que l'affemblée fuft reprefentee à noftre fainct Pere le Pape par perfonnes dignes de ce faire & exempts de toute autre conuoitife & paffion que de la conferuation de la religion & du Royaume: car ie ne puis croire que faditte Sainteté ayt encores bien entendu la verité de nos affaires, laquelle luy a efté fouuent defguifee autant peut-eftre par nous mefmes que par d'autres & diuerfes fois. Et comment pouuons-nous efperer la guarifon de nos playes, fi nous mefmes les cachons & defguifons à ceux qui y peuuent remedier comme peut faire sadicte Sainctecé mieux que tout autre pour le lieu qu'elle tient en la chrestienté, & l'interest qu'a ledit sainct Siege en ceste cause, & en la conseruation de ce Royaume, auquel il a tousiours trouué plus de support & d'obeyssance qu'en tous autres. Messieurs, faisans donc ce deuoir enuers l'vn & l'autre, s'il est bien receu nous en receurons le principal fruict: si au contraire on n'y veut auoir esgard, ce sera autant de descharge enuers Dieu & le monde, & de cósolation en nous mesmes qui nous soulagera en nos afflictions, & nous ouurira & nous facilitera peut-estre quelque autre voye, par laquelle nous pourrons nous en tirer à la gloire de Dieu, au salut de nostre patrie, & à nostre honneur & vtilité. Ie sçay bien que monsieur le Legat est icy, auquel on dira que nous pouuons addresser nos remonstrances, & pareillement à Messieurs les Ambassadeurs de sa Maiesté catholique qui representent leurs Princes, lesquels nous apprendrons leurs intentions, sans enuoyer plus loing: mais ce faict est de tel poix & importe tant à la religion, à ce Royaume & à nous mesmes, qu'il me semble que nous ne deuons laisser de faire l'offre susdit, car vne remonstrance faicte par personnes interressees à viue voix, a plus d'energie: il faut aussi que le Medecin voye, oye & touche le patient en personne, & non par procureur, s'il veut bien cognoistre iuger & guarir la maladie: ces Princes seuls nous peuuent guarir, ou pour le moins grandement ayder à nous deliurer de nos maux. Doncques parlons nous mesmes à eux en

corps

corps & leur representons au vray & sans nous flatter l'estat de nos affaires, pour les supplier & disposer de nous y assister, non à l'appetit d'aucuns en particulier, mais comme tous ensemble nous cognoissons qu'il est expedient & necessaire de faire pour le seruice de Dieu, & nostre commun salut.

Et d'autant que tels voyages ne se peuuent faire qu'auec le temps, & qu'il est à craindre qu'ils soiét trop tardifs pour nos maux qui nous pressent merueilleusement; voicy mon aduis, Messieurs, que ie vous supplie receuoir en bonne part, & comme procedant d'vn cœur entierement deuoüé à la religion & à son pays: C'est que nous procurions cependant que la conference qui a esté proposee & de vous approuuee auec les catholiques qui assistent nosdits aduersaires, s'effectuë, parce qu'il n'en peut aduenir mal, mais au contraire beaucoup de bien, y portant vne intention vrayement chrestiéne & bandee au salut public. Messieurs, il est certain, que c'est le plus seur moyen que nous ayons pour conseruer nostre religion & le Royaume que de r'allier ensemble les catholiques d'icellŷ, car toutes les puissances estrangeres ne seruiront qu'à destruire l'vne & l'autre, si les diuisions continuent. C'est pourquoy ie me suis grandement esmerueillé & esmeu quand ceux qui sont auec nosdits aduersaires nous ont conuié de parler à eux, pour aduiser aux moyens de cóseruer la religion & l'estat; aucuns ont dit que c'estoit crime d'y entendre: car i'auois creu auparauant & l'auois ainsi appris

Ppp

de Messieurs les Legats ministres de nos saincts Peres decedez, que c'estoit ce qu'ils desiroient & affectionnoient le plus que ladicte reconciliation, & de fait ils s'y estoient employez les vns apres les autres, si ç'a esté inutilement, s'ensuit-il que la chose ne soit encore bonne & ne doiue estre tentee, veu que le temps nous a appris qu'elle est plus necessaire que iamais? Il faut necessairement que ceux-là ayent craint que la conference fit n'aistre ouuerture, par le moyen de laquelle nous recognoissions pouuoir mieux conseruer nostre religion & nostre pays que pour les autres qui se sont presentees: car sans doubte ils n'ont deu craindre qu'il en arriuast aucun inconuenient à la religion n'y à l'estat, nous rendant moins affectionnez & constans, en l'vn & en l'autre, & nos maux plus clairs & sensibles: ou ils ont conceu vne tres-mauuaise opinion de nous en toutes façons, ce que ie m'abstiendray maintenant de vous representer, puis qu'ils l'ont depuis approuué, si ie n'estimois estre chose indigne de considerer, par laquelle est conneuë leur inclination & affection en nos affaires. Or i'adiousteray, vsant de ma franchise accoustumee, que ie desirerois que nous fissions aussi vne cessation d'armes pour cependant arrester aucunement le cours de la guerre qui destruit la religion & le Royaume, & dont la continuation durant ladicte conference ne peut seruir qu'à troubler & empescher les bons effects d'icelle: aussi bien tous les grands aduantages que les vns & les autres cuident receuoir du progrés d'icelle, sont tresincertains comme chacun a esprouué, à son retour, tant aux sieges de Paris & Roüen qu'en la retraicte & dissipation des armees estrangeres venuës au secours des vns & des autres, & comme nous sommes encores à la veille d'esprouuer de celle qui est sur pied en nostre faueur: car si nous attendons à preparer la voye pour sortir de nos calamitez, & que nous soyons esgaux en forces & en esperances, nous perirons de part & d'autre deuant que nous y entédions, pource que ce sera tousiours à recommencer. Il ne faut pas aussi que ce soit la consideration d'vne necessité pressante, ny les accidens qui nous conduisent en ladicte recherche, ains le seul zele de nostre religion, & l'amour de nostre pays: d'auantage nous pouuons bastir ladicte cessation de façon que la cause n'en empirera, ny receura aucun preiudice, toutes choses demeurans en l'estat qu'elles sont pour le temps qu'elle durera, & toutesfois les parties ne laisseront d'en tirer quelque commodité & relasche: mais il ne faut pas esperer que nous paruenions iamais à vne resolution generalle des affaires que nous ne commencions par là. C'est pourquoy ceux qui desiroient faire leur profit de l'affoiblissement de la religion & du Royaume, y ont contredict iusques à present tant qu'ils ont peu pour nous empescher de nous recognoistre, & ce faisant descrié le party plus vtile à la cóseruation de l'vn & de l'autre: peut estre aussi craindrós nous en ce faisát d'offencer ceux qui nous assistét, & mesmes sa Sainteté & sa M. catholique, & partant qu'ils nous abandonnent,

Ppp ij

deuant que nous ayons pourueu à la seureté de nostre religion, & d'autant plus que le succez des traictez que l'on peut faire durant ladite cessation ne peut estre que tres-incertain. Certainement ceste raison est cósiderable, mais ie ne puis croire que sadite Saincteté & saditte Majesté catholique trouuent mauuais que nous recherchions les moyens de pourueoir à nos miseres, pourueu que nous ne facions rien qui preiudicie à nostre religion & au party catholique, ny à leur authorité & seruice particulier, comme il me semble que nous ne serons si nous entretenons les choses en l'estat qu'elles sont, & leur promettons de ne toucher au principal ny traicter d'iceluy sans leur aduis: car de tout temps semblables traictez ont esté faicts, mesmes auec les infidelles, que les saincts peres ont excusez, ou pour euiter vn plus grand mal, ou paruenir à vn plus grand bien; en quoy i'estime que saditte Saincteté estant bien informee de nos affaires ne sera non plus difficille que ses deuanciers. Ie fais pareil iugement dudit Roy catholique, par ce que ie veux croire qu'il a soin de nous, & nous assiste pour nous seruir, & non pour nous perdre: & d'autant plus que nostre perte ne peut estre qu'elle ne luy soit honteuse & dommageable, ayant entrepris, comme il a faict à bannieres desployees nostre deffence. De sorte que si nous luy remonstrons que ce chemin nous peut conduire au port de salut, plustost qu'en autre, ie ne me puis persuader qu'il s'en offence, preuoyant comme i'ay dit à ce qui le concerne, comme certainement nous sommes tres-obligez de faire. L'on oppose encores à ce conseil deux craintes: l'vne que nos peuples estans laz & recreus de la guerre, comme ils sont, refusent si besoin est de r'entrer aux perils & miseres d'icelle, apres auoir gousté de la douceur de laditte cessation d'armes, & qu'aucús prennent pretexte sur ce de se desbander d'auec nous & dresser vne guerre à part au preiudice de la cause publique. Messieurs, ie dis que ces inconueniens ne sont tant à craindre que les malheurs ineuitables de la continuation de nostre guerre fondee sur les moyens qui nous restent, & aux conditions ausquelles l'on pretend nous abstraindre: car quand nos peuples cognoistront qu'il n'aura tenu à nous que nous ne les ayons deliurez de la guerre à l'honneur de Dieu, & au salut public, tant s'en faut qu'ils fuyent de r'entrer en la lice de la guerre, que i'estime qu'ils s'y ietteront auec plus de courage que iamais, meus d'vne iuste indignation qu'ils auront contre ceux qui seront cause de la continuation d'icelle, contre lesquels ils combattront pour lors cóme contre ennemis irreconciliables: ce que d'auanture il sera difficile leur faire faire autrement: & quand à ceux qui pourroient se separer de nous à cause de laditte cessation, le nombre à mon aduis, n'en pourra estre que tres-foible, & partant y acquerir plus de honte, qu'il n'apportera de dommage à la cause. Et dautant plus que tels remuëmens seront attribuez à pure ambition, ce qui rendra leurs actions odieuses, & leurs esperances encores plus vaines.

Mais posons le cas que ie me trompe au iugement que ie fais des volontez desdits Princes, & specialement de celle dudit Roy d'Espagne aux fins de ladite cessation. Quoy vault-il mieux se jetter à corps perdu au pouuoir dudit Roy que de chercher les moyens de sauuer nostre religion & le Royaume par autre voye: car, Messieurs, il faut que nous facions l'vn ou l'autre, puisque ses ministres disent qu'il retirera ses forces, & cessera de nous assister si nous ne le contentons du tout. Ce sont les termes de nostre perplexité, ausquels nos pechez & passions nous ont reduits: aurons-nous plus d'honneur & de proffit de nous precipiter en vne guerre irreconciliable, auec les aduantages que nous auons esprouuez depuis quatre ans, lesquels augmenteront auec l'aage dudit Roy, qui essaye à les euiter par le moyen de ladite cessation? ie sçay bien qu'il seroit à l'aduanture plus seur pour nous d'accorder dés à present tout à faict vne bonne paix generalle, que de commencer par ladite cessation, à cause de l'incertitude du succez d'icelle, & que ceux qui nous assistent ne s'offenceront gueres plus & peut-estre moins de l'vne que de l'autre, d'autant que les Princes quelquesfois s'accommodent par prudence plus volontiers aux choses faictes, qu'ils ne consentent aux moyens de les faire; & qu'en tout cas nous aurions pourueu par icelle à la seureté de nostre religiõ, ce qui rendroit le mescontentement de ceux qui s'en offenceroient moins perilleux pour nous. Mais Messieurs outre que c'est souhaitter l'impossible qu'vn tel traicté soit basty en peu de iours, & sans qu'il soit sçeu & diuulgué, partant lesdits Princes auront-ils pas tousiours le mesme loisir & pretexte de troubler laditte negotiation, & retirer lesdittes forces à cause d'icelle & deuant qu'elle soit concluë, comme par laditte cessation, & en ce faisant nous laisser à la mercy & discretion de nosdits aduersaires? C'est bien chose certaine que le peril en seroit d'autant plus grand, qu'il ne nous resteroit aucun temps ny loisir de pouruoir à nos affaires comme nous aurons en faisant laditte cessation, par laquelle nous nous esclaircirons des volontez de ceux, auec lesquels nous l'aurons faicte deuant qu'elle soit expiree, & si, nous iouïrons ce pendant du benefice, & rafraichissement d'icelle. Messieurs, si nous pouuons faire trouuer bon ausdits Princes, que nous essayons de pouruoir à la conseruation de la religion & du Royaume par autre voye, que par la continuation de la guerre, ils doiuent auoir plus agreable ce qui nous y acheminera par laditte cessation que autrement: car ils pourront durant icelle se descharger, s'il leur plaist, d'vne partie des frais qu'ils font pour nous, & les employer vtilement contre les ennemis de nostre mesme religion qui font la guerre audit Roy en ses propres pays. Mais si c'est chose que nous deuions esperer, quoy, faut-il que nous nous perdions pour les contenter? comme ainsi soit que nous ne puissions faire ce que ledit Roy desire sans en courre la fortune, comme, ie vous ay representé; quel proffit apporteront-ils en ce faisant à nostre religion, & à nous mesmes? que deuiendra l'Eglise Catholique si nosdits aduersaires s'establissent vne fois par les armes, comme ils feront s'ils continuent à prosperer sur nous, ainsi qu'ils ont aduancé depuis les guerres, & qu'il y a apparence qu'ils feront, si nous ne changeons de chemin & conduitte pour y remedier? Les Catholiques qui les assistent empescheront-ils apres nostre ruine qu'ils ne disposent de la religion ainsi qu'il leur plaira? Sera-ce l'honneur, le bien & aduantage du sainct Siege, mesme dudit Roy d'Espagne & de ses affaires que ces choses aduiennent? Blasmez-moy, si bon vous semble d'auoir mauuaise opinion du succez de nos affaires, & si i'ay parlé peut-estre trop librement: mais prenez vous en premierement à ceux qui sont cause des malheurs d'icelle: car pour mon regard i'ayme mieux estre repris de timidité & inconsideration, que de manquement de foy enuers Dieu, & mon pays & enuers vous, Messieurs, comme ie meriterois si ie ne vous representois & confessois en ceste action, ce que en ma conscience i'estime estre vtile à nostre religion & appartenir à nostre honneur & salut public.

IE suis encores moins d'aduis, Messieurs, que nous forcions la nature & nos loix pour vn autre Prince que pour ledit Roy d'Espagne, comme i'ay desia dict, pour ce que nostre guerre ne laisseroit d'estre irreconciliable, & toutesfois nous aurions

moins

moins de moyen pour la souſtenir; car il n'y a puiſſance en la Chreſtienté qui ſoit ſuffiſante pour ce
faire ſi celle dudit Roy ne l'eſt, laquelle ne ſçauroit
cōtinuer entiere en faueur d'vn autre; car c'eſt abuz
d'eſperer que nous luy engagions par le moyen du
mariage de l'Infante ſa fille, comme aucuns ſe
promettent, pour les raiſons que i'ay dittes: ioinct
que ce ſeroit la marier à vne querelle perpetuelle, dont la deffence luy ſeroit à grande charge
& d'eſpence, & l'iſſuë ne pouroit-eſtre que tres-
doubteuſe. Meſſieurs, ce ſeroit tout ce que ledit
Roy pourroit faire que de l'accorder à vn Roy
de France bien eſtably & paiſible, en l'eſtat que
ſont ſes affaires: ie ſçay que pour tenir & conſeruer l'aſſiſtance dudit Roy, nous manquant le
bien dudit mariage, il faudra pour le moins luy
faire part du Royaume, & en ce faiſant le deſmem-
brer, quand ce ne ſeroit que pour aſſeurer ſes
deniers, & ſatisfaire aux pretentions de laditte
Infante, choſe que nous deuons craindre & eſ-
uiter ſur toutes choſes: car ſi nous ſouffrons vne
fois que ce partage ayt lieu nous deuiendrons
les plus miſerables gens du monde, comme ceux
qui ſeront ſubiects à la tirannie perpetuelle de pluſieurs occupateurs, en perpetuelle guerre & inimitié les vns contre les autres, en opprobre à tout le
monde & à nos voiſins, & le ioüet de toutes les
paſſions de la Chreſtienté: ce ſeroit auſſi l'entiere
ruine de noſtre Royaume, pour l'aduantage qu'auront noſdits aduerſaires, que par ce que tels
vſurpateurs mettroient incontinent toutes pie-

Qqq

ces en œuure sans distinction de religion, pour se maintenir ou accroistre les vns sur les autres ; car telles vsurpations sont ordinairement incompatibles auec les loix, & ennemies de toutes bonnes mœurs, principalement à leur origine que tout est licite & iuste qui peut seruir à en conseruer la possession. Dauantage, tel desmembrement seroit aussi desagreable & ombrageux à toute la Chrestienté que seroit l'accroissement dudit Roy d'Espagne, comme i'ay desia dict, car comme il n'y auroit plus de puissance en icelle qui fist contre-poix & resistance à la sienne chacun seroit subiect à ses volontez, qui est la seule crainte & consideration qui meut maintenant les autres en faueur de nosdits aduersaires, lesquels par ce moyen ne seroient priuez du secours qu'ils en esperent, & neantmoins c'est la plus forte raison qui combatte pour ce party ; car pour mon regard ie croy que difficilement il feroit cesser les partialitez qui sont entre nous, tant elles sont enracinees, par ainsi nous empirerions nostre condition.

Favt-il donc obeyr à vn Roy faisant profession de religion contraire à la nostre ? Messieurs, ie n'ay encores donné ce conseil à personne, combien que i'aye conseillé & desiré la paix autant que nul autre ; i'ay aussi la conseruation de ma religion, & le repos de ma conscience en autant de recommendation que ie dois, & ne cederay en cela à creature qui viue. Si ie vous represente en homme de bien l'opinion que i'ay

des partis que l'on nous propose, dois-ie pour
cela estre accusé de faire banqueroute à ma religion, & de n'en desirer la propagation? il me
semble soubs correction que c'est mal argumenter, & que ie deurois plustost estre blasmé, si ie
vous desguisois ce que i'en sens, ou si la passion
me maistrisoit en ce conseil. Ie vous ay protesté
dés le commencement que ie ne veux estre opiniastre, & que ie cederay tousiours au conseil des plus sages: ie le repete encores maintenant, & m'y oblige de bon cœur, doibt-on desirer de moy autre submission ? vray est que
i'entends estre combattu & vaincu de raisons,
& non de passions, deffects & non desperances & de promesses, car la matiere de laquelle il s'agist le requiert : ce seroit estre proditeur
du seruice de Dieu, & de la patrie que de se flatter à l'appetit & à l'adueu d'autruy, par art, ou
par ignorance en ce iugement: ja à Dieu ne
plaise que ie m'oublie tant que cela, considerant que nos peuples, & iusques aux moindres,
voire que plusieurs de ceux qui au commencement estoient si eschauffez qu'ils en estoient deuenus aueugles, ont maintenant les yeux tresouuerts, estans deuenus sçauans à leurs despens, enseignez de l'experience leur maistresse
ordinaire. Messieurs, ils sont si laz de la guerre, &
si mal edifiez des choses qui se passent, que si maintenant le Roy de Nauarre leur donnoit occasion d'esperer sa conuersion, ou dauantage si apres

Qqq ij

quelque forme d'inſtruction il alloit à la Meſſe, peut-eſtre qu'ils n'attendroient le conſentement de noſtre ſainct Pere le Pape, ny celuy des chefs de noſtre party, pour le recognoiſtre, & poſer les armes, par où vous pouuez iuger quel hazard nous courons ſi nous violons nos loix, fondez ſur la perſeuerance, puis qu'il eſt au pouuoir de nos aduerſaires d'apporter ce changement parmy nous quād il leur plaira : au lieu que du commencement les exemples des mutations qui ſont aduenuës au faict de la religion en la Germanie, Angleterre & ailleurs animoient nos peuples à la guerre, ils ſeruent maintenant à les faire craindre & aprehender, que ſi l'on continuë à vſer de rigueur à l'endroict du Roy de Nauarre ſur ſon inſtruction & reconciliation à l'Egliſe, qu'ils ſçauent que les Catholiques qui l'aſſiſtent ont par ſa permiſſion demandée & recherchée, il eſt à craindre que le deſeſpoir ne l'emporte auec eux à ioüer de ſon reſte en ceſte guerre, & que le ſuccez en ſoit auſſi preiudiciable à noſtre religion qu'a eſté la reſolution priſe audit pays de ſe diſtraire du tout de l'obeiſſance du ſainct Siege comme ils ont faict : pour ceſte cauſe i'euſſe bien deſiré qu'il euſt pleu à ſa Saincteté de receuoir & ouyr celuy que leſdits Catholiques auoient pour cét effect enuoyé deuers luy : car ie crains que le refus qu'elle en a faict non ſeulement ſerue de pretexte à noſdits aduerſaires pour couurir leur obſtination, mais auſſi ſoit cauſe d'arreſter & lier auec eux plus eſtroictement que iamais leſdits Catholiques indignez d'iceluy, l'attribuant pluſtoſt au pouuoir qu'ont à Rome ceux qui craignent la conuersion dudit Roy de Nauarre, & sa grandeur, qu'à toute autre consideration fondee sur la religion, comme ceux qui cognoissent & croyent certainement, côme ie fais de ma part, que ladite côuersion eust apporté à ce Royaume & à toute la chrestienté vn tres-grand repos pour la suitte qu'elle eust euë, & que si elle ne fust aduenuë par la faute dudit Roy le party catholique en eust aussi tiré vn grand aduantage, d'autant que plusieurs d'eux eussent estimé auoir lors iuste occasion de le quitter, comme ie pense certainement qu'ils eussent faict, car i'en recognois infinis qui ont grand regret de la diuision des catholiques & de veoir que leurs armes seruent à establir les autres: & s'il aduient que la guerre dure, & qu'elle succede mal pour nous, quel regret aurons-nous d'auoir perdu ceste occasion de gaigner lesdits catholiques & nous reünir tous ensemble pour nostre mutuelle conseruation? Pour mon regar i'estime, Messieurs, quoy que nous resoluions & facions que nos affaires iront tousiours du mal en pis, iusques à ce que les catholiques du Royaume soient d'accord & bien reünis à la deffence & manutention de leur religion comme ils ont esté autresfois, & partant qu'il est necessaire sur toutes choses de viser & mettre peine d'atteindre à ce but, autrement le party catholique s'affoiblira tous les iours à veuë d'œil, comme il a faict depuis nostre des-vnion: pour ce faire il est du tout besoin que nous iustifions tellement nos intentions par nostre presente resolution & nostre conduitte en icelle, que ceux qui sont auec nosdits aduersaires n'ayet occasion de croire, comme ils ont faict iusques à present, que nostre guerre est plustost ambitieuse que religieuse, à quoy peut grandemét seruir ladit-te conference, pourueu qu'elle soit faicte en seureté & dilection vrayement chrestienne, & auec telle patience qu'il conuient. Chose qui nous est tres-difficile d'executer durant la tourmente de la guerre, laquelle occupe tellement les esprits des hommes & principallement des grands, sans lesquels on n'y peut rien aduancer; que l'on n'y vacquera qu'à demy & comme par maniere d'acquit, si l'on ne la faict cesser pour quelque temps: & si c'est chose que nous ne puissions obtenir de nosdits aduersaires, lesquels iusques à present certainement s'y sont monstrez tres-mal disposez, au moins differons à prendre vne resolution qui rende les choses irreconciliables iusques à ce que nous voyons ce qui reüssira de ladite conference, & que nous ayons perdu toute esperance de nous pouuoir maintenir par autre voye.

Or Monsieur, nous auons tous en ceste assemblee les yeux fichez sur vous, tout ainsi qu'ont les mariniers sur leur principal pilote en vn passage tres-perilleux duquel ils n'esperent sortir que par son industrie & experience, en laquelle ils ont toute confiance: nous desirons autant que iamais de plustost perdre les biens & la vie, que de manquer d'vn seul poinct au deuoir, de vrays chrestiens pour la deffence de nostre religion: c'est le vœu que nous auons faict, dont ne voulons nous defdire pour chofe quelconque : mais nous vous fupplions ne permettre que les aueugles nous conduifent, ny que les factieux abufent en cela de noftre zele & de voftre authorité, comme plufieurs euffent defia faict fi ne l'euffiez empef-ché, dont ils vous regardent encores d'auffi mau-uais œil que iamais, quelque contenance qu'ils fa-cent du contraire, au lieu que les gens de bien vous en reuerent & cheriffent d'auantage. Monfieur, le nombre de ceux-cy eft plus grand & plus puif-fant qu'il n'a efté, car l'experience la fort accreu; de forte qu'il vous fera tres-facile, vous feruant d'eux & les authorifant, de conduire la barque au port que vous iugerez auec eux eftre plus falutaire: Si vous prenez ce confeil vous comblerez-vous & voftre maifon de benedictions, car chacun à bon droict vous donnera la gloire d'auoir aydé à conferuer la religion & la France en fon entier, & vous deura fa faluation ; vous iuftifierez d'vn tefmoignage irreprochable la memoire des voftres & toutes vos actions paffees & prefentes, auec les intentions de tous ceux qui vous ont fuiuy & feruy, lefquels participeront ce faifant à voftre bon heur: vous baftirez voftre grandeur & la for-tune des voftres, fur des fondemens qui pour eftre iuftes & vtiles au public feront fermes & folides, & partant perdurables, reprefentez-vous ce que vous auez auancé, & pour vous & pour eux depuis quatre ans, vous trouuerez que fi le public y a plus perdu que gaigné, vous auez encores moins pro-fité. Qui n'a faict fes affaires mieux que vous?

où sont les citadelles que vous auez basties, comme ont faict d'autres pour maistriser ceux qui les auoient appellez & receus en leurs villes? où sont les thresors que vous auez assemblez aux despens du public? tant s'en faut que vous l'ayez faict, encores qu'il ayt esté en vostre puissance, que vous y auez mis tout ce que vous auiez. Plusieurs ont abusé de vostre bonté ayant pris argent de vous, lesquels n'ont seruy comme ils vous auoient promis. Il est vray, mais doit-on pour cela vous accuser d'auoir mal mesnagé les deniers publics comme on a osé faire aussi malicieusement qu'indiscretement? quel chef de part en vne guerre ciuille n'a esté subiect à telles piperies, & quel moyen y a-il de chastier les autheurs d'icelle lesquels trouuent par tout support, non seulement auec les aduersaires, mais aussi parmy les leurs mesmes, desquels il est souuét aduenu qu'ils ont esté pratiquez & desbauchez plustost que les autres; & toutesfois vous seul auez porté & portez encores l'enuie & le blasme des fautes d'autruy. Il n'y a partie sus vous ny en vous qui n'ayt esté atteinte de quelque calónie: si quelquesfois vous auez voulu regler les affaires & y apporter vn ordre chacun s'y est opposé, comme si vostre interest vous y eust poussé plustost que la consideration publique: & si depuis forcé de la violence du mal vous auez voulu couler le temps auec les autres en la confusion qui a tousiours esté, qui ne s'en est plaint, & ne vous a blasmé quand vous auez cherché les moyens d'aduancer & solliciter la presente assemblee, comme vn souuerain remede à tels desordres fordres: l'on a dit que vous voulez traicter auec nosdits aduersaires, & quand au contraire vous auez esté contraint à cause de la guerre & des dangers des chemins la retarder, vous auez esté accusé de le faire exprés pour la crainte que vous auiez d'icelle, mesme d'estre priué de la charge qui vous a esté comise, peu de gens ayāt voulu considerer combien elle est pesante & onereuse, ny les incōmoditez, perils & fascheries desquels elle a tousiours esté accompagnee, quels offices n'a-on faicts contre vous dedans & dehors le Royaume, pour descrier & trauerser vos entreprises, mesmes contre nosdits aduersaires? de sorte que ie ne m'esmerueille pas de ce qu'elles ont si mal succedé, mais de ce qu'il n'en est pas aduenu: car maintenant l'on veut pour vous recompenser de toutes vos peines, pertes, & merites que vous faciez les affaires d'autruy à vos despens & aux nostres. Monsieur, ie vous diray en vn mot auec ma liberté ordinaire, que si vous suiuez ce chemin, vous y rencontrerez tout le rebours de ce que l'autre vous promet: Vous series aussi le premier, qui se seroit bien trouué d'auoir introduis dans son pays vn Prince plus grand que soy, & par dessus soy; s'il en aduient autrement, tousiours vostre grandeur & prosperité sera suspecte à ceux qui tiendront la leur de vous: & si deuant le coup l'on a faict tout ce que l'on a peu pour vous desauthoriser, iusques à tenter de faire vn establissement sans vous, deuez-vous croire qu'apres qu'il sera rué, & que vous aurez lasché la parole, l'on vous respecte dauantage? c'est bien ce que l'on vous promet,

Rrr

mais ce seroit contre toute maxime & reigle d'estat si l'on l'obseruoit, quand mesme la guerre dureroit laquelle vous rend necessaire: ie parlerois plus clairement & par exemple, si i'estimois qu'il en fust besoin. Monsieur, ie ne veux plus vous representer qu'vne chose, c'est que si vous entreprenez de disposer du Royaume contre les loix d'iceluy, peut estre y engagerez-vous pour vn temps nos personnes & nos biens, puis que nous vous auons confié la garde & deposition de nos villes : mais croyez qu'il sera tres-difficile que nos cœurs s'y assuiectissent iamais, principalement s'il faut que nostre langueur dure apres ce saut, comme il y a grande apparéce d'estimer qu'elle fera, voire qu'elle augmentera plustost qu'autrement, d'autant qu'il sera en la puissance de nosdits aduersaires si vous ne les battez & affoiblissez grandement, de nous incómoder & coupper les viures, principalement en ceste ville de Paris, contre laquelle comme contre les autres, il ne faut pas douter, que lors ils ne facent du pis qu'ils pourront, par ce que la querelle sera deuenuë irreconciliable : lors chacun vous reprochera le malheur commun, se ressouuenant qu'il aura esté en vostre puissance de nous garentir, & mesmes vous en aurez esté requis, dont vous ne deuez point douter qu'il ne vous arriue plusieurs inconueniens tres-dangereux : au moyen dequoy ie vous supplie & conseille tout ensemble, comme vostre tres-humble & affectionné seruiteur, de iustifier au moins tellement vostre conduitte en ceste action & resolution, que vostre honneur y soit conserué, auec la creance que vous auez acquise enuers les gens de bien, sans laisser le certain pour l'incertain à l'appetit de gens qui ne se fieront peut-estre iamais en vous, & qui ne se peuuent asseurer & establir en ce Royaume, que par vn general & entier renuersement d'icelle, & neantmoins ne peut aduenir que nostre religion ne coure la mesme fortune, dont seront responsables deuant Dieu tous ceux qui en vne sorte ou en vne autre y auront presté la main.

CETTE harangue fut faicte par monsieur de Villeroy au moys de May 1593. pour estre prononcée en l'assemblee des estats de Paris où il auoit esté tres-vtile, mais les soubçons, broüilleries & trauerses qu'il y trouua l'empescherent de ce faire, toutesfois ledit sieur Duc de Mayenne l'a veuë, & a de beaucoup seruy pour le bien, ayant peut-estre esté le moule qui a formé les humeurs & volontez des gens de bien à rechercher le bien & le salut de cest estat.

LETTRE DE MONSIEVR DE Villeroy à Monsieur de Mayenne du deuxiesme iour de l'an M. V. LXXXXIIII.

MONSEIGNEVR, ie vous escrirois souuent, si ie le pouuois faire vtilement pour le public & pour vostre seruice; mais les affaires sont en vn estat tel qu'il n'y a plus que la main de Dieu qui y puisse valloir quelque chose: nous auons perdu toute creance & esperance des vns aux autres, de sorte que nous attribuons à art & tromperie les ouuertures que nous faisons de part & d'autre, qui est vn mal difficille à surmonter, car où la confiance defaut les parolles sont inutiles, principalement celles qui sont priuees & secrettes. C'est pourquoy ie vous ay souuent supplié, & vous ay encores n'agueres escrit, faire manier & traicter publiquement & par personnes publiques les affaires generalles, estimant n'y auoir autre moyen d'arrester le cours du mal qui nous va accabler que cestuy-là; vous l'auez tousiours reietté pour diuerses considerations, qui regardent plus les interests priuez que la cause publicque. Et c'est ce qui a faict blasmer & calomnier vostre procedure & tous ceux que vous y auez employez: qui vous a faict perdre la bien-veillance du peuple, qui estoit le principal appuy & fondement de vostre aucthorité, &

qui à la fin destruira vostre party aux despens de la religion & de l'estat: vous auez eu crainte d'offenser les estrangers qui vous assistent, lesquels toutesfois vous en ont sçeu peu de gré, & si ont encores eu moins de soin de vous secourir & fortiffier cóme il failloit, pour remedier par la force & la reputation de vos armes ioinctes ensemble à ces subtils m'escontentemens, & desespoir public que nous preuoyons qui deuoient naistre dudit renouuellement de la guerre. Les ennemis croyent que vous ne demandez la cótinuation de la trefue, que pour attendre vos forces, & mieux dresser vostre party à Rome & en Espagne, & le peuple pour faire durer la guerre, & mieux faire vos affaires particulieres: cela estant, comment esperez-vous, estant foible comme vous estes, persuader aux premiers que vous voulez negotier de bonne foy, & aux autres que vous voulez & pouuez les sauuer, que par vne negotiation publique & authentique telle que ie vous en ay cy deuant escript, qui auctorise & iustiffie par tout vostre intention? C'est chose que vous pouuez faire soubs le bon plaisir du Pape, affin de rendre à sa sainteté le respect que vous luy deuez, & satisfaire à vostre parolle, & laquelle ne peut estre resoluë ne concluë si tost, que vous n'ayez encores loisir d'estre esclaircy de la volonté de sa Saincteté, quand mesmes on entreroit en matiere dés demain deuant qu'elle soit acheuee. Vous estimez ce chemin estre trop perilleux & honteux; & ie croy pour mon regard non seulement qu'il ne peut estre que tres seur & vtile au general & à vostre particulier tres-honorable, & à voſtre grande deſcharge: mais auſſi qu'il eſt vnique, & ne vous en reſte point d'autre pour arreſter le mal qui nous preſſe. Monſeigneur ie vous dis cecy franchement comme amy de ma patrie, ialoux de la conſeruation de noſtre religion & de voſtre reputation & ſeruice, en fin chacun eſt laz de la guerre, & ne ſera plus non ſeulement à l'aduenir queſtion de la religion, mais auſſi en voſtre puiſſance de vous deffendre & conſeruer, ny à vous de bien faire à vous meſmes. Ie ne vous diray les raiſons ſur leſquelles ils ſe fondent, car vous les ſçauez & ſentez mieux que perſonne: mais croyez, ie vous ſupplie, qu'il y a peu de gens qui prennent plaiſir de ſe perdre de gayeté de cœur, & d'eſpouſer vn deſeſpoir pour le reſte de leur vie & de leur poſterité, les bonnes villes & cōmunautez y ſont les plus bandees, comme celles qui ſe trouuent deſcheuës de l'eſperance qu'elles auroient conceuë de ceſte guerre, & qui en ſupportent plus de tourment que les autres. N'attendez donc les effects de leur deſeſpoir, vous eſtes trop foible pour l'empeſcher & a deſia paſſé trop auant pour eſtre retenu par douceur & par art, vous l'eſprouuerez & cognoiſtrez auſſi, mōſeigneur, & Dieu veueille que ce ne ſoit trop tard pour ſon ſeruice & de voſtre particulier: quiconque a volonté de bien faire ne doibt faire difficulté d'operer & d'agir en public, ne de ſe bien obliger qui veult bien payer. Sur ce ie vous baiſe tres-humblement les mains & prie Dieu.

Monſeigneur vous conſeruer en parfaicte ſanté, de Pontoiſe ce 2. iour de l'an 1594.

LETTRE DE MONSIEVR DE VILLEROY A MONSIEVR DE BELLIEVRE, Du 17. Mars, 1596.

MONSIEVR, si ie pouuois par mes responces vous rendre la consolation que ie reçois de vos lettres, qui sont pleines d'amitié & de bons enseignements, ie vous escrirois souuent, & n'eusse tant tardé de vous remercier de celles du vingt-sixiesme de Feurier, que Monsieur de la Verriere m'a faict tenir: mais tout me manquant pour ce faire horsmis la bonne volonté, ie m'abstiens de vous importuner, comme celuy qui n'a pouuoir que de deplorer auec les gens de bien nostre commun malheur, & qui est sans moyen d'y remedier ny de seruir ses amis, c'est ce qui m'a faict sortir de la presse, & me retirer en ce lieu, d'où Monsieur, ie ne puis vous offrir qu'vne entiere affection de vous honorer, obeyr, & seruir en toutes choses qui ne me faudra ny changera iamais: ie n'approuue non plus que vous tous ces escrits qui ont esté publiez, lesquels ont esté aussi composez sans moy: i'ay apris à vostre eschole que ce n'est le chemin qu'il faut tenir pour bien faire, ils ne seruent qu'à effaroucher le gibier, & faire parler le monde: ceux qui veulét accorder vne querelle n'vsent de tels manifestes, qui ne seruent qu'à aigrir les parties plutost qu'à iustiffier leur cause. I'en ay dit mon aduis où ie me suis trouué, mais il y en a qu'il faut que l'experience enseigne, & le pis est que ce sera aux despens du Public, à quoy plusieurs innocens patiront & auront part comme les autres. I'ay esté des premiers à desirer, & peut-estre à proposer ceste conference des Catholiques, comme vn moyen tres propre pour faire parler les vns auec les autres à cœur ouuert, & pour arrester le cours à plusieurs desseins extrauagans qui sont par tout: mon intention estoit bonne, & vous diray que l'ayant communiquée à mon arriuee à Paris, elle fut bien receuë, & toutesfois nostre malheur est tel, que quand elle fut depuis proposée elle fit peur à beaucoup de gens, & neantmoins elle n'a peu estre reiettee, par ce qu'vn tel refus condamneroit les autheurs d'iceluy, & chacun craint ce iugement. C'est pourquoy auec les autres raisons qu'il vous a pleu m'escrire ie serois d'aduis qu'on y voulust entendre, il ne peut mal aduenir qu'à ceux qui y procederont de mauuaise foy, & qui n'auront l'intention bonne, elle retardera plusieurs mauuais desseins qui sont sur le bureau, peut-estre qu'elle produira plus de fruict que nous n'esperons. Combien auons nous veu de choses succeder au contraire de l'intention de ceux qui les auoient commencées & acheminées? nous sommes en vn estat que nous ne deuons faire difficulté de traicter toutes sortes de remedes; car nous sommes comme abandonnez des Medecins, & faut cõsiderer quel est le but d'vn chacun. Ie pense vous auoir escript cy deuant que si

i'auois

j'auois vn procez de grande consequence & bonne cause, ie ne m'attendrois aux pourfuittes & productions de ma partie pour en auoir la fin à mon contentement par ce que ce ne seroit son profit d'aduancer le mien. Aussi nous en voyons peu qui soiét pour se resoudre de quitter leur esperance, quand ils s'y sont laissez emporter, pour iouïr d'vn bien qu'ils estiment moindre, encores qu'il soit plus certain, que ceux qui ont le plus d'interest à la matiere facent leur deuoir, & Dieu leur aydera sans doubte, car il est protecteur de l'equité & de la verité: c'est ce que i'ay à respondre à vostre lettre derniere: i'ay eu des lettres de Monsieur le Cardinal de Gondy par Monsieur de Bussi: mais ie remets le tout sur ce qu'il me dira, à quoy il m'a promis de satisfaire au retour de Chartres, où il est allé voir Madame sa mere. Ie ne puis vous dire combien i'ay esté picqué des trauerses qu'a receuës ledit sieur Cardinal en son voyage contre les promesses que ie luy auois faictes, & ce que i'auois charge de luy dire, dont m'estant plaint viuement, on s'est excusé sur l'indiscretion de ceux qui ont faict l'offence, Dieu en sera le Iuge, mais toutes dissimulations se descouuriront auec le temps aux despens de ceux qui en vsent quand elles tendent à mal.

Ce dix septiesme Mars, 1596.

MANIFESTE DE MONSIEVR DE VILLEROY, SVR L'EVASION de l'Hoste son commis 1604.

LE vintg-deuxiesme du mois d'Auril le sieur Descartes Secretaire de Monsieur de Barrault conseiller du Roy en son Conseil d'estat, & son Ambassadeur en Espagne rencontra le sieur de Villeroy, estant sur des cheuaux de poste, entre sa maison de Villeroy & Iuuisi, ledit sieur de Villeroy estant en carosse, l'ayant salüé il le pria de le suiure iusques au lieu de Villeroy où il alloit coucher, ce qu'il fit : y estant arriué ledit sieur Descartes luy representa bien particulierement de la part dudit sieur de Barrault ce qu'il auoit appris & decouuert en Espagne, par le moyen du sieur de Raffis, que ledit Descartes auoit amené auec luy, & laissé à Fontaine-bleau, des intelligences que le ieune l'Hoste l'vn des Clercs dudit sieur de Villeroy auoit auec les ministres du Roy d'Espagne ; ausquels il s'estoit engagé & prostitué dés le temps qu'il estoit en Espagne, seruant le Roy aupres de Monsieur de la Rochepot, auec lequel ledit sieur de Villeroy l'auoit mis pour apprendre la langue, & y seruir sa Majesté, lesquelles intelligences il auoit depuis entretenuës & augmentées au grand preiudice du seruice de sa Majesté. Ce que ledit sieur Descartes veriffia & prouua audit sieur de Villeroy par deux lettres escrittes en Espagnol de la main dudit l'Hoste soubs nom deguisé, que ledit sieur de Villeroy recogneut tres-bien estre escrittes par ledit l'Hoste; apres mesme les auoir confrontées auec d'autres escrittes par luy en mesme temps, langue, & charactere, soubs signées de son nom que luy representa aussi ledit Descartes: tellement que ledit sieur de Villeroy iugea ledit aduis estre veritable, sans plus en doubter; & comme ledit sieur Descartes luy proposa qu'il estimoit estre à propos de dissimuler & celer quelque temps ledit aduis, affin de surprendre ledit l'Hoste en faute, comme il seroit facile de faire ne se deffiant de rien, & ses actions estans obseruées de prés, ledit sieur de Villeroy rejetta ceste proposition iugeant qu'il estoit difficile tenir ce fait secret long temps, de façon que ledit l'Hoste n'en eut le vent, mesmes par aduis qui luy en seroit donné par la voye de l'Ambassadeur d'Espagne sur le partement du pays dudit Raffis, & le retour à Valladolid de celuy dans la boëte duquel Monsieur de Barrault auoit fait prendre les deux susdites lettres qui verifioient le crime de l'Hoste. Pour ceste cause ledit sieur de Villeroy le pria de retourner le iour mesme à Fontaine-bleau où il auoit laissé ledit Raffis pour luy dire qu'il s'y rendroit le lendemain de bonne heure pour informer sa Majesté de ce fait, luy presenter ledit Raffis, & receuoir ses commandements, ce que fit ledit Descartes.

ET le lendemain 23. dudit mois le sieur de Villeroy arriua à Fontaine-bleau enuiron les dix heures du matin, fit entendre à sa Majesté, le recit que luy auoit fait ledit Descartes & les preuues qu'il luy auoit faict veoir de la perfidie dudit l'Hoste, suppliant sa Majesté d'oüir sur cela dés le iour mesme ledit Raffis en la presence dudit Descartes, & que ce fust en lieu secret, afin que personne n'eust cognoissance de leur veuë, & principalement dudit Raffis que Descartes disoit auoir tenu enfermé & caché au logis où il estoit descendu à son arriuée audit Fontaine bleau. Sa Majesté ordonna audit Descartes d'amener ledit Raffis en la gallerie de sa basse-court incontinent apres son disner, & leur fit bailler vn passe par tout affin de s'y rendre par les iardins sans passer par la basse-court ny entrer au Chasteau, pour n'estre veus & descouuerts, comme ils firent.

LEDIT sieur de Villeroy estant demeuré auprés de sa Majesté iusques à ce qu'elle se mit à table entre midy & vne heure, sortant du Chasteau pour venir en sa chambre de la Bassecourt veit arriuer au bureau de la poste qui est logée prés d'icelle deux courriers vestus à l'Espagnolle auec quelques malles, incontinent il dit à Montaigne commis du sieur de la Varenne qui se trouua là, qu'il sçeust quels gens ils estoient, d'où ils venoient, & où ils alloient.

LEDIT Montaigne ayant rapporté au sieur de Villeroy qu'ils venoient d'Espagne, & que l'vn d'eux estoit Flamen de la maison de l'Ambassadeur d'Espagne, qui estoit passé pour aller trouuer ledit Ambassadeur à Paris, ledit sieur de Villeroy luy commanda au nom du Roy de retenir lesdits courriers, & les enuoyer loger en quelque maison du village & mettre vn homme auprès d'eux, qui ne permist que personne parlast à eux sans sa permission, ce qu'il luy dit, qui luy ordonnoit pour cause qui importoit au seruice du Roy, à quoy ledit Môtaigne dit qu'il satisferoit.

LEDIT sieur de Villeroy estant monté en sa chambre pour disner, ledit Montaigne luy apporta vn pacquet dudit sieur Barrault auec vne petite boëte carree, dans laquelle y auoit des graines de iardins que luy enuoyoit ledit sieur de Barrault dôt il auoit chargé l'vn desdits courriers, lesquels ledit Montaigne asseura ledit de Villeroy auoir enuoyé loger au village, & commis auprès d'eux le ieune Pizeux fils d'vn courrier qui sert il y a long temps à la suitte de la cour.

LEDIT sieur de Villeroy fut mandé par le Roy l'aller trouuer en laditte gallerie de la bassecourt, n'estant encores hors de table, d'autant que sa M. auoit ia disné voulant aller à la chasse: s'y estât acheminé il trouua sa Maiesté en laditte gallerie accompagné de la Royne seule, le sieur de Chasteau-vieux Cheualier d'honneur de laditte Dame, gardant la porte, leurs Maiestez ayans ja ouy le recit dudit Raffis touchant la trahison dudit l'Hoste, la façon de laquelle il l'auoit sçeuë, & comme il l'auoit descouuerte audit sieur de Barrault, ledit Descartes estât present, ledit Raffis informa encore leurs Maiestez de plusieurs autres choses tres-importantes à leur seruice, & respondit à pusieurs questions & demâdes que sa M. luy fit, presêt ledit sieur de Villeroy.

SA Maiesté ayant finy auec ledit Raffis & Des-

Sss iij

cartes leur commanda s'en retourner au logis par le mesme chemin qu'ils estoient venus afin de n'estre veus & descouuerts de personne, & retint ledit sieur de Villeroy auprés d'elle.

COMME sa Maiesté sortoit de laditte gallerie pour prendre la botte pour aller à la chasse sur la terrasse proche la grande gallerie, Desnots aussi commis dudit sieur de la Varenne n'agueres venu de Thurin depesché vers sa Maiesté par ledit sieur de la Varenne se presenta à elle estant arriué à la mesme heure de Paris où il auoit passé sans voir sa Maiesté en ce lieu pour porter sa depesche audit sieur de Villeroy, ainsi que ledit sieur de la Varenne luy auoit commandé, dont sa Maiesté n'estoit contente.

LEDIT sieur de Villeroy demeura auprés de sa Maiesté iusques à ce quelle fut montee à cheual, apres il se retira en sa chambre & ne fut si tost entré en son cabinet que Monsieur l'Euesque de Chartres accompagné du Pere Cotton & des Ausmosniers de sa Maiesté qui sont en quartier y entra pour aduiser auec luy ce qu'il falloit faire le lendemain iour de sainct George pour la ceremonie de l'ordre de la Iartiere que sa M. a accoustumé de solemniser ledit iour: leur conference dura assez long-temps.

SI tost qu'ils furent sortis d'auec luy ledit sieur Descartes y entra, qui dit audit sieur de Villeroy que ledit l'Hoste estoit arriué de Paris auec ledit Desnots, dequoy il n'auoit encores rien sçeu, qu'il estoit venu en poste, & que par malheur il l'auoit rencontré retournât auec ledit Raffis de la gallerie où ils auoiét parlé au Roy en leur logis, qu'apperceuant ledit l'Hoste à cent pas de luy, il auoit dit audit Raffis qu'il fit semblant de prendre congé de luy, & qu'il se retirast dás la porte d'vn logis aupres duquel ils estoient, ce qu'auoit faict ledit Raffis le plus subtilement qu'il peut, & qu'il estoit allé accoster & saluër ledit l'Hoste qu'il auoit trouué estóné, qu'il luy auoit baillé des lettres de M. de Barrault & autres qu'il auoit pour luy auec quelques gants qu'il auoit apportez d'Espagne, & auoit mis peine de l'entretenir, mais qu'il voyoit bien qu'il auoit l'esprit esmeu & trauaillé & que ledit l'Hoste luy auoit dit auoir sceu qu'il estoit arriué deux courriers d'Espagne, demandant audit Descartes s'il les auoit veus, & comme ledit Descartes luy dit que celuy qu'il auoit peu voir vestu à l'Espagnolle qui s'estoit separé de luy & estoit entré audit logis en pouuoit estre l'vn, ledit l'Hoste cótinua à faire contenáce d'hóme qui estoit en peine, neantmoins que luy Descartes l'auoit entretenu le mieux qu'il auoit peu sans l'abandóner, qu'estans entrez en la basse-court & venus iusques aupres du logis dudit sieur de Villeroy l'Hoste l'apperceuant venir du Chasteau, il auoit dit audit Descartes qu'il ne vouloit pas qu'il le vist les bottes aux iambes & qu'il s'alloit debotter que ledit Descartes luy auoit faict compagnie iusques hors la basse-court, qu'estát aupres du logis dudit sieur Euesque de Chartres, ils auoient rencontré vn des gens dudit Euesque parent dudit l'Hoste qui les auoit accostez. Que ledit l'Hoste luy auoit dit qu'il n'auoit mangé depuis estre party de Paris, & qu'il vouloit aller en vn cabaret pour trouuer à difner, que ledit Defcartes s'eftoit offert de l'y accompagner, qu'en fin au lieu d'aller au cabaret, il eftoit retourné tout court en la baffe-cour du chafteau & eftoit entré en la cuifine dudit fieur de Villeroy pour y demander à manger, que ledit Defcartes le voyát là eftoit monté en la chábre dudit fieur de Villeroy pour l'en aduertir, mais d'autát que ledit fieur Euefque de Chartres & lefdits Aumofniers eftoient auec luy, il n'auroit ofé s'ingerer d'y entrer pluftoft.

LEDIT fieur de Villeroy entendant ce que deffus partit auffi-toft de fon cabinet pour aller faire prendre ledit l'Hofte, s'en alla au logis du Roy, prié le fieur de Lomenie auec luy pour l'affifter en ce qui fe pafferoit, & enuoya chercher le Lieutenant du grand Preuoft : cependant il commanda à du Noyer qui le feruoit de Maiftre d'Hoftel d'aller chercher ledit l'Hofte, demeurer aupres de luy & ne le laiffer ny abádoner qu'il ne l'euft enuoyé querir, fans luy dire la caufe pour laquelle il luy faifoit tel commandement, de laquelle auffi ledit fieur de Villeroy n'auoit encores faict part ny donné aduis à aucun de fes domeftiques. Du Brocq l'vn des Lieutenans du grand Preuoft eftant arriué en la gallerie qui eft prés la chambre du Roy ledit fieur de Villeroy prefent, ledit fieur de Lomenie, luy dit de la part du Roy qu'il allaft prendre prifonnier ledit l'Hofte au logis dudit fieur de Villeroy où il eftimoit qu'il eftoit : ledit du Brocq ayant refpondu qu'il ne cognoiffoit point, ledit fieur de Villeroy luy

luy dit qu'il allast se proumener en la basse-court du Chasteau, & qu'il arrestast celuy qui y passeroit & seroit accompagné d'vn de ses laquais, par lequel il l'alloit enuoyer querir, ainsi qu'il fit à l'heure mesme, disant audit laquais qu'il trouueroit ledit du Noyer auec ledit l'Hoste, & qu'il l'amenast auec luy.

Svr cela lesdits sieurs de Villeroy & de Lomenie passerent en la grande gallerie pour veoir faire ceste capture des fenestres d'icelle : mais ledit sieur de Villeroy voyant que ledit laquais tardoit trop à venir, & que ledit du Noyer estoit passé seul par laditte Cour sans ledit l'Hoste, ledit sieur de Villeroy soupçonna incontinent ce qui estoit aduenu, à sçauoir que ledit l'Hoste s'en estoit fuy d'effroy.

Ce qui fut verifié incontinent apres par ledit du Noyer, lequel ne le trouuant audit cabaret ny ailleurs s'aduisa d'aller au logis du sieur de Fleury pour veoir s'il y estoit encores : là il apprit qu'il auoit retiré son cheual, mais il ne l'y trouua point, ains seulement vn garçon qui auoit accoustumé de le penser qui luy dit qu'il l'estoit venu prendre fort à la haste, & qu'il s'en estoit allé sans auoir dit où il alloit : ce qui fut rapporté audit sieur de Villeroy, par ledit du Noyer, estant encore en laditte gallerie auec ledit sieur de Lomenie, & à l'instant il depescha des courriers & lettres de toutes parts, & sur tous les chemins que pouuoit tenir ledit l'Hoste pour le pouuoir rencontrer & arrester, ainsi qu'il est aduenu du costé de Meaux. S'enquist aussi au mesme instant comment ledit l'Hoste auoit peu auoir

Ttt

aduis de la deliberation qu'on auoit faite de le prédre, & verifia que cela estoit procedé de celuy que luy auoit donné ledit Montaigne commis de la poste à son arriuée & descente au bureau, que lesdits deux courriers qui estoient venus d'Espagne l'auoient demandé & desiroient parler à luy, lesquels il alla trouuer & parla à eux deuant que d'entrer au logis dudit sieur de Villeroy, & est à presumer qu'il fut aduerty par eux de la venuë dudit Raffis auec ledit Descartes, & partant qu'il prist garde à luy, lesdits courriers estants partis d'Espagne quelques iours apres lesdits Raffis & Descartes, en quoy il fut confirmé par la rencontre inopinée qu'il fit de l'vn & de l'autre ainsi qu'il est dit cy deuant.

ET dautant que l'on a sçeu par les depositions de ceux qui ont esté interrogez depuis sur ce fait par le sieur de Miraumont Lieutenant du grand Preuost ce qui en a esté appris d'ailleurs, & par le procez verbal du Preuost des Mareschaux de Meaux ce qui est aduenu en la poursuitte, & quand son corps a esté trouué en la riuiere de Marne prés du bac à Fay, où il fut atteint par ledit Preuost, dont ne sera faict mention par le present memoire qui a esté fait par le sieur de Villeroy seulement pour representer au vray ce qui s'est passé en l'euasion, & fuite de Fontaine-bleau dudit l'Hoste, dont il a eu cognoissance.

Fait à Fontaine-bleau le troisiesme iour de May, 1604.
signé DE NEVFVILLE.

TABLE DES CHOSES
PLVS DIGNES DE REMARQVE
contenu le long de ces Memoires.

A

Abbaye de la Grace donnée au sieur du Perrat au preiudice de la maison dudit sieur de Mandelot & celle de Monsieur de Villeroy. 105

Abbaye de Malnoüe pillee par les Espagnols. 183

Abbé de Chesy pris prisonnier par la garnison de Meaux 229

Abus des Secretaires ou de leurs commis en l'expedition des dons. 11

Accord & resolution de toutes choses remises au Duc de Parme par le Roy d'Espagne. 224

Accusation de Salcede contre Monsieur de Villeroy. 17

Accusation contre Monsieur de Villeroy de n'auoir conduit la pratique de la ville d'Orleans auec les sieurs d'Antragues & de Dunes. 44

Aduis de la Royne Mere pour n'engager le Roy de promesse touchant le pouuoir de monsieur Guise. 55

Aduis du sieur de Villeroy enuoyé au sieur Mareschal de Biron, de Turene & du Plessis pour la cessation d'armes 197

Affaire entre Monsieur d'Espernon & Monsieur de Villeroy. 26

Affection tres grande du Roy Henry 3 à la religion catholique 20. il hayssoit mortellement les heretiques. ibid.

les Amis du sieur de Villeroy veulent faire instance aux Estats de Blois pour son appel, mais il supplie ne le faire. 107

Apologie & discours de Monsieur de Villeroy pour monstrer la peine qu'il a prise de faire la paix entre le Roy & Monsieur du Mayne, & de sa continuelle poursuite à la pacification de nos miserables troubles à M. de Belieure. 111

TABLE.

Ariuee du Duc de Mayenne en Dauphiné contre les huguenots. 80

Armee d'Allemans leuee par le Vicomte de Turene pour le Roy & son arriuee en France. 223. & 224

Amour du peuple enuers le Duc de Guise d'où procedoit.

Arrest du Parlemēt de Roüen contre Salcede. 18

Arriuee du sieur Tassis Espagnol auec le Commandeur Moreau pour faire traicter auec le Roy d'Espagne 138. demandēt que leur Roy soit protecteur du party Catholique en France. ibid.

Arriuee de M. le President Ianin de son voyage de Lorraine. 119

Arriuee du Duc de Mayenne à Paris. 186

Arriuee des Flamans en l'armee du Duc de Mayēne. 144

Artifice des Espagnols voulans surprendre Cambray sous pretexte de secourir le Duc de Mayenne & enfermer le Roy à icelle. 135

Assemblee des Estats necessaire pour faire la paix. 169

Assistance donnee à Monsieur de Villeroy par les Seigneurs Gentils-hommes & gēs de guerre, officiers & habitans du Languedoc, pour executer le commandement du Roy contre Monsieur de Montmorency. 7. 8

Asseurance d'amitié donee à M. de Villeroy par le Duc d'Espernon. 29

Authorité des Secretaires d'Estat. 8. 9

B

Bataille d'Iury. 145

Bataille de S. Denys le 10. Nouembre. 1567. 3

Boucher Docteur en Theologie, auec le sieur de Masparaut & Senaut enuoyez par les Parisiens à Rethel vers le Duc de Mayenne. 225

Bourg de Villeroy pillé par les trouppes sorties de Paris. 106

Monsieur de Belieure & de Villeroy entremetteurs pour composer le different d'entre Monsieur de Guise & le Duc d'Espernon. 36

C

Calomnie des huguenots côtre la Royne Mere. 101

Calomnie des Anglois & des huguenots contre M de Villeroy, disans qu'il estoit pensionnaire du Roy d'Espagne. 97

Calomnie de Salcede contre le sieur de Carrouge gouuerneur de Normandie. 18

TABLE

Calomnie contre monsieur de Villeroy, qu'il auoit esté enuoyé en Languedoc pour attenter à la personne du Duc de Montmorency, sous couleur de paix. 5. la iustification. ibid.

Calomnie frequente à la Cour. 1

Cardinal Cajetan mesprise les bons aduis du Cardinal de Gondy. 141

Cardinal de Bourbon proclamé Roy au Parlement de Paris. 128

Causes qui meusent monsieur de Villeroy apres la mort d'Henry troisiesme de ioindre à monsieur du Mayne. 111

Chastiement faict à Paris par le Duc de Mayenne qui s'y saisit de la Bastille. 227

Citadelle de Valence surprise par le sieur de la Valette frere du Duc d'Espernon. 29

Citadelle de Lyon rasée par monsieur de Mandelot par permission du Roy. 31

Cœur & volonté des Princes suiette au changement. 188

Commandement au sieur de Varicaruille de se ietter dans Meulan. 107

Commandement du Roy enuoyé à Monsieur de Villeroy pour se saisir du Duc de Montmorency, & d'aduertir la prouince du Languedoc de ne le plus recognoistre pour gouuerneur. 6. chose qui estoit de difficille execution, au milieu de son gouuernement & de ses forces. ibid.

Commandeur Moreau dit au Duc de Mayenne qu'il seroit tost secouru de grandes forces leuees en Allemagne, Suisse & Lorraine, & de grandes sommes de deniers d'Espagne. 116

Compagnie de monsieur d'Alincour à la suitte de monsieur d'Espernon. 35

Compte rendu au Roy à Roüen par monsieur de Villeroy touchant sa negotiation auec le sieur d'Antragues & de Dunes. 53. volonté du Roy escripte sur chaque article des demandes des sciences. 54

Conference de Conflans entre les sieurs d'Antragues, de Dunes & de Villeroy. 45

Conference du Mareschal de Biron, du Vicomte de Turene & dudit sieur du Plessis deputez par le Roy auec le sieur de Villeroy à Buy prés Alincour. 196

Congé donné à l'Euesque de Limoges, aux premiers estats de Blois, & pourquoy? 14

Conseil mauuais donné au Roy contre le feu Duc de Guise. 23. incogneu à M. de Villeroy. 38

Conseil pour sommer le Roy

Ttt iij

TABLE.

de se faire catholique. 142
Conseil debattu pour la paix. 132
Conseil donné au Duc de Mayenne de se faire esleuer & declarer Roy. 121. belles persuasions qu'on luy faict, ibid. & suy.
Conseil pour eslire le Roy d'Espagne Roy de France. 126 autre pour eslire le Duc de Lorraine ou vn de ses enfans, autre pour le Duc de Sauoye: autre pour le Cardinal de Bourbon. ibid.
Conseil donné au Roy Henry troisiesme à Lyon, pour les acquits des deniers contans mis és coffres du Roy, & pour le changement de la forme ancienne des expeditions des dons & biens faicts source de beaucoup de maux. 10.
Conseil du sieur de Villeroy donné au Roy Henry 4. pour se conuertir. 168
Conseil donné au sieur de Villeroy par les sieurs de Fleury & l'Abbé de Chesy, & par lettre des Messieurs le Chancelier & Cardinal de Gondy de trauailler derechef à la paix. 188
Contentement plus grand d'vn homme, est d'estre tenu pour tel qu'il est. 1
Contestation entre le Roy & M. d'Espernon sur le don du domaine de la feuë Royne d'Escosse. 34
Contre ceux qui disent que les gens de M. de Villeroy s'entendoient auec ceux de la ligue. 92
Corruption des bonnes mœurs en France. 1
Courses du Roy Henry 4. vers Laon pour empescher l'assemblage des trouppes du Duc de Maye. 174
Courroux de Monsieur d'Espernon contre Monsieur de Villeroy. 65
Crainte du Duc de Parme estant à Meaux pour la difficulté des chemins iusques à Paris. 184

D

Deuoir du President Ianin enuers les habitans de Marseille côtre les menees du Duc de Sauoye. 222
Deuoir des mesmes aux affaires d'Estat. 90
Deffences du Duc de Mayenne faicte au sieur de Villeroy d'accorder la tresue auec le Roy. 199
Défiance du Duc d'Espernô de M. de Villeroy d'où procedoit. 28
Deliurance de l'Archeuesque de Lyon. 140

TABLE.

Demandes des Princes au Roy. 44

Demandes du sieur d'Antragues, outre le gouuernement du Duché d'Orleans. 52

Depesche de Monsieur de Villeroy vers les Cardinal de Bourbon & de Guyse pour la paix. 42

Depesche de Monsieur de Villeroy en Languedoc auec Monsieur de S. Sulpice, pour composer les troubles du pays. 5

Deposition de Salcede iustifie Monsieur de Villeroy. 17

Deposition de Salcede contre Monsieur de Villeroy, iugee impertinente. 24

Deputez du party du Duc de Mayenne mandez. 171

Deputez du Duc de Mayenne desirez par le Roy Henry IIII. pour faire la paix. 169

Desir du Duc de Neuers de parler au sieur de Villeroy à Soissons. 206

Desir de Monsieur de Villeroy d'estre deschargé de sa charge de Secretaire 73

est Diuerty de ce faire par ses amis. 74

la Desobeyssance ne s'arreste point en son cours par gratification. 25

Dessein du feu Duc de Guise aux estats de Bloys incogneu. 24

Differents du Duc d'Espernon auec Messieurs de Guyse. 36

Difficultez proposees par le sieur de Dunes pour le faict d'Orleans des-agreables au Roy. 55

Domaine de la feuë Royne d'Escosse en Poictou. 33

Debat pour iceluy entre le Duc d'Espernon & Monsieur de Villeroy. 34

Dourlans & Crotoy surpris par le Duc d'Aumale. 20

le Duc de Montmorency ne veut entrer en traicté de paix auec Monsieur de Villeroy, attendant quelque nouueau mouuement en Cour. 6

le Duc de Mayenne veut qu'on traicte auec le Cardinal de Bourbon. 234

Duc de Parme arriué en France pour secourir Roüen. 238.

Duc de Parme tres-soigneux & vigilant. 239

le Duc de Guyse faisoit estat de Monsieur de Villeroy. 93. côtre ceux qui disent qu'ils auoient intelligence ensemble 94 & 95.

Duc de Mayenne vient à Paris, pour chastier des mutins 226 & 227.

le Duc d'Elbœuf prisonnier à Loches. 226

Duc de Mayenne ne veut

TABLE.

traicter à part auec le Roy. 173
 Duc de Mayenne mescontent des longueurs du Duc de Parme. 182
 le Duc de Mayenne dit qu'il ne peut entendre à la paix à cause du respect qu'il portoit au Cardinal de Bourbon qu'il auoit recogneu pour son Roy. 117.
 le Duc de Mayenne recognoist l'intétion du Roy d'Espagne. 121
 le Duc de Guyse demande Orleans pour ville de seureté. 56.
 le feu Duc de Guyse n'estoit assez fort aux estats de Bloys pour forcer le Roy à luy accorder ce qu'il luy eust refusé. 23

E

EMbarquement du Duc de Sauoye & du President Ianin pour aller en Espagne. 222.
 Emprisonnement du Cardinal de Bourbon, du Prince de Ioinuille, des Ducs de Nemours & d'Elbœuf, & de l'Archeuesque de Lyon. 106
 Emprisonnement du Cardinal de Bourbon à Fontenay le Compte. 133
 Ennemis du sieur de Villeroy l'accusent de trahison au pres du Roy. 109
 Ennuy du Roy Henry III. pour les longueurs de la paix. 40.
 Entreprise du Duc de Mayenne sur Mante. 219
 Entreprise sur Compiegne par le Duc de Mayenne. 218
 Entreueuë de Monsieur de Villeroy & de Monsieur de Liencour par permission du Duc de Mayenne. 130
 Entreueuë du Duc de Mayenne & de Monsieur de Villeroy à S. Denis. 146
 Enuoy du sieur Belin par commandement du Roy vers le Duc de Mayenne au pont d'Auney. 131
 Escalade du Roy faicte à Paris. 185
 Escarmouche des troupes du Duc de Guise auec celles de l'armee protestante. 33
 Espagnols pressent le Duc Mayenne de traicter auec leur Roy. 139
 Esperance des huguenots sur le diuertissement des armes de Monsieur frere du Roy, pour aller en Flandres. 15.
 Monsieur d'Espernon pourueu de l'Estat d'Admiral de France. 36
 Monsieur d'Espernon mal voulu à la Cour. 39. va trouuer le Roy Henry III. à Chartres

tres contre le desir de sa Majesté ibid. il dissuade la paix, & blasme ceux qui la conseilloient. ibid.
Estats de Blois assemblez auec dessein cōtraire que celuy d'executer quelque chose contre Messieurs de Guise. 22
l'Estime de la chose engendre l'amitié. 2
Euasion du Duc de Guyse hors du Chasteau de Tours. 219.
l'Euesque de Limoge enuié sous Henry III. par ceux qui se vouloient aduancer aux charges 4. il fut renuoyé en sa maison, sans estre ouy, aux premiers estats de Blois. 5
l'Euesque de Plaisance creature du Duc de Parme 194. partial pour le Roy d'Espagne. 195
Excuses des habitans d'Angoulesme au Roy, pour auoir laissé entrer le Duc d'Epernon dans leur ville 64. promettent l'en chasser. ibid.
Execution faicte au Louure par le Duc de Mayenne. 228

F

FAcilité & couuerture des comptables à engendré beaucoup de concussions, l'art receins & despences mal employees. 14
Facultez de Monsieur de Villeroy & son patrimoine. 97
Faueur de Dieu au Roy à la iournee d'Arques. 131
Faueur idolatree à la Cour. 14.
Fiance du Roy Charles IX. en la personne de Monsieur de Villeroy. 4
Fiance des sieurs d'Antrague & de Dunes en Monsieur de Villeroy. 45
Fidelité du sieur de Fleury, beaufrere de M. de Villeroy. 20
Fils de M. de Villeroy de la cōpagnie de M. de Ioyeuse. 28
le sieur de Fleury employé par le Roy prés le Duc de Mayenne pour sonder son intention. 104
Forces d'Italie enuoyees par le Pape Gregoire 14. sous la conduicte de son Nepueu le Duc de Montmartiano, au secours du Duc de Mayene. 223
Forme d'expedier les placets, du regne de Charles IX. 12.

G

GArnisons & gensdarmerie doit estre payee par preference à toutes autres debtes. 17
le General des estats de Blois n'auoit intention d'offenser le

V v v

TABLE.

Roy. 22
Gouuernement de Lyon donné à Monsieur de Nemours au preiudice de la promesse faicte par le Roy à M. d'Alincour. 105
Gouuerneurs de Picardie recherchez & pratiquez par les Espagnols. 171

H

Habitans d'Angoulesme ont fiance à Monsieur de Villeroy. 63
Habitans d'Angoulesme promettent au Roy se saisir du Duc d'Espernon, ce que le Roy agrea, mais leur Deputé dit qu'il y auoit danger de l'executer. 67
Monsieur d'Alincour nourry prés Monsieur le Duc de Longueuille. 81
Haure de grace demandé par ceux de la Ligue pour lieu de seureté. 59
Hayne de Monsieur d'Espernon contre Monsieur de Mandelot d'où procedoit. 30
Hayne du peuple contre le Duc de Mayenne. 126
Henry III. secouru fort à propos des Suisses. 19
Henry IIII. Prince craignant Dieu & conscientieux. 167.
Henry IIII. plus assisté de Catholiques que de Huguenots. 165
Heritiere de Maure mariee au Comte de Torigny fils du Mareschal de Matignon. 28.
Hommes d'estat plus fidelles au Roy, subiets aux calomnies 1. sont ordinairement blasmez des choses faictes. ibi.
l'Hoste commis de Monsieur de Villeroy, ses crimes, son euasion, manifeste dudit sieur de Villeroy sur le subiect d'icelle. 506
Huguenots appelloient les Ministres plus fidelles de l'estat, Guisards & pensionnaires d'Espagne dans les regnes passez. 2
Huguenots ne veulent s'accorder à la paix sans exercice de religion. 15
les Huguenots n'estiment vrais François que ceux qui approuuent leurs actions 101. leur malice & actions mauuaises en ce Royaume. ibid.
Humanité du Roy Henry III. tesmoignee au sieur de Villeroy à Turin. 10

I

Ialousie du feu Duc de Guyse imprimee au Roy, par mauuais Conseilliers. 25

TABLE.

Ialousie grande entre les Dücs d'Espernon & de Ioyeuse. 28

Indulgence d'Henry III. cause du malheur de ses affaires. 38

Inimitié de M. d'Espernon a aduancé la disgrace de Monsieur de Villeroy. 26

Instãce de la Royne Mere au Roy en faueur de M. de Nemours pour le Gouuernement de Lyon. 78

Instãce de M. de Villeroy faicte à la Royne mere pour la cõtinuation de ses seruices aux affaires d'estat. 75

Instruction de M. de Villeroy aux affaires d'estat, procedoit des bons recors qu'il tiroit iournellemẽt de Messieurs de Moruillier & de Limoges. 4

Intelligence entre le Comte de Tauannes & le sieur de Villars Gouuerneurs du Haure, à Rouen. 218

Interests priuez ont plus de puissance sur les François que les raisons & considerations publiques. 190

Iouïssance d'vne bonne fortune subiette à diuers accidens. 165

Iournee des barricades. 37

L

Legat Caietan contraire au Conseil de Monsieur de Villeroy. 143

Lettre du sieur de Villeroy escrite à sa femme, surprise, 180

Lettre du sieur de Bussy enuoyee au sieur de Villeroy. 237.

Lettre du sieur de Villeroy escrite au Roy en faueur de la famille de Monsieur de Mandelot. 103

Lettre du Roy au sieur de Villeroy pour descharge de son estat 29. Responce dudit sieur de Villeroy à sa Majesté. 80.

Lettre du sieur de Dunes enuoyée à Monsieur de Villeroy demandant la promesse de son aisné & de luy. 69

Lettres & memoires du Duc de Neuers enuoyez au sieur de Villeroy. 206

Lettre du Roy au Duc de Guyse pour luy faire accepter le pouuoir de Lieutenant General 60. aucuns disent que le Roy luy donna ce pouuoir auec regret & voulut chasser ceux qui le luy auoient conseillé. 61

Lettre de Monsieur de Liancour à Monsieur de Villeroy pour venir trouuer le Roy 118. mais le Duc de Mayenne ne luy veut permettre d'y aller. 119

Lettre du Roy au sieur de Villeroy luy cõmandant faire

Vvv ij

retirer son fils de Lyon. 107.
luiet de ce commandement recogneu par luy. 108
Lettres du Duc de Mayenne enuoyées aux Prouinces pour conuoquer l'assemblée de la paix, retenuës par les Dames de Nemours, de Montpensier & de Mayenne. 203.
Lettre de Monsieur de Villeroy à Monsieur de Mayenne du 2. iour de l'an 1594. 500.
Lieutenance Generale du Ryoaume offerte au Duc de Guyse, par Monsieur de Villeroy, par commandement du Roy. 41
Ligue de l'an 1585. 19
Loix & formes d'vn Royaume ne doiuent estre legerement changees 13. quoy que deprauees doiuent estre corrigees plustost que changees. ib.
Madame de Longueuille mise en liberté auec sa belle fille & ses filles, par le moyen du Duc de Mayenne. 236
Loüange de Monsieur de Villeroy prononcée de la bouche du Roy à Monsieur d'Allincour son fils. 84
Loüange d'Henry IIII. au sieur de Villeroy. 163
Lyonnois proposent le mariage du sieur d'Alincour auec la fille de M. de Mandelot. 30

M

Madame de Mandelot enuoye prier le Roy d'auoir compassion d'elle & de sa maison. 105
Maladie & mort du sieur de l'Aubespine Secretaire d'Estat & beau pere du sieur de Villeroy. 3
Mandement du Pape Gregoire 14. aux Catholiques & Euesques estans près du Roy, de l'abandonner. 215
Mandement du Roy au sieur de Villeroy pour l'aller trouuer au parc de Boulogne. 115
Mandement du Roy par M. de Villeroy au Gouuerneur & habitans d'Angoulesme de ne laisser entrer personne de plus fort en la ville. 63
Manifeste de Monsieur de Villeroy sur l'euasion de l'Hoste son commis 506
Mariage de la fille aisnée de Monsieur de Mandelot auec Monsieur le Marquis de Villars, dont on tint pourparlé pouuoit faire entrer ledit sieur de Mandelot en la Ligue. 30
Mariage du Vicomte de Turene auec l'heritiere de la maison de Boüillon, faict par le Roy estant à Sedan. 125
Marquis de Maignelay en-

TABLE.

uoyé deuant la Fere pour y estre tué, & pourquoy? 216

Menaces du Duc d'Espernon contre monsieur de Villeroy. 62

Dom Bernardin de Mendoze veut engager Monsieur de Villeroy au dessus du Roy d'Espagne. 120. d'ont il se scandalise. ibid.

Mescontentement du Roy contre le feu Duc de Guise, luy donna occasion de se fortifier. 15

Ministres de l'Estat accusez & calomniez par ceux qui aymẽt le desordre. 2

Monsieur Miron premier Medecin du Roy Henry III. depesché à Paris pour la paix. 40. mais il ne rapporta que des parolles. ibid.

Mort du sieur de Mandelot gouuerneur de Lyon. 103

Mort du Cardinal de Bourbon. 178

Mort de monsieur de Guise à Blois. 106

Mort du Roy Charle ix. au retour du sieur de Villeroy de son voyage d'Auignon. 8

Mort du Duc de Ioyeuse. 35.

Mort du Pape Sixte v. 194

Messieurs de Morvillier & de Limoges fort experimentez aux affaires du monde, & tres-zelez au bien du Roy & du Royaume. 4

Moyen pour gaigner le sieur d'Antragues & de Dunes. 44

Moyens d'arrester le cours des desseins de Monsieur de Guise, sans vser de celuy qui a esté pratiqué selon l'opinion de monsieur de Villeroy. 100

Mutinez Espagnols receus en l'armée du Duc de Mayenne. 180

N

Necessitez de Paris durant le siege. 187

Noyon assiegé & pris par le Roy Henry IV. 219

O

Offre du secours d'Italie au Duc de Mayenne par Landriano Milannois enuoyé à Reims par le Pape Grégoire XIIII. 214

Opposition de Monsieur d'Espernon au mariage de l'herière de la maison de Maure auec le fils de monsieur de Villeroy. 27. dit qu'elle estoit promise au fils de monsieur de Termes sçauoir monsieur de Bellegarde. ibid.

l'Ordre & l'obeyssance necessaires en vne armée. 186

Vuu iij

TABLE.

PAris en ialousie contre M. de Villeroy apres la mort de M. de Guise. 106
Parisiens asseurez de la bonne volonté du Roy par l'Archeuesque de Lyon. 182
ville de Paris en grande crainte pour les pernicieux traictez qui s'y faisoient auec les Espagnols. 325
Parisiens vienet encore à pied au deuant du Duc de Mayenne reuenant de Meaux. 228
Paris choisy par le Duc de Mayenne pour y tenir l'assemblee generalle. 307
Paix aduancee auec les huguenots par le Roy Henry III. auant le partement de M. son frere pour aller en Flandres. 15
Paix desiree d'vn chacun à sa mode. 287
Paix reculee par les huguenots & pourquoy. 273
Paix fondee sur la conuersion du Roy. 274
sans la Paix le Duc de Mayéne estoit contrainct de traicter auec les Espagnols ne pouuans plus se deffendre. 190
le Pape escrit au Cardinal de Gondy qu'il n'aille à Rome, disát que Desportes auoit trauersé son voyage. 308. sa Sainctelé enuoye le Cardinal de Pelleué pour presider en l'assemblee Catholique. ibid.
le Pape ne desiroit la paix en France pour ietter la guerre sur le Roy d'Espagne. 341
le Pape n'a receu le Duc de Neuers en qualité d'Ambassadeur du Roy, mais seulement comme Prince d'Italie. 371
Pardon demandé au Roy par le sieur du Plessis en presence de son conseil, de la tres-grande faute qu'il disoit auoir faicte, d'auoir creu & esperé que la paix se feroit apres auoir conferé auec le sieur de Villeroy. 283
Parlement de Paris donne arrest côtre l'eslection de l'Infante d'Espagne. 326
Parolle du sieur de Villeroy au Mareschal de Biron pour faire incliner le Roy à la paix. 170
Parolle du Roy au Baron du Luz sur la volonté qu'il auoit de contenter le Duc de Mayéne. 272
Parolles de collere tenus par m. d'Espernon à M. de Villeroy 34. risque que courut M. de Villeroy dessors. ibid.
Partement du Duc de Mayéne de la ville de Paris pour aller receuoir l'armee estrágere. 314
Partisans d'Espagne veulent preferer le Duc de Guise au Duc de Mayenne & d'en

TABLE.

faire vn Roy auec l'Infante à ses despens. 293

le sieur du Passage chassé de la citadelle de Lyon, par Monsieur de Mandelot. 31

Passeports accordez pour tenir l'assemblee des Estats conuoquez pour la paix. 200

Passeport refusé au sieur de Villeroy par le Roy. 175

Passeports refusez au Duc de Mayenne par le Roy. 170

Peine & trauail de M. de Villeroy pour empescher la pratique des Espagnols. 140

Peine tres grande en la conuersion du Roy. 242

Pension de deux mil escus par an offerte au sieur de Villeroy par le Roy de Nauarre. 98

Permission donnee au sieur de Beaulieu Ruzé de se retirer & demettre de ses charges. 78

le sieur Pinard retiré du Chasteau Thiery à la faueur du sieur de Villeroy. 215

Placet du Comte d'Escars signé du Roy pour leuer des soldats sur ses terres refusé d'expedier par monsieur de Villeroy, & pourquoy. 11. & 12. dont il fut reprimendé. 12

Plainte du Roy à Monsieur de Villeroy par vn aduis que le Duc d'Esperno se vouloit aller ietter dás Angoulesme. 62

plaintes des parisiens. 226

Plainte du sieur de Villeroy aux Dames de Nemours, de Montpensier & de Mayene sur la charge des passeports pour l'assemblee des Estats pour la paix. 202. & 203

Plainte de M. de Villeroy au Roy contre l'accusation de Salcede. 17

plainte du sieur de Villeroy faicte au Duc de Mayenne sur le serment par luy faict entre les mains du Legat de Rome 349

Plainte des parisiens pour n'estre soulagez de l'armee estrangere. 319

plainte du Duc de Mayenne contre le sieur de Villeroy faicte à Rouen, & la repartie dudit sieur. 291

le sieur du Plessis sollicite le sieur de Villeroy de mouuoir les conditions generalles & particulieres des seuretez requises par le Roy auant l'assemblee de Paris. 263

le sieur du Plessis huguenot & fort suspect aux catholiq. 273

le sieur du Plessis ne veut point de surseace d'armes. 275

le sieur du Plessis fait changer les affaires pour son bruit. 284

point en fin principal de l'assemblee generale de Paris. 314

Pourparler du sieur de Villeroy auec le sieur de Comblisy gouuerneur de Chasteau de Chasteau Thyery. 210

Poursuitte du Duc de Parme qui se retiroit par le Roy. 201
Pouuoir des ennemis du Roy de Nauarre à Rome. 493
Pratique auec le Cardinal de Bourbon refusee du Duc de Mayenne pour n'offencer les Espagnols. 297
Pratiques faictes à l'assemblee Catholique de Paris. 337
Pratique du Cardinal de Plaisance pour faire eslire pour Royne de France l'Infante d'Espagne. 263
Pratique des Espagnols tresforte à Rome. 361
President Ianin conseille le Duc de Mayenne de conuoquer l'assemblee catholique dans Paris, pour beaucoup de bonnes considerations. 307
President le Maistre gracieusement accueilly du Duc de Mayenne luy allant porter l'arrest & faire les remonstrances de la Cour, contre l'eslection de l'Infante d'Espagne. 329
President Ianin fidel amy du Duc de Mayenne. 334
Protection du Roy d'Espagne sur Marseille. 223
Pretention du Roy d'Espagne à la couronne de France tant pour luy que pour l'infante sa fille. 326
Priere de messieurs de Biron, de Bouillon & d'O faicte au sieur de Villeroy pour aller trouuer à Gisors & traicter auec eux, lequel s'en excuse disant qu'il n'en auoit pouuoir du sieur de Mayenne. 286
Princes & Seigneurs catholiques enuoyent vers les Ducs de Mayenne & de Parme pour leur declarer leur volonté à la paix. 275
Princes & Seigneurs qui furent visiter monsieur de Villeroy apres son bannissement de la cour. 102
les Princes & Seigneurs catholiques consentent la paix moyennant que le Roy se conuertisse. 274
Princes & Seigneurs iurent fidelité au Roy apres la mort d'Henry III. 116
Princes de Lorraine diuisez en leur assemblee de Rheims. 318
Prise de Corbeil par l'Espagnol. 201
Prise du sieur de Lomenie par les gens du Roy qui le menent à Pontoise. 243
Prise de Lagny par force par le Duc de Parme à la veuë du Roy. 185
Prise du frere du Duc de Montmorency & du Mareschal de Cossé. 6
Prise de la depesche du Cardinal de Plaisance enuoyee à Rome

TABLE

Rome & apportée au Roy. 344
Prise & reduction de chasteau Thierry 209
prise du sieur de Videuile. 209.
prise de Melun attriste plus le Roy qu'elle ne console. 161.
prise du sieur Belin à Arques. 131.
prise de Chasteau Thierry 392
prise des fauxbours de Paris. 138.
procedure du Duc de Mayenne blasmee du peuple. 500
procuration du gouuernement ou duché d'Orleans demandee par le sieur de Dunes pour le sieur d'Antrague son frere. 71
prolongation de la trefue pourquoy demandee du Duc de Mayenne. 364.
prologation de la trefue faicte apres la conuersion demandee à sa Maiesté par le Duc de Mayenne. 343. continuee pour deux mois. 356
promesse faicte par Henry III. au Duc de Mayenne de luy donner vn breuet pour pouruoir aux benefices & offices de son gouuernement. 277
promesse du sieur de Dunes au Roy. 51. ne veut rien signer ny escrire. ibid. desire que le Roy entre à Orleans, auec sa seule Cour. 51
promesses faictes au sieur d'Antragues pour rendre Orleans au Roy. 48
Promesse du Roy au sieur d'Antragues pour le gouuernement en chef du Royaume & au sieur de Dunes pour la lieutenance. 49. portee par le sieur de Schomberg. 50
Teneur de la promesse escrite de la main du Roy touchant le Gouuernement de Lyon au fils de M. de Villeroy. 104
promesse du gouuernement de Lyon faicte par le Roy à monsieur de Villeroy pour son fils. 30
proposition faicte au Roy Henry IV. par le Cardinal de Gondy & monsieur de Villeroy pour asseurer sa conuersion dans vn temps prefix. 244
Propositions des Espagnols contraires à leurs premieres protestations. 323
Proposition de l'assemblee catholique de Paris pour l'election de l'Infante, sous quelle condition. 323. qui depleut aux Espagnols & fut par eux reiettee. 323. & 324
Proposition du mariage du Duc de Mayenne auec la sœur du Roy. 303
Proposition & conseil donnee au Duc de Mayenne par le sieur de Villeroy. 397
Proposition d'vn serment que vouloit faire prester le Car-

X x x

TABLE.

dinal de Plaisance à l'assemblee catholique de ne faire paix ny traicté auec le Roy de Nauarre & ses adherans, empesché par le sieur de Villeroy. 212

Proposition temeraire faicte par les Espagnols en l'assemblee catholique de Paris, touchant le droict & pretention de leur Infante sur ce Royaume. 322

Propositions & moyens offerts par M. de Villeroy pour contenter le Duc de Mayenne. 268

Protestation de M. de Villeroy escriuāt les Memoires 3. est faict Secretaire d'Estat à 24. ans sous le regne de Charles IX. à la resignation que luy en fit M. de l'Aubespine so beau pere. ib. les lettres presentees au Chancelier de l'Hospital par M. de Morvillier pour estre seellee. ibid. son dessein en ses Memoires. 5

Propositions faictes aux assemblees & conferences d'Andresy & de Milly pour pacifier son Royaume où plusieurs poincts furent presque accordez. 333

Proposition fort aduātageuse faicte à M. de Guise. 327

Protestatiō des Princes deuēger la mort de feu Héry III. 116

Protestation du Roy Henry III. faicte à Blois, de ne faire iamais paix auec les huguenots, s'ils ne quittoient l'exercice de leur religion. 14

Propositions faictes par les ennemis du Roy pour empescher l'effect de sa cōuersiō. 331

Publication de la lettre du Cardinal de Plaisance contre la reception faicte à Rome à M. de Neuers Ambassadeur du Roy. 371

Q

Querelle doit estre appointee apres la narration du fait, des plaintes & des raisons. 281

Querelle nouuelle entre M. d'Espernon & M. de Villeroy, pour auoir voulu gaigner l'Archeuesque de Lyon. 32

R

Raisons qui firent accepter la conference au Legat de Rome. 317

Raisons pertinentes de M. de Villeroy contre les pretentions du Roy d'Espagne & de l'Infante. 489. & 490

Rapport faict au Roy par M. de Villeroy des propos tenus par le deputé d'Angoulesme. 65. il l'introduit au cabinet. ibid.

Reception du Roy Henry IV. au giron de l'Eglise dans S. Denis en France 330. & 331.

Reception de la garnison Espagnolle dans Paris contre

TABLE.

le gré du Duc de Mayenne. 301

Recompense demandee au Roy par Monsieur de Villeroy pour son office. 83. Recommande le sieur Pasquier son Commis. ibid. Responce du Roy. 84.

Reddition de compte faict par le Legat au Pape de tout ce qui s'estoit passé aux assemblees de Paris. 347.

Reduction de Meaux & de M. de Vitry son gouuerneur à l'obeyssance du Roy. 370

Reformation du Parlement de Paris conseillee au Duc de Mayenne. 380.

Refus du Duc de Mayenne de consentir à l'election de l'Infate d'Espagne, qui au contraire s'y oppose. 326.

Regret de la Chrestienté en la mort du Roy Charles IX. 8

Regret des Espagnols pour n'estre assistez du Duc de Mayenne en leur dessein & selon leur desir 296.

Reglement faict pour la seureté du labourrage pendant la trefue. 200.

Religion Catolique en France ne se peut conseruer que par trois moyens, selon que M. de Villeroy remonstre aux pretendus estats assemblez à Paris, 441.

Religion Catholique autant differete de la huguenote que le ciel de la terre, au dire de Beze. 167

Remedes & moyens pour remedier aux desordres du Royaume. 394

Remonstrance tres-sage du sieur de Villeroy faicte au Duc de Mayenne. 334. 335. & suiuant,

Remonstrance du sieur de Villeroy faicte au Duc de Mayéne par monsieur Zamet apres la reduction de Meaux. 370

Remonstrance de monsieur de Villeroy faicte au Roy Henry III. sur les maux de la guerre. 39

Remonstrance & aduis de monsieur de Villeroy faicte au Roy sur la priuation de son office. 82

Remonstrance & aduis de M. de Villeroy au Duc de Mayenne publié à Paris apres la mort du Roy Henry III. l'an 1589. 394

Remonstrance & harangue faicte par monsieur de Villeroy pour estre prononcee en l'assemblee des pretendus estats de Paris l'an 1593. 430

Remonstrance faicte au Cardinal de Pelleué pour luy faire accepter la conference auec les seruiteurs du Roy. 315

R'enuoy du sieur Belin auec responce conceue en termes

TABLE.

generaux de l'affection du Duc de Mayenne à la paix. 137.

Reproche du Duc d'Espernon contre Monsieur de Villeroy. 73.

Reserue du gouuernement de Lyon donné par le Roy au Duc d'Espernon & à son frere fut remise entre les mains de sa Majesté & pourquoy: 31. dit à monsieur de Villeroy qu'il l'auoit faict en sa faueur. ib.

Resolution du Roy Henry IV. pour côtenter le Pape. 293

Resolution loüable du Duc de Mayenne apres la remonstrâce à luy faite pour le sieur de Villeroy. 340

Resolution pour l'asistance des corps d'estat qui se deboient trouuer à l'assemblee catholique tenuë à Paris. 313

Resolution du Roy, à sa conuersion. 330

Resolution du Duc de Mayene de ne rien faire auec le Roy auparauant qu'il sceust la volonté du Pape. 298

Resolution de M. de la Chastre à la paix moyennant la côuersion du Roy. 253

Resolution du sieur de Villeroy d'entrer au Conseil des catholiques à Paris. 109

Resolution du Roy à la paix commencée par vne cessation d'armes. 193

Resolution des Principalles villes du Royaume, pour recourir au Roy & luy iurer fidelité. 372

Resolution finale du sieur d'Antragues pour contenter le Roy. 52

Responce du sieur du Plessis à M. de Villeroy sur la conuersion du Roy. 248

Responce du sieur de Dunes faicte de la part de son frere au sieur de Schomberg, touchât la promesse du Roy pour le gouuernement d'Orleans. 50.

Responce des huguenots en parolles ambiguës. 42

Responce du President Ianin à la lettre du sieur de Villeroy. 271

Responce de monsieur de Villeroy aux discours tenus sur sa disgrace. 85

Responce du sieur de Villeroy à ceux qui veulent auoir le Roy d'Espagne pour Roy de France 456. 457. & suyuant. & notamment à la pag. 460. & suy.

Retour du Duc de Mayenne de son voyage de Lorraine resioüit les zelez. 225

Retraicte du Roy à Chartres. 37

Retraicte du Duc de Mayenne à Soissons apres la bataille d'Iury, ayant laissé le Duc de Nemours à Paris. 140

TABLE.

Retraicte du Roy vers Dieppe, suiuy tost apres par le Duc de Mayenne. 130

Retranchement du Duc de Parme prés Lagny à la presence du Roy. 185

le sieur de Rosne desire auoir Noyon pour sa retraicte & la veut surprendre. 320

Rouën secouru par le Duc de Parme. 255

le Roy loüe l'affection des habitans d'Angoulesme. 66

le Roy permet au Duc de Guyse de l'aller trouuer à Meaux pour aduiser des moyens de resister à l'armée protestante. 25

le Roy accorde la descharge du sieur de Villeroy. 76

Rendez-vous du Roy Henry IIII. à S. Denys en France pour estre receu en l'Eglise. 330

le Roy enuoye le Duc de Neuers à Rome pour se resoudre sur l'intétion du Pape. 360

ce que le Roy se promettoit leuant le siege de deuant Paris. 185

le Roy de Nauarre reietté à cause de sa religion. 127

Roy de Nauarre meilleur conseiller du Roy Henry III. 166.

le Roy perd plus que persone à la ruine de ses villes. 161

La Royne mere desireuse de faire tout plaisir à monsieur de Villeroy promet le faire descarger de sa charge. 74

le Roy d'Espagne enuoye le Duc de Feria auec vn Docteur exprés pour debattre nostre loy Salique 309. faict entrer armée nouuelle pour fauoriser ses partisans & ses desseins en France. ibid.

Ruine de la forte & puissante armee nauale d'Espagne enuoyee contre l'Angleterre l'an 1588. 478

S

Sacre du Roy Henry IIII. en la ville de Chartres. 371

Sagesse du Duc de Guyse qui refusa la proposition des Espagnols. 326

Salcede accuse M. de Villeroy de certains desseins auec le feu Duc de Guyse. 17

Scädale des catholiques pour le traicté du Duc de Mayenne auec le sieur du Plessis 289

Secours du Duc de Parme arriué à Rouën. 255

Secretaire d'estat charge importante. 86. & 87.

Serment faict à Paris le 23. Iuillet 1593. entre les mains du Card. de Plaisance sur les Sainctes Euangiles, & en presence des Espagnols, par le Duc de Mayéne, le Cardinal de Pelleué, & autres Princes & Seign. de la Ligue 344. ce que contenoit ledit serment. ibid. & 345.

Xxx iij

&c suiuant.

Siege de Selles en berry leué par le Roy. 318

Siege de Gournay par le Duc de Mayenne. 129

Siege de Noyon pris par le Duc de Mayenne. 318

Soin du Duc de Mayenne pour les affaires de Messieurs de Guyse auec les siennes. 303.

Solemnitez de la conuersion du Roy. 331

Soucy du Duc de Mayenne pour Paris. 137

Souhait des Espagnols & du Duc de Mayenne de conuoquer assemblee dans Paris. 262.

Soupçon du President Ianin contre les Espagnols & ceux qui ne desiroient la paix. 272.

Soupçon des Espagnols que le Duc de Mayenne auoit faict donner l'arrest du Parlement de Paris contre l'Election de leur Infante. 329

bon Succez du Voyage du Cardinal de Gondy à Rome coniecturé sur quelques lettres qui venoient d'Italie. 305.

Supplication faicte au Roy Henry IIII, à Estampes pour la retraicte en la maison du sieur de Villeroy. 114

Surseance d'armes non conseillée par le sieur du Plessis. 175.

Suruiuance de l'Estat du sieur de Villeroy accordée au sieur de l'Aubespine Secretaire de la Royne mere du Roy. 77

T

TEmps de la surseance d'armes demandee, pour vacquer à la conuersion du Roy. 276

Teneur des articles de la paix proposez par Monsieur de Villeroy. 266

Teneur de la lettre du President Ianin escrite à Noyon. 261.

Termes ausquels la continuation de la guerre auoit reduit l'authorité du Roy. 281.

Traicté faict entre le Duc de Mayenne & le sieur de Villeroy publié & diuulgué en l'armee du Roy. 263

Traicté des Espagnols retardé. 260

Traicté proposé aux Espagnols par le Duc de Mayenne. 246

Traicté du Roy comme de paix auec le Duc de Mayenne. 332.

Traicté de Flex entre le Roy de Nauarre & Messieurs de

TABLE.

Bellieure & de Villeroy. 16

Traicté auec le sieur d'Antragues par l'entremise du sieur Desbarreaux Tresorier en France à Orleans. 47

Tresue proposée par le Roy apres le siege de Paris. 259

Tresue accordee aux enuirons de Paris pendant la conference qui s'y tenoit. 320

Tresue continuee requise par le Duc de Mayenne. 301

Tresue de trois mois apres la conuersion du Roy. 331

des Troubles forcent plusieurs personnes de changer de route.

Trouble nouueau suscité toutes les fois qu'on a voulu rechercher les larrecins de la Cour. 22

V

M. de la Valette mourant recómanda ses enfans à M. de Villeroy. 26

Varieté des demandes & propositions Espagnolles offencent plusieurs personnes, & fit descouurir leur ambitió. 329

Verdun saisi par M. de Lorraine. 121

Le sieur de Villequier exécuté aux flambeaux par commandemét du Duc de Montmorécy, pour le soupçon qu'il auoit qu'il estoit allé vers luy pour attenter à sa persóne. 10

Monsieur de Villeroy grád obseruateur des commandemens & volontez du Roy, ibi. n'a iamais refusé aux huguenots expedition contraire à la paix que le Roy leur auoit accordée. ibid.

M. de Villeroy combat les raisons des ennemis du feu Duc de Guyse. 24

M. de Villeroy se iustifie de ce que l'on disoit qu'il auoit intelligence auec le Duc de Guise. 41

M. de Villeroy demande son congé au Roy sur l'inimitié de M. d'Espernon. 35

Mósieur de Villeroy ne parla iamais qu'vne fois à Salcede. 18

M. de Villeroy suit presque tousiours monsieur le Duc de Mayenne apres la mort de Hēry III. 162

Monsieur de Villeroy accusé faussement d'auoir esté d'epesché en Languedoc pour empoisonner le Duc de Mótmorency. 9

Monsieur de Villeroy honoroit fort le sieur de la Valette pere de M. d'Espernon. 26

Monsieur de Villeroy enuoyé auec Monsieur de Chiuerny & Monsieur de Sauue au deuant du Roy Henry III. iusques à Turin, par la Royne mere. 19

TABLE.

M. de Villeroy employé au traitté de la paix auec le Roy de Nauarre l'an 1577. 14

M. de Villeroy a tousiours conseillé l'vnion des Catholiques auec le Roy 96. contre ceux qui ont dit que M. de Villeroy estoit pensionnaire du Duc de Guyse. 96

Voyage de M. de Villeroy en Languedoc auant la mort du Roy Charles IX. 5

M. de Villeroy appellé bon Espagnol par ses ennemys. 121

M. de Villeroy n'approuue ce qui s'est executé à Blois contre Messieurs de Guyse. 21

Monsieur de Villeroy n'a esté autheur ny inuenteur du pouuoir doné au Duc de Guyse, 431

Voyage du sieur de Villeroy à Pontoise pour la cessation d'armes. 195

Monsieur de villeroy coseille au Roy de reünir à soy tous les Catholiques. 20

Monsieur de villeroy attaqué par M. d'Espernon au cabinet du Roy à S. Aignan. 33

Monsieur de Villeroy propose deux choses pour acheminer les affaires à la paix. 191

Monsieur de Vitry fort affectionné au bien & repos du Royaume. 251

Viure des Espagnols dans Paris fort mecanique. 330

Voyage du Duc de Mayenne à Amiens, & sa reception magnifique. 137

Voyage du Duc de Mayenne à Cambray 172. 173. faict iurer les gouuerneurs de Picardie de demeurer vnis auec luy. ibi.

Voyage du sieur de Villeroy vers le Duc de Mayenne au siege de Corbeil. 191

Voyage du Roy Henry IV. à Tours fort preiudiciable à sa Maiesté. 318

Voyage du sieur de Bassompierre en Lorraine 342

Voyage & expeditiós du sieur de Fleury pour la paix. 208. & 209.

Voyage de Rome blasmé & trauersé par le Cardinal de plaisance & Espanols. 305.

Voyage du sieur de Villeroy à Soissons l'an 1591. pour voir le Duc de Mayenne. 204.

Voyage de Rome blasmé de plusieurs & la responce du sieur de Villeroy là dessus. 287.

Voyage de Monsieur de Villeroy à Espernay vers la Royne Mere. 20.

Voyage du sieur de Villeroy à Turin au deuant du Roy Henry III. 10.

Fin de la Table.

www.ingramcontent.com/pod-product-compliance
Lightning Source LLC
Chambersburg PA
CBHW071402230426
43669CB00010B/1417